Konstantin Lindner

Wertebildung im Religionsunterricht

RELIGIONSPÄDAGOGIK IN PLURALER GESELLSCHAFT

BAND 21

Herausgegeben von

Hans-Georg Ziebertz, Friedrich Schweitzer,
Rudolf Englert und Ulrich Schwab

Konstantin Lindner

Wertebildung
im Religionsunterricht

Grundlagen, Herausforderungen und Perspektiven

Ferdinand Schöningh

Gedruckt mit freundlicher Unterstützung der Erzdiözese Bamberg
und der Erzdiözese Freiburg.

Bibliografische Information der Deutschen Nationalbibliothek

Die Deutsche Nationalbibliothek verzeichnet diese Publikation in der Deutschen
Nationalbibliografie; detaillierte bibliografische Daten sind im Internet über
http://dnb.d-nb.de abrufbar.

Zugl.: Freiburg i. Br., Univ., Habil.-Schr., 2015/16

© 2017 Verlag Ferdinand Schöningh, ein Imprint der Brill-Gruppe
(Koninklijke Brill NV, Leiden, Niederlande; Brill USA Inc., Boston MA, USA;
Brill Asia Pte Ltd, Singapore; Brill Deutschland GmbH, Paderborn, Deutschland)

Internet: www.schoeningh.de

Einbandgestaltung: Anna Braungart, Tübingen
Herstellung: Brill Deutschland GmbH, Paderborn

ISBN 978-3-506-78554-1

Inhaltsverzeichnis

Vorwort

Welchen Beitrag kann Religionsunterricht zur Wertebildung Heranwachsender leisten und wovon hängt das Gelingen entsprechender Lern- und Bildungsprozesse ab? Gerade angesichts einer von Wertepluralität geprägten Ausgangslage, die von heutigen Schülerinnen und Schülern mehr denn je ein verantwortliches Gestalten ihrer »Aufgabe Werte« verlangt, stellt dieser Reflexionszusammenhang eine religionspädagogische Herausforderung dar.

Das vorliegende Buch reagiert auf diese Herausforderung und entfaltet eine religionsdidaktische Theorie von Wertebildung. Dabei handelt es sich um eine Studie, die im Wintersemester 2015/16 von der Theologischen Fakultät der Albert-Ludwigs-Universität Freiburg im Breisgau als Habilitationsschrift für das Fachgebiet »Religionspädagogik, Katechetik und Didaktik des Religionsunterrichts« angenommen wurde. Für die Drucklegung ist der Text geringfügig überarbeitet worden.

Mein herzlicher Dank gilt Prof. Dr. Mirjam Schambeck sf. Mit großem Interesse hat sie sich auf die Begleitung dieses wissenschaftlichen Projektes eingelassen und war für mich dabei in verschiedenster Hinsicht eine wertvolle Ratgeberin, profilierte und kritische Wissenschaftlerin wie auch freundschaftlich verbundene Kollegin. Nicht zuletzt das gemeinsame Arbeiten mit ihr – unter anderem ein paar Semester als ihr Wissenschaftlicher Assistent – hat mich sehr bereichert und mein religionspädagogisch-wissenschaftliches Denken sowie Forschen nachhaltig geprägt. Ich danke ihr überdies für das Erstellen des Erstgutachtens im Freiburger Habilitationsverfahren.

Für die Begutachtung der Habilitationsschrift bin ich zwei weiteren Personen sehr dankbar: Prof. Dr. Rudolf Englert (Duisburg-Essen) sowie Prof. Dr. Bernhard Spielberg (Freiburg im Breisgau), die sich intensiv mit meinen Ausführungen befasst haben.

Forschen geschieht am produktivsten im Austausch. Diesen durfte ich in verschiedensten Konstellationen auf Basis großer Verbundenheit erfahren – unter anderem im Freiburger Oberseminar und im interuniversitären Oberseminar Bamberg-Eichstätt-Freiburg. In letzterem konnte ich auch auf die freundschaftliche Expertise von Prof. Dr. Ulrich Kropač (Eichstätt) zählen. Besonders danke ich dem Bamberger Religionspädagogik-Lehrstuhlteam, das mein Forschen und Lehren seit Jahren in sehr anregend-produktiver und wertschätzender Weise begleitet und unterstützt: Studienrätin Katharina Höger hat vorliegenden Ausführungen durch ihr findiges und profundes Korrekturlesen so manchen Schliff verliehen. Sie und Dr. Andrea Kabus, meine beiden derzeitigen Assistenten Florian Brustkern und Marie-Theres Ultsch, mein externer Doktorand Janosch Freuding sowie Katrin Wolter haben sowohl durch fachliche Anregungen als auch vertrauendes Ermutigen zum gelingenden Abschluss meiner Habilitationsschrift beigetragen. Meiner Sekretärin Angela Grüner und ihrer Vorgängerin Margarete Will-Frank bin ich für vielfältige Unterstützung dankbar, die mir Freiraum für das wissenschaftliche Arbeiten schafft; ebenso den studentischen Hilfskräften. Für das Vertrauen, seinen Lehrstuhl als Vertreter leiten zu dürfen, danke ich dem Präsidenten der Otto-Friedrich-Universität Bamberg, Prof. Dr. Dr. habil. Godehard Ruppert. Nicht unerwähnt bleiben dürfen mein Bamberger Kollege Prof. Dr. Henrik Simojoki sowie meine Regensburger Kollegin Dr. Eva Stögbauer, in denen ich sehr bereichernde religionspädagogische Mitstreiter und Freunde habe. Auch zahlreiche Kolleginnen und Kollegen an der Universität Bamberg schließe ich in dieses Dankeschön mit ein.

Sehr zu schätzen weiß ich, dass meine Studie in die Reihe »Religionspädagogik in pluraler Gesellschaft« aufgenommen wurde. Dafür danke ich den Herausgebern Prof. Dr. Rudolf Englert (Duisburg-Essen), Prof. Dr. Ulrich Schwab (München), Prof. Dr. Dr. h. c. Friedrich Schweitzer (Tübingen) und Prof. Dr. Dr. Hans-Georg Ziebertz (Würzburg); ebenso Dr. Hans J. Jacobs und Lisa Sauerwald vom Verlag Ferdinand Schöningh für die Unterstützung bei der Vorbereitung der Drucklegung. Dem Erzbistum Bamberg sowie dem Erzbistum Freiburg verdanke ich für namhafte Druckkostenzuschüsse.

Werte fallen nicht vom Himmel, sondern werden – das wird dieses Buch erweisen – im gemeinsamen Gestalten von Leben angeeignet. Dass ich in dieser Hinsicht auf meine Familie und Freunde zählen darf, macht mich sehr glücklich und äußerst dankbar.

Bamberg, im Frühjahr 2017   Konstantin Lindner

1 Einleitung

1.1 Fragehorizont und Zielsetzung der Studie

Werte. Werte? Werte! Die Thematisierung von Werten hat seit längerem Konjunktur. Prägend sind dabei entweder diagnostizierende, fragend-suchende oder postulierende Blickwinkel, in deren Fokus weniger ökonomische Güter oder auf metrische Kontexte bezogene Aussagen stehen, sondern vielmehr Orientierungspunkte für eine gelingende Lebensgestaltung. Ein Schlaglicht auf die gegenwärtig auflagenstarke Ratgeberliteratur bestätigt dies: Die Kinderbuchautorin Bärbel Löffel-Schröder beispielsweise gibt mit zwei Co-Autorinnen unter dem Titel »WERTE FÜR KINDER. DAS GROßE ENTDE-CKERBUCH« (2013) Anleitungen, wie im Wochentakt mit Kindern bestimmte Werte »erarbeitet« werden können, und Theologe sowie Unternehmensberater Ulrich Hemel bietet »WERT UND WERTE: ETHIK FÜR MANAGER« (2007). Ein populärer Familientherapeut, Jesper Juul, wiederum fragt in seiner Ratgeberreihe nach Werten, »DIE KINDER EIN LEBEN LANG TRAGEN« (2014), »DIE ELTERN & JUGENDLICHE DURCH DIE PUBERTÄT TRAGEN« (2015) und »WAS FAMILIEN TRÄGT. WERTE IN ERZIEHUNG UND PARTNERSCHAFT« (2016). Nicht zuletzt der Dalai Lama postuliert in religionsübergreifendem Interesse »NEUE WERTE IN EINER GLOBALISIERTEN WELT« (2013).

Werte. Werte? Werte! Die eben streiflichtartig tangierte Ratgeberliteratur reagiert auf ein gesellschaftliches Grundbedürfnis an Werten. Sie sind in unterschiedlichen Nuancierungen Gegenstand öffentlicher Diskurse, die – wie angedeutet – unter anderem diagnostizierend, fragend-suchend oder postulierend geführt werden. Umfrageinstitute veröffentlichen z. B. in regelmäßigen Abständen Befunde dazu, welche Werte bestimmte Altersgruppen prägen. Immer wieder finden meinungsbildende, öffentliche Diskussionen statt, in denen verhandelt wird, was die zentralen Werte unserer Gesellschaft sind. Und gerade im Blick auf sich scheinbar inhuman verhaltende Gruppierungen attestieren viele: Wir brauchen (wieder) Werte! Als gemeinsame Basis dieser vielstimmigen Thematisierungsweisen lässt sich ein unterschwelliger Grundton ausmachen, der für ein konsensuelles Interesse an der Identifikation und Weitergabe gesellschaftlich bedeutsamer Werte steht. Zugleich schwingt dabei die Frage danach mit, wie diese Weitergabe garantiert und organisiert werden kann.

An dieser Stelle eröffnet sich der *Fragehorizont vorliegender Studie*, denn angesichts des verstärkt wahrgenommenen Bedarfs an Werten fordern verschiedenste gesellschaftliche und politische Gruppierungen, dass Schule als Sozialisationsinstanz einen nachhaltigen Beitrag zur Wertebildung der Schülerinnen und Schüler leisten müsse. Aus der Vielzahl schulischer Unterrichtsfächer sieht sich insbesondere der Religionsunterricht mit dieser Aufforderung konfrontiert: Er soll die Lernenden in wertebildender Hinsicht begleiten. Häufig steht hinter dieser Forderung zum einen die Auffassung, bestimmte, als gesellschaftlich bedeutsam erachtete Werte könnten durch entsprechende Vorgehensweisen vermittelt werden; und das am besten in der Schule, die alle Heranwachsenden erreicht. Zum anderen wird anscheinend dem Religionsunterricht zugetraut, diese Aufgabe besonders »erfolgreich« leisten zu können. Wohl gründet dieses Zutrauen oft in alltagstheoretischen Einschätzungen, denen zufolge die christliche Religion Menschen zum »Gut-Sein« bewege und auch Hinweise geben könne, was es bedeutet, diese Haltung zu realisieren. Religionsunterricht wird in der Folge als prädestiniertes »Werte-Fach« identifiziert. Nicht selten, so scheint es, plausibilisiert diese Gleichsetzung zudem die Existenz des immer wieder angefragten Religionsunterrichts im schulischen Fächerkanon.

Aus diesem Fragehorizont ergibt sich die Forschungsfrage, der in dieser Untersuchung nachgegangen wird: *Inwiefern kann der Religionsunterricht die Schülerinnen und Schüler bei ihrer Wertebildung unterstützen?* Der Fokus richtet sich dabei auf die Entfaltung einer am Subjekt orientierten Wertebildungstheorie in religionspädagogisch vergewissernder und in unterrichtspraktischer Absicht. Unter dieser Maßgabe wird die oben in Anspruch genommene Reihung »Werte. Werte? Werte!« bildungsbezogen modifiziert, so dass folgende Perspektiven die Operationalisierung der Forschungsfrage und somit die Fundierung der Wertebildungstheorie leiten: *Werte bilden. Werte? Wertebildung!* In diesem Sinne gilt es erstens zu diagnostizieren, wie sich für Heranwachsende ihre »Aufgabe Werte« angesichts einer von Wertepluralität geprägten Gesellschaft gestaltet: *»Werte bilden.«* Sodann ist – zweitens – danach zu fragen, wie das, was unter Werten verstehbar ist, hinsichtlich des Subjekts konturiert werden kann: *»Werte?«* Drittens gilt es herauszustellen, welche bildungstheoretischen, schulischen und religionsunterrichtlichen Rahmenbedingungen beachtet werden müssen, um in seriöser Weise das Potential des Religionsunterrichts in wertebildender Hinsicht auszuloten: *»Wertebildung!«*

Die Erarbeitung einer Wertebildungstheorie, die all diese Perspektiven berücksichtigt und dadurch versucht, ein präziseres Bild zu zeichnen, was Religionsunterricht in wertebildender Hinsicht leisten kann und was nicht, stellt bis dato ein Forschungsdesiderat dar. Zwar markieren Ausführungen zum Umgang mit sittlich-ethischen Inhalten seit langem ein wichtiges Feld religionspädagogischer Forschung:[1] Bis in die Mitte des 20. Jahrhunderts wurde dabei die sittliche mit religiöser Bildung gleichgesetzt. Spätestens ab den 1979er Jahren etabliert sich »ethisches Lernen« als eigenständiger Forschungskontext innerhalb der Religionspädagogik mit teilweise reger Publikationstätigkeit. Und auch gegenwärtig finden sich verschiedene Entfaltungen zum ethischen Lernen bzw. zur Wertebildung im Rahmen des Religionsunterrichts. Meist bleiben diese Forschungen jedoch auf Ausführungen beschränkt, die sich bestimmten Teilaspekten religionsunterrichtlich verantworteter Wertebildung widmen: Vor allem geht es dabei um ein Fragen danach,

- was das Proprium des Religionsunterrichts in diesem Zusammenhang auszeichnet (vgl. unter anderem Dressler 2015; Englert 2014; Kropač 2013a; Kuld 2007; Lindner 2012a; Rommel 2007a; Schweitzer 2012 und 2015) oder
- welche Modelle die Initiierung wertebildender Lernprozesse leiten können (vgl. z. B. Mokrosch 2009; Roebben 2011; Ziebertz 2013).
- Hinzu kommen speziellere Praxisperspektiven wie die wertebildende Bedeutung von Gefühlen (vgl. Naurath 2007 und 2015), das Lernen an Dilemmageschichten (vgl. Kuld/Schmid 2001; Schmid 2015), Compassion-Projekte bzw. diakonisches Lernen (vgl. Kuld 2004, 2012 und 2015; Fricke/Dorner 2015; Gramzow 2010; Toaspern 2007; Witten 2014) oder das Lernen an vorbildhaften Personen (vgl. Lindner 2015; Mendl 2015).

Bedarf besteht gegenwärtig an grundlegender Forschung zu Wertebildung im Religionsunterricht. Beispielsweise konstatiert Rudolf Englert ein entsprechendes Defizit, insofern »die ›ästhetische Wende‹ der Religionspädagogik die ethische Dimension des Religionsunterrichts ungebührlich in den Hintergrund gedrängt« (Englert 2012, 257) habe. Oftmals scheint es, als sei dieser Verdrängungseffekt das Ergebnis eines Profilierungsbedürfnisses, um herauszustellen, dass Religion nicht mit Ethik und Werten gleichgesetzt werden könne. Diese religionspädagogischen Tendenzen lassen aufhorchen, gerade weil sie anscheinend darauf reagieren, dass Religionsunterricht von außen häufig mit dem Label »Werte-Unterricht« versehen wird. Es lohnt sich jedoch, den diesem Unterrichtsfach entgegengebrachten Vertrauensvorschub nicht im Interesse von Profilierungsversuchen zu verspielen. Vielmehr gilt es, den wertebildenden Beitrag des Religionsunterrichts mittels grundlegender Vergewisserungen und durch die Entfaltung stimmiger Angebote differen-

---

[1] In einem Überblick zu »WERTEBILDUNG IM RELIGIONSPÄDAGOGISCHEN HORIZONT« lässt sich nachweisen, dass vor allem zwei große Tendenzen den gegenwärtigen Forschungszusammenhang prägen: empirische Studien zu den Werten Heranwachsender und zu Religionslehrer/-innen-Vorstellungen bezüglich Wertebildung im Religionsunterricht einerseits sowie hermeneutisch angelegte Fragestellungen hinsichtlich eines theologisch verantworteten Beitrags des Religionsunterrichts andererseits (vgl. Lindner 2012b). Hinzu kommen unterrichtspraktische Vorschläge, jedoch kaum Unterrichtsforschungsperspektiven.

ziert(er) herauszustellen. Englert zufolge wäre es nämlich »ein großer Verlust, wenn [...] der Sinn dafür verloren gehen sollte, dass auch ethische Fragen eine religiöse Dimension haben können. [...] dass, so gesehen, ›Ethik‹ – hier: als Chiffre für all die Fragen, die heutige Lebenspraxis aufwirft – auch weiterhin eine thematische Berechtigung im Religionsunterricht hat« (ebd.).

Insbesondere deshalb ist es erforderlich, sich grundsätzlichen Fragestellungen zu widmen, die die Reichweite, die Kontextualisierung und das Potential dieses Unterrichtsfaches in wertebildender Hinsicht betreffen: Ethische Fragestellungen und damit verknüpfte Werte werden hier – im Unterschied zu anderen schulischen Unterrichtfächern, die ebenfalls wertebildend agieren können – *im Horizont einer religiösen Weltdeutungsweise* zugänglich und sind somit in religiös konturierten Bildungszusammenhängen situiert. Heranwachsende mit dieser Perspektive und den damit verknüpften Chancen vertraut zu machen, stellt eine von mehreren Herausforderungen bei der Gestaltung wertebildender Angebote im Religionsunterricht dar. Dass dies nicht ganz so leicht ist, liegt nicht zuletzt daran, dass der »Eigen-Sinn« eines religiösen Weltzugangs für viele Schülerinnen und Schüler nur noch bedingt zugänglich scheint. Im Kontext von Wertebildung aber können unter anderem christlich-religiöse Fundierungsoptionen von Werten oder der Ausgriff auf Transzendenz für alle Lernenden Möglichkeiten bieten, wertebildungsrelevante Fragen »sinn-voll« einzuholen. Vorliegende Studie hat sich der differenzierten Betrachtung dieser und weiterer Aspekte verschrieben, um eine Wertebildungstheorie zu entfalten, die zum einen die Lernenden als Subjekte ernst nimmt und zum anderen das Proprium des Religionsunterrichts in produktiver Weise zur Geltung bringt.

1.2 Vorgehensweise und Aufbau der Untersuchung

Um den Forschungsgegenstand »Wertebildung im Religionsunterricht« in kairologischer[2] Weise zu bewerkstelligen, gilt es Kontexte auszumachen, die die Forschungsfrage in entscheidender Weise tangieren, und sie auf die be-

---

[2] Rudolf Englert differenziert drei Ebenen religionspädagogischer Theoriearbeit: Grundlagentheorie, Kairologie und Praxeologie. Auf grundlagentheoretischer Ebene geht es darum, »den Sinn religiöser Erziehung und Bildung im Gesamtzusammenhang individuellen und gesellschaftlichen Lebens herauszuarbeiten« (Englert 2008c, 30). In kairologischer Hinsicht gilt es, religiöse Erziehungs- und Bildungsprozesse angesichts prägender Kontexte so zu denken, dass sie »zeit-gerecht« und damit »pünktlich« gestaltet werden können. (Ebd., 31) Praxeologisch angelegte Theorien spezifizieren »ein bestimmtes religionspädagogisches Handlungsfeld, [...] einen inhaltlichen Sachbereich und die Lernsituation bestimmter Subjekte« (ebd.).

Zu wissenschaftstheoretischen Verortungen der Religionspädagogik vgl. u. a. auch Boschki/Gronover 2007; Gennerich/Riegel 2015; Schambeck 2013; Schröder 2012, 264–280; Ziebertz 2002.

nannten Perspektiven »Werte bilden. Werte? Wertebildung!« hin auszuloten.
In dieser Hinsicht werden in vorliegender Studie mehrere nicht-religionspäda-
gogische Forschungsfelder bezüglich beachtenswerter Erkenntnisse konsul-
tiert, um den religionspädagogischen Diskurs zu bereichern. Dabei ist es erforderlich, aus einer Fülle an Forschungszugängen und -ergebnissen auszuwählen. Im Interesse an der grundlegenden Entfaltung einer religionspädagogischen Wertebildungstheorie stellen daher neben den Erkenntnissen theologischer Fachwissenschaften vor allem bildungstheoretische, entwicklungspsychologische, philosophische, (schul-)pädagogische und soziologische Analysen zur Werte-Thematik wichtige Referenzpunkte dar. Ihre, für die vorliegende Forschungsfrage bedeutsamen Einsichten werden aufbereitet und an
geeigneten Stellen jeweils in so genannte »religionspädagogische Perspektiven« transformiert. Letztere wiederum markieren die Ausgangspunkte für die
sukzessive Erarbeitung der angezielten Wertebildungstheorie in praxeologischem Interesse. Der jeweilige Entwicklungsstand der Theorie wird durch
eine schematisierende Darstellung veranschaulicht, welche nach und nach um
wichtige Bausteine angereichert wird.

Die Studie umfasst drei Hauptteile, die den Perspektiven »Werte bilden.
Werte? Wertebildung!« gewidmet sind und von der Einleitung sowie einem
Fazit, das die erarbeitete Wertebildungstheorie bündelt, gerahmt werden.
Eröffnet wird die Untersuchung durch soziologische und entwicklungspsychologische Annäherungen, die Hinweise bieten, was Heranwachsende angesichts ihrer Aufgabe, *Werte bilden* zu müssen, prägt (vgl. 2). In einer überblicksartig angelegten Zusammenschau steht dabei zunächst die von Wertepluralität geprägte, postmoderne Gegenwartsgesellschaft im Zentrum. Entlang der »Lichtungen« Individualisierung, Enttraditionalisierung und Medialisierung wird ein Weg durch die Vielfalt soziologischer Diagnosen zur pluralen Erscheinungsweise von Werten und einem pluralitätsbewältigenden Umgang damit gebahnt. Ausgehend davon rücken die Heranwachsenden als
Subjekte und Zentrum vorliegender Studie in den Fokus der Forschungen,
indem herausgestellt wird, wie sie mit dem Werteplural interagieren, von welchen entwicklungspsychologischen Faktoren ihre Wertebildung abhängig ist
und welche Interaktionskontexte ihre Werthaltungen beeinflussen. Auf der
Grundlage dieser Kenntnisse wird am Ende des ersten Hauptteils die *Herausforderung* fokussiert, die den weiteren Gang der Untersuchung leitet: Inwiefern
können Heranwachsende bei ihrer »Aufgabe Werte« unterstützt werden und
was ist in dieser Hinsicht beachtenswert?

Der zweite Hauptteil beleuchtet markante Dimensionen der weitverzweig-
ten philosophischen, soziologischen und theologischen Diskurse zur Frage:
»*Werte?*« (vgl. 3). Diese drei Erkenntnisfelder prägen den religionspädagogischen Referenzraum in grundierender Weise. Mittels philosophischer Annäherungen lassen sich zum einen sittlich-ethische Konnotierungen des Werte-

Begriffs ausmachen und zum anderen prägende Etappen auf dem Weg zu einer Wertphilosophie konturieren, die ihren Ausgangspunkt immer mehr am Subjekt nimmt. Aus der Vielzahl an Optionen werden mittels einer eigens entfalteten Systematisierungskriteriologie folgende Ansätze analysiert: Max Schelers jahrzehntelang stilprägende materiale Wertethik, Jürgen Habermas' diskursethisch fundierte Spezifizierungen sowie Hans Joas' subjektorientierte Idee von Werten. Die dadurch zugänglichen Erkenntnisse sensibilisieren für zentrale Bausteine, die für das Erstellen einer tragfähigen Wertebildungstheorie in praktischer Hinsicht grundlegend sind. Angesichts dessen, dass der gegenwärtige Diskurs um Werte oder gar um einen »Werteverfall« von verschiedensten soziologisch-empirischen Diagnosen her geprägt ist, verspricht eine Analyse bedeutender wertesoziologischer Theorien wichtige Einsichten hinsichtlich einer praxisbedeutsamen Operationalisierung des Werte-Konstruktes: Was erforschen diese soziologischen Studien unter dem Begriff »Werte«? Welche Werte werden dabei als relevant erachtet? Welche Bereiche menschlicher Lebensgestaltung tangiert die jeweils zugrundeliegende Theorie? Im Licht dieser Fragestellungen werden Milton Rokeachs, Ronald Ingleharts, Helmut Klages' und Shalom Schwartz' terminologische Ausgangspunkte und wertesoziologische Folgerungen ausgewertet. Wie die philosophischen reichern auch die soziologischen Verortungen den Bausatz der Wertebildungstheorie an. Wenngleich bereits die beiden letztgenannten Dimensionen des Diskursfeldes Hinweise auf die Rolle von Religionen im Wertezusammenhang geben, so erfordert vorliegende Studie in dieser Hinsicht auch eine explizit christlich-theologische Vergewisserung: zum einen, weil es sich um eine religionspädagogische Untersuchung handelt, und zum anderen, weil die landläufig in Anspruch genommene Rede von »den christlichen Werten« einer Differenzierung bedarf. Es gilt zu fragen, welche Perspektiven sich aus der Präzisierung »christlich« für eine im Religionsunterricht angesiedelte Wertebildung ergeben. Dadurch kann Überforderungen begegnet, aber auch auf Potentiale verwiesen werden. In einer Zusammenschau der Ergebnisse der verschiedenen Erkenntnisfelder wird am Ende des zweiten Hauptteils die *Basis* der Wertebildungstheorie entfaltet: die Orientierung am Subjekt.

Im dritten Hauptteil nimmt die Untersuchung den Bildungszusammenhang näher in Augenschein (vgl. 4). Unter anderem sind dabei die Verwobenheit der Bereiche Bildung und Werte zu klären sowie beachtenswerte Nuancierungen einer gelingenden Wertebildung zu identifizieren. Zu einem präzisierenden Ausbau des Wertebildungstheorie-Gebäudes tragen sodann schulkontextuelle Vermessungen bei. Denn: Wertebildung im Religionsunterricht ist wie jedes andere Unterrichtsfach auch den schulischen Rahmenbedingungen unterworfen, die den Raum, auf welchen die zu entwickelnde Wertebildungstheorie ausgerichtet ist, in spezifischer Weise kolorieren. Deshalb begibt sich vorliegende Untersuchung in den Dialog mit (schul-)pädagogischen Argumentationen. Abgesehen von gesetzlichen Vorgaben und gesellschaftlichen Interessen bedarf es in dieser Hinsicht einer Berücksichtigung verschiedener Interaktionsebenen, die wertebildende Prozesse beeinflussen und die hinsichtlich einer religionsunterrichtlichen Unterstützung der Schülerinnen und Schüler bei ihrer »Aufgabe Werte« beachtenswert sind: Neben unterrichtlich-inhaltlichen Kontexten erweisen sich vor allem Schulkultur, interpersonale Erfahrungszusammenhänge oder auch Raumgegebenheiten als prägend. Zudem gilt es nach Strategien einer gelingenden Anlage von wertebildenden Lernarrangements Ausschau zu halten – insbesondere bezüglich der handlungsleitenden Dimension von Werten. Insgesamt bereiten die schulkontextuellen Vermessungen das Feld für den religionspädagogischen Feinschliff der Untersuchungen. Die in letzterer Hinsicht angestellten Forschungen widmen sich – aufbauend auf Vergewisserungen zum bisherigen Forschungsstand – elementaren Zielperspektiven einer religionsunterrichtlichen Unterstützung der Lernenden bei ihrer Wertebildung. Insbesondere angesichts dessen, dass der christliche Glaube den Propriumsaspekt des Religionsunterrichts markiert und religiöses Lernen bzw. religiöse Bildung die Ausrichtung dieses Unterrichtsfaches konstituieren, bedarf die zu entfaltende Wertebildungstheorie einer weiteren Zuspitzung: Wie kann Wertebildung im Horizont religiöser Lern- und Bildungsprozesse konturiert werden? In einer finalisierenden Zusammenschau der Ergebnisse des dritten Hauptteils gelangt der gesamte Untersuchungsgang sodann zu einer Sättigung und zu seinem zentralen *Fokus*: zum Erweis einer christlich-religiös verorteten Wertebildung als Realisierung von Subjektorientierung.

Im letzten Teil (vgl. 5) beantwortet vorliegende Studie schließlich die Forschungsfrage, inwiefern Schülerinnen und Schüler im Religionsunterricht bei ihrer Wertebildung unterstützt werden können. Dies erfolgt mittels einer Perspektivierung der sukzessive erarbeiteten und an verschiedenen Stellen der Darlegungen präsentierten Bestandteile der Wertebildungstheorie hinsichtlich des »fachdidaktischen Wissens« der Religionslehrkräfte. Schließlich werden neben einem Vorschlag zur unterrichtpraktischen Umsetzung zentraler Konturierungen, die vorliegende Studie diagnostiziert, weiterführende Forschungsperspektiven und Desiderate skizziert.

1.3 Terminologische und formale Hinweise

Die einleitenden Ausführungen haben bereits gezeigt, dass diese Arbeit mit dem Terminus »Wertebildung« das fokussiert, was in anderen religionspädagogischen Studien – zum Teil mit ähnlichem Duktus – als »ethisches Lernen« oder »Werteerziehung« bezeichnet wird. Im Gegensatz zum Erziehungsbegriff spricht für das Kompositum mit dem Konstituent »Bildung«, dass damit das Subjekt auch auf begrifflicher Ebene ins Zentrum der Reflexion rückt: Es bildet seine Werte selbst, wie die Untersuchung im Folgenden in mehrfacher Hinsicht erweisen wird. Für die Bevorzugung von »Wertebildung« gegenüber »ethischem Lernen« lässt sich anführen, dass letztere Bezeichnung die immer wieder kritisierte kognitive Verengung von Lernprozessen abbildet, die sich im Religionsunterricht mit wertebezogenen Fragen lediglich auf reflexiv-ethischer Ebene beschäftigen. Die vorliegende Studie dagegen will aufzeigen, wie diese Schieflage vermieden werden kann. Diese Intention liefert somit einen weiteren, ausschlaggebenden Grund, warum durchgängig von Wertebildung die Rede ist (vgl. dazu genauer 4.3.1). Lediglich an manchen Stellen des Untersuchungsgangs werden alternative Bezeichnungen verwendet, um den jeweiligen Forschungszusammenhängen gerecht zu werden.

Zitiert wird in dieser Studie nach dem amerikanischen, dem so genannten »Harvard-System«, bei dem durch die Angabe von Autorin bzw. Autor, Veröffentlichungsjahr und Seitenzahl – in der Form: (Name/n Jahr, Seite/n) – unmittelbar im Text auf zitierte Publikationen verwiesen wird. Dabei steht der bibliographische Verweis vor dem schließenden Satzzeichen, wenn er sich auf eine unmittelbar voranstehende, direkt zitierte Wortgruppe bezieht oder im entsprechenden Satz sinngemäß zitierte Gedankengänge kenntlich macht. Beziehen sich innerhalb eines Satzes mindestens zwei direkte Zitate auf die gleiche Referenzpublikation, wird der bibliographische Verweis nach dem schließenden Satzeichen gesetzt. Anmerkungen in Fußnoten dienen in der vorliegenden Studie dem Hinweis auf Referenzgedankengänge oder der Präsentation weiterführender Informationen.

2 Werte bilden.
Aufgabe Heranwachsender im wertepluralen Zeitalter

Mit immer neuen soziologischen Typisierungen wurden und werden in den letzten Jahrzehnten Versuche unternommen, die jeweils gegenwärtige Gesellschaft[3] oder Teile davon durch Identifikation und Benennung markanter Spezifika verdichtend zu charakterisieren: angefangen bei Generationstitulierungen wie »Generation Y« (vgl. Hurrelmann/Albrecht 2014) oder »Generation Praktikum« (vgl. Bebnowski 2012, 185–225) über Zeitaltersgeneralisierungen wie »digitales Zeitalter« bis hin zu Gesellschaftszuschreibungen wie »Multioptionsgesellschaft« oder »Wissensgesellschaft«. Entsprechende Darstellungen rekurrieren häufig auch auf den Zusammenhang der Wertepluralität, die als Herausforderung für die Subjekte wahrgenommen wird.

Im folgenden Kapitel geht es darum, grundlegende Charakteristika, die mit dieser Herausforderung einhergehen, zu fokussieren, um den Referenzraum zu konturieren, in dem sich Heranwachsende angesichts ihrer »Aufgabe Werte« bewegen. Dieser Kontext ist hinsichtlich der Initiierung wertebildend ausgerichteter, schulischer Lerngelegenheiten beachtenswert. Dazu wird zunächst der Plural an Werten im Horizont markanter gegenwartssoziologischer Signaturen systematisiert und auf dieser Basis herausgearbeitet, dass Werte eine wichtige Option zur Pluralitätsbearbeitung darstellen (vgl. 2.1). Nach diesen grundlegenden Verortungen gilt es in einem weiteren Punkt dezidiert die Heranwachsenden, die den zentralen Fokus vorliegender Studie bilden, in den Blick zu nehmen (vgl. 2.2): Um für elementare Zusammenhänge zu sensibilisieren, die Kinder und Jugendliche in ihrer Wertebildung prägen, wird aufgezeigt, wie Heranwachsende mit dem Werteplural interagieren, welche Entwicklungsfaktoren ihre Werteentfaltung prägen und durch welche Interaktionskontexte ihre Werthaltungen besonders beeinflusst werden.

Mittels dieser Darlegungen wird deutlich, dass Heranwachsende ihre Werte im Horizont von Entwicklungs- und Selbstkonstruktionsprozessen bilden.

---

[3] Was unter Gesellschaft in soziologischer Hinsicht bezeichnet wird, ist durchaus spezifisch akzentuiert. Grundsätzlich umschreibt der Begriff »Gesellschaft« das Verhältnis von menschlichem Agieren und sozialen Rahmenbedingungen (vgl. Suchanek 2008, 89). Richard Münch versteht darunter »alles […], was über die Ebene von Organisation und Interaktion als soziale Einheiten hinausgeht: Gemeinde, Stadt, Region, Nation, Staat, Nationalstaat, europäische Gesellschaft, Weltgesellschaft und ihre Institutionen von Wirtschaft, Politik, Verwaltung, Zivilgesellschaft, Kultur (Wissenschaft, Kunst, Religion, Bildung, Technologie), ihre Sozialstruktur und ihr sozialer Wandel« (Münch 2004, 9).

Die diesbezüglich herausgearbeiteten Konturierungen pointieren den Bedarf von Kindern und Jugendlichen an Räumen und Gelegenheiten, in bzw. bei denen sie ihre »Aufgabe Werte« angehen können (vgl. 2.3). Unter anderem stellen sich in dieser Hinsicht Fragen nach der Legitimation und nach geeigneten Optionen schulischer und religionsunterrichtlicher Bemühungen, Schülerinnen und Schüler in ihrer Wertebildung zu unterstützen.

2.1 Wertepluralität als Herausforderung

Wie alle Bereiche menschlichen Lebens und Agierens begegnet der Kontext Werte den Subjekten – in für die Postmoderne[4] typischer Weise – gegenwärtig in Form »radikaler« Pluralität:[5] Wertepluralität markiert eine unhintergeh-

---

[4] In vielfältiger Weise wurde und wird diskutiert, inwiefern der Begriff »Postmoderne« tauglich ist, um die Gegenwart zu charakterisieren (vgl. unter anderem Krause 2007, 132–137). Insbesondere mit Jürgen Habermas stand Jean-François Lyotard, einer der prägenden Denker des Postmoderne-Begriffs, diesbezüglich im Diskurs (vgl. z. B. Steuermann 1992). Auch der Verweis darauf, dass unter dem Mantel des Terminus »Postmoderne« das Subjekt vernachlässigt werde, lässt aufhorchen: Unter anderem Lyotard attestiert in seinen Darlegungen zum Erhabenen – vor allem in den »LEÇONS SUR L'ANALYTIQUE DU SUBLIME« – dem Subjekt ein Zerrüttetsein, da der Wunsch nach Absolutem, Erhabenem sich als mit rein rationalen Operationen unerfüllbar erweise (vgl. Zima 2010, 203–206). Damit aber wird zum einen nicht das Subjekt an sich in Frage gestellt, sondern nur die ihm gegenüber geführten Zuschreibungen. Insofern erscheint der Hinweis auf dessen Zerrüttetsein als wichtige, bedenkenswerte Diagnose. Zum anderen wird in vorliegender Studie der Begriff »Postmoderne« gerade nicht als Alternative zur »Moderne«, sondern als Option verwendet, deren Fortschreibung zu charakterisieren. Hier erweist sich die Argumentation von Wolfgang Welsch, dass die Pluralität postmodern akzeptiert werde, einmal mehr als schlüssig und hilfreich, da sich daraus unter anderem Fragen hinsichtlich einer Wertebildung abseits von normativen Vorgaben akzentuieren lassen: Während in der Moderne noch der Verlust der Einheit, der Ganzheit beklagt wird, erscheint diese Klage »postmodern gerade als Gewinn von Vielfalt« (Welsch 2002, 176) aufgehoben zu sein.

[5] Jean-François Lyotard belegt dies in seiner 1979 veröffentlichten, wegweisenden Studie »LA CONDITION POSTMODERNE« für den Universitätsrat der Kanadischen Regierung anhand des veränderten Umgangs mit »Wissen in höchstentwickelten Gesellschaften« (Peter Engelmann, in: Lyotard 1999, 9). Große Erzählungen – wie die der Zielgerichtetheit des Geistes im Idealismus, der Hermeneutik des Sinns im Historismus und der vernunftbasierten Emanzipation des Menschen im Gefolge der Aufklärung (vgl. Lyotard 1999, 13) –, welche früher dazu beigetragen hätten, Ganzheit herzustellen und somit auch Wissen zu legitimieren, hätten ihre Glaubwürdigkeit verloren: »Es gibt in der Wissenschaft keine allgemeine Metasprache, in die alle anderen übertragen und in der sie bewertet werden können.« (Ebd., 185) Ein Konsens, der alle in einer Gemeinschaft oder Gesellschaft zirkulierenden Überzeugungen vereint, ist abseits von Unterdrückung und Oktroyierung nicht möglich. »Die Sehnsucht nach der verlorenen Erzählung ist für den Großteil der Menschen selbst verloren.« (Ebd., 122) Gleichwohl benötigt das Subjekt den erzählenden Modus weiterhin (vgl. ebd., 102f): Es erzählt seine Geschichte im Sinne einer Metaerzählung, die gleichwohl nur aus der Perspektive des jeweiligen Individuums Geltungsanspruch erheben kann. Auch innerhalb der Wissenschaften bleibt »die ›kleine Erzählung‹ die Form par excellence der imaginativen Er-

bare Signatur, die sich auf die Subjekte besonders im Angesicht von Individualisierung, Enttraditionalisierung und Medialisierung auswirkt. Im Folgenden wird überblicksartig charakterisiert, welche Rahmenbedingungen aus diesen Kontexten hinsichtlich der Wertebildung des Subjektes erwachsen (vgl. 2.1.1–2.1.3).[6] Es lässt sich nachweisen, dass der Umgang mit Wertepluralität eine »reale Lebensbedingung *und* Gestaltungsaufgabe« (Eid 1995, 149) ist, die häufig als Herausforderung identifiziert wird und eine von verschiedenen Seiten her artikulierte Forderung nach sich zieht, Schule sollte sich verstärkt der Wertebildung Heranwachsender widmen (vgl. 2.1.4).

2.1.1 Individualisierung. Zunahme von Werte-Entscheidungsmöglichkeiten

Die als Kennzeichen der Gegenwart attestierte, unhintergehbare Pluralität führt als Konsequenz die Individualisierung[7] der einzelnen Subjekte mit sich. Letztere stellt die zweite Seite der Medaille einer hochgradigen Ausdifferenzierung der Gesellschaft dar. Zwar werden dem Subjekt bereits im Gefolge der Aufklärung verstärkt Freiheiten hinsichtlich verschiedenster Lebensentscheidungen zugestanden. Erst in den 1960er/70er Jahren jedoch kommen diese Entscheidungsfreiheiten in den westlichen Gesellschaften in umfänglicher Weise zur Geltung. Im Zuge der Emanzipationsbewegungen von der Elterngeneration in der Nachkriegszeit befreit sich »die Jugend« zunehmend von festgelegten Familientraditionen, sozialer Kontrolle, religiösen Vorgaben – besonders öffentlichkeitswirksam und aufsehenerregend wird dies im Kontext der so genannten »sexuellen Revolution« zelebriert, die sowohl Familienmodelle, aber auch bisherige sittliche Konventionen in Frage stellt.[8]

---

findung« (ebd., 175), die jedoch nicht unhinterfragt umfassende Gültigkeit beanspruchen kann, sondern im Durchgang durch den Dissens geprüft wird.

Für den Zusammenhang Werte lässt sich nach dem Ende der großen Erzählungen konstatieren, dass »eine Vielzahl kleinerer Erzählungen mit entsprechend vielfältigen Werten [geblieben ist], die vor allem der Umstand eint, dass sie einander respektieren« (Reichertz 2008, 75).

[6] Dass mit soziologischen Fragen auch Werte-Kontexte tangiert werden, macht bereits einer der frühen Versuche deutlich, den Begriff »Gesellschaft« zu klären. Ferdinand Tönnies stellt diesen dem Terminus »Gemeinschaft« gegenüber. Während Mitglieder einer Gemeinschaft gemeinsame Werte hätten, wäre dies bei einer Gesellschaft, die Gemeinschaften zunehmend ablöse und durch ein Nebeneinander wesentlich getrennter Individuen ersetze, nicht zwingend vorauszusetzen (vgl. Gebhardt 2008, 210).

[7] Einen hilfreichen Überblick zu diesem durchaus unterschiedlich akzentuierten Begriff bietet Rudolf Richter: Er geht davon aus, dass nur in den Gesellschaften Individualisierung möglich ist, »in deren Werthaltungen, Weltanschauungen und Religionen das Individuum in den Mittelpunkt tritt« (Richter 2008, 721).

[8] Ulrich Beck identifiziert drei wesentliche Dimensionen von Individualisierung: die »Freisetzungsdimension« als Herauslösung aus traditional verankerten Sozialformen und deren Vorgaben; die »Entzauberungsdimension« als den Verlust von Sicherheiten hinsichtlich des Handlungswissens, des Glaubens und leitender Normen; die »Kontroll- und Reintegrationsdimension« als neue Form sozialer Einbindung (vgl. Beck 2003, 206).

Im Rahmen des pluralen Angebots erleben sich die Subjekte gegenwärtig in vielen Zusammenhängen als autonom. Sie individualisieren sich, indem sie selbst und eigenverantwortlich Entscheidungen treffen.[9] Obwohl ein Freiheitsgewinn aus dem Individualisierungsprozess resultiert, ist angesichts der damit untrennbar verknüpften Pluralisierung dennoch ein Zwang verbunden: der Zwang zum Wählen, zum Entscheiden. Das Subjekt muss das, was von außen plural auf es zukommt, wahrnehmen, beurteilen und dann entweder in den eigenen Lebensentwurf integrieren oder nicht. Zur Einordnung benötigt es Referenzpunkte, die unter anderem in Werten gründen können.

Die Individualisierung tangiert somit auch den Werte-Kontext. Weil letzterer aber ebenfalls der Pluralisierung unterworfen ist, sieht sich das Subjekt einer Vielzahl an Werten und Werthaltungen gegenüber und zur individuellen Entscheidung diesbezüglich herausgefordert. Davon zeugen verschiedenste Wertestudien (vgl. 2.2.1). Den Horizont bildet eine Gesellschaft, die zwar keine bestimmten Werthaltungen mehr in normativer Absicht vorschreiben kann, gleichwohl aber Rahmenbedingungen setzt. Gerade seit den 1990er Jahren sind Gegenbewegungen festzustellen, die von der Individualisierung wieder verstärkt zur Einbindung der bzw. des Einzelnen führen: Pluralität bedeutet daher nicht sogleich die grundsätzliche Auflösung von Kollektiven. Zum Teil werden die den Subjekten vielfältig zur Verfügung stehenden Optionen durch die Dominanz bestimmter Strukturen in ihrer Optionalität begrenzt. Die Individuen gestalten sich zwar selbst, jedoch in Abhängigkeit von verschiedensten Märkten und deren Regeln – z. B. Arbeitsmarkt, Medienkontext, Konsumangebot – und unterliegen damit einer institutionenabhängigen Kontrollstruktur, die zu einer zunehmenden Vergesellschaftung der bzw. des Einzelnen führt (vgl. Beck 2003, 210). Insofern kann und muss das Subjekt individuell, aber zugleich im Austausch mit anderen[10] wählen, welche Werte für den eigenen Alltag geeignet und sinnstiftend scheinen. Es ist dabei selbst verantwortlich für seine eigene Wertebildung auf der Grundlage einer selbstreflexiven Auseinandersetzung mit der Wertepluralität, jedoch auch mit den »Mühen der Orientierung, […] Belastungen des ständigen Aushandelns und […] Risiken des Scheiterns« (Hradil 2002, 43) konfrontiert. Damit sich anbe-

---

9   Mit dieser Auslegung des Begriffs orientiert sich vorliegende Studie an der Deutung von »Individualisierung« als kulturellem Phänomen als »eine qualitative Veränderung des Verhältnisses von Individuum und Gesellschaft und ein damit einhergehendes Deutungsmuster, das Selbstkontrolle, Selbstverantwortung und Selbst-Steuerung akzentuiert« (Wohlrab-Sahr 1997, 28). Monika Wohlrab-Sahr differenziert davon die strukturelle Individualisierung, die auf gesellschaftliche Kontexte bezogen ist und darauf verweist, dass sich z. B. der Arbeitsmarkt immer mehr ausdifferenziert (vgl. ebd.).

10   Ulrich Beck spricht von »Ko-Individualisierung« und betont damit, dass die Individualisierung des einzelnen ihre Grenze in der Individualisierung des anderen finde und daher »ein durch und durch gesellschaftlicher Sachverhalt […] [sei]. Die Vorstellung eines *autarken* Ich ist pure Ideologie« (Beck 2001, 3).

trachts einer Vielzahl widerstreitender Werte kein Orientierungsverlust, sondern ein Orientierungsgewinn einstellt, benötigt das Subjekt nachvollziehbare sowie vernünftige Reflexions- und Begründungsangebote, um eigene Wertentscheidungen verantwortlich treffen und das eigene Wertegerüst weiter entwickeln und festigen zu können.

2.1.2 Enttraditionalisierung. Vervielfältigung der Werte-Rekursoptionen

Im Zuge der voranschreitenden Pluralisierung stellt sich die Frage nach der Relevanz von Traditionen. Als Gewohnheiten, die in einer Gemeinschaft weitergegeben werden, prägen sie das Zusammenleben. Von den Mitgliedern einer traditionalen Gemeinschaft wird dabei das aus der Vergangenheit Überkommene dauerhaft wiederholt und in gewisser Weise aktualisierend interpretiert. In postmodernen Gesellschaften verlieren Traditionen ihre Bindekraft, unter anderem weil die Individuen einer Gemeinschaft durch die Begegnung mit anderen Traditionen oder alternativen Optionen, Leben zu gestalten, ihre eigenen Traditionen nicht mehr unhinterfragt lassen.[11] Letztere sind mit »Prozessen der Sinnentleerung, des Exhumierens und Problematisierens« (Giddens 1996, 115; Kursivs. rückg., K.L.) konfrontiert. Das plurale Angebot und die mit der Individualisierung einhergehenden Freiheiten ermöglichen dem Subjekt eine Herauslösung aus traditional geprägten Lebenszusammenhängen (vgl. Beck 2003, 213), in denen Überliefertes den Alltag in beherrschender Weise strukturiert. Die bzw. der Einzelne kann sich bei der eigenen Lebensgestaltung auf Traditionen beziehen, muss aber nicht. Vor allem dann, wenn Überliefertes den gewählten Lebensstil zu unterstützen verheißt, rekurrieren Individuen noch darauf.

Dieser selektive Umgang mit Überliefertem hat Auswirkungen auf den Kontext Werte: In traditionalen Gesellschaften steht die Tradition nicht nur dafür, wie »gehandelt *wird*, sondern auch dafür, wie gehandelt werden *soll*« (Giddens 1996, 128). Die erinnernde Weitergabe gemeinschaftsfundierender Erzählungen – wie sie sich z. B. in Normierungen durch Verfassungen und Gesetze, in religiösen Schriften oder in rituell aufgeladenen Interaktionsformen finden – konstituiert hierbei einen verbindlichen Referenz- und Deutungsraum, der auch Werte und Werthaltungen überliefert und fundiert. In posttraditionalen Gesellschaften dagegen können die Subjekte entscheiden,[12]

---

[11] Im Gegenzug nimmt das weiten Teilen der Gesellschaft immer leichter zugängliche Expertenwissen eine zunehmend wichtige Rolle ein. Es dient als Korrektiv und ersetzt nicht selten Traditionen, wenn es darum geht, Leben zu gestalten (vgl. ebd., 168); zugleich ist auch das Expertenwissen einer »Pluralisierung von Rationalitäten« (Beck 1996, 293) unterworfen.

[12] Dies war z. B. bis in die 1960er/70er Jahre in manchen Gegenden Deutschlands lediglich bedingt möglich: »Es gab eine die Gesellschaft bestimmende christliche Kultur und damit eine christliche Gesellschaft, die somit auf einer einheitlichen und umfassenden Wertgrundlage beruhte.« (Laux 2002, 507)

an welchen Referenz- und Deutungsraum sie ihre Werthaltungen zurückbinden. Hinzu kommt, dass sie durch Globalisierungsprozesse mit den Traditionen anderer Gemeinschaften, die wiederum spezifische Werthaltungen prägen und fundieren, in Berührung kommen.[13] Dieser globalisierte intertraditionale Austausch birgt Chancen für die Wertebildung der Subjekte: Andere Traditionskontexte eröffnen zum einen alternative Blickwinkel auf eigene Werte und Werthaltungen oder machen gar neue Werte zugänglich, zum anderen bieten sie neue Optionen an, Werte zu begründen.[14]

In dieser Gemengelage aus »einem Universum mit einer Vielzahl konkurrierender Werte« (Giddens 1996, 183), die verschiedenen traditionalen Systemen zugeordnet werden können, ist das Subjekt gefordert. Es liegt jetzt im Bereich seiner Verantwortung, den jeweiligen wertebegründenden Traditionen nachzuspüren, diese mit den eigenen Erfordernissen abzugleichen und sich explizit für bestimmte Werte zu entscheiden. Überliefertes bleibt damit für Wertebildungsprozesse weiterhin bedeutsam: Es eröffnet dem Subjekt unter posttraditionalen Gesichtspunkten Referenz- und Deutungsräume, in die es seine Wertfragen sowie -haltungen bewusst hineinstellen kann – meist wohl nur phasenweise und nicht dauerhaft.[15] Diese Räume müssen nicht zwangsläufig die Traditionszusammenhänge sein, in denen das Subjekt aufgewachsen ist. Dabei kann es sich jedoch nicht mit einem unkritischen, nicht-diskursiven Traditionsrekurs zufrieden geben. Unter anderem der technische und ökonomische Fortschritt bringen neue Herausforderungen mit sich, auf die das Subjekt nur zum Teil mit vordefinierten Werthaltungen reagieren kann.

---

[13] Was Globalisierung für religiöse Bildung bedeuten kann, hat Henrik Simojoki in treffender Weise unter dem Titel »GLOBALISIERTE RELIGION. AUSGANGSPUNKTE, MAßSTÄBE UND PERSPEKTIVEN RELIGIÖSER BILDUNG IN DER WELTGESELLSCHAFT« aufgezeigt (vgl. Simojoki 2012).

[14] Dieter Hermann postuliert eine »posttraditionale Ethik« und versteht unter posttraditionellen Werten »eine traditionelle Orientierung in der postmodernen Gesellschaft«, die drei Bereiche umfasse, »nämlich die Ausrichtung am Leistungsgedanken, die Befürwortung einer konservativen Grundhaltung und Orientierung an christlich-religiösen Positionen«. (Hermann 2008, 127; vgl. ebd., 85) Sowohl die inhaltliche Verwendung des Begriffs »posttraditional« als auch die fokussierende Engführung auf »christliche Werte« sind hinterfragenswert – unter anderem aufgrund philosophischer, soziologischer und theologischer Klärungen (vgl. 3).

[15] Rudolf Englert pointiert: »Wenn Traditionen für die moralische Orientierung von Menschen auch unter den Bedingungen einer nach-traditionalen Gesellschaft von Interesse sind, dann […] nicht in der Verdingung mit der Frage nach Normen, sondern in Verbindung mit der Frage nach Werten. Für Werte aber haben Moralphilosophen wie Charles Taylor oder Hans Joas sehr überzeugend zeigen können, dass diese ihren Wert eben nicht ›an sich‹, sondern immer nur im größeren Deutungszusammenhang bestimmter Traditionen besitzen.« (Englert 2013a, 59)

2.1.3 Medialisierung. Erweiterung des Werte-Handlungsraumes

Kaum eine Entwicklung hat in den letzten Jahrzehnten auf die menschliche Lebensgestaltung so nachhaltig Einfluss genommen wie die zunehmende Medialisierung[16], insofern den Subjekten eine Reihe technischer Neuerungen schnellere und umfassendere Optionen eröffnet, sich auszutauschen sowie dadurch Wirklichkeit zu konstruieren und zu teilen. Fernsehen, Computer oder Smartphone »schließen vieldeutige Welten in einer hybriden symbolischen Umwelt zusammen und bilden so einen Schirm generalisierter Konnektivität von individuellen Ereignissen« (Bauer 2008, 11). Sie ermöglichen den sie nutzenden Menschen einen schnellen Austausch von Informationen und prägen die Lebensgestaltung sowohl in sozialer, kultureller, ökonomischer etc. Hinsicht. Die einzelnen Subjekte bewegen sich in einem gesellschaftlichen Raum, in welchem Beziehungen, Themen, Ereignisse etc. durch den Gebrauch von Medien gestaltet und interpretiert werden. Dabei bieten die Medien »eine breite Kommunikationsplattform, ohne die in einer so komplexen Gesellschaft die demokratische Willensbildung wohl kaum zu organisieren wäre« (Gottberg 2008, 50). Insbesondere der flächendeckende Zugang zum Internet vergrößert die medialen Handlungsräume und -optionen des Subjekts.[17] Heranwachsende in Deutschland sind »digital natives«. Sie wachsen mit den durch digitale Technik ermöglichten Vernetzungsoptionen auf, sind von Kindheit an damit vertraut und greifen flächendeckend darauf zu. Dies belegen beispielsweise Ergebnisse der JIM-Studie 2016, der zufolge fast alle Zwölf- bis 19-Jährigen ein eigenes Smartphone (95%) besitzen und 92% der Jugendlichen von ihrem eigenen Zimmer aus ins Internet gehen können (vgl. Medienpädagogischer Forschungsverbund Südwest 2016, 7). Sie und auch weite Teile der Gesellschaft bewegen sich selbstverständlich im virtuellen Raum. Dieser ist zwar kaum noch vom nicht-virtuellen Lebensraum abgrenzbar,[18] gleichwohl birgt er vor allem aufgrund der möglichen Anonymität, auf die sich User gegenüber anderen Usern in 1:1-Kommunikationssituationen zurückziehen können, neue Herausforderungen – gerade im Bereich der Werte.

---

[16] Der Begriff Medialisierung bezieht sich zunächst primär auf die »Verknüpfung der Inhalte und Mediatisierung […] [auf die] Verknüpfung (Vernetzung) der Beziehungen. Mediatisierung ist die eine, Medialisierung ist die andre Seite der einen Medaille: die (soziale und damit inspirative) Bezüglichkeit des individuellen Lebens und die Gesellschaft als kulturell gemeinte Konkretion dieser sozialen Deutung.« (Bauer 2009a, 97)

[17] »Die Metapher, man gehe ins Netz, verweist darauf, dass das WWW nicht nur ein Medien(-verbund) ist, sondern eine quasi-räumliche Struktur besitzt.« (Friedrichs/Sander 2010, 34)

[18] »The internet is over« – mit diesem Postulat verwies Oliver Burkeman 2011 in »The Guardian« auf das Verschwinden der Grenze zwischen virtueller und realer Welt (vgl. Filipović 2014, 110). Nikolai Horn betont: »Der virtuelle Raum ist […] nur einer der vielen Aspekte des in der ›Welt‹ Gegebenen. Es gibt zwar unterschiedliche Realitäten […], aber eben nur eine ›Welt‹ als Inbegriff des Erlebbaren.« (Horn 2014, 130)

Im Gegensatz zur landläufig geäußerten Annahme, (Massen-)Medien würden Werte vermitteln, ist zu bedenken, dass das medial Zugängliche zwar auch verschiedenste Wertvorstellungen transportiert, dennoch ist das Subjekt selbst gefordert, »sich dazu zu verhalten und für sich die geeigneten Werte zu finden« (Reichertz 2008, 71). Werte werden von Medien nicht direkt vorgegeben, aber in potenzierter Vielfalt angeboten. Vor allem die zunehmenden Optionen, den medial-virtuellen Raum selbst mitzugestalten, erweitern den Werte-Zusammenhang: Im kommunikativen, medial unterstützten Geschehen werden Werte in einem weltweiten Diskurskontext leb- und aktualisierbar.[19] Verschiedenste Partizipationsoptionen bieten den Subjekten die Möglichkeit, in der virtuellen Wirklichkeit Schranken zu überwinden, die in der analogen Welt gesetzt sind. Auffällig ist, dass dabei immer wieder neu Grenzen ausgelotet werden müssen, deren Gestaltungsrahmen von Werten her konstruiert ist. Dieser Rahmen spannt sich zwischen zwei Polen von Freiheit auf:[20] Cyber-Mobbing, Verletzungen der Privatsphäre, Online-Betrug und Ähnliches kennzeichnen die übergebührliche Ausnutzung von Freiheiten; Einschränkungen der individuellen Freiheit durch überregulierende Überwachung des individuellen Datenaustauschs markieren die gegenüberliegende Seite. Wie in nicht-virtuellen Kommunikationszusammenhängen auch, sind die Subjekte herausgefordert, bezüglich ihres Gestaltungsrahmens in einen Wertediskurs zu treten, der nicht selten die Interpretationsweite von Wirklichkeitsdeutung und Fragen bezüglich der Idee von Wahrhaftigkeit tangiert. Deshalb ist eine diskursive Aushandlung von Werten wie »Vertrauen, Verlässlichkeit, Transparenz, Glaubwürdigkeit, Verantwortung« (Bauer 2009a, 104; vgl. Böhning/Görlach 2011, 38–40) zu leisten, die wiederum auf Referenzmomente angewiesen sind, welche in der Wertefundierung der aushandelnden Subjekte gründen.

Im Zuge erweiterter medialisierter Optionen sieht sich die bzw. der Einzelne somit verstärkt aufgefordert, die zugänglichen Handlungs- und Deutungskontexte wertebasiert zu gestalten. Hierfür sind wertebildende Lerngelegenheiten nötig, die es den Subjekten ermöglichen, ihr Wertegerüst auch im medialen Zusammenhang zu reflektieren. Insbesondere die Anonymitätsoptionen des virtuellen Raumes und einmal mehr der sozialen Netzwerke verweisen auf die Relevanz entsprechender Angebote. Nicht selten wird dabei die

---

[19] Jo Reichertz spricht von einem »mit dem Prozess der Globalisierung einhergehende[n] ›Kontaktzwang‹, [...] [der] den Prozess der Begegnung und Durchdringung des Kulturellen und des Wünschenswerten« beschleunige und dadurch auch »multilaterale[] Verhandlungen über gesellschaftliche Werte und Normen« erfordere. (Reichertz 2008, 71f)

[20] Hinsichtlich einer so genannten Netz-Ethik definiert Alexander Filipović als Kriterium die individuelle Freiheit im Kontext von Verantwortung und Gerechtigkeit: Wie in anderen ethischen Zusammenhängen auch müssten »individuelle Freiheitsrechte [...] mit den Rechten der Anderen in einen Ausgleich gebracht« und »in einer entsprechenden gesellschaftlichen Ordnung [...] realisiert und gewährleistet werden«. (Filipović 2014, 116)

Vermeidung problematischen Konsequenzen als Grund für wertebildende Bemühungen benannt. Gleichwohl bietet der virtuelle Raum auch beachtenswerte Chancen: Gerade Heranwachsenden, die angesichts von Komplexität und Pluralität auf Erprobungsgelegenheiten angewiesen sind, eröffnet er als »Trainingslager für Entscheidungen, für Prioritätensetzungen in Zeiten des Anything goes« (Hurrelmann/Albrecht 2014, 153) in vielerlei Hinsicht wertebildende Optionen. Bereits durch die Nutzung von (Kommunikations-)Medien werden Werte realisiert, die jedoch nicht sofort »Realitäten« nach sich ziehen. Hierbei ist unter anderem an Onlinerollenspiele oder Kommunikation in Chats zu denken. Freilich entbindet dieser Trainingslagercharakter aufgrund der unaufgebbaren Verzahnung von virtuell-digitaler und analoger Welt sowie der damit verbundenen Wirkungen auf andere Subjekte nicht davon, sittlich gut zu agieren.[21] Nicht zuletzt deshalb sind die Subjekte im Zeitalter der Medialisierung verstärkt darauf angewiesen, sich auch in formalen Bildungszusammenhängen ihrer eigenen Werte vergewissern und diese weiterentwickeln zu können.

2.1.4 Werte: Hilfe bei der Pluralitätsbearbeitung

Die Relevanz von Werten zeigt sich postmodern also gerade in Anbetracht des Wertepluralismus. Unmittelbar einsichtig wird ihre Bedeutung angesichts der Diagnose, dass die Pluralität das Subjekt mit Wertkonflikten konfrontiert, für deren Bearbeitung immer wieder neu passende Formen des Umgangs ausgehandelt werden müssen. Angesichts der Vielheit der Bewertungs-, Entscheidungs- und Handlungsoptionen stehen sich unterschiedliche Wirklichkeiten konkurrierend gegenüber. Die Subjekte sind aufgefordert, stimmige Kriterien zu generieren, um entscheiden zu können, was wahr, was gerecht, was menschlich ist (vgl. Welsch 2002, 5). Lyotard bietet in seinem zweiten Hauptwerk »LE DIFFÉREND« – dt. »DER WIDERSTREIT« – einen Antwortversuch auf die Frage, wie man mit der Pluralität umgehen könne, ohne Vielheit zu beschneiden. Gerade im Benennen von Differenzen sieht er einen entscheidenden Weg. Im Wissen darum, dass verschiedene Diskurse ihren eigenen Gültigkeitsanspruch haben und sich von daher im Widerstreit befinden, kann es keine innerweltliche Instanz geben, von der her allgemeingültig beurteilt werden kann, welcher Diskurs der bedeutsamere, verpflichtendere ist

---

21 Thomas A. Bauer verweist darauf, dass sich im Zeitalter von Medialisierung und Mediatisierung »Spielräume der Ethik (als Diskurs) [ergeben], die vor einem solchen kulturellen Wandel, wie er erst im Kontext von Medien möglich wurde, nicht gegeben waren. Diese Spielräume sind sowohl als Gewinn an Freiraum (Entlastung von Komplexität) wie auch als Herausforderung (Steigerung von Komplexität) thematisch ausgeweiteter und sozial vertiefter (zunehmend vernetzter) Verantwortung […] auszumachen.« (Bauer 2009b, 57)

(vgl. Lyotard 1989, 198).[22] Durch das Thematisieren der Differenzen erscheint es möglich, dass das Eigene nicht durch Pluralität unterdrückt wird. Lyotard formuliert radikal-programmatisch: »Krieg dem Ganzen […], retten wir die Differenzen, retten wir die Ehre des NAMENS« (Lyotard 1988, 203). Der Name steht hier für »Welt«, die – so Lyotard unter anderem im Rekurs auf Wittgenstein – nicht total, als Ganzes dargestellt werden kann.[23]

Das Subjekt benötigt für den Umgang mit Differenzen Strategien. Im Angesicht der Pluralität sieht es sich aufgefordert, vorgegebene Situationen und die verschiedenen Reaktionsoptionen einzuschätzen, um für sich zu einer eigenen Positionierung zu gelangen, von der her Leben gestaltet und die Handlungsweise legitimiert werden kann. Hierbei erweisen sich Werte in ihrer Relevanz: Bei der Bearbeitung dieser Einschätzungs-, aber auch für retrospektive Begründungserfordernisse kann das Subjekt zur Orientierung auf Werte zurückgreifen, an die es sich aus unterschiedlichsten, persönlichen Gründen gebunden fühlt. Sie bieten Perspektiven an, um Komplexität und Pluralität zu systematisieren, zu reduzieren sowie einer (selbst-)verantworteten Entscheidung zuzuführen.[24] Unter anderem deshalb werden in pluralen Gesellschaften in regelmäßigen Abständen öffentliche (Grund-)Wertedebatten geführt.[25] Dabei handelt es sich um Aushandlungsprozesse darüber, welche Werte als grundsätzlich und für das Funktionieren des Zusammenlebens unaufgebbar sind. Über den Wert derartiger Debatten lässt sich freilich streiten, da sie zum einen – gerade angesichts der Pluralität – nur bedingt zu Konsensen führen können und zum anderen bisweilen populistisch geführt werden. Dennoch: Gesellschaften beziehen sich auf geteilte Wertekataloge, die sich z. B. in Art. 1–19 GG in den Grundrechten finden. Zudem besitzen sie implizite Wertkonsense, die jedoch wandelbar sind und von grundlegenden Wertevergewis-

---

22 Unter anderem an Auschwitz zeigt Lyotard, dass gerade in den Versuchen totalitärer Systeme, Heterogenität zu unterdrücken oder gar zu verdrängen, die Beschneidung der Vielheit in »blutige Sackgassen« (Lyotard 1989, 296) mündete.

23 Lyotard pointiert: »Unter *Welt* […] verstehe ich ein Netz von Eigennamen. Kein Satz kann es ausschöpfen. Keiner kann einen dieser Namen durch eine vollständige Beschreibung ersetzen.« (Lyotard 1989, 141)

24 Wolfgang Welsch diagnostiziert in dieser Hinsicht, dass die Postmoderne »wesentlich ethisch grundiert« sei und »eine neuartige, eine genau auf diesen radikalen und daher eo ipso konflikthaften Pluralismus zugeschnittene Ethik« erfordere. (Welsch 2002, 7)

25 Einen guten Überblick zur Frage der Relevanz von Grundwerten und damit verknüpfte (Grund-)Wertedebatten bietet unter anderem Gruber 2009, 35–55. Nicht selten werden diese Debatten in westeuropäischen Kontexten mit Rekursen auf die christliche Prägung des »Abendlandes« verknüpft. Aus theologisch-ethischer Sicht reflektieren Frank Mathwig und Christoph Stückelberger beispielsweise folgende »Grundwerte«: Gerechtigkeit, Freiheit, Verantwortung, Nachhaltigkeit, Gemeinschaft, Empowerment, Beteiligung, Solidarität, Frieden, Versöhnung (vgl. Mathwig/Stückelberger 2007). Gertrud Nunner-Winkler verweist auf einen gesellschaftlich »vorfindlichen moralischen Basiskonsens […]: Das Gewalttabu ist akzeptiert, die Menschenrechte werden anerkannt, Ehrlichkeit gilt als wichtigster Wert für gelingende Beziehungen« (Nunner-Winkler 2003, 113).

serungen leben, die den einzelnen Subjekten eine individuell-mündige Aneignung von Werten zugestehen. Hilfreich ist in diesem Zusammenhang eine Unterscheidung von Bernhard Laux: »Während Fragen des guten Lebens so in die umfassenderen Zusammenhänge der Weltanschauungen und Lebenskonzepte verwoben sind, daß kein übergreifender Konsens erzielbar ist, sind die sehr viel begrenzteren Fragen der Gerechtigkeit kontextübergreifend zu beantworten.« (Laux 2002, 513)

Hinsichtlich der Bearbeitung von Pluralität artikulieren viele gesellschaftliche Gruppen eine Hochschätzung von Werten. Am immer wieder ertönenden Ruf nach Werteinitiativen lässt sich dies plakativ belegen: Die Heranwachsenden müssten wieder mehr dazu gebracht werden, Werte zu leben, die für die Gesellschaft und ihren Fortbestand konstitutiv sind – so der Grundtenor entsprechender Vorstöße. Hierbei gerät vor allem die Schule und speziell der Religionsunterricht in den Blick (vgl. 4.3.4.1) Der Ruf nach Wertinitiativen lebt vom sich immer neu gebärenden Gefühl älterer Generationen, die jüngeren Generationen hätten keine Werte mehr. Unter anderem der scheinbar unüber- und undurchschaubare Wertepluralismus führt zu derartigen Annahmen. Dass dem nicht so ist, sondern ein beständiger Wertewandel- bzw. Wertsyntheseprozess im Gange ist, zeigen verschiedenste empirische Studien (vgl. 2.2.1). Als Verstehenshorizont für dieses Defizitgefühl des »Werteverfalls« kann die kollektive, aber zugleich verschwommene Erinnerung an die Dominanz wertesetzender Institutionen angeführt werden, deren allgemeine Anerkennung angesichts der Pluralität nicht mehr gilt. Im Zuge von Säkularisierungsprozessen ist beispielsweise der Einfluss der Kirchen auf das gesellschaftliche Agieren zunehmend zurückgedrängt worden. Sie werden nicht mehr unhinterfragt als Instanzen akzeptiert, die Werte verpflichtend vorgeben können.[26] Auch stellt die Begründung von Werthaltungen im Rekurs auf christlich-religiöse Kontexte gegenwärtig nicht mehr den einzigen Begründungszusammenhang dar (vgl. Laux 2002, 509; Reichertz 2008, 73). Jedoch ist die Stimme der Religionen im Konzert der Wertsetzungskontexte weiterhin präsent – was beispielsweise die Einbindung von Kirchenvertretern in westeuropäische nationale Ethikräte verdeutlicht. Letztere werden angesichts der anerkannten Wertepluralität von Vertretern verschiedenster gesellschaftlicher Bereiche getragen und stellen ein Sinnbild dafür dar, dass Werte nur noch bedingt in »geschlossenen Überzeugungsgruppen« (Rekus 2008, 7)

---

[26] Bernhard Laux präzisiert: »Die Kultur der Moderne ist keine religiöse Kultur mehr, auch wenn sie sicherlich von der christlich-abendländischen Tradition geprägt ist. Es ist auch nicht mehr Aufgabe der Religion, das ganze gesellschaftliche Leben zu ordnen.« (Laux 2002, 508) Thomas Gensicke formuliert im Rahmen seiner Interpretation der Ergebnisse der Shell-Jugendstudie des Jahres 2006 etwas positionierter:»Insbesondere die Kirchen und ihnen wohlgesinnte öffentliche Entscheidungsträger müssen es erst lernen, die gleichberechtigte Pluralität religiöser und weltlicher Wertesetzung anzuerkennen« (Gensicke 2006a, 239).

verantwortet werden, sondern vielfältig begründbar sind und von daher Wertekonsensfindungen einen institutionalisierten Diskurskontext benötigen.

2.2 Heranwachsende und Werte. Beachtenswerte Aspekte

Wertebildung ist eine komplexe Aufgabe, die besonders in der Kinder- und Jugendphase zu bewältigen ist. Hinsichtlich der Entfaltung einer Wertebildungstheorie, die die Schülerinnen und Schüler als Subjekte ernst nimmt, erscheinen drei Aspekte berücksichtigenswert: zum einen die grundsätzliche Frage, wie Heranwachsende mit dem Werteplural interagieren (vgl. 2.2.1), zum anderen entwicklungspsychologisch bedeutsame Faktoren (vgl. 2.2.2) und zudem Interaktionskontexte, die Heranwachsende bei der Entfaltung ihres Wertegerüstes nachweislich prägen (vgl. 2.2.3). Die diesbezüglich im Folgenden dargelegten Befunde machen darauf aufmerksam, dass Wertebildung in der Spannung von Entwicklungs- und Selbstkonstruktionsprozessen angesiedelt ist (vgl. 2.2.4); eine beachtenswerte Erkenntnis auch bezüglich der Reichweite wertebildender Optionen, die Kindern und Jugendlichen im schulischen Kontext geboten werden.

2.2.1 Wie Jugendliche mit dem Werteplural interagieren.
Soziologische Befunde

Heranwachsende können der Wertepluralität nicht entgehen. Das jedenfalls unterstreichen verschiedenste empirische Studien, die sich den Wertvorstellungen Heranwachsender widmen. Wenngleich der im Rahmen von Erhebungen fast durchgängig beschrittene quantitative Zugang Grenzen unterliegt, bieten die dabei ermittelten Ergebnisse hilfreiche Einblicke bezüglich der Wertepräferenzen und Wertegerüste von Jugendlichen.[27] Im Folgenden

---

[27] Begrenzt ist die Aussagekraft der Daten vor allem dadurch, dass den Probanden meist lediglich vorgegebene Werte-Begriffe zur Bewertung vorgelegt werden. Dies erfolgt entweder mittels Ratingskalen, insofern der präsentierte Wert eingeschätzt werden muss, ob er beispielsweise als »sehr wichtig«, »mittelmäßig wichtig« oder »unwichtig« angesehen wird. Beim Ranking wiederum werden die Probanden aufgefordert, vorgegebene Werte nach persönlicher Bedeutsamkeit zu sortieren, also die individuelle Werthierarchie abzubilden. Hillmann kritisiert zu Recht daran, dass »dem Probanden [...] viele Werte-Begriffe gleichsam in den Mund gelegt [werden], die er zum großen Teil spontan nicht geäußert hätte« (Hillmann 2003, 165). Auch verstehe nicht jede bzw. jeder Befragte unter den einzuschätzenden Werten das Gleiche: In eigenen Forschungen zu verschiedenen Werte-Begriffen konnte Hillmann nachweisen, dass z. B. der Terminus »Gerechtigkeit« gelesen wird als (Chancen-)Gleichheit, als soziale Gerechtigkeit, als Überwindung von Diskriminierung etc. (vgl. Hillmann 2003, 167).
Eine weniger direktive Alternative bietet beispielsweise der von Shalom Schwartz für den European Social Survey entwickelte Fragebogen »Portrait Values Questionnaire«, der Probanden 40 – in anderen Varianten weniger – schriftliche Personenbeschreibungen vorlegt. Jedes der Portraits stellt Ziele oder Wünsche einer bestimmten Person dar und thematisiert damit Werte, ohne diese explizit als solche herauszustellen. Alle Portraits müssen von

steht nicht die Aneinanderreihung der beinah unüberschaubaren Zahl an Befunden im Vordergrund, welche Werte für Heranwachsende besonders relevant erscheinen. Vielmehr gilt das Augenmerk beachtenswerten Tendenzen, die Aussagen darüber zulassen, wie Heranwachsende mit dem Werteplural interagieren. Dieser Einblick ermöglicht es, den soziologischen Kontext zu konturieren, der auch schulische Wertebildungsbemühungen prägt.

2.2.1.1 Wertesynthese

Die Wertvorstellungen Jugendlicher sind immer wieder Gegenstand gesellschaftlicher Debatten – gerade dann, wenn die älteren Generationen Veränderungsprozesse wahrnehmen, die Anfragen an ihre eigenen Werte und Werthaltungen stellen. Schnell ist die Rede von einem Werteverfall: In den 1970er Jahren beispielsweise deuteten pessimistische Interpretationen die beobachtbare Abkehr von bürgerlichen Werten als »Ausdruck des eigentümlich raschen Zerfalls der Werte« (Noelle-Neumann 1978, 71), die für den Fortbestand der Gesellschaft wichtig seien. Begründet wurde dies in einem scheinbaren »Verfall der Arbeitsfreude« (ebd., 59) zugunsten einer Dominanz von Selbstentfaltungswerten. Derartige Werteverfallsdiagnosen prägen seit der Antike immer wieder den öffentlichen Diskurs, vor allem mit Blick auf »die« Jugend. Schon Platon legt in seiner POLITEIA Sokrates ein entsprechendes Lamento in den Mund: Angesichts einer zunehmenden Freiheit sei die Demokratie gefährdet, »die Schüler haben keine Achtung vor den Lehrern und so auch vor ihren Erziehern« (Platon, Politeia, 8. Buch). »Die« Jugend habe keine Werte mehr, tönen nicht selten noch heute populärwissenschaftliche Diagnosen.

Gegen das Verfallspostulat führt Ronald Inglehart bereits in den 1970ern ins Feld, dass ein Wertewandel stattfinde – von materiellen Werten wie Sicherheit oder Ordnung hin zu postmaterialistischen wie Selbstverwirklichung

---

den Probanden separat auf einer sechsstufigen Likert-Skala eingeschätzt werden, inwiefern sie jeweils der eigenen Person ähnlich sind (vgl. Schmidt/Schwartz u. a. 2007).

Eine zudem zu benennende Schwierigkeit jeglicher Werteforschung ist, dass vermeintlich sozial erwünschte Antworten gegeben werden, die von den eigentlichen Wertvorstellungen der Probanden abweichen. Abgesehen von diesen, für viele quantitativ-empirische Studien zutreffenden Kritikpunkten haben die dadurch gewinnbaren Ergebnisse mehrere Vorteile – z. B. sind Fokussierungen bestimmter Werthaltungen möglich, insofern die Probandinnen und Probanden auf eine offene Frage hin zum Zeitpunkt der Befragung eventuell nicht alle ihre Wertvorstellungen mental abrufen und formulieren können. Zudem besteht die Option, Kohortenvergleiche anzustellen. Über die Aussagekraft hinsichtlich der Probanden hinausgehend bieten die Wertestudien interessante Einblicke in die Werteidee der Forschenden – nicht zuletzt, weil die Itembatterien gesellschaftlich geteilte Wertekanones und -kontextualisierungen abbilden, die wiederum meist auch auf die Forderungen ausstrahlen, die einer schulisch verantworteten Wertebildungsermöglichung entgegengebracht werden (vgl. 3.2).

oder Mitspracherecht (vgl. 3.2.2).[28] Helmut Klages zufolge greift diese bipola-
re Wertewandel-Argumentation zu kurz: Ab den 1980er Jahren spricht er
daher von einer *Wertesynthese* (vgl. Klages 1984, 165; vgl. 3.2.3), um darauf zu
verweisen, dass insbesondere Heranwachsende den Plural an Werten, denen
sie begegnen, in synthetisierender Weise managen: So genannte Pflicht- bzw.
Akzeptanzwerte werden mit Selbstentfaltungswerten kombiniert und nicht –
wie die Werteverfallsthese suggeriert – durch sie ersetzt. Die sich im Kontext
einer enttraditionalisierten Gesellschaft stellende Herausforderung, vorhandene und neue Werte kritisch zu integrieren, wird von Jugendlichen angenommen und pragmatisch bewältigt. Sie »mischen sich ihren eigenen Wer-
tecocktail« (Hurrelmann/Albert 2014, 38): Je nach Zielperspektive wählen
Heranwachsende aus dem Plural an Werten diejenigen aus, die ihnen für ihre
individuelle Lebensgestaltung wichtig erscheinen. »Überlieferte Werte-
Bestände werden in modernisierter Form mit den neuen Werten der Selbstentfaltung und der Humanität verknüpft bzw. in einen Ausgleich gebracht.«
(Gensicke 2014, 39f) Die Werte bleiben inhaltlich gleich.[29] Aber nicht selten
werden sie von den Jugendlichen, die sie wählen, den jeweiligen Anforderungssituationen oder Bedürfnissen entsprechend umgedeutet und auf neue
Kontexte angewendet. »Gewisse Umcodierungen setzen sich immer mehr
durch: Verhalten, das niemandem Schaden zufügt, wird [beispielsweise] ent-
moralisiert und dem privaten Bereich zugeordnet; Verhalten, das anderen
schadet, wird dem moralischen Bereich zugeschlagen (z. B. politisches Handeln).« (Pfeifer 2013, 21)

Entgegen den Befürchtungen vieler Skeptiker zeigt sich also, dass Jugendliche mit dem Werteplural sehr wohl umzugehen verstehen, ohne dass es zu
einem Werteverfall kommt. Sie besitzen ein Grundgerüst an Werten, das
jedoch nicht in Starrheit verharren kann, sondern sich angesichts des Plurali-
tätserfordernisses als flexibel erweisen muss. Ihre für die Organisation des
eigenen Wertegerüstes notwendigen Entscheidungen folgen »weniger einer
›Entweder-oder-Logik‹ als vielmehr einer ›Sowohl-als-auch-Logik‹« (Calmbach u. a. 2016, 30), wobei verschiedene Werte flexibel in das eigene Wertekonstrukt integriert werden. Dahinter steht das Bedürfnis, sich in der pluralen
Welt individuell sinnstiftend zu organisieren.

Diese Diagnosen belegen unter anderem die Shell Jugendstudien 2002,
2006, 2010 und 2015, die deutschlandweit unter einer repräsentativen Stich-

---

[28] Zu Gründen des Wertewandels vgl. unter anderem Burkert/Sturzbecher 2010; Duncker
     2000, 16–20; Giesecke 2005, 52–60. Margit Stein untersucht zudem den Wandel der Erzie-
     hungsziele, der mit dem Wertewandel einhergeht (vgl. Stein 2008, 74–80).
[29] Shalom Schwartz kann z. B. in seinen empirischen Studien kulturübergreifend beständige
     Werte(-gruppen) ausmachen: Macht, Erfolg, Hedonismus, Ansporn, Selbstbestimmung,
     Universalismus, Nächstenliebe/Güte, Traditionsliebe, Anpassung, Sicherheit (vgl. Schwartz
     1994, 24; vgl. 3.2.4).

probe von Zwölf- bis 25-Jährigen eine standardisierte, quantitative Erhebung durchgeführt haben.[30] Thomas Gensicke interpretiert die Ergebnisse der jüngeren Shell Jugendstudien dahingehend, dass ein großer Teil der Jugendlichen versucht, eine »pragmatische Brücke« (Gensicke 2015, 264; vgl. Gensicke 2006, 175) zwischen materialistischen und idealistischen Werten zu leisten.[31] Zeitreihenvergleiche zwischen den verschiedenen Shell Jugendstudien belegen den Aufwärtstrend so genannter gesellschaftlicher Konventionen wie Sicherheitsstreben oder Fleiß und Ehrgeiz, aber nur mit einem geringen Vorsprung vor Lebensgenuss: 2015 halten z. B. 84% der befragten Jugendlichen »Gesetz und Ordnung respektieren«, 82% »fleißig und ehrgeizig sein«, 80% »das Leben in vollen Zügen genießen« für wichtig. Die freiwillige Gleichgewichtung von persönlicher Unabhängigkeit und Respekt vor Gesetz und Ordnung ist für gegenwärtig aufwachsende Jugendliche charakteristisch (vgl. Gensicke 2015, 239f; Gensicke 2010, 199). Nachdem vor allem in den 1980er Jahren Lebensgenussperspektiven viel höher als Leistungswerte eingestuft wurden, bestätigen die Ergebnisse der 17. Shell Jugendstudie 2015, dass sich die Heranwachsenden verstärkt dem allgemein-gesellschaftlichen Wertekonsens annähern bzw. diesen teilen, insofern nicht zuletzt materielle Orientierungen an Bedeutung verlieren und die Orientierung an Traditionen nicht mehr pauschal negiert wird. Auffällig in letztgenannter Hinsicht ist, dass Religionen von dieser wieder zunehmenden Hinwendung zu Geschichte und Althergebrachtem nicht profitieren, insofern der Glaube an Gott leicht rückläufig ist (vgl. Gensicke 2015, 243f und 248–253).

Jugendliche folgen gegenwärtig einer »neuen Sozialmoral« (Gensicke 2014, 41). Am wichtigsten sind ihnen Werte, die sie in kleinen sozialen Netzen wie Freundschaft, Partnerschaft und Familienleben realisiert sehen. Die mikrosozialen Bindungen erweisen sich auf hohem Niveau bleibend sogar zunehmend wichtig, besonders die Familie gewinnt an Bedeutung. Dieses sozial geformte Wertegerüst ist jedoch zugleich von Autonomiebestreben und Pragmatik geprägt. Autonomiewerte wie »eigenverantwortlich leben und handeln« oder »von anderen Menschen unabhängig sein« sind bei Jugendlichen

---

[30] Hinzu kommt eine qualitative Erhebung unter ausgewählten Jugendlichen im Rahmen von leitfadengestützten Interviews. Folgende Stichprobengrößen umfassen die einzelnen quantitativen Studien: 14. Shell Jugendstudie 2002 – 2515 Jugendliche, 15. Shell Jugendstudie 2006 – 2532 Jugendliche, 16. Shell Jugendstudie 2010 – 2604 Jugendliche, 17. Shell Jugendstudie 2015 – 2558 Jugendliche.

[31] Die Forschergruppe, die die Ergebnisse der Sinus-Jugendstudie u18 aus dem Jahr 2016 ausgewertet hat, differenziert drei Grundorientierungen bezüglich der Werthaltungen von 14- bis 17-Jährigen: *traditionelle* Werte, die Sicherheit und Ordnung fokussieren, *moderne* Werte, die Besitz und Prestige, aber auch Veränderungswillen vereinen, sowie *postmoderne* Werte, die z. B. Spaß, Freiheit und Ehrgeiz sowie Flexibilität oder Kreativität vereinen (vgl. Calmbach u. a. 2016, 30).

hoch im Kurs, »das tun, was die anderen auch tun« dagegen nicht.[32] Das bedeutet allerdings keine egoistische Wendung, da zugleich auf Humanität be-
dachte Wertekontexte als wichtig erachtet werden: »61% sind voll und ganz
der Meinung (insgesamt 82% Zustimmung), dass es heute für alle verbindliche moralische Regeln geben muss, wenn die Gesellschaft funktionieren soll«
(Gensicke 2014, 40; vgl. Gensicke 2010, 213). Jugendliche zeichnen sich gegenwärtig durch eine wachsende Sensibilität für umweltbewusstes Verhalten
und für soziales Engagement aus. Problematisch daran ist, dass ein aus dieser
Sensibilität resultierendes Engagement für Benachteiligte tendenziell mit Un-
zufriedenheiten auf Seiten der sich gesellschaftlich einbringenden Heranwachsenden einhergeht und auch von Außenstehenden so wahrgenommen
wird. Pragmatisch sind Jugendliche dennoch, weil sie sich trotz potentieller
Zufriedenheitseinbußen und gesellschaftlicher Widerstände um ihrer eigenen
Zukunft willen engagieren, insofern sie z. B. durch soziales Engagement auch
lebensbedeutsame Qualifikationen erwerben können. Die meisten von ihnen
koppeln – wenn es möglich ist – ihren eigenen Bedürfnissen und den Situa-
tionserfordernissen entsprechend Leistungs- und Genusswerte, um sich
wohlfühlen, um in ihren sozialen Netzen integriert sein, aber auch um sich
persönlich weiterentwickeln zu können. Durch diese gleichzeitige, intraindi-
viduelle Integration von bisweilen entgegengesetzt gerichteten Werten ist es
ihnen möglich, auch mit Wertkonflikten umzugehen. Heranwachsende nehmen die Herausforderung, Gestalter des eigenen Wertegerüstes zu sein, meist
positiv sowie optimistisch an und erweisen sich dadurch einmal mehr als
wertepluralitätsfähig.[33]

2.2.1.2 Werteprofil-Typen

Im Zeitalter der Wertepluralität können nur begrenzt standardisierbare Aussagen über die Wertpräferenzen Jugendlicher getroffen werden. Ihr fundie-

---

[32] Auch Ziebertz/Riegel können unter Rückgriff auf die Werteskala der Shell Jugendstudien
bei der Auswertung ihrer eigenen deutschlandweiten Erhebung (unter 1925 17- und 18-
Jährigen, die eine höhere Bildung anstreben) feststellen, dass »Selbständigkeit und Individualität […] für die befragten Jugendlichen die wichtigsten Werte« (Ziebertz/Riegel 2008, 93)
sind.

[33] Im Rekurs auf den Terminus »Wertesampling« (Barz u. a. 2001, 64) charakterisiert Johanna
Golonka in Anlehnung an Heiner Barz u. a. »die Situations- und Kontextgebundenheit von
Wertorientierungen«, die »an die Stelle eines intrapersonal konsistenten Wertegerüsts, welches in der Vergangenheit das Ziel einer Werterziehung war«, trete. Gerade die »Unverbindlichkeit, Flexibilität und Anpassungsfähigkeit, lebenslange Lernfähigkeit […] [befähige]
die gegenwärtigen Menschen zur Bewältigung der dynamischen, pluralisierten und zunehmend unüberschaubaren soziokulturellen Gegenwart«. (Golonka 2009, 114)
     Gleichwohl bleibt anzufragen, inwiefern der Begriff »Sampling« das von Barz u. a. und
Golonka Gemeinte trifft, insofern damit vornehmlich der Aspekt der Auswahl fokussiert
wird. Die pluralitätstypisch ebenfalls wichtige Synthese von verschiedenen Werten bleibt
dadurch unberücksichtigt.

rendes Wertesystem ist individuell-dynamisch und von »Festlegungen auf Zeit« sowie einem »Aufspringen bei attraktiven Mitfahrgelegenheiten« geprägt. (Fritzsche 2000, 155) Gleichwohl gibt es Unterschiede zwischen den Jugendlichen hinsichtlich der grundlegenden Zusammenstellung des individuellen Wertegerüsts. Diese unterschiedlichen Prioritätensetzungen werden von Wertestudien nicht selten in Typologien abgebildet.[34]

Die 17. Shell Jugendstudie beschreibt vier Typen, die im Rückgriff auf die Einschätzungen zu elf Werte-Items generiert werden und idealtypische grundsätzliche Werte-Profile der befragten Jugendlichen charakterisieren:[35] Macher und Zögerliche, Idealisten und Materialisten (vgl. Gensicke 2015, 264–271). Aufstrebende *Macher* zeichnen sich durch eine erhöhte Aspiration gegenüber allen in die Typenbildung einbezogenen Werten aus: Neben Tüchtigkeit, materiellen Ansprüchen oder gesellschaftlicher Konformität legen sie in ebenfalls hohem Maße Wert auf Kreativität, soziales Engagement oder Toleranz. Sie sind zudem wettbewerbsorientiert bei gleichzeitiger Freude am Aktivsein und wollen sich in der Gesellschaft durch sozialverträgliches und politisches Agieren bewähren. Pragmatische *Idealisten* werten Fleiß, Ehrgeiz, Sicherheit und Konformität ebenfalls als bedeutsam, jedoch nicht so hoch wie die Macher. Ihre Werteaspiration entfaltet sich von der Toleranz anderer Meinungen und dem sozialen Engagement her. Auch politische Aktivität und Kreativität sind ihnen wichtig, hedonistische, macht- und besitzorientierte Werthaltungen dagegen fremd. Mit den Machern haben sie den Respekt vor der Vielfalt der Menschen gemeinsam. Als Gegenpol zu den Idealisten lassen sich die robusten *Materialisten* ansiedeln: Letzteren ist insbesondere ein hoher Lebensstandard sehr wichtig. Sie verfolgen vor allem ihre eigenen Interessen und Zwecke, die sie anderen gegenüber auch durchzusetzen versuchen. Fleiß und Ehrgeiz jedoch gehören interessanterweise nicht zu ihren Präferenzen. Hilfe für sozial Benachteiligte, politisches Engagement oder Toleranz ande-

---

[34] Kritisch gegenüber vorliegenden Wertetypologien äußert sich Fanny Tamke (vgl. Tamke 2010, 236–238).

[35] Thomas Gensicke orientiert sich dabei an den von Helmut Klages und dessen Speyrer Werteforschungsgruppe emergierten Wertetypen (vgl. Gensicke 2015, 265, Anm. 62; vgl. Klages 2002, 41–44).
   Die Sinus-Jugendstudie u18 aus dem Jahr 2016, die auf qualitativ-empirisch erhobenen Daten von 72 14- bis 17-Jährigen in Deutschland beruht, differenziert aufgrund ähnlicher Wertvorstellungen, Lebenseinstellungen und -weisen sowie sozialer Ausgangslagen folgende Typen: »Konservativ-Bürgerliche, Adaptiv-Pragmatische, Sozialökologische, Präkäre, Materialistische Hedonisten, Experimentalistische Hedonisten, Expeditive« (Calmbach u. a. 2016, 31f). Ein kurzer Überblick zu den entsprechenden Wertcharakterisierungen findet sich ebd.
   Andreas Feige und Carsten Gennerich wiederum differenzieren hinsichtlich der Ergebnisse ihrer Befragung von über 8000 Berufsschülerinnen und -schülern im Rahmen einer Clusteranalyse folgende Wertetypen: Humanisten, Integrierte, Autonome und Statussuchende (vgl. Feige/Gennerich 2008, 186–189).

ren Meinungen gegenüber sind ihnen ebenfalls nicht wichtig. Den vierten Wertetyp konstituieren die unauffälligen *Zögerlichen*. Sie bewerten alle Wertekategorien sehr niedrig, insbesondere der Respekt vor der Vielfalt der Menschen und umweltbewusstes Verhalten sind ihnen wenig wichtig. Leicht positiv werten sie die Orientierung an dem, was andere tun. Ihre »typische Misserfolgsorientierung« (Gensicke 2006, 187) soll sie scheinbar vor Enttäuschungen bewahren. Zögerliche besitzen im Vergleich zu den anderen Werttypen stärkere familiale, wirtschaftliche und mentale Beeinträchtigungen.

Die Werteprofil-Typologie der 15. Shell Jugendstudie erklärt Thomas Gensicke im Jahr 2006 im Rekurs auf Bildung, die einen wichtigen Faktor gerade zur Erklärung der auffälligen Unterschiede zwischen Materialisten und Idealisten darstelle: Hauptschüler wandeln sich Zeitreihenvergleichen zufolge verstärkt von Zögerlichen zu Materialisten (34%), Studierende lassen sich zu größeren Teilen den Idealisten (31%) und Machern (28%) zuordnen. Hinsichtlich wertebildender Prozesse artikuliert Gensicke die Notwendigkeit, der tendenziell überhand nehmenden Egozentrik der Materialisten im Verweis auf soziale Kontexte Grenzen zu setzen und deren Interesse für soziales Engagement zu gewinnen. Die Zögerlichen gelte es, besser zu integrieren und beim Aufbau eines stärkeren Selbstbewusstseins zu unterstützen (vgl. Gensicke 2006, 190). Diese Folgerungen können auch für die Ergebnisse der 17. Shell Jugendstudie gelten.

2.2.1.3 Einflussfaktor Religiosität

Nicht selten wird angenommen, dass eine Verortung der Subjekte in religiösen Zusammenhängen Auswirkungen auf deren Wertegerüst hat. Unter anderem die Shell Jugendstudien, die Sinus Jugendstudie u18 oder andere empirische Studien widmen sich diesem Zusammenhang.[36] Dabei ist es nicht unerheblich, von welchem Religions- bzw. Religiositätsbegriff die jeweilige Erhebung ausgeht: Insbesondere bei der Auswertung der Ergebnisse der Shell Jugendstudien wird Religiosität in reduktionistischer Weise mit dem (Nicht-) Glauben an einen »persönlichen« Gott bzw. an eine überirdische Macht gleichgesetzt (vgl. Gensicke 2015, 249–253).[37] Ausgehend von dieser theolo-

---

[36] Dabei ist zu bedenken, dass sich der gesellschaftlich geprägte Umgang mit Religion entscheidend auf die Religiosität Heranwachsender auswirkt. Für die Situation im deutschsprachigen Raum – die in dieser Studie im Vordergrund des Interesses steht – ergeben sich daher auch andere Effekte hinsichtlich des Einflussfaktors Religiosität auf den Zusammenhang Werte als beispielsweise für den US-amerikanischen Kontext. Vgl. in letzterer Hinsicht unter anderem Smith 2003, 20–22.

Differenzierte Einblicke dazu, welche Relevanz deutsche Erwachsene ab 20 Jahren der Kirche hinsichtlich ihrer Wertorientierung zuschreiben bietet Wippermann 2011, 93–168.

[37] Die Sinus-Jugendstudie u18 erhebt und differenziert in dieser Hinsicht einsichtiger: »Glaube ist für sie [die interviewten Jugendlichen; K.L.] etwas Individuelles, das nicht unbedingt mit einer bestimmten Institution oder Religion verknüpft sein muss« (Calmbach u. a. 2016, 339).

gisch problematischen und auch religionssoziologisch anfragenswerten Reduktion kommt die 16. Shell Jugendstudie zur Folgerung, dass religiöse Jugendliche eine weniger materialistische und hedonistische Grundausrichtung in ihrem Wertegerüst besitzen und leichter zufrieden sind, weil sie Struktur aus ihrer weltanschaulichen Bindung an eine göttliche Ordnung ziehen können (vgl. Gensicke 2010, 211 und 241).[38] Mit Andreas Feige und Carsten Gennerich ist diese strikte Bindung des Gottesbegriffs an irdische Moral, die lineare Deduktion von Werthaltungen aus dem Glauben sowie die funktionalisierende Reduktion einer Religion auf ihre im Gottesrekurs potentiell grundgelegte ordnende Kraft zu kritisieren (vgl. Feige/Gennerich 2008, 12). Die Ergebnisse der 17. Shell Jugendstudie wiederum machen darauf aufmerksam, dass der Gottesglaube unter Jugendlichen in Deutschland zwar insgesamt zurückgeht, jedoch sowohl Macher als auch Idealisten diesem einen erhöhten Stellenwert zuschreiben. Interessant in diesem Zusammenhang ist die auffällige Korrelation, dass eine Affinität zum Glauben an Gott »mit mehr Anerkennung anderer Meinungen und Lebensweisen einher« (Gensicke 2015, 270) geht.

Eine stimmige Studie zu Religiosität als Einflussfaktor auf das Wertegerüst Heranwachsender bieten Hans-Georg Ziebertz und Ulrich Riegel. Sie messen Religiosität mit einem umfassenderen Instrumentarium als die Shell Jugendstudien und greifen zugleich auf die in den Shell-Studien verwendete Werte-Itembatterie zurück. Ziebertz/Riegel kommen bei ihrer Befragung von Jugendlichen zu folgenden Erkenntnissen (vgl. Ziebertz/Riegel 2008, 98): In Abhängigkeit vom Säkularisierungsgrad lassen sich nur wenige signifikante Zusammenhänge zwischen Religiosität und Wertorientierung identifizieren. Säkular aufwachsende Jugendliche teilen stärker solche Haltungen, die mit einem Bedürfnis an technischem Up-to-Date-Sein einhergehen, als religiös geprägte Heranwachsende. Letztere wiederum messen familialen Wertorientierungen wie der Gründung einer eigenen Familie oder glücklicher Partnerschaft mehr Bedeutung zu als säkulare Jugendliche. Auch religiöse Praxis hat kaum Auswirkungen auf das Wertegerüst Heranwachsender. Ziebertz/Riegel können diesbezüglich lediglich schwache Korrelationen mit den überprüften Wertdimensionen nachweisen: Religiös praktizierende Jugendliche haben unter anderem eine höhere Neigung zu familial fundierten Werten, zu Ordnung sowie zu Selbstbeherrschung. Heranwachsende, die nicht an religiöser Praxis partizipieren, sind hedonistischer ausgerichtet sowie technikaffiner.

---

[38] Theologisch und religionssoziologisch, aber auch interpretatorisch problematisch ist die von Gensicke gezogene Folgerung, dass angesichts des angenommenen bedeutsamen Einflusses von Religion auf die Wertorientierungen und der gleichzeitigen Abnahme religiöser Affinität Jugendlicher sich »für die Mehrheit immer mehr eine säkulare ›Religion‹ oder Weltanschauung der Leistung, der Ordnung und der sozialen Beziehungen heraus[schäle]« (Gensicke 2010, 226).

Obgleich die Sinus-Jugendstudie u18 nicht explizit Verknüpfungen zwischen religiösen Kontextualisierungen und Wertorientierungen erforscht, lassen ihre Ergebnisse in diesbezüglicher Hinsicht dennoch ein paar Rückschlüsse zu: Für den Großteil der befragten 14- bis 17-Jährigen spielen Religion und Glaube keine alltagsprägende Rolle. Gleichwohl schreiben sie diesen Kontexten das Potenzial zu, Orientierung stiften sowie ein gutes und friedliches Zusammenleben unterstützen zu können. Gerade für muslimische Jugendliche fungiert Religion als »Regelwerk für das Alltagshandeln und [...] als moralische Leitplanke« (Calmbach u. a. 2016, 473; vgl. ebd. 345, 362 und 375; vgl. ähnliche Befunde bei Kürzinger 2015).

Shalom Schwartz kann bei einer Auswertung von in 30 Ländern erhobenen Daten zu Werteprioritäten Jugendlicher nachweisen, dass – unabhängig von Religionszugehörigkeit – religionsaffine Heranwachsende stärker traditions- und konformitäts- bzw. gemeinschaftsorientierten Werten zuneigen und sich kaum hedonistischen oder machtbezogenen Werten zuordnen. Gleichwohl stellt er fest, dass Religiosität insgesamt nur wenig Einfluss auf die Entfaltung spezifischer Werteprioritäten Jugendlicher besitzt (vgl. Schwartz 2012, 118). Auch Sam Hardy und Gustavo Carlo können in ihrer empirischen Studie unter Highschool-Schülerinnen und -Schülern Religiosität als signifikanten positiven Faktor für altruistische Werthaltungen, für altruistisch verortetes prosoziales Verhalten sowie für prosoziales Verhalten Fremden gegenüber identifizieren. Dabei spielt eine menschenfreundliche Grundeinstellung eine wichtige Rolle (vgl. Hardy/Carlo 2005, 243).

Insgesamt finden sich nur für bestimmte Kontexte Hinweise auf Wechselwirkungen zwischen der Religiosität und den Werthaltungen Heranwachsender (vgl. auch Riegel 2015, 103).[39] Dass es einen derartigen Zusammenhang

---

[39] Für das Kindesalter kann die Forschungsgruppe »Religion und Gesellschaft« empirisch nachweisen, dass »bei moralischen Fragen [...] die Mehrzahl der Kinder keine religiöse Begründung« (Forschungsgruppe 2015, 294) anführt. »Selbst Kinder, die für sich Moral in einem religiösen Zusammenhang sehen (z. B. Jesus als Vorbild, Gott als innere Stimme, Engel und Teufel), kommunizieren dies nicht ›nach außen‹.« (Ebd.) In relativ problematischer, die empirischen Instrumente überstrapazierender Interpretationsweise (weil unter anderem Effekte sozial erwünschter Argumentation oder des Erhebungskontextes nicht bedenkend) postuliert die Forschungsgruppe, dass die Erstkommunionkatechese »einen weitreichenden Einfluss auf [...] Wertorientierungen« von Kindern habe: »die Orientierung an christlich-religiösen Werten« wiederum zeige sich unter anderem signifikant in ihrer Auswirkung auf Spendenbereitschaft und Empathiefähigkeit. (Ebd., 327; vgl. ebd., 340)
    Eine Auswertung des Zusammenhangs von Religiosität und bestimmten Wertorientierungen von Menschen ab 16 Jahren bietet Margit Stein, indem sie Daten der Erhebungswelle 2012 des Religionsmonitors in dieser Hinsicht berechnet; unter anderem hinsichtlich der deutschen Teilstichprobe (N = 2003). Dabei kann sie nachweisen, dass »sowohl die Religionszugehörigkeit an sich, als auch die Stärke der religiösen Bindung einen Einfluss auf die Wertorientierung« (Stein 2016, 198) haben; sie konstatiert »hohe Zusammenhänge zwischen Wertorientierungen und dem religiösen Bekenntnis und in abgeschwächter Form zur Religiosität« (ebd. 201). In allgemeiner Hinsicht überprüft Stein Korrelationen zwischen Wert-

gibt, lässt sich innerhalb der empirischen Grenzen zeigen. Religiöse Jugendliche bevorzugen im Vergleich zu nicht-religiösen Jugendlichen stärker familien- und gemeinschaftsaffine Werte und sind weniger hedonistisch eingestellt. Unabhängig von ihrer persönlichen Religionsaspiration schreiben junge Menschen Religionen Orientierungs- und Friedenssicherungspotenzial zu. Zudem belegen die empirischen Befunde nicht, dass religiös-sozialisierte Heranwachsende andere Werte haben oder mit dem Werteplural anders umgehen. Auch sie arrangieren sich damit, indem sie in ihrem eigenen Duktus die verschiedenen, plural zur Wahl vorliegenden Werte systematisieren. Lediglich in geringem Ausmaß äußert sich dabei ihre religiös geprägte Weltsicht in einer leichten Bevorzugung bestimmter Wertorientierungen beim Zusammenmischen ihres eigenen »Wertecocktails«.

2.2.2 Wie sich Werthaltungen entwickeln.
Entwicklungspsychologische Schlaglichter

Vorliegende, an den Schülerinnen und Schülern als Subjekten ihrer Bildung interessierte Studie kann nicht umhin, auch danach zu fragen, welche individuellen Entwicklungsfaktoren hinsichtlich einer gelingenden Wertebildung zu berücksichtigen sind. Erkenntnisse der Entwicklungspsychologie bieten in dieser Hinsicht wertvolle Vergewisserungen. Meistens im Rekurs auf den Begriff »moralisch« geben sie Hinweise, wie Heranwachsende immer mehr fähig werden, sittlich »Gutes« zu identifizieren und ihr Leben entsprechend zu gestalten. Wertvorstellungen spielen bei diesen Prozessen eine entscheidende Rolle: Zum einen werden sie sukzessive ausgeprägt, zum anderen stellen sie wichtige Referenzmomente der moralischen Entwicklung dar. Im Folgenden werden zentrale entwicklungspsychologische Erkenntnisse überblicksartig präsentiert. Sie ermöglichen einen realistischen Blick bezüglich der Möglichkeiten und Reichweite von wertebildenden Prozessen – unter anderem im Rahmen des schulischen Religionsunterrichts.

Bis in die Gegenwart markieren die Forschungen von Lawrence Kohlberg zur Entwicklung der moralischen Urteilskraft eine wichtige Referenz. Wenngleich seine Stufentheorie in mehrerlei Weise kritisierbar ist, lässt sie im Sinne des Forschungsinteresses vorliegender Studie Aussagen zur Entwicklung der

---

orientierungen und Christen, Muslimen und Bekenntnislosen. Religiöse Menschen z. B. neigen traditionskonnotierten Werten stärker zu als nicht-religiöse; muslimische diesbezüglich sogar etwas stärker als christliche. Christinnen und Christen fokussieren mehr als andere Befragte Mildtätigkeit, Bekenntnislose wiederum deutlicher ihre Selbstbestimmung (vgl. ebd.). Die von Pollack/Müller vorgenommenen Auswertungen des Religionsmonitors 2013 für Deutschland attestieren ebenfalls, dass religiöse Prägungen die Bewertung von ethisch-moralischen Fragen wie z. B. Sterbehilfe oder Schwangerschaftsabbruch beeinflussen; gleichwohl erweist sich der werteprägende Einfluss religiöser Gemeinschaften als gering (vgl. Pollack/Müller 2013, 23 und 26).

Werturteilsfähigkeit zu – unter anderem, weil sie die am besten erforschte Theorie darstellt. Kohlberg fokussiert sich vornehmlich auf die kognitive Dimension, obwohl er um die Bedeutung der damit verknüpften, parallel verlaufenden Entwicklung moralischer Gefühle weiß. Letzteres Desiderat ist in den vergangenen Jahren entwicklungspsychologisch aufgearbeitet worden. Relevant sind in diesem Zusammenhang zudem Forschungsergebnisse zur Entwicklung der moralischen Motivation.[40] Schon vorweg: Wertebildung ist nicht das Ergebnis eines lediglich kognitiv verorteten Wissenszuwachses, der primär durch Vermittlungsmechanismen von außen unterstützbar ist. Vielmehr bildet das Subjekt seine Werte im Kontext eines Zusammenspiels verschiedener entwicklungsabhängiger Momente durch aktive Aneignungsprozesse im Austausch mit seiner Lebenswelt (vgl. 2.2.4).

2.2.2.1 Kognitive Entwicklung

Mit seiner empirischen Studie »DAS MORALISCHE URTEIL BEIM KINDE« legt Jean Piaget bereits 1932 eine wichtige Grundlage für die Erforschung der Entwicklung von Moral. Er konfrontiert 5- bis 13-Jährige mit moralisch aufgeladenen Konfliktgeschichten, in denen von Kindern erzählt wird, die aus verschiedenen Gründen negativ bewertbare Handlungen vollziehen. Anschließend führt er mit seinen Probandinnen und Probanden Gespräche über ihre Gerechtigkeitseinschätzungen und -begründungen hinsichtlich des erzählten Verhaltens. Piagets Auswertungen der Konversationen münden in eine Theorie, mit der er darauf verweist, dass Kinder erst allmählich eine autonome, selbstbestimmte Moral entwickeln: Er unterscheidet dabei eine Phase der heteronomen Moral, in der Kinder ihr sittliches Verhalten vor allem in Referenz zu Regeln und Autoritäten gestalten. Ab dem Grundschulalter entfaltet sich – so Piaget – zunehmend eine autonome Moral, die dem Subjekt hilft, zu differenzieren, was gut ist. Charakteristisch dafür sind das Fällen eigener Urteile im Horizont einer Gerechtigkeitsidee sowie Aushandlungsprozesse – gekoppelt mit einer altersabhängigen kognitiven Weiterentwicklung und einer zunehmenden Emanzipierung von Autoritätsvorgaben (vgl. Piaget 1954, 322f und 356–368). Neuere Forschungen widersprechen Piaget,

---

[40] Piefke/Markowitsch verweisen darauf, dass auch genetische und biologische Dispositionen Auswirkungen hinsichtlich eines sittlich guten Agierens eines Subjekts haben: Das limbische System – als Teil des zentralen Nervensystems – beeinflusst das sittliche Verhalten. Unter anderem können Studien nachweisen, dass aggressive Verhaltensweisen und Gewaltbereitschaft vererbbar sind (vgl. Piefke/Markowitsch 2008, 34). Da die neuronale Plastizität des Gehirns gerade in der frühen Kindheit noch stark ausgebildet ist und frühkindliche Erfahrungen aufgrund dadurch modulierter Hormone den Aufbau des zentralen Nervensystems prägen, bieten sich jedoch Optionen, die Anlage-Zusammenhänge durch Umwelt-Kontexte zu beeinflussen. Sprich: Durch entsprechende Zuwendung in der Baby- und Kleinkindphase kann – trotz anlagebedingter Dispositionen – die moralische Entwicklung von Heranwachsenden positiv wie negativ unterstützt werden (vgl. ebd., 43; Decety/Howard 2014).

indem sie belegen, dass bereits jüngere Kinder moralische Bewertungen vornehmen können, da sie fähig sind, zwischen unmoralischen Handlungen und Verstößen gegen Konventionen zu differenzieren (vgl. Nunner-Winkler 2009, 532; Turiel 2008, 26).[41]

Letztgenannte Erkenntnis markiert einen Aspekt, der auch in Lawrence Kohlbergs strukturgenetischer Theorie zur Entwicklung moralischer Urteilskraft noch nicht berücksichtigt wird. Dennoch bietet diese Theorie, die Kohlberg in seiner Dissertation 1958 erstmals entfaltet und zeit seines Lebens weiterentwickelt hat, bis in die Gegenwart wichtige Referenzmomente für Fragen der Wertebildung.[42] Wie Piaget konfrontiert er seine Probanden – von 10-Jährigen bis hinein ins Erwachsenenalter – mit moralischen Dilemmageschichten, die jedoch nicht in unterschiedlichen Absichten und Folgen gründen, sondern eine Entscheidung zwischen zwei Werten herausfordern. Jeder diesbezügliche Lösungsversuch führt zu negativen Folgen. Kohlberg geht davon aus, dass Kinder schon vom frühesten Alter an ihre eigene Wirklichkeit aktiv konstruieren. Er ist daher an den Begründungen – und nicht an den getroffenen Entscheidungen – seiner Probanden interessiert. Aus den Auswertungen der formulierten Begründungen generiert Kohlberg ein idealtypisches Modell, das die Ausbildung moralischer Urteilskraft in Abhängigkeit von der kognitiven Entwicklung und der damit einhergehenden zunehmenden Fähigkeit, zusätzliche soziale Bezugnahmen zu integrieren, erweist. Er modelliert auf drei Niveaus zu je zwei Stufen den Fortschritt in der moralischen Entwicklung (vgl. Kohlberg/Lewine/Hewer 1984, 380f). Die Übergänge von einer zur anderen Stufe verlaufen – so Kohlberg – sukzessive, ohne Auslassung einer Stufe, nur nach oben gerichtet, nicht zurück und hierarchisch, d. h. die höhere Stufe integriert die moralischen Denkstrukturen der niedrigeren Stufen:

- Auf *präkonventionellem bzw. vormoralischem Niveau* (I) fällt das Subjekt moralische Urteile in Abhängigkeit von drohenden Strafen durch Autoritäten (Stufe 1) oder von individuell-egoistischen Bedürfnissen (Stufe 2). Den Referenzraum bildet dabei die eigene Person, ohne soziale Gegenseitigkeit oder übergreifende moralische Prinzipien zu bedenken.
- Auf dem Niveau *konventioneller Moral* (II) dominiert zunächst das Interesse am Erhalt der Beziehung zu wichtigen und persönlich bekannten Perso-

---

41 Einen stimmigen Überblick zu Piagets Stufentheorie und zu zentralen Kritikpunkten daran bieten unter anderem: Kürzinger 2014, 46–50; Montada 2002, 629–635; Pinquart/Schwarzer/Zimmermann 2011, 223–226. Beachtenswert ist, dass sich Piagets Untersuchungen primär auf Jungen beziehen. Unter anderem stellt er fragwürdige geschlechterbezogene Beobachtungen an, so z. B. dass »der juristische Geist im großen und ganzen bei den kleinen Mädchen viel weniger entwickelt ist als bei den Knaben« (Piaget 1954, 80).

42 Hilfreich für eine überblicksartige Befassung mit Kohlbergs Theorie sind unter anderem: Oser/Althof 2001b, 41–82; Pinquart/Schwarzer/Zimmermann 2011, 226–233.

nen: Moralische Urteile werden in Orientierung an Erwartungen anderer zur Vermeidung von Missbilligung (Stufe 3) gefällt. Auf Stufe 4 kommt die Ausrichtung an Gesetz und Ordnung hinzu – unter anderem im Bewusstsein der Sicherung sozialer Ordnung.

- Auf dem Niveau *postkonventioneller Moral* (III) wird ein vorgefundenes Ordnungssystem nicht mehr als unwandelbar und fraglos richtig anerkannt. Vielmehr definiert nun das Subjekt Prinzipien und Werte, wie z. B. Freiheit, die der Gesellschaft vorgeordnet sind und für das allgemeine Wohlergehen bedeutsam scheinen (Stufe 5). Die hypothetische, weil empirisch kaum nachweisbare, sechste Stufe steht dafür, dass Subjekte einen moralischen Standpunkt unabhängig von der Autorität von Gruppen oder Personen einnehmen, der auf persönlichen Gewissensentscheidungen sowie universellen Prinzipien bzw. Werten wie z. B. Menschenwürde beruht, die in Orientierung an abstrakten Referenzsystemen wie dem kategorischen Imperativ oder diskursethischen Prämissen erschlossen werden.[43]

Im Rahmen seiner langjährigen Forschungen nimmt Kohlberg verschiedene Modifikationen seiner Stufentheorie vor. Unter anderem diskutiert er die Sinnhaftigkeit einer siebten Stufe in Auseinandersetzung mit Jürgen Habermas' Plädoyer für eine Vervollständigung der Stufentheorie im Sinne einer Weiterentwicklung des moralischen Bewusstseins hin zu einer »universalen Sprachethik« (Habermas 1976, 87; vgl. Kohlberg/Levine/Hewer 1984, 375–386): Habermas verweist auf die Notwendigkeit einer siebten Stufe, da sie einer autonomen Ich-Identität entspreche, die nicht wie auf Stufe sechs lediglich durch gegebene Moralitätsansprüche geleitete, universalistische Pflichten fokussiere, sondern universalistisch verortete Bedürfnisinterpretationen.[44] Damit ist gemeint, dass das Subjekt auf einer höheren, siebten Stufe seine Bedürfnisse infrage stellen lässt und diese kulturübergreifend einordnet, indem es in »wert- und normenbildenden Kommunikationen« (Habermas 1976, 88) seine eigene Freiheit im Interesse an einer universal ausgerichteten Vereinbarkeit von Würde und Glück begrenzt.

---

[43] Kohlberg ist sich der Problematik einer empirischen Nachweisbarkeit von Stufe 6 bewusst. Als Beispiel für ein moralisches Urteilen auf dieser Stufe nennt er Martin Luther King, der sowohl eine moralische Leitfigur gewesen sei und sich zudem reflexiv mit Paul Tillichs Moraltheorie auseinandergesetzt habe (vgl. Kohlberg 1984, 270).

[44] Habermas formuliert dies folgendermaßen: »Wenn die Bedürfnisse als kulturell interpretiert verstanden, aber den Individuen als Natureigenschaften zugerechnet werden, haben die zulässigen universalistischen Handlungsnormen den Charakter von allgemeinen Moralnormen. Jeder Einzelne soll monologisch die Verallgemeinerungsfähigkeit der jeweiligen Norm prüfen. Das entspricht Kohlbergs Stufe 6 (conscience orientation). Erst auf der Stufe einer universalen Sprachethik können auch die Bedürfnisinterpretationen selber, also das, was jeder Einzelne als seine ›wahren‹ Interessen verstehen und vertreten zu sollen glaubt, Gegenstand des praktischen Diskurses werden.« (Habermas 1976, 84f)

Kohlberg lehnt diese Erweiterung zunächst mit dem Hinweis darauf ab, dass Habermas' Vorschlag dem entspreche, was Stufe 6 beinhalte (vgl. Kohlberg/Levine/Hewer 1984, 385). Später jedoch stellt er Überlegungen hinsichtlich einer siebten, empirisch nicht überprüften Stufe an, auf der das moralische Urteil transzendenzbezogen in Bezug auf eine kosmische Einheit oder Ordnung gefällt wird, die von den dieser Stufe zuzurechnenden Subjekten als Gott, Natur, Leben oder ultimate Wirklichkeit bezeichnet wird (vgl. Kohlberg/Power 1981, 356). Hintergrund dieser Idee ist Kohlbergs Erkenntnis, dass die Frage »Warum moralisch handeln?« auf Stufe 6 nur in Orientierung an vom Subjekt gewählten Werten und Prinzipien gefällt werden kann. Es sei jedoch durchaus vorstellbar, diese Frage – und hier profitiert Kohlberg von Habermas' Plädoyer – auch unabhängig von Wertekategorien unter Bezugnahme auf den Sinn des Lebens zu beantworten. Dies aber stelle eine ontologische oder religiöse Frage dar, weshalb er auf einer potentiellen siebten Stufe das moralische Urteil im Rekurs auf transzendente Verortungen – seien es theistische oder pantheistische – ansiedelt. Kohlberg geht von einer engen Verbindung von Religion und Moral aus: Religion könne einen letzten Sinn von moralischem Urteilen und Agieren stiften (vgl. ebd., 370).

Wie Piaget belegt also auch Kohlberg die Entwicklung moralischer Urteilsfähigkeit in Abhängigkeit von der kognitiven Entwicklung des Subjekts. Er kann mit dieser Theorie schlüssige Ergebnisse vorweisen, die bis heute entwicklungspsychologisch bedeutsam und für Fragen der Wertebildung elementar berücksichtigenswert sind. Kritikpunkte lassen sich unter anderem an der für Stufentheorien typischen Idee einer voranschreitenden Progression ohne Regress festmachen oder daran, dass Kohlbergs Theorie das moralische Urteil vor allem strukturell definiert, inhaltliche Dimensionen einer Moralentscheidung aber nicht berücksichtigt. Ebenso erweist sich die Kulturspezifität der höheren Stufen bedenkenswert, da es z. B. in bestimmten Stammesgesellschaften die Idee eines sozialen Vertrages nicht gibt.[45] Für vorliegende Studie sind insbesondere folgende kritischen Aspekte bedenkenswert: Im Zeitalter von Wertepluralität lässt sich erstens fragen, inwiefern die grundlegende Fundierung von Kohlbergs Theorie in Referenz zum Wert der Gerechtigkeit eine Reduktion von Vielgestaltigkeit darstellt. Empirische Studien weisen darauf hin (vgl. 2.2.1), dass verschiedene Subjekte ähnliche sittlich-moralische Ent-

---

[45] Populär wurde unter anderem Carol Gilligans Kritik, dass Kohlberg die Unterschiedlichkeit von männlicher und weiblicher Moral nicht berücksichtige, insofern die Orientierung an Gerechtigkeit primär männliche Moral- bzw. Wertvorstellungen repräsentiere. Frauen würden verstärkt Fürsorge-Ideale bei ihren moralischen Entscheidungen einfließen lassen. Letztlich konnten in dieser Hinsicht empirisch jedoch nur marginale Unterschiede nachgewiesen werden, so dass Gilligan ihre Annahme qualitativer Unterschiede zwischen männlichen und weiblichen Moralurteilen revidiert hat (vgl. Pinquart/Schwarzer/Zimmermann 2011, 231f).

scheidungssituationen unterschiedlich bearbeiten und zwar im Modus eines synthetisierend-akzeptierenden Umgangs mit der Pluralität der Werte. Zweitens wird die Ausblendung von Emotionen der Idee von Wertebildung nur bedingt gerecht, insofern sich das Subjekt freiwillig an seine Werte bindet (vgl. 3.1.5), was nicht frei von Gefühlen gedacht werden kann (vgl. 2.2.2.2). Zudem stellt – drittens und oben bereits benannt – die Nichtberücksichtigung jüngerer Kinder, für die Kohlberg annimmt, sie wären stark regelverhaftet und noch zu wenig moralbezogen, ein Desiderat dar, dem vor allem die Studien von Elliot Turiel, Judith Smetana sowie Gertrud Nunner-Winkler begegnen.

Unter anderem konnte Turiel zusammen mit Larry Nucci gegen Kohlberg nachweisen, dass Kinder schon im Alter von vier bis fünf Jahren zwischen moralischen, konventionellen und religiösen Vorgaben unterscheiden können. Sie verstehen moralische Regeln unabhängig von potentiellen Strafen oder vorgegebenen Regeln, die einer gesellschaftlichen Konvention entstammen und von daher abgeändert werden können, und auch unabhängig von göttlich situierten Vorgaben als universell gültig. Sie wissen somit, dass moralisches Agieren aus sich heraus und ohne externe Begründungsmomente richtig ist (vgl. Nucci/Turiel 1993).[46] Judith Smetanas Forschungen stützen diese Befunde. Sie belegt darüber hinausgehend, dass Kinder sittliche Werte und Konventionen nach und nach in unterschiedlichen Zusammenhängen kennenlernen und herausbilden. Der Aspekt des Wissens ist bei der Wertebildung also nicht unerheblich: »Konzepte der Moral und Wertkonzepte werden von Kindern zunächst durch eigene Erfahrungen erfasst, beispielsweise durch negative Erlebnisse« (Stein 2008, 52; vgl. Smetana 1995), und vor allem in der Beziehung mit Gleichaltrigen erworben. Wissen über Konventionen dagegen rekonstruieren Kinder primär aus der expliziten Unterweisung und aus Reaktionen durch Autoritäten, aber auch durch »Einübung in das moralische ›Sprachspiel‹« (Nunner-Winkler 2009, 533), insofern sie an der verwendeten Wortwahl Wertzuschreibungen ablesen.

Die skizzierten entwicklungspsychologischen Erkenntnisse verweisen darauf, dass die *Aneignung eines eigenständigen Werturteils in Abhängigkeit von der kognitiven Entwicklung von statten geht.* Mit zunehmendem Alter erhöht sich die Werturteilskompetenz, vor allem was die Abstraktionsfähigkeit betrifft: Im Gegensatz zu Kindern können Jugendliche mehrere Perspektiven und zu-

---

46 Turiel und Nucci begründen eine entwicklungspsychologische Theorie der Regelentwicklung und unterscheiden dabei drei Domänen, innerhalb derer eine stufenweise Progression in Analogie zu Kohlbergs kognitiv orientiertem Modell angenommen wird. In den Domänen Moral, Konvention und persönliche Angelegenheit wird – so Turiel und Nucci – ein Regelverstoß unterschiedlich beurteilt: Beispielsweise wiegt für Kinder die Überschreitung einer persönlichen Regel weniger schwer als die einer konventionellen oder gar moralischen (vgl. Latzko 2006, 27–33).

künftige Folgen ihrer Entscheidung bei der Fällung ihres Werturteils abwägend berücksichtigen und konkurrierende Werte ausgleichend integrieren. Gleichwohl handelt es sich hier nicht lediglich um Entfaltungen, die aus Reifungsprozessen des Subjekts resultieren. Vielmehr zeigen die verschiedenen Theorien, dass die Interaktionen mit dem Umfeld und dass das zunehmend angereicherte Wissen[47] über moralisches, also sittlich gutes Handeln elementare Aspekte bei der eigenaktiven Ausprägung des individuellen Wertegerüstes Heranwachsender darstellen.

2.2.2.2 Affektive Entwicklung

Seit ca. 15 Jahren wird in der Entwicklungspsychologie neben der kognitiven Dimension verstärkt die Rolle von Emotionen bei der moralischen Entwicklung berücksichtigt.[48] Gefühle haben bei der Herausbildung eines individuellen Wertegerüstes elementare Bedeutung, da sie in wertebasierten Entscheidungszusammenhängen prägend sind, insofern sie das zu fällende Urteil, aber auch die damit einhergehenden Verhaltensweisen beeinflussen. Als »moralisch« werden »Gefühle [bezeichnet], die Personen anderen Personen oder sich selbst in moralisch relevanten Konfliktsituationen zuschreiben« (Malti 2010, 182). Ihre Herausbildung ist nicht unabhängig von der sozial-kognitiven Entwicklung zu denken, da sie die Fähigkeit zum Perspektivenwechsel voraussetzen. Moralische Gefühle implizieren die individuelle Anerkennung und Bindung an bestimmte Werte und Konventionen, da sie beim Subjekt aufgrund der Befolgung oder Nichtbefolgung dieser »Vorgaben« ausgelöst werden.[49] Zugleich helfen sie bei der Entscheidung in Wertkonfliktsituationen, insofern sich das Subjekt aufgrund persönlicher emotionaler Konnotationen zu einer bestimmten Lösung mehr hingezogen fühlt als zu einer anderen.

---

[47] Gertud Nunner-Winkler beobachtet im Rahmen ihrer Auswertungen der LOGIK-Studie, dass Jugendliche in der Adoleszenzphase gegenüber Normvorgaben skeptisch sind. Sie tituliert dies als »moralisches Entlernen« (Nunner-Winkler 2009, 536) und verweist auf den mit erhöhter Denkfähigkeit einhergehenden relativistischen Zweifel, der dennoch nicht an universal gültigen moralischen Prinzipien rüttle – also auch nicht an Werten.

[48] In religionspädagogischen Reflexionen zu Wertebildung kommt dieser Aspekt gegenwärtig noch etwas zu kurz. So finden sich beispielsweise in Elisabeth Nauraths Plädoyers zur Integration der emotionalen Dimension in wertbildende Lernprozesse keine Rekurse auf neuere, entwicklungspsychologische Forschungen zur Entwicklung moralischer Gefühle (vgl. Naurath 2007 und 2014).

[49] Tina Malti führt beispielhaft folgende moralischen Gefühle an: »Schuld, Scham, Mitgefühl und Reue. Es werden aber auch positiv konnotierte Gefühle wie Dankbarkeit, Zufriedenheit, Erhöhung und Stolz genannt.« (Malti 2010, 182) Bei der Verletzung konventioneller Regeln werden z. B. nur bedingt stärkere Emotionen ausgelöst. Im Zusammenhang einer Übertretung moralischer Regeln kommen jedoch starke Gefühlsregungen ins Spiel (vgl. ebd., 184).

Die Entwicklung moralischer Gefühle ist besonders für die Kindheitsphase gut erforscht. Monika Keller und Tina Malti entfalten aus den Ergebnissen verschiedener empirischer Studien ein theoretisches, sequenzielles Modell, das drei Stufen aufweist:

- Auf einer *ersten* Stufe können Kinder moralische Gefühle zwar identifizieren[50] und es wird ihnen »zunehmend bewusst, dass die Verletzung moralischer Regeln negative emotionale Folgen für andere hat, aber das Selbst berücksichtigt diese Folgen nicht« (Malti 2010, 185). Kinder bis zum Alter von ca. sechs Jahren integrieren moralische Gefühle bei ihren Werturteilen nicht. Vielmehr lassen sich im Gefolge von Gertrud Nunner-Winkler und zahlreicher weiterer Studien sogar positive Attribuierungen von Regelverletzungen als so genanntes »happy victimizer phenomenon« nachweisen: Kinder im Alter von vier Jahren und noch viele Sechsjährige erwarten z. B., dass sich jemand gut fühlt, der eine moralische Regel gebrochen und dabei aber für seine Bedürfnisse scheinbar etwas gewonnen hat (vgl. Nunner-Winkler 2013, 269).

- Auf der *zweiten* Stufe hingegen – etwa im Alter von ca. sieben Jahren – werden die emotionalen Folgen der Verletzung moralischer Regeln auch für andere, von entsprechenden Interaktionen Tangierte erkannt und Kinder sind sich zunehmend bewusst, dass »diese Regelverletzung auch im Selbst Anlass zu Schuldgefühlen« (Malti 2010, 185) gibt: »unhappy victimizer«. Dies setzt voraus, dass sich das Subjekt an den damit verknüpften Wert oder die davon tangierte Norm gebunden fühlt und auch fähig ist, die eigene und fremde Perspektiven zu kombinieren (vgl. Malti/Keller 2010, 179).

- Mit Beginn der Adoleszenz und dem Entstehen eines moralischen Selbst geht die *dritte* Stufe einher (vgl. Malti/Ongley 2014, 168f): Jugendliche besitzen die Fähigkeit, die Perspektive einer dritten Person einzunehmen, und wissen, wie sie in als gut zu bewertender Weise mit anderen umgehen sollten. Daher verbinden sie positive moralische Gefühle damit, wenn sie in Übereinstimmung mit ihren Werten oder vorgegebenen Konventionen und Regeln agieren. In der entwicklungspsychologischen Forschung werden entsprechend einstufbare Personen als »happy moralist« charakterisiert. Zugleich stellen sich bei Subjekten auf dieser Stufe negative moralische Emotionen ein, wenn diese ihre Werte sowie ihnen

---

[50] Nunner-Winkler verweist darauf, dass eine Voraussetzung der Identifikationsfähigkeit moralischer Gefühle das Verstehen des Konzepts »Begehren« ist. Kinder unter vier Jahren können dieses Konzept noch nicht als subjektives einordnen, sondern sehen Begehrenswertheit als unmittelbar mit Situationen oder Personen verknüpft an. Dies führt dazu, dass sie moralische Gefühle nicht unabhängig von Begehren denken können (vgl. Nunner-Winkler 2013, 274).

bedeutsame Konventionen oder Regeln übertreten: »unhappy moralist« (vgl. Oser/Schmid/Hattersley 2006, 150).

Überdies können Malti/Keller mit einer Langzeitstudie unter finnischen und chinesischen Kindern bzw. Jugendlichen nachweisen, dass die Ausprägung moralischer Gefühle auch kulturabhängig ist – unter anderem, weil die Konstruktion eines gereiften Selbst in verschiedenen Kulturen unterschiedlich konnotiert wird (vgl. Malti/Keller 2010, 194).[51] Verschiedene empirische Studien belegen zudem, dass positiv zu bewertende Emotionen wie Sympathie, Mitgefühl oder Zuneigung für die moralische Entwicklung Heranwachsender elementar bedeutsamer sind als Angst, Schuld oder Empörung (vgl. Eisenberg/Eggum/Edwards 2010, 128f; Krettenauer u. a. 2014, 593f; Turiel/Killen 2010, 47f).

Gefühle – so zeigt sich – prägen wert- und normbasierte Entscheidungen und davon ableitbares Handeln, wenngleich letztgenannter Zusammenhang sehr komplex und gegenwärtig erst anfänglich erforscht ist.[52] *Moralische Gefühle sind mit Werten gekoppelt.* Sie entfalten sich in Abhängigkeit davon, ob Entscheidungen oder Handlungen mit den jeweiligen Werten des fühlenden Subjekts in Einklang stehen oder nicht. Dieser Konnex bedeutet jedoch nicht, dass moralische Gefühle und Werturteile immer miteinander korrespondieren: Werturteile können bisweilen hoch automatisiert oder aufgrund von internalisierten Reaktionsweisen gefällt werden. Hinzu kommt, dass Subjekte auch kognitiv gesteuerte Urteile fällen, die eigenen bzw. vorgegebenen Gesetzmäßigkeiten folgen, aber nicht den persönlichen moralischen Gefühlen (vgl. Gasser u. a. 2013, 309). Moralische Emotionen entwickeln sich mit voranschreitendem Alter und mit der sich dabei entfaltenden Fähigkeit zum Perspektivenwechsel, aber auch mit zunehmendem Wissen über positives

---

[51] Chinesische Kinder und Jugendliche z. B. fühlen sich angesichts interpersonaler Dilemmata viel stärker als »unhappy moralists« als finnische. Beide Gruppen wurden von Malti/Keller zu einer Dilemmasituation interviewt: Sie sollten aus der Rolle eines Heranwachsenden heraus entscheiden, der seinem besten Freund versprochen hatte, ihn zu besuchen; genau zur vorhergesehenen Zeit erhält der Freund auch eine Einladung zu einer interessanten Veranstaltung durch ein Kind, das neu in der Klasse ist. Der beste Freund hat zudem darauf hingewiesen, dass es einen wichtigen Grund für das Treffen gäbe, und mag den Klassenneuling nur bedingt. Während finnische Heranwachsende angesichts dieser Situation sich auf die Bewertung ihrer jeweiligen Entscheidung konzentrierten und diese positiv einschätzten, schienen die chinesischen vor allem die Unmöglichkeit zu fokussieren, beide Kinder (Freund und Klassenneuling) glücklich zu machen. Malti/Keller erklären diesen Unterschied mit dem chinesischen Kollektivismus und der intensiven Moralerziehung chinesischer Heranwachsender (vgl. Malti/Keller 2010, 193).

[52] Das Hauptinteresse entsprechender Forschungen liegt gegenwärtig auf Zusammenhängen zwischen moralischen Emotionen und aggressivem oder prosozialem Verhalten. Verschiedene Forschungen zeigen, »dass die Entwicklung moralischer Gefühlsattributionen Motive für aggressive, unmoralische sowie prosoziale, moralische Handlungsdispositionen konstituieren kann« (Malti 2010, 188).

oder negatives moralisches Agieren sowie im Horizont einer immer deutlicher ausgebildeten Wahrnehmung persönlicher Autonomie. Mit dem Ausprägen eines moralischen Selbst (vgl. 2.2.2.3) in der Adoleszenz ist diese Entwicklung wohl größtenteils abgeschlossen. Letztgenannter Aspekt aber ist gegenwärtig noch wenig erforscht.

2.2.2.3 Motivationale Entwicklung

Wovon aber hängt es ab, dass Subjekte sich motiviert sehen, entsprechend bestimmter Werte auch zu entscheiden und zu agieren – insbesondere, wenn eigene Bedürfnisse dadurch nicht zufrieden gestellt werden? Das Stufenmodell von Kohlberg gibt Hinweise, dass Angst vor Sanktionen oder die Aussicht auf Belohnung, Streben nach sozialer Anerkennung oder Erfüllung von Gesetzen, aber auch Einsicht in universelle Prinzipien oder Bezugnahmen auf Transzendenz Gründe sind, die beim Fällen von Werturteilen prägend sein können. Hinter moralischer Motivation verbirgt sich ein je spezifisches Motiv, das unabhängig von Situationen in dem jeweiligen Subjekt angesiedelt ist: Fritz Oser bezeichnet moralische Motive als sittliche Werte, die einer Person in einer moralisch relevanten Situation Orientierung bieten (vgl. ebd., 9). Ein in der Folge daraus ableitbares Spezifikum moralischer Motivation ist die negative Rahmung: Um dem jeweiligen Wert gerecht zu werden, versucht das Subjekt, dessen Negativum zu vermeiden, also z. B. nicht zu diskriminieren, nicht zu beleidigen etc. Fritz Oser unterscheidet zwölf Modelle moralischer Motivation; unter anderem die Vision eines besseren Systems und die Etablierung entsprechender Umsetzungsoptionen, die Realisierung von Werten und Verantwortung, die Ausrichtung am eigenen Selbst(-ideal) und dessen Erhaltung, die Fokussierung auf ein versöhnliches und gemeinschaftsbezogenes Agieren (vgl. Oser 2013, 11–21).

Gertrud Nunner-Winkler hat sich im Rahmen der LOGIK-Studie[53] mit der Entwicklung moralischer Motivation von Kindern befasst. Sie klärt, dass moralisches Urteil (Was ist gut?) und moralische Motivation (Warum das, was gut ist, tun?) zum Teil unabhängige Dimensionen darstellen. Mit ihren Forschungen kann sie – in gewissem Maße gegen Kohlbergs Konstatierungen – nachweisen, dass bei Kindern Sanktionen oder Mitleid eine untergeordnete Rolle für moralisches Agieren spielen: »Der zentrale Beweggrund ist der Wunsch, zu tun, was als richtig erkannt wurde, und zwar weil es richtig ist.«

---

[53] LOGIK steht für *L*ongitudinalstudie zur *G*enese *i*ndividueller *K*ompetenzen. In dieser Längsschnittstudie, die 1984 unter der Leitung von Franz E. Weinert mit 200 vierjährigen Kindern begonnen wurde, geht es um die Nachverfolgung und Dokumentation von Entwicklungsverläufen in unterschiedlicher Hinsicht. In mehreren Erhebungswellen wurde diese bis 2004 durchgeführt – unter anderem zu Fragen der moralischen Motivation. Nunner-Winklers Forschungen stützen sich auf Erhebungen unter den Probanden im Alter von 4, 6, 8, 17 (n=176) und 22 (n=152) Jahren.

(Nunner-Winkler 2003, 111) Während moralisches Wissen schon bei kleinen Kindern vorhanden ist, wird moralische Motivation erst in einem verspäteten Lernprozess aufgebaut.[54] Letztere aber ist ausschlaggebend dafür, dass das Subjekt moralisch sein will und nicht bestimmten Normen folgt, um den eigenen Nutzen zu maximieren.

Moralische Motivation nimmt mit voranschreitendem Alter zu, wobei dies keineswegs mit »einem ähnlich gleichmäßigen individuellen Entwicklungsverlauf« (Nunner-Winkler 2009, 541; vgl. Doering 2013, 292f) korrespondiert. Unter anderem finden sich Prozesse des Entlernens. Auch weisen nicht alle Heranwachsenden die gleiche Intensität an moralischer Motivation auf: Ergebnisse der LOGIK-Studie zeigen beispielsweise, dass im Alter von 22 Jahren 47% der Probanden eine hohe, 18% dagegen eine niedrige moralische Motivation besitzen (vgl. Nunner-Winkler 2013, 277). Innerhalb einer Gesellschaft unterscheiden sich zudem die Begründungen für moralische Motivation: Gertrud Nunner-Winkler kann in einem Kohortenvergleich belegen, dass die älteste Generation vor allem im Rekurs auf religiöse Kontexte und sehr konformitätsorientiert argumentiert. Mittlere Generationen wiederum beziehen sich auf das eigene Gewissen, 17-Jährige dagegen verweisen auf Einsichten in die Verbindlichkeit von Gebotenem – auch wenn es ihren eigenen Bedürfnissen widerspricht (vgl. Nunner-Winkler 2008).

Die Motivation, wertegemäß zu urteilen und zu handeln, ist unter anderem davon abhängig, welchen Stellenwert das Gute in den Kontexten besitzt, in denen das Kind aufwächst – unter anderem in Familie, Peergroup oder Schule. Insbesondere das Schulklima prägt die Bereitschaft, gut zu agieren oder nicht: Studien zu Gewalt an Schulen zeigen beispielsweise, dass selbst Jugendliche, die in Familien ein gutes moralisches Klima vorfinden, in einer gewaltorientierten Klasse eher zu Gewalttaten neigen. Umgekehrt sorgt ein pazifistisch ausgerichtetes Klassenklima dafür, dass Heranwachsende mit problematischen Familienerfahrungen weniger gewaltbereit sind (vgl. Nunner-Winkler 2009, 543).

In pluralen Gesellschaften erweist sich angesichts der Herausforderung, dass die bzw. der Einzelne sich für seine Werte selbst entscheiden muss, moralische Motivation ferner als ein Ergebnis von Selbstsozialisation hin zu

---

[54] Nunner-Winkler unterscheidet drei Varianten, wie Kinder moralische Motivation verstehen: intrinsisch, formal und im Sinne von »second-order-desire«. Letzteres meint »die Fähigkeit und Bereitschaft zu spontanen Impulsen und Bedürfnissen Stellung zu nehmen und nur gemäß jener zu handeln, die mit eigenen Haltungen und Bestrebungen […] kompatibel sind, abweichende Bedürfnisse hingegen zu unterdrücken« (Nunner-Winkler 2014, 20).

   Bettina Doering kann manche Befunde, welche Nunner-Winkler in der LOGIK Längsschnittstudie erhoben hat, im Rahmen einer 2010 durchgeführten Querschnittstudie unter 1221 Viert-, 815 Siebt- und 2891 Neuntklassschülerinnen und -schülern stützen; unter anderem die Erkenntnis, dass moralische Motivation sich nicht linear und kontinuierlich mit zunehmendem Alter ausprägt (vgl. Doering 2013, 300f).

einem sittlichen Subjekt. In psychologischen Kontexten wird dies mit dem Terminus »*moralisches Selbst*« bezeichnet: Tobias Krettenauer stellt dafür eine Theorie zur Verfügung. Er beschreibt das moralische Selbst als Resultat einer parallelen Ausprägung von drei verschiedenen, koexistierenden Schichten, die in Auseinandersetzung mit verschiedenen motivationalen Prozessen und unterschiedlichen sozialen Bezugssystemen im Verlauf des Erwachsenwerdens profiliert werden: die *intentionale* Schicht (Intentional Agent), die grundlegend für die *volitionale* Schicht (Volitional Agent) ist, welche wiederum die *identifikatorische* Schicht (Identified Agent) fundiert. Die intentionale Dimension prägt sich ab ca. zwei Jahren aus und steht dafür, dass das moralische Selbst moralisches Handeln erstrebt. Die volitionale, sich zwischen einem Alter von sechs bis acht Jahren entfaltende Schicht markiert, dass das Kind – und ebenso der spätere Erwachsene – auch angesichts egoistischer Bedürfnisse Absichten hat, moralisch zu handeln, und zugleich die entsprechende Willenskraft besitzt, dies umzusetzen. Die identifikatorische Schicht kommt in der mittleren bis späten Adoleszenz zur Geltung: Sie meint, dass das Subjekt externe Werte für sich so internalisiert hat, dass diese das Denken und Agieren handlungsleitend prägen (vgl. Krettenauer 2013, 218–223). Ab Integration dieser Schicht ist davon auszugehen, dass Jugendliche ein eigenständig reflektiertes Wertegerüst besitzen (vgl. auch Eisenberg/Fabes/Spinrad 2006, 692).

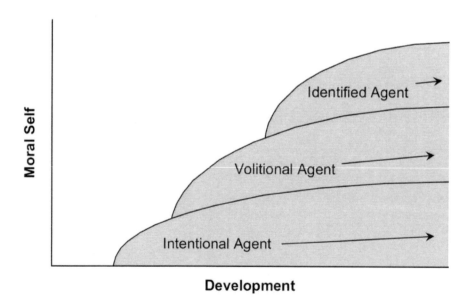

Abb. 1: Drei Schichten der Entwicklung des moralischen Selbst (Krettenauer 2013, 222)

Auch die moralische Motivation erweist sich somit als wichtige, entwicklungsabhängige Größe hinsichtlich der Bildung eines eigenen Wertegerüstes durch Heranwachsende. Wie die Entwicklung der Urteilskraft und der Gefühle ist sie ebenfalls von zunehmenden kognitiven Fähigkeiten abhängig, aber auch von einem Wissen über Werte, Konventionen und Regeln. Insbesondere Werte, an die sich das Subjekt selbst gebunden fühlt, stellen wichtige Motive der Motivation, sittlich zu agieren, dar und fundieren das moralische Selbst. Bedenkenswert erscheint, dass moralisches Agieren nicht ohne moralische Motivation zustande kommt,[55] dass sich die moralische Motivation im Vergleich zu moralischen Gefühlen und zur moralischen Urteilskraft erst verzögert ausprägt und insbesondere von schulischen Kontexten abhängt.

2.2.3 Wodurch Werthaltungen beeinflusst werden. Prägende Transmissionskontexte

Im Rahmen der Darlegungen zu den entwicklungsbedingten Faktoren von Wertebildung wurde immer wieder deutlich, dass Erfahrung und Wissen konstitutive Komponenten für den Aufbau des individuellen Wertegerüstes Heranwachsender sind. Dabei spielen soziale Interaktionen eine bedeutende Rolle, da Werthaltungen in so genannten Transmissionsprozessen gebildet werden. Letzteres bedeutet, dass »irgendein ›Gut‹ von einer Person oder Personengruppe auf eine andere Person oder Gruppe übertragen wird, mit dem Effekt, dass sich beide Einheiten in Bezug auf dieses ›Gut‹ dauerhaft ähnlicher werden« (Baier/Hadjar 2004, 157). Zugleich meint Transmission jedoch nicht, dass das übertragene »Gut« in identischer Weise internalisiert und realisiert wird. Vielmehr können beim Transmissionsprozess Abwandlungen vonstattengehen.[56] Vor allem die Familie, die Peers und die Schule prägen bei

---

[55] In seinem Vier-Komponenten-Modell definiert James Rest die moralische Motivation als eine von vier Prozesskomponenten für moralisches Handeln: Nach der »moralischen Sensitivität« und dem Fällen eines »moralischen Urteils« folgt sie an dritter Stelle im Prozess, insofern dabei die Frage gestellt wird, inwiefern das Subjekt beabsichtigt, das gefällte Urteil auch umzusetzen. Die vierte Komponente des Prozesses fokussiert den »moralischen Charakter«, also die Frage, ob die Person ihre moralischen Absichten auch realisiert (vgl. Rest 1999, 91f).

[56] Die Transmissionsidee kann als Spezialfall von Albert Banduras sozial-kognitiver Theorie des Modell-Lernens angesehen werden: Beim Modell-Lernen stehen zwei Phasen in Wechselwirkung. Eine Aneignungsphase (Akquisition) und eine Ausführungsphase (Performanz). Ausgangspunkt der Aneignungsphase sind Aufmerksamkeits- und Beobachtungsprozesse, die ein lernendes Subjekt bzgl. einer Modell-Person anstellt. Jedoch wird nicht jedes beobachtete Verhalten angeeignet, da meist nur bestimmte Charakteristika der Modell-Person Aufmerksamkeit erzeugen. Gedächtnisprozesse (z. B. bildliche und verbale Kodierung des Beobachteten) helfen, komplexe Strukturen selektiv »in leicht erinnerliche Schemata umformen, klassifizieren und organisieren« (Bandura 1976, 28) zu können. In der Ausführungsphase finden motorische Reproduktionsprozesse sowie Verstärkungs- und Motivationsprozesse statt. Von der kognitiven Organisation ist es abhängig, inwieweit das beobach-

Kindern und Jugendlichen Wertetransmissionen: Margit Stein unterscheidet
vertikale Transmissionsprozesse, die zwischen verschiedenen Generationen
verlaufen, und differenziert diese in »die primäre Transmission von Werten
zwischen Eltern und ihren Kindern und die sekundäre Transmission zwischen den Lehrkräften einer Schule und der zugeordneten Schülerschaft«
(Stein 2008, 37; vgl. auch Pollack/Müller 2013, 26) oder zwischen anderen
hierarchisch angelegten Bezugssystemen wie sie sich beispielsweise in Vereinen oder beim Privatunterricht finden. Als horizontale Transmissionsprozesse wiederum können Wertebildungszusammenhänge bezeichnet werden, die
aus Interaktionen zwischen Angehörigen einer Generation resultieren, also
z. B. der Peergroup.

2.2.3.1 Eltern und Peers

Eine zentrale Rolle für die Wertebildung Heranwachsender spielen deren
Eltern. Als primäre Instanz vertikaler Transmissionsprozesse haben sie großen
Einfluss auf die Werteorientierungen ihrer Kinder, besonders in deren Kindheitsphase. Die Familie stellt den ersten Raum werterelevanter Erfahrungen
dar, insofern dem Kind hier Kontexte wie Rücksicht anderen gegenüber oder
Ahndung von Regelverletzungen zugänglich werden. Verschiedene Studien
lassen die Folgerung zu, dass Kinder, von denen mindestens ein Elternteil
eine hohe berufliche Stellung und ein hohes Bildungsniveau besitzt, die elterlichen Werte eher übernehmen als Kinder, deren Eltern einen niedrigeren
sozialen Status besitzen. Baier/Hadjar zufolge scheinen sich insbesondere
Töchter aus Erfolgsorientierung daran zu orientieren: Die elterlichen Werte
werden von ihnen antizipiert, weil sie suggerieren, dass das Leben damit erfolgreich gestaltbar sei. Im Gegensatz zu individualistischen (z. B. Macht,
Hedonismus) werden verstärkt kollektivistische (z. B. Sicherheit, Menschen-
freundlichkeit) Werte intergenerationell ›vererbt‹, vor allem im Falle eines
einfühlsamen elterlichen Erziehungsstils (vgl. Schönpflug 2001, 181f; Stein
2008, 101–108).

Speziell das Erziehungsverhalten hat hohe Bedeutung für eine Wertetransmission: Im Rahmen der LifE-Studie[57] konnte nachgewiesen werden, dass
Eltern Wertebindungen ihrer Kinder besonders durch verbale und argumentative Austauschprozesse prägen. Gefördert wird eine Transmission zudem

---

tete Verhalten nachgeahmt wird. Oft bedarf es »eines positiven Ansporns, damit das Individuum das Beobachtungslernen […] in Handeln umsetzt« (ebd., 29), Verstärkungsprozesse
(Lob oder Tadel) können die Nachahmung fördern oder beschränken.

[57] Bei der LifE-Studie (= *L*ebensverläufe von der späten Kindheit *i*ns *f*rühe *E*rwachsenenal-
ter) wurden im Zeitraum der Jahre 1979–2002 ca. 2000 Heranwachsende aus Hessen zu
mehreren Erhebungszeitpunkten befragt.

durch emotional positiv besetzte Beziehungen (vgl. Fend 2009, 101).[58] De-
mokratisch-autoritative Familienstrukturen, die Kindern Mitspracherechte
einräumen und auf einsichtigen Regelvereinbarungen basieren, sind dabei für
eine vertikale Wertetransmission förderlicher als autoritär ausgerichtete Konstellationen (vgl. Rudy/Grusec 2001). Die so genannte »Bindungstheorie« gibt
weitere Aufschlüsse: Sicher gebundene Kinder, die sich emotional und sozial
stark ihren Eltern zugetan fühlen, »entwickeln stabilere und autonomere«
(Stein 2008, 111) Wertegerüste als unsicher gebundene. Ein Grund dafür liegt
darin, dass sie ihr Leben ohne die Urangst, zurückgewiesen zu werden, gestalten und von daher auch souveräner ihr eigenes Wertekonzept entfalten können. Insgesamt zeigt sich also, dass eine demokratische, weniger auf Strafen
ausgerichtete, mehr auf argumentative[59] Erläuterung angelegte sowie emotionale Wärme bietende Eltern-Kind-Beziehung die vertikale Wertetransmission
fördert. Umfragen unter Heranwachsenden stützen diesen Befund: Mit ihrer
qualitativ-empirischen Studie kann Kathrin Kürzinger belegen, dass aus Sicht
Jugendlicher folgende Aspekte begünstigende Wirkungen im Sinne einer
Wertetransmission innerhalb der Familie – hier sind neben den Eltern auch
die Geschwister bedeutsam – besitzen: »Füreinanderdasein, Glaubwürdigkeit,
Vertrauen, Wertschätzung und liebevolle Zuwendung sowie eine Erziehung
ohne Druck oder Zwang« (Kürzinger 2014, 215). Bis zu einem Alter von ca.
15 Jahren erweisen sich die in der familialen Interaktion angeeigneten Wertvorstellungen als hoch stabil (vgl. Keller/Malti 2008, 415). Gleichwohl darf
die familiale Wertetransmission nicht verabsolutiert werden: Nur ein Teil der
Werthaltungen Heranwachsender lässt sich darüber erklären. Hinzu kommt,
dass sich mit zunehmenden Kontakten außerhalb der Familie der Einfluss der
Eltern auf die Wertorientierungen der Heranwachsenden verringert (vgl. Bai-
er/Hadjar 2004, 172; Stein 2013, 205).

Neben der Familie erweist sich ab der Adoleszenzphase die Gruppe der
Gleichaltrigen zunehmend als bedeutsamer Wertetransmissionskontext. Meist
lösen die *Peers* die Wichtigkeit der Eltern in dieser Hinsicht sogar in gewisser
Weise ab, zumindest aber ergänzen sie das ursprünglich primär elterlich do-

---

58 Margit Stein kann Folgendes empirisch nachweisen: »Wird eine hohe Wärme im Elternhaus
    erlebt, wird Macht signifikant unwichtiger und Universalismus signifikant wichtiger. Wird
    im Elternhaus ein hoher psychologischer [sic!] Druck ausgeübt, etwa indem sehr rigide
    Leistungserwartungen gesetzt werden oder das Kind in seinem Selbstwertgefühl herabge-
    setzt wird, wird Mildtätigkeit signifikant unwichtiger erlebt und Leistung hochsignifikant
    wichtiger.« (Stein 2013, 204; Kursivs. rückg. – K.L.)
59 Interessanterweise korreliert dieser Befund mit einer repräsentativen Bevölkerungsumfrage
    des Instituts für Demoskopie Allensbach aus dem Jahr 2007 unter 1824 Personen ab 16
    Jahren zum Themenkomplex »Werteerziehung«: Als Voraussetzungen für Werteerziehung
    geben 73% der Befragten an, »dass Eltern mit ihren Kindern darüber sprechen, welche
    Werte im Leben wirklich wichtig sind« (Institut für Demoskopie Allensbach 2007, Schau-
    bild 1).

minierte Bezugssystem. Im Jugendalter sehen sich die Heranwachsenden aufgefordert, ihr eigenes Wertegerüst auszuprägen. Aufgrund der diese Altersphase prägenden Emanzipierungsprozesse vom Elternhaus kommen verstärkt die Werte der Gleichaltrigengruppe in den Blick – bisweilen nicht ohne Wertkonflikte, da die Jugendlichen dadurch alternativen oder diametralen Wertorientierungen und -begründungen begegnen. Heranwachsende müssen mit diesen Differenzerfahrungen umgehen lernen. Ihre zunehmenden Fähigkeiten zum Perspektivenwechsel und zum Vornehmen metakognitiver Denkoperationen helfen ihnen dabei. Dass die Peergroup eine große Bedeutung bei der Wertebildung Jugendlicher spielt, liegt unter anderem daran, dass diese sich unter ihren Freunden sicher und zugehörig fühlen und eine aktive Rolle bei der Lebensgestaltung einnehmen können (vgl. Larson u. a. 2012, 171). Insbesondere das Zugehörigkeitsgefühl zu einer bestimmten Gruppe prägt die Wertorientierungen Heranwachsender. Konformitätsbedürfnisse und Nachahmung von beobachtetem, wertebasiertem Verhalten sind dabei bidirektional angelegt. D. h., die Jugendlichen beeinflussen sich innerhalb der Peergroup bei der Bildung ihrer Wertegerüste gegenseitig.[60] Es finden Ko-Konstruktionsprozesse hinsichtlich geteilter Werte statt: Z. B. reichern sich Werte wie Vertrauen oder Loyalität beim Knüpfen von Freundschaften im Erfahrungsmodus an. Dabei überprüfen die Jugendlichen ihre Werte im kommunizierenden und handelnden Austausch mit den Peers sowie bei diese Werte transformierenden Interaktionen mit anderen, die nicht zur Gruppe der Gleichaltrigen gehören. Besonders »in reziproken Konfliktkonstellationen und ihrer Überwindung« (Klein 2008, 122; vgl. Harring u. a. 2010b, 12f) unter Gleichaltrigen werden Werte gelebt und im Idealfall auch selbstreflexiv zugänglich.

Mehr als beim Austausch mit ihren Eltern, der in der Adoleszenzphase primär der Einübung in Konventionen dient, entfalten Heranwachsende also im Abgleich mit den Peers eigenständige Werthaltungen. Sie knüpfen hierbei individuelle, so genannte »constructive webs« (Larson u. a. 2012, 178) aus Werten, die ihnen angesichts einer Pluralität an Optionen bei der Lebensgestaltung behilflich scheinen. In diesem Zusammenhang spielen neben handelnd erworbenen Erfahrungen besonders Diskussionen mit Gleichaltrigen eine förderliche Rolle (vgl. Keller/Malti 2008, 416). Beachtenswert bei der horizontalen Wertetransmission innerhalb der Peergroup ist aber auch der erhöhte Konformitätsdruck, welcher vor allem bei jüngeren und schlechter gebildeten Jugendlichen nachweisbar ist: Der Wunsch nach Zugehörigkeit

---

[60] Auch Kathrin Kürzinger kann in ihrer explorativen Studie unter 15- bis 19-Jährigen belegen, dass diese selbst den reziproken Einfluss des wertebildenden Austausches mit den Peers wahrnehmen, der sich aufgrund hierarchischer Gleichrangigkeit vergleichsweise anders gestaltet als in der Beziehung zu Eltern oder Lehrerinnen und Lehrern (vgl. Kürzinger 2014, 223).

und die Vermeidung von Exklusion führen bisweilen dazu, dass Heranwachsende solche Werte teilen und leben, die sie zunächst nicht gutheißen können. Verschiedene Studien befassen sich mit negativen Einflüssen der Gleichaltrigengruppe – insbesondere hinsichtlich delinquenter Verhaltensweisen: Dabei erweist sich, dass Jugendliche, die sich einer Peergroup zugehörig fühlen, in der problematische Werthaltungen gelebt werden, eine erhöhte Affinität zu diesen Werten zeigen (vgl. Baier/Rabold/Pfeiffer 2010, 333f; Oswald 2008, 325f). Abgesehen von diesem Befund ist jedoch folgende, empirisch fundierte Erkenntnis beachtenswert: Peers haben vor allem hinsichtlich prosozialer Werte auf Heranwachsende einen hohen Einfluss (vgl. Brown 2004; Larson u. a. 2012).

Mit Blick auf die »Herausforderung Wertebildung«, der sich die Heranwachsenden zu stellen haben, ist also der Stellenwert der Peergroup ernst zu nehmen, besonders für die mittlere Jugendphase. Im Gegensatz zur Dauer von Familienbindungen sind diese Peer-Bindungen allerdings häufig von zeitlichen Begrenzungen geprägt. Jugendliche gehören zum Teil mehreren Freundeskreisen gleichzeitig an und wechseln sie bisweilen. Nicht selten überscheiden sich diese mit Schul- oder Klassenzugehörigkeiten.

2.2.3.2 Schule

Den wirksamsten sekundären vertikalen Werttransmissionskontext im Jugendalter stellt die Schule dar. Wie oben bereits dargelegt (vgl. 2.2.2.3), prägt in der Adoleszenz das Schulklima die Wertorientierungen der Heranwachsenden bisweilen stärker als die familiale Sozialisation. Dies liegt nicht zuletzt daran, dass sich Heranwachsende hier in der Gleichaltrigengruppe außerhalb potentieller familialer Schutzräume erweisen müssen. Ein Großteil schulischer Wertebildung findet indirekt statt, d. h. das interpersonale Agieren zwischen den Schülerinnen und Schülern selbst, zwischen Lernenden und Lehrenden sowie anderen, zur Schulfamilie gehörenden Personen ist nicht frei von Werterfahrungen (vgl. 4.2.2). Hinsichtlich der Wirkung indirekt verlaufender schulischer Wertetransmission gibt es für den deutschsprachigen Raum kaum empirische Erkenntnisse. Schülerinnen und Schüler sind sich uneins darüber, inwiefern die Schule ihre Werthaltungen im Allgemeinen prägt. Manche von ihnen bejahen einen entsprechenden Effekt, andere lehnen diesen völlig ab. Viele meinen, dass Wertebildung vornehmlich beiläufig stattfindet und nur selten explizit geplant. Besonders die Umgangsweisen zwischen Lernenden selbst und zwischen den Schülerinnen bzw. Schülern und Lehrerinnen bzw. Lehrern werden als wertebildend identifiziert (vgl. Kürzinger 2014, 230–234).

Die Wirksamkeit eines bewusst forcierten werteförderlichen Schulklimas kann beispielsweise Terence Lovat mittels mehrerer Fallstudien in Australien nachweisen: Werden Werte wie Fairness, Mitgefühl, Ehrlichkeit, Verantwortung oder Toleranz in der Schule gelebt, gelangen die Schülerinnen und Schüler insgesamt zu sorgfältigeren Auseinandersetzungen mit den thematisierten Inhalten, wird die Schulatmosphäre als ruhiger und friedlicher wahrgenommen, stellen sich zwischen Lernenden und Lehrenden bessere Beziehungen ein und fühlen sich alle Beteiligten wohler (vgl. Lovat 2010, 14). Beachtenswert ist zudem, dass sich Werthaltungen, die in schulischen Erfahrungszusammenhängen identifizierbar sind, nicht nur auf die gegenwärtige, sondern auch auf die spätere Lebensgestaltung der Schülerinnen und Schüler nachhaltig auswirken (vgl. Clement 2009, 24).

Gut erforscht sind die Effekte direkt angelegter schulischer Wertetransmissionsprozesse, z. B. des Just-Community-Ansatzes, des Einsatzes von Dilemmageschichten und der so genannten Compassion-Projekte. Die von Lawrence Kohlberg entwickelte Idee der *Just-Community-Schulen* will Schülerinnen und Schüler durch eine demokratische Beteiligung an der Gestaltung des schulinternen Systems in ihrer Wertebildung fördern. Voraussetzung dafür ist, alle an einer Schule Partizipierenden zu befähigen, diesen Begegnungs- und Bildungsraum verantwortlich und fürsorglich zu gestalten, sich damit zu identifizieren und insgesamt einen Gemeinschaftssinn auszuprägen. Die Etablierung eines schulischen Wertekonsenses in Auseinandersetzung mit sich im Schulalltag ergebenden, realen moralischen Herausforderungen stellt dabei eine grundlegende Intention dar. Zentrales Element sind regelmäßige – schul- oder jahrgangsstufenübergreifend organisierte – Versammlungen aller Lehrpersonen, Schülerinnen und Schüler. Kleinere Planungsgruppen bereiten diese »Assemblages«, bei denen aktuelle Probleme und Lösungsvorschläge diskutiert werden, vor und leiten sie auch. Parallel dazu gibt es eine aus ausgewählten Lernenden und einer Lehrkraft bestehenden Kerngruppe, die wöchentlich anstehende Herausforderungen vertraulich erörtert. Zudem werden im Unterricht selbst Dilemmadiskussionen über werterelevante Fragestellungen geführt, die auch Bezug zu dem in den Versammlungen Thematisierten haben. Alle Beteiligten müssen freiwillig die Bereitschaft zusichern, die von der Schulgemeinschaft zu vereinbarten Regeln anzuerkennen (vgl. Kohlberg/Wassermann/Richardson 1978; Kohlberg 1986; Oser/Althof 2001a, 235; vgl. Oser/Althof 2001b, 337–458).[61] Im Rahmen wissenschaftlicher Begleitforschung konnte unter anderem nachgewiesen werden, dass die

---

[61] Folgende Minimalbedingungen sollten – so Oser und Althof – eine »gerechte Schulgemeinschaft« kennzeichnen: (zwei-)wöchentliche Treffen einer überschaubaren Gruppe (acht bis zwölf Schülerinnen und Schüler); Vorbereitungsgruppe, die aus wechselnden »Abgeordneten« der Klassen und Lehrerschaft besteht und die Treffen der Gesamtgruppe plant; auf längere Frist gewählter Vermittlungsausschuss, der unter anderem die Umsetzung getroffener Entscheidungen garantiert; Erarbeitung eines unterrichtlichen Curriculums, das Wertebildung durch Dilemmadiskussionen in verschiedensten Unterrichtsfächern vorsieht; Zusammenkunft der beteiligten Lehrerinnen und Lehrer; Einbindung der Eltern; dauernde Evaluation des Vorgehens (vgl. Oser/Althof 2001b, 362–364).

Schülerinnen und Schüler durch eine »gerechte Schulgemeinschaft« – so die deutsche Bezeichnung der »just-community«-Idee – in ihrer kritischen Diskursfähigkeit und Gemeinschaftsorientierung gefördert werden und der Gruppenzwang geringer wird (vgl. Oser 2014, 218).[62] Auch steigt das Verantwortungsbewusstsein der Lernenden. Ihre moralische Urteilskraft, ihre prosoziale Grundhaltung sowie ihr Wertegerüst insgesamt prägen sich aus (vgl. Power/Higgins/Kohlberg 1989, 300; Lind 2000, 191–193).

Ebenfalls von Lawrence Kohlberg in den schulischen Praxiszusammenhang eingebracht wurde das Arbeiten an *Dilemmasituationen*. Dabei setzen sich die Schülerinnen und Schüler entweder mit realen oder semi-realen Entscheidungssituationen auseinander, deren Entscheidungsoptionen zunächst nur Verstöße gegen als bedeutsam erachtete Werthaltungen vorhalten, was von den Lernenden als unzufriedenstellend erlebt wird. Kohlberg geht davon aus, dass das jeweilige Subjekt angesichts dieser Zwickmühle bestrebt ist, diesen Zustand zu überwinden, und daher im Idealfall neue, als besser zu bewertende Wertestrukturen entwickelt (vgl. 4.2.3.3). Durch die reflektierte, differenzierte und anwendungsbezogene Auseinandersetzung mit werterelevanten Dilemmakonstellationen werden die Schülerinnen und Schüler in ihrer Wertebildung nachhaltig gefördert. Unter anderem im V*a*KE-Ansatz (Values *and* Knowledge Education; vgl. Patry/Weyringer/Weinberger 2010) und in der von Georg Lind etablierten KMDD (Konstanzer Methode der Dilemmadiskussion; vgl. Lind 2003; Lind 2010) wurde diese Idee didaktisch weiterentwickelt und methodisch operationalisiert. Für die KMDD lassen sich mittels empirischer Überprüfungen hohe Effekte nachweisen: Sie »fördert sehr wirksam und nachhaltig die moralische Urteils- und Diskursfähigkeit, vor allem die Fähigkeit, über moralische Probleme nachzudenken, zu reden und anderen zuzuhören vor allem auch dann, wenn die Situation emotionalisiert ist und wenn sich Gegnerschaften aufbauen« (Lind 2010, 298; vgl. Lind 2010, 295).

Auf eine Initiative Freier Katholischer Schulen der Schulstiftung der Erzdiözese Freiburg zurück gehen die so genannten »*Compassion-Projekte*«[63], die

---

[62] Damit bestätigt sich, dass Kohlbergs Grundanliegen mit der Just-Community-Idee – die nicht auf Schulen begrenzt ist, sondern von ihm auch mit Blick auf Gefängnisse oder Jugendzentren entfaltet wird – umgesetzt werden kann. Zusammen mit seinen Mitarbeitern nimmt er an, dass die Mitglieder von Just-Community-Gemeinschaften »(a) auch diejenigen Gruppennormen inhaltlich akzeptieren, die zugunsten anderer eigene Freiheiten und Interessen einschränken; (b) sich tendenziell auf die nächsthöhere Moralstufe zubewegen, sofern das moralische Klima einer höheren Stufe entspricht; und (c) zu einer neuen Ebene des moralischen Verantwortungsbewusstseins gelangen, d. h. sich verpflichtet fühlen, gemäß der höchsten Stufe ihres Moralverständnisses zu handeln« (Kohlberg/Wassermann/Richardson 1978, 236).

Zu sich nicht einstellenden, gewünschten Effekten des Just-Community-Ansatzes vgl. Oser 2014, 219.

[63] Johann Baptist Metz prägt den Begriff »Compassion« als theologisches Programm, das die »Autorität der Leidenden« (Metz 2000, 15) im Rekurs auf biblische Traditionen als »memo-

Schülerinnen und Schülern ein mehrtägiges Praktikum in einer sozialen Einrichtung ermöglichen. Indem die Lernenden sich sozial engagieren, sollen ihnen unter anderem wertebildende Optionen geboten werden. »Ziel des Compassion-Projekts ist die Entwicklung und Stärkung sozialverpflichteter Haltungen unter Schülerinnen und Schülern.« (Kuld/Gönnheimer 2000, 7) Als zentral erweist sich dabei die reflexive Komponente: Im Unterricht, der die Praktika rahmt, gilt es das Erlebte und die damit verknüpften Erfahrungen zu begleiten, zu reflektieren und zu versprachlichen. Verschiedene Unterrichtsfächer[64] bereiten dabei das Sozialpraktikum fächerverbindend vor, Lehrerinnen und Lehrer besuchen die Schülerinnen und Schüler am Praktikumsort und im Nachklang wird im unterrichtlichen Zusammenhang ein Austausch über die im Praktikum gemachten Erfahrungen, die wahrgenommenen eigenen Fähigkeiten und Begrenzungen, über dabei tangierte Werthaltungen etc. forciert. Evaluationen zeigen, dass durch die soziale Tätigkeit zwar keine signifikanten Veränderungen der jeweiligen Wertorientierungen festzustellen sind (vgl. Brüll 2012b, 135). Im Rahmen seiner Evaluationsstudie zum diakonischen Lernen kann Christoph Gramzow ebenfalls nur schwache Veränderungen hin zu sozialer Orientierung bei Schülerinnen und Schülern feststellen, die ein Sozialpraktikum gemacht haben (vgl. Gramzow 2010, 231). Gleichwohl aber lässt sich belegen, dass innerhalb bestimmter, situationsabhängiger Kontexte Veränderungen stattfinden. Lothar Kuld und Stefan Gönnheimer verzeichnen, dass Lernende, die an einem Compassion-Projekt teilgenommen haben, im Vergleich zu einer Kontrollgruppe beispielsweise eine erhöhte Bereitschaft besitzen, altruistisch zu denken und handeln. Prosoziale Dispositionen stabilisieren sich, Selbstwirksamkeitserfahrungen stellen sich ein. Auch sehen Schülerinnen und Schüler die dabei gemachten Erfahrungen als Gewinn für die eigene Persönlichkeit an; moralisches Verhalten wird in seiner Lebensbedeutsamkeit erfahren (vgl. Brüll 2012a, 151f; Kuld/Gönnheimer 2000b, 89; Kuld 2004, 17).

---

ria passionis« in den Mittelpunkt stellt. Er versteht Compassion nicht als ein auf Gefühle beschränktes, privatisierendes Mitleid, sondern »als die der Gottesleidenschaft entspringende Mitleidenschaftlichkeit, als teilnehmende Wahrnehmung fremden Leids, als tätiges Eingedenken des Leids der andern« (Metz 2001, 7f). Diese Deutung wird nachträglich auch für die Compassion-Projekte aufgegriffen.

[64] Das Compassion-Projekt fokussiert nicht nur den Religionsunterricht, sondern auch andere Unterrichtsfächer. Das Spezifikum des Religionsunterrichts kommt insbesondere dann zum Tragen, wenn danach gefragt wird, welche Relevanz die christliche Botschaft für den Praktikumskontext besitzt.

Evangelischerseits werden dem Compassion-Projekt ähnliche Ziele unter dem Terminus »diakonisches Lernen« verfolgt (vgl. Fricke/Dorner 2015; Gramzow 2014 und 2010; Toaspern 2007).

2.2.4 Wertebildung im Horizont von Entwicklungs- und Selbstkonstruktionsprozessen. Zentrale Faktoren

Die obigen Darlegungen belegen es: Schematisch-simplifizierende Einordnungen bezüglich »der« Werte »der« Kinder und Jugendlichen gibt es nicht. Vielmehr müssen Aussagen zu Werthaltungen Heranwachsender mehrere Aspekte berücksichtigen und zusammendenken. *In postmodernen Gesellschaften* wachsen Kinder und Jugendliche in Horizont von *Wertepluralität* auf. Mit dieser Ausgangslage müssen sie gestaltend und individuell sinnstiftend umgehen – und dies können sie, wenn ihnen entsprechende Freiheiten und Selbstkonstruktionsgelegenheiten offeriert werden. Letzteres ist deshalb so bedeutsam, weil Heranwachsende nicht mit Werten auf die Welt kommen, sondern erst mit voranschreitender Entwicklung ihr eigenes Wertegerüst formen. Mit zunehmendem Alter prägen sich ihre *Werturteilsfähigkeit,* ihre *wertebezogenen Gefühle* sowie ihre *Motivation, wertegemäß zu agieren,* aus. In dieser Hinsicht ist es auch wichtig, dass Kinder und Jugendliche *Wissen über Werte* anreichern, also Kenntnisse darüber, was sittlich gutes Verhalten ist und was dieses in verschiedenen Situationen bedeuten kann. Die dafür notwendigen Lern- und Bildungsprozesse finden nicht isoliert und unabhängig von der Umwelt statt. Vor allem im Austausch mit *Eltern* und *Peers* sowie in *schulischen Zusammenhängen* reichern Heranwachsende ihr Wertesystem im Rahmen so genannter Wertetransmissionen an. Sie werden also erst nach und nach immer mehr zu *Subjekten* ihrer individuellen Wertebildung – sowohl durch Entwicklungsfortschritte als auch durch Selbstkonstruktionsprozesse.

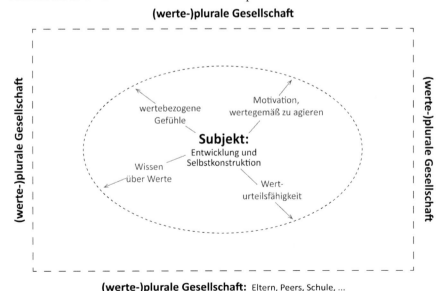

(werte-)plurale Gesellschaft

(werte-)plurale Gesellschaft: Eltern, Peers, Schule, …

Abb. 2: Das Werte bildende Subjekt in einer (werte-)pluralen Gesellschaft

Im Zeitalter der Wertepluralität sind die Kinder und Jugendlichen herausgefordert, ihre Wertegerüste aus einer Vielzahl an Werteoptionen aufzubauen, diese immer neu an veränderte Situationen anzupassen und anderen gegenüber zu legitimieren. Die Rede von einem Werteverfall ist unter diesen Vorzeichen unberechtigt, zumal verschiedene empirische Studien sogar aufzeigen können, dass sich Heranwachsende gegenwärtig wieder mehr der Wertewelt älterer Generationen annähern und insbesondere ein sozial grundiertes Werteprofil ausprägen. Dabei gehen sie größtenteils pragmatisch vor, insofern sie bisweilen Einschränkungen hinnehmen, um sich selbst sinnstiftend zu verorten, Umcodierungen von Werten vornehmen, um neue Herausforderungen zu bewältigen, aber auch scheinbar widerstreitende Werte synthetisieren. Religiöse Verortungen prägen die Werthaltungen Heranwachsender nur bedingt: Lediglich familial-gemeinschaftsbezogene und altruistische Werte scheinen religiös sozialisierte Kinder und Jugendliche – verglichen mit nicht religiös sozialisierten – etwas mehr zu bevorzugen.

Dieser wertebildende Selbstkonstruktionsprozess ist geprägt von der individuellen Entwicklung der Werturteilskraft und wertebezogener Gefühle sowie von der sich zeitlich etwas versetzt ausprägenden Entwicklung der Motivation, gemäß eigener Werte und des als sittlich gut Erkannten auch zu agieren. Entwicklungspsychologische Forschungen zeigen, dass diese Entfaltungsprozesse in Abhängigkeit von der kognitiven Entwicklung stattfinden und zugleich auf die Anreicherung von Wissen über Werte und über das damit verknüpfte sittlich Gute angewiesen sind. Diese Entwicklungs- und Aneignungsprozesse führen dazu, dass das Subjekt immer mehr zu einem »moralischen Selbst« wird und nicht als lediglich von seiner Entwicklung gesteuert betrachtet werden darf. Vielmehr belegen empirische Studien, dass Heranwachsende sich bezüglich ihrer Werthaltungen und deren Realisierung zunehmend autonom verhalten. Sie denken und handeln im Sinne des von ihnen als »gut« erkannten, weil sie es wollen – und nicht nur, weil sie es müssen. In der Konsequenz bedeutet dies, dass Jugendliche ab der Adoleszenzphase in Abhängigkeit von scheinbaren Notwendigkeiten pragmatisch entscheiden und bisweilen auch entgegen ihrer internalisierten Werte agieren.

Dabei werden sie von ihrem Umfeld geprägt. So genannte Wertetransmissionsprozesse finden nicht nur uni-, sondern bidirektional statt: D. h., Heranwachsende konstruieren ihre Werte im Kontext verschiedener Interaktionsbereiche, die allerdings nicht nur auf die Kinder und Jugendlichen wirken, sondern von diesen zugleich mitgestaltet werden. Als besonders bedeutend erweisen sich die Eltern – vor allem für Kinder und insbesondere hinsichtlich des Umgangs mit Konventionen und der Entfaltung kollektivistischer Werte. Mit zunehmendem Alter wird die Gruppe der Gleichaltrigen wichtig: Im reziproken Austausch und Erproben reichern Jugendliche gegenseitig ihr prosoziales Wertegerüst an. Die Bedeutung der Peers ist unter anderem ein

Grund dafür, dass auch die Schule einen sehr wichtigen Raum für die individuelle Wertbildung der Subjekte darstellt. Hier leben und aktualisieren die Schülerinnen und Schüler ihre Wertvorstellungen in Interaktionen mit allen zur Schulfamilie Gehörenden, insbesondere im Abgleich und Diskurs mit ihren Mitschülerinnen und -schülern, aber ebenso im Rahmen explizit wertebildend ausgerichteter Lerngelegenheiten.

2.3 Herausforderung: Heranwachsende in ihrer Wertebildung unterstützen

Robert J. Havighurst verweist bereits in den 1940er Jahren darauf, dass die Ausprägung eines eigenen Wertesystems eine zentrale zu bewältigende Entwicklungsaufgabe für Heranwachsende ist. Hinter seinem Konzept von Entwicklungsaufgaben steht die Idee, dass Menschen angesichts realer Anforderungen zeit ihres Lebens Fähigkeiten und Fertigkeiten aufbauen müssen, um das Leben gestalten zu können. In der Kindheits- und Adoleszenzphase stellen sich diese in besonderem Maße. Als Kontexte der »Entwicklungsaufgaben« gelten physische Reifung, gesellschaftliche Erwartungen und individuelle Zielsetzungen und Werte« (Oerter/Dreher 2002, 268; vgl. Havighurst 1981; Hurrelmann/Quenzel 2013, 26–34). Mit der körperlichen Entwicklung gehen für Jugendliche beispielsweise zunehmend Anforderungen hinsichtlich des Umgangs mit der eigenen Gesundheit oder der eigenen Geschlechtlichkeit einher. Gesellschaftliche Rahmenbedingungen wiederum formulieren z. B. Normen und Verantwortlichkeiten, mit denen sich Menschen aller Altersstufen immer neu auseinandersetzen müssen. Entwicklungsaufgaben fordern vom Subjekt, sich im Spannungsverhältnis von eigenen Bedürfnissen und kollektiven Erwartungen zu gestalten. Dabei spielen Werte eine wichtige Rolle. Zum einen stellen sie selbst eine der zentralen Entwicklungsaufgaben dar: Jugendliche müssen für sich bedeutsame Werte identifizieren und diese sukzessive in ein individuelles sowie weitgehend stabiles Wertegerüst integrieren, um ihre Lebensgestaltung im Horizont gesellschaftlicher Anforderungen in eigenständiger und -verantwortlicher Weise daran ausrichten zu können. Zum anderen werden Werte »im Laufe der Lebensspanne […] zur treibenden Kraft für die aktive Gestaltung von Entwicklung« (Oerter/Dreher 2002, 269). Aufgrund dieser Aspekte zeigt sich einmal mehr, dass es wichtig ist, Heranwachsenden Optionen und Räume aufzutun, um ihre Wertebildung positiv angehen und gestalten zu können.

Abgesehen von der »Entwicklungsaufgabe Werte« erscheint ein weiterer Grund bedenkenswert, warum Kinder und Jugendliche in wertebildender Hinsicht unterstützt werden sollten: In der gegenwärtigen (Wissens-)Gesellschaft, in welcher zum einen der Zugriff auf Wissen über Zukunftschancen und Fortschritt entscheidet und zum anderen das verfügbare Wissen durch immer stärkere Vernetzungsprozesse rapide ansteigt, wächst der Bedarf der Subjekte an einem orientierenden Umgang damit. Jürgen Mittelstraß verweist darauf, dass ein »Wissen über« allein nur wenig relevant ist. Es gilt, dieses so genannte Verfügungswissen mit vernunftgemäßen sowie sittlichen Maßstäben zu bewerten und dadurch Orientierungswissen zu erschließen: »ein Wissen um gerechtfertigte Zwecke und Ziele; gemeint sind Einsichten, die im Leben orientieren (zum Beispiel als Orientierung im Gelände, in einem Fach, in persönlichen Beziehungen), aber auch solche, die das Leben orientieren (und etwa ›den‹ Sinn des eigenen Lebens ausmachen)« (Mittelstraß 2002, 164; vgl. Ladenthin 2008, 17).[65] In dieser Hinsicht bieten Werte dem Subjekt Optionen, zugängliches Wissen mit Sinn zu versehen und für eine selbstverantwortete Lebensgestaltung fruchtbar zu machen. Angesichts der Wertepluralität, die unter anderem als Folge des Anstiegs an Verfügungswissen angesehen werden kann, benötigen besonders Heranwachsende Unterstützung bei der Identifizierung von Werten, die ihnen beim Aufbau von Orientierungswissen, das »Orientierung nicht vor[gibt], sondern ermöglicht« (Olbertz 2005, 59), behilflich sein können.

Vor dem Hintergrund dieser schlaglichtartigen Befunde und angesichts der oben bereits thematisierten Wertepluralität (vgl. 2.1) lassen sich viele Appelle bezüglich einer Unterstützung der Kinder und Jugendlichen bei ihrer »Aufgabe Werte« nachvollziehen. Diese werden sowohl von gesellschaftlicher und politischer Seite, von Eltern oder auch von Heranwachsenden selbst artikuliert. Häufig richten sich entsprechende Forderungen primär an die Schulen: Im Schulleben und im Unterricht sollen Kinder und Jugendliche an Werte herangeführt werden. Vor allem dem Religionsunterricht wird diesbezüglich Potential zugesprochen (vgl. 4.2.1.4).[66] Die immer wieder anzutreffende, defizit-grundierte Forderung, »man müsse wieder zu Werten erziehen« erscheint – mit Jürgen Rekus gesprochen – gleichwohl »überraschend, als kaum eine einheitliche Wertauffassung auszumachen ist« (Rekus 2008, 5). Viele, die sich aus alltagstheoretischer Perspektive für die Intensivierung von schulischen Wertebildungsbemühungen aussprechen, gehen jedoch von einer derartigen Einheitlichkeit aus. Schule soll ihrer Meinung nach den Lernenden bestimm-

---

[65] Jürgen Mittelstraß hat folgende Differenzierung geprägt: »*Verfügungswissen* ist ein *positives* Wissen, ein Wissen um Ursachen, Wirkungen und Mittel, *Orientierungswissen* ist ein *regulatives* Wissen, ein Wissen um Ziele und Maximen. Verfügungswissen konstituiert in wesentlichen Aspekten die moderne Welt, nämlich in Form von rationalen, technischen Kulturen; Orientierungswissen ist das, von dem man sagt, daß es in dieser Welt zunehmend fehlt.« (Mittelstraß 1989, 19)

[66] Mehrere Studien können belegen, dass auch Religionslehrerinnen und Religionslehrer ihrem Unterrichtsfach selbst ein hohes wertebildendes Potential zuschreiben. Für viele ist es sogar ein wichtiges Ziel ihres unterrichtlichen Handelns, »Wertvorstellungen zu vermitteln« (vgl. unter anderem Doedens 2014, 18–32; Feige/Lukatis 2000, 227; Feige/Tzscheetzsch 2005, 26; Lindner 2009a, 89).

te, dem gesellschaftlichen Fortbestand dienliche Werte näherbringen. Derartige Forderungen aber lassen die Bedingungen des wertepluralen, medial vernetzen Zeitalters (vgl. 2.1.4) außer Acht. Nimmt man die allgegenwärtige Wertepluralität ernst, ist es vielmehr entscheidend, den Heranwachsenden die freie und selbstverantwortete Ausprägung eines individuellen Wertegerüsts zu ermöglichen und sie dabei zu unterstützen. Angesichts des für viele Lebensbereiche postmodern-typischen »Zwang[s] zur Entscheidung«[67] sind Kinder und Jugendliche auf Wertediskurs- und -erfahrungsräume angewiesen, da »Wertbindungen [...] aus der Selbstbildung [erwachsen], beeinflusst von Vorbildern und durch Beispiele, durch die Bildungsinstitutionen, durch die Verarbeitung von Erfahrungen und deren Überprüfung mit Hilfe hinzugewonnenen Wissens und dadurch, dass die Werte mit den Ansprüchen der eignen Lebenszeit und Lebenswelt korrespondieren« (Baumert u. a. 2002, 184).

Die oben (vgl. 2.2) präsentierten soziologischen und entwicklungspsychologischen Erkenntnisse zeigen, dass schulische Zusammenhänge für die Wertebildung Heranwachsender zweifelsohne bedeutsam sind. Gleichwohl stellen sie nicht den einzigen wertebildenden Raum dar, in dem sich Kinder und Jugendliche bewegen. Insofern vorliegende Studie Wertebildung im Horizont des schulischen Religionsunterrichts fokussiert, ist daher unter anderem danach zu fragen, was Schule in wertebildender Hinsicht genau leisten kann, worauf sie achten muss und welche Intentionen und Möglichkeiten diesbezüglich realisierbar erscheinen. Denn oftmals gehen Forderungen davon aus, dass in schulischen Zusammenhängen vorgegebene Werte auf Schülerinnen und Schüler »1:1 übertragbar« sind; nicht selten nehmen das auch Lehrerinnen und Lehrer an. Derartige Annahmen erweisen sich jedoch als falsch: Schule ist nicht der Ort der Vermittlung von Werten, sondern »Agent der Auswahl von Orientierungen« (Tenorth 2005, 42). Dies wird umso mehr daran deutlich, als oben nachgewiesen werden konnte, dass Wertebildung erstens einem Selbstkonstruktionsprozess des Subjekts unterliegt, der im Kontext von Entwicklung, Wissensaneignung sowie diskursiven und handelnden sozialen Interaktionen anzusiedeln ist. Zudem finden wertebildende Prozesse – zweitens – vielfach indirekt und ungeplant im (schul-)alltäglichen Miteinander statt. Drittens gibt zwar es Strategien und Optionen direkt unterstützter Wertebildung, die jedoch so offeriert werden sollten, dass die Schülerinnen und Schüler als Subjekte ernst genommen werden. Diese drei Perspektiven gilt es genauer zu betrachten (vgl. 4.2), wenn es um die Entwicklung einer Wertebildungstheorie geht.

---

[67] Ulrich Becks Darlegungen zum »Übergang von der ›Normal- zur Wahlbiographie‹ (Ley)« (Beck 2003, 217; vgl. zudem ebd., 211–219) bringen diesen Kontext in anschaulicher Weise auf den Punkt.

Insofern die Wertefrage mit der Sinnfrage gekoppelt ist, ergeben sich verschiedene Anknüpfungspunkte, die den Religionsunterricht in seinen wertebildenden Potentialen erweisen. Wie oben herausgestellt, fragen Kinder und Jugendliche z. B. danach, warum es Sinn macht, sich an bestimmte Werte zu binden und diesen entsprechend zu agieren. Diese Frage stimmig beantworten zu können, stellt eine wichtige Wertebildungsaufgabe der Heranwachsenden dar. Andreas Feige kann empirisch nachweisen, dass Jugendliche Sinn »eher nicht als etwas passiv Empfangenes [...] [erleben]. Vielmehr wird die Eigenverantwortlichkeit stark betont: Sinn existiert dadurch, dass ich etwas selbst gestalte, selbst schaffe. Aber: Damit geht keineswegs zwangsläufig ein mangelndes Bewusstsein für die zugleich bestehende Vorausgesetztheit des eigenen Daseins einher.« (Feige 2008, 226)

In dieser Hinsicht kann der Religionsunterricht ein spezifisches Angebot offerieren, indem er mit den Schülerinnen und Schülern die wertebildende Relevanz eines Transzendenzbezugs reflektiert; bereits Lawrence Kohlberg befasste sich unabhängig von einem Interesse an religiöser Bildung mit dieser Frage (vgl. 2.2.2.1). Zugleich sollte dieses Unterrichtsfach nicht auf Wertebildung reduziert werden. Diesem Spagat zwischen den wertebildenden Potentialen und Grenzen des schulischen Religionsunterrichts hat sich vorliegende Studie verschrieben, indem es ihr Anliegen ist, eine religionsdidaktisch zugespitzte Wertebildungstheorie zu entfalten.

3 Werte? Markante Dimensionen eines weiten Diskursfeldes

Bereits seine vielfältige alltagssprachliche Konnotation verweist auf zwei Aspekte, von denen her der Begriff »Werte« geprägt ist: Zum einen ist der ursprünglich primär metrisch-ökonomische Verwendungskontext dieses Terminus zu bedenken, der bis heute bedeutungsgenerierend ist, insofern z. B. »Grenzwerte« die Sauberkeit von Trinkwasser garantieren oder an den Börsen unterschiedlichste Werte gehandelt werden.[68] Zum anderen fällt auf, dass der in ethischen und pädagogischen Reflexionen bemühte Werte-Begriff bei Weitem nicht so klar ist, wie von den damit Kommunizierenden suggeriert wird.[69] Eine allgemeine, auf verschiedenste Wert-Kontexte hin plausibilisierbare Begriffsbestimmung legt Wolfhart Henckmann vor, wenn er unter Werten »diejenigen Gegebenheiten irgendwelcher Art [...] [subsumiert], die ein Bedürfnis oder Interesse befriedigen, ein Lustgefühl hervorrufen, Anerkennung verdienen, wünschenswert, erforderlich oder erstrebenswert erscheinen« (Henckmann 2003, 648).[70]

Derartige terminologische Klärungen versuchen zwar, der Weite des Begriffsfeldes »Werte« gerecht zu werden. Gleichwohl ist es im Kontext des vorliegenden, religionspädagogischen Forschungsinteresses wichtig, dieses »weite Diskursfeld« unter ethischem Blickwinkel zu justieren. In dieser Hinsicht sind vor allem drei Zusammenhänge von Bedeutung, von deren Erkenntnissen her sich eine Matrix markanter Perspektiven aufspannen lässt, aus welchen sich wiederum Kriterien ergeben, um das wertebildende Potential des Religionsunterrichts zu verankern: philosophische Verortungen (3.1), soziologische Konnotationen (3.2) und theologische Vergewisserungen (3.3). Diese drei Erkenntnisfelder prägen den religionspädagogischen Diskurs zum Thema »Wertebildung«. Philosophische Reflexionen geben Aufschluss über die verschiedenen Dimensionen, die mit Werten unter ethischem Gesichtspunkt verknüpft sind, und eröffnen von daher beachtenswerte Referenzpunkte für die Entfaltung einer Wertebildungstheorie. Letztere bedarf zugleich der Rückbindung an den soziologischen Diskurs, der insbesondere im Rahmen

---

[68]   Margret Scholl-Schaaf verweist auf drei Bedeutungskontexte: Wert als Gut, Wert als Maßstab, Wert als Ziel. Vgl. Scholl-Schaaf 1975.

[69]   Heinrich Rickert bietet eine Begründung dafür: »Was endlich der Wert selbst für sich ist, läßt sich freilich nicht im strengen Sinn ›definieren‹. Aber das liegt allein daran, daß es sich dabei um einen der letzten und unableitbaren Begriffe handelt, mit dem wir die Welt denken« (Rickert 1921, 113).

[70]   »In pädagogischen Zusammenhängen gelten ›Werte‹ häufig als kulturelle Orientierungen im Sinne der traditionellen Wertbereiche des ›Wahren‹, ›Guten‹, ›Schönen‹ und ›Heiligen‹« (Fees 2000, 12), so Konrad Fees.

empirischer Wertestudien zum einen vorgibt, wie der Kontext »Werte« le-
bensweltrelevant operationalisiert werden kann, und zum anderen dadurch
abbildet, welche Werte(-felder) einer Gesellschaft wichtig erscheinen, wie also
der Werte-Begriff inhaltlich konnotiert wird. Diese Ergänzung des philosophischen um den soziologischen Diskurs ist umso wichtiger, als in öffentlichen Wertedebatten auf die Argumentationsweisen beider Wertekontextualisierungen zurückgegriffen wird, aber beide Zugänge bisweilen »wenig miteinander gemein« (Giesecke 2005, 47) haben. Zudem ist zu hinterfragen und zu
entscheiden, inwiefern soziologische Studien Werthaltungen konturieren,
deren Ausprägung im Rahmen von moralisch konturierten Bildungsprozessen
unterstützt werden kann. Zentral für das religionspädagogische Forschungsinteresse vorliegender Untersuchung ist außerdem die theologische Zuspitzung des Kontextes »Werte«: Landläufig wird gerade Religionen eine besondere Affinität zu (bestimmten) Werten zugeschrieben. Unter anderem das
Christentum sieht sich im westeuropäischen Zusammenhang häufig mit einem Vertrauensvorschub hinsichtlich der als gesellschaftlich höchst relevant
identifizierten Grundaufgabe »Wertebildung« bedacht. Dieser Aspekt bildet
somit ein Achtergewicht, wenn es zu entscheiden gilt, was Religionsunterricht
in wertebildender Hinsicht leisten kann oder nicht. Insbesondere die Frage
nach *den* »christlichen Werten« ist dabei zu stellen.

Insgesamt verfolgt dieser Abschnitt vorliegender Studie die Intention, ausgewählte Horizonte, die den gegenwärtigen Wertediskurs prägen, auszuloten
und Perspektiven herauszuarbeiten, von denen her eine religionspädagogisch
verankerte Wertebildungstheorie entfaltet werden kann.

3.1 Werte. Philosophische Annäherungen

Seit der Etablierung des Werte-Begriffs im philosophisch-ethischen Diskurs
ist eine Vielzahl von spezifischen Annäherungen an dieses Forschungsfeld
vorgelegt worden. Im Folgenden werden lediglich drei Entwürfe analysiert,
die als repräsentativ für markante Entwicklungsschritte der philosophischen
Reflexion angesehen werden können: Max Schelers materiale Wertethik
(3.1.3), Jürgen Habermas' diskursethisch orientierte Überlegungen zu Werten
(3.1.4) sowie Hans Joas' subjektperspektivierter Blickwinkel auf Werte
(3.1.5).[71] Max Scheler hat den »ehrgeizigsten Versuch, eine Phänomenologie
[...] der Wertempfindungen des Menschen vorzulegen« (Joas 2009, 133),

---

[71] Eine beachtenswerte Studie zu Wertetheorien hat Hans Joas selbst vorgelegt. In seinem
Werk »DIE ENTSTEHUNG DER WERTE« (Erstauflage: 1999) hält er »nach den Handlungszusammenhängen und Erfahrungstypen Ausschau [...], in denen das subjektive Gefühl, daß
etwas ein Wert sei, seinen Ursprung hat« (Joas 2009, 22), und ermöglicht dabei einen er-
kenntnisreichen Einblick in zentrale philosophische und soziologische Theorien.

unternommen und in diesem Zusammenhang eine Begründung des objektiven Seins von Werten erarbeitet. Diese materiale Wertethik, welche die bis dahin vorherrschende, von Kant geprägte Moralphilosophie hinterfragt, stellt bis heute einen zentralen Referenzpunkt des philosophischen Wertediskures dar – insbesondere auch für theologische Verortungen, da Scheler seine Darlegungen zu sittlichen Werten auf eine christlich basierte Liebesidee gründet. Bedeutsam angesichts eines religionspädagogischen Interesses sind die Scheler'schen Entfaltungen deshalb, insofern die objektive Setzung von Werten unter anderem Anfragen bezüglich einer »Vermittelbarkeit«, aber auch nach der Relevanz des Subjekts hervorruft. Diese Anfragen gründen nicht zuletzt in der Weiterentwicklung philosophischer Wertreflexionen, welche mittels Jürgen Habermas' diskursethisch grundierten Darlegungen erhellt werden können. Zwar legt Habermas keine eigenständige Wertphilosophie vor, doch bietet seine Diskurstheorie »das wohl beeindruckendste Projekt einer universalistischen Moraltheorie der Gegenwart« (Joas 2009, 274). Im Gegensatz zu Scheler bekommt hier das Subjekt im Denkzusammenhang »Werte« verstärkt Gewicht, wenngleich aus diskursethischer Perspektive die Reduktion von subjektiven, lebensweltlich-zentrierten Standpunkten notwendig ist, um verallgemeinerbare moralische Entscheidungen zu ermöglichen. An dieser Setzung deuten sich Probleme einer kognitivistischen Reduktion von Wert(haltung-)en an. Unter anderem diese gilt es in religionspädagogischer Hinsicht zu bedenken – nicht zuletzt, insofern die in Anlehnung an Habermas' Diskursethik entwickelte, so genannte »Wertekommunikation« in vielen religionsbzw. ethikdidaktischen Vorschlägen als edukativ sehr bedeutsam angesehen wird (vgl. z. B. Ziebertz 2013, 444; vgl. 4.2.3.4). Insbesondere Hans Joas, der mit seinen wertphilosophischen Ausführungen den gegenwärtigen Forschungsdiskurs in bedeutsamer Weise prägt, räumt dem Subjekt einen gewichtigen Stellenwert beim Thema »Werte« ein. Seine Reflexionen, die auf dem Nährboden vorausliegender philosophischer Entwürfe fußen, eröffnen fruchtbare Perspektiven für eine (Neu-)Justierung der religionspädagogischen Idee von Wertebildung – besonders, weil sie die Orientierung am Subjekt einholen.

Leitende Intention der folgenden Ausführungen ist somit, die philosophische Kontextualisierung des Werte-Begriffs zu verorten (3.1.1) sowie – kriteriengeleitet (3.1.2) – die Entfaltungen von Scheler, Habermas und Joas zu bündeln (3.1.3–3.1.5), um von daher Vergleichsmöglichkeiten zu eröffnen und schließlich religionspädagogische Perspektiven abzuleiten (3.1.6).

3.1.1 Ethische Konnotationen des Werte-Begriffs.
Schlaglichter[72] auf deren Etablierung

Insofern im 19. Jahrhundert naturwissenschaftliche und technische Neuerungen in Europa dazu geführt haben, dass das weitgehend geschlossene, nicht zuletzt christlich geprägte Wirklichkeitsverständnis infrage gestellt wurde, kommt es in der philosophischen Ethik unter anderem zu einer »Ökonomisierung des Handlungsbegriffs und einer Entkoppelung der menschlichen Praxis von dem ihr immanenten Sinn. Der Sinn menschlicher Praxis ist nicht mehr die individuell-situative Realisierung des Guten, sondern die Produktion von gesellschaftlich erwünschten Gütern« (Peez 2007, 41). »Der Begriff ›Wert‹ tritt an die Stelle, an der in der philosophischen Tradition der Begriff des ›Guten‹ stand.« (Joas 2009, 39) Metaphysische Kontexte werden dabei in den Bereich des Subjekts transformiert, da das Gute bis dato vornehmlich im Zusammenhang eines höheren Seienden situiert wird, Werte aber (auch) im Horizont des wertenden Subjekts gedacht werden. Dementsprechend sieht sich das Subjekt in seiner Wertungsfähigkeit zwar emanzipiert, zugleich aber auch in Unsicherheiten bezüglich der Orientierungsreferenzen für sein Denken und Handeln versetzt.

Diese Entwicklung fordert die Ethik heraus: Sie, die nicht länger lediglich metaphysisch, sondern zunehmend auch pragmatisch begründet wird, entfaltet eigenständige Wertlehren (vgl. Honecker 1990, 214).[73] Mit der Etablierung der Wertphilosophie wird versucht, eine scheinbar verlorengegangene Orientierung einzuholen: An die Stelle der bis dato vornehmlich aus christlicher Perspektive vorgenommenen Gesamtdeutung der Wirklichkeit setzt die sich entfaltende Wertphilosophie zunächst primär Nachweise der objektiven Gültigkeit von Werten. Vornehmlich steht dabei »die Begründung der Grundlagen des menschlichen Selbst- und Weltverständnisses zur Diskussion: Was sind Begriffe wie ›Wahrheit‹, ›Moralität‹ usw. selbst wert? [...] Besitzen sie nur subjektive oder auch objektive Gültigkeit? Wie müssen wir ihr Verhältnis zur Wirklichkeit und zum Menschen denken?« (Krijnen 2006, 549) Mit Siegbert Peez lassen sich zwei Hauptformen der philosophischen Konzeptualisierung des Werte-Begriffs konstatieren, die sich in der Folgezeit ausprägen: zum einen dessen Subjektivierung im Werturteil, zum anderen dessen Objektivierung im Wertgefühl (vgl. Peez 2007, 42f). Beide Entfaltungsrichtungen ber-

---

[72] Vorliegende Studie beschränkt sich bewusst auf einen schlaglichtartigen Überblick, da verschiedenste Studien die historische Entfaltung des Werte-Begriffs im philosophisch-ethischen Diskurs reflektieren. Vgl. unter anderem Breitsameter 2009, 21–86; Joas 2009; Krobath 2009; Werner 2002, 13–124.

[73] Hermann Lübbe präzisiert diese Entwicklung anhand folgender Beobachtung: Angesichts einer dynamisierten Wirtschaft geraten in der zweiten Hälfte des 19. Jahrhunderts die Lebensansprüche und mit ihnen die Tugenden in Bewegung. Um deren Rang weiterhin halten zu können, werden sie als »Höchstwerte« gesetzt (vgl. Lübbe 2007, 58).

gen Anfragen, die sich zwischen einer Kritik an der Überbetonung des Individuums bei gleichzeitiger Relativierungs- sowie Instrumentalisierungsanfälligkeit auf der einen Seite und der Gefahr einer Usurpation von Objektivität bewegen (vgl. Schmitt 1979: »DIE TYRANNEI DER WERTE«).

Entsprechende wertethische Diskurse prägen fortan die philosophischen Reflexionen. Bis in die erste Hälfte des 20. Jahrhunderts hinein sind diese größtenteils material verortet, d. h. auf bestimmte Wertefragen bezogen. In der Folgezeit werden sie ergänzt durch Perspektiven, die z. B. verschiedene Kontexte berücksichtigen und das Subjekt immer mehr ins Zentrum stellen. Darüber, was unter »Werten« in philosophisch-ethischer Hinsicht verstanden werden kann, gibt es bis dato keine Einigkeit; und es wird sie wohl auch nie geben. Ausgewählte Positionen von Gegenwartsphilosophen belegen dies. Während Christian Krijnen beispielsweise die Orientierungsperspektive fokussiert: »Ganz allgemein lassen sich Werte als bewusste oder unbewusste Orientierungsdirektiven für das menschliche Leisten bestimmen« (Krijnen 2002, 528), subsumiert Hartmut Kreß zusätzlich den normierenden Aspekt darunter: »Ethische Werte lassen sich als Maßstäbe des Sollens und als Zielbestimmung des sittlich Anzustrebenden definieren« (Kreß 2003, 654). Hans Joas wiederum umschreibt – bewusst weit definierend – Werte als »etwas, das uns ergreift, das wir nicht direkt ansteuern können, das aber, wenn es uns ergreift, zu einer spezifischen Erfahrung von Freiheit führt« (Joas 2005, 14). Viele weitere Klärungen könnten die konstatierte Uneindeutigkeit bezüglich dessen, was unter Werten verstanden wird, erweisen. Während Kreß beispielsweise das Augenmerk stärker auf den normierenden Charakter hinsichtlich des sittlich Erstrebenswerten legt, bringt Joas dagegen besonders das Subjekt und seine elementare Bedeutung für die Zuschreibung dessen zum Tragen, was als sehr erstrebenswert erachtet wird. Gerade dieser Subjektbezug birgt Potential und Anschlussfähigkeit für eine (religions-)pädagogische Verortung des Werte-Begriffs.

3.1.2 Instrumentarium der Analyse. Dimensionen von Wertetheorien

Bei der Rezeption verschiedenster philosophischer Wertetheorien lassen sich bestimmte Dimensionen identifizieren, von denen her die jeweiligen Theorien den Kontext »Werte« reflektieren. Folgende Aspekte werden dabei fast immer in den Blick genommen: (1) der Entstehungs- und Generierungskontext von Werten, (2) die Rolle des Werte-Träger-Subjekts, (3) die Bedeutung der intersubjektiven Kommunizierbarkeit, (4) die Frage nach einer Universalisierbarkeit von Werten, (5) die Frage nach deren Relativität sowie (6) die Abgrenzung vom Kontext »Normen«.

Diese Dimensionen stellen das Instrumentarium dar, mit welchem im Folgenden die wertetheoretischen Darlegungen von Scheler, Habermas und Joas analysiert werden. Zum einen bieten sie eine Kriteriologie an, um Wertetheorien greifbar zu machen – auch diejenigen, die bisweilen nicht explizit als solche entfaltet wurden. Zum anderen eröffnen diese Dimensionen Vergleichsmöglichkeiten zwischen unterschiedlichen wertphilosophischen Präzisierungen. Somit wird es möglich, Schwerpunkte der jeweiligen Wertetheorie auszumachen, verschiedene Horizonte, die den gegenwärtigen Wertediskurs prägen, auszuloten und von daher – im Interesse vorliegender Studie – einen bildungstheoretisch stimmigen sowie religionspädagogisch bedeutsamen Werte-Begriff zu entfalten. Die einzelnen Dimensionen« seien im Folgenden kurz erläutert:

Der Entstehungs- bzw. Generierungskontext von Werten (1): Schon Friedrich Nietzsche versuchte zu ergründen, wie es zur Etablierung bestimmter Werte kommt. Er warf – im Interesse am Ursprung des Bösen – die provokante Frage auf, ob nicht die als gegeben betrachteten Werte des Guten verhinderten, dass der Mensch zu höchster Entfaltung käme. Freilich beantwortete er diese Frage tendenziös mit dem Hinweis auf Vorgaben einer sich selbst als gut identifizierenden Obrigkeit, welche aus egozentrischer Perspektive Niedrigergestellte zu einem umwertenden Ressentiment gegenüber bestimmten Werten motiviert haben.[74] Gleichwohl lässt bereits diese Nietzsche'sche Deutung erahnen, dass der zugeschriebene Entstehungskontext von Werten die Sichtweise elementar prägt, was unter Werten letztlich verstanden wird. Wo die Entstehungs- bzw. Generierungskontexte von Werten angesiedelt und wie diese Zusammenhänge gedacht werden, das hat schließlich auch Auswirkungen auf den Stellenwert und die Akzeptanz, die Werten zugemessen werden. Im Zusammenhang mit dem Entstehungskontext stellt sich zugleich die Frage, welche Bedeutung vorhandenen Tradierungssystemen, z. B. Religionen, bei der Generierung von Werten zukommt.

Die Rolle des Werte-Träger-Subjekts (2): Je nach Wertetheorie steht das wertende Subjekt mehr oder weniger im Vordergrund. Werden Werte als objektiv-material gegeben angesehen, kann das so genannte Werte-Träger-Subjekt lediglich entscheiden, ob es diese realisiert oder nicht. Besonders in postmodernen Wertetheorien dagegen wird dem wertenden Subjekt eine gewichtige Rolle zugewiesen. Es ist nicht zuletzt an der Einschätzung beteiligt, ob etwas als Wert gelten soll oder nicht. Zu denken gibt in diesem Zusammenhang die praktische Perspektive, insofern ein lediglich Wissen um bzw. Kennen von Werten nur bedingt Bindungen an diese erzeugt. Das Wer-

---

[74] Nietzsche entfaltet seine Kritik der Moral im Kontext seiner aufklärerischen Religionskritik – vornehmlich am Christentum. Er sieht viele Werte als Ergebnis eines Selbstbejahungsprozesses der Überlegenen: Höhergestellte würden Niedrigeren vorgeben, was zu beachtende Werte seien (vgl. Nietzsche [1969], 772f). Aus Ohnmacht heraus jedoch stünden die Niedrigergestellten den Qualitäten der oberen Schicht kritisch gegenüber. Es komme zum Ressentiment, das die Werte radikal umwerte, indem »alles Vornehme und Starke abgewertet, alles Ohnmächtige und Schwache aber aufgewertet wird« (Joas 2009, 44).

te-Träger-Subjekt erweist sich somit als wert-konstitutiv: »Werte müssen [...], sollen sie für das reale Sein ethisch relevant werden, ›realisiert‹ [Hervorh.; K.L.] werden« (Jüngel 2003, 97) – sie haben dieser Sichtweise zufolge kein spezifisches, von Subjekten unabhängiges Sein.[75] Nicht jede Wertetheorie aber sieht dies so. Vom Stellenwert, den eine Wertetheorie dem Träger-Subjekt zumisst, hängt es also ab, inwiefern die Existenz von Werten an ein Individuum gebunden ist und ob diese als zur persönlichen Disposition stehend angesehen werden oder nicht.

Die Bedeutung der intersubjektiven Kommunizierbarkeit (3): Werte werden dann realisiert, wenn eine Person sich für diese entscheidet, von ihnen her Handlungsweisen ausrichtet und sie somit praxisrelevant integriert. Wie kommt es aber dazu, dass die gleichen Werte mehreren Personen zugänglich sind oder von verschiedenen Menschen geteilt werden? Gerade in der Postmoderne, die durch die Akzeptanz von Pluralität in allen Kontexten zu einer Individualisierung herausfordert, stellt sich diese Frage verstärkt (vgl. 2.1). Nicht zuletzt allgegenwärtige Bestrebungen, verbindliche Werte einer Gesellschaft zu definieren,[76] verweisen auf diesen Aspekt. Wie also denkt die jeweilige Wertetheorie die Kommunikation über Werte: Gibt es bestimmte Varianten, die als besonders nachhaltig anzusehen sind, wenn es darum geht, dass Werte intersubjektiv als solche identifiziert und in der Folge gar von den jeweiligen Individuen als gültig anerkannt werden? Die Beantwortung dieser Frage profiliert insbesondere den Stellenwert der Tradierung von Werten – gerade hinsichtlich der Frage, auf welche Weisen Wertebildung vonstattengehen kann.

Die Frage nach einer Universalisierbarkeit von Werten (4): Im Zusammenhang mit der intersubjektiven Kommunizierbarkeit lässt sich eine weitere Dimension ausmachen, die Wertetheorien divergierend diskutieren – die Frage nach der Universalisierbarkeit bestimmter Werte. Gibt es Werte, die unabhängig von kulturellen und gesellschaftlichen Prägungen für alle Menschen gelten?[77] Wenn ja: Was charakterisiert diese? Wenngleich es kaum möglich ist, universal gültige Werte nachzuweisen, so gibt es gleichwohl solche,

---

[75] Henckmann verweist darauf, dass der »eigentliche Wertgehalt [...] von dem Seienden zu unterscheiden [ist], an dem der Wertgehalt zur Erscheinung kommt« (Henckmann 2003, 649).

[76] Vgl. die zum Teil in problematischer Weise artikulierten, in regelmäßigen Abständen immer neu geführten (Grund-)Wertedebatten.

[77] Unter anderem der emeritierte Papst Benedikt XVI. verweist in diesem Zusammenhang auf die Menschenrechte, die relativistischen Tendenzen entzogen und damit unverletzlich seien. Er geht davon aus, dass es unantastbare Werte gibt, insofern diese »wahr sind und wahren Forderungen des menschlichen Wesens entsprechen« (Ratzinger 2005, 51). Vor diesem Hintergrund entfaltet Ratzinger mehrere Fragen, die sich im Zeitalter einer allgegenwärtigen Pluralisierung stellen: »Wie kann man diese gemeinschaftlich gültigen Werte begründen? [...] Woher kennen wir sie? Was ist dem Relativismus entzogen, warum und wie?« (Ebd.)

denen ein universalisierendes Potential inhärent scheint, die z. B. »kraft vernünftiger Argumentation« (Honecker 1990, 223) – und nicht durch Oktroyierung von außen – von größeren Gruppen anerkannt werden. Nicht selten
wird diesen Werten zugeschrieben, den Fortbestand einer für gut befunde-
nen, gemeinsamen Lebensidee zu garantieren.[78]

Die Frage nach der Relativität von Werten (5): In Abhängigkeit davon, zu
welchem Ergebnis sie bezüglich der Universalisierbarkeit von Werten gelangen, positionieren sich Wertetheorien zu deren Relativität. Nicht zuletzt Zeitreihenvergleiche über empirische Erhebungen hinweg scheinen Argumente
für den relativen Charakter von Werten zu bieten (vgl. 2.2.1.1): Kulturelle,
gesellschaftliche, historische, familiäre usw. Kontexte führen – soziologisch
gesehen – dazu, dass es einem Wandel unterliegt, welche Werte jeweils als
zentral erachtet werden.[79] Relativ erscheinen letztere übrigens auch in materialer Hinsicht, da sie zum Teil ambivalent sind: Sie können beispielsweise Menschen so einnehmen, dass diese bei ihrer Realisierung andere Menschen und
deren Werte unterdrücken oder gar auslöschen. Erschütternder Beleg für eine
menschenverachtende Missachtung von Werten, die die Missachtenden für
sich selbst in Anspruch genommen haben, ist der Holocaust. An diesem Beispiel zeigt sich, dass Setzungen hinsichtlich der Relativität zugleich etwas
darüber aussagen, welche Reichweite bzw. Begrenzung Wertetheorien Werten
zubilligen und welche (Macht verleihende) Autorität sie diesen zuschreiben.

Die Abgrenzung vom Kontext »Normen« (6): Reflexionen zum Kontext
»Werte« kommen selten ohne den Begriff »Normen« aus. Bisweilen werden
beide Termini auch synonym verwendet. Die Identifikation diesbezüglich
abgrenzender, je spezifischer Nuancierungen verhilft, genauer herauszustellen, worum es bei Werten eventuell nicht geht. Gleichwohl ist zu berücksichtigen, dass der Terminus »Normen« in einem praxeologischen Zusammenhang mit Werten steht: »Da Werte aufgrund ihrer Allgemeinheit nicht verhal-
tenswirksam sind, werden sie situationsspezifisch in sozialen Normen operationalisiert.« (Schäfers 2010, 37) Soziale Normen stellen – meist positiv bzw.
negativ sanktionierte – von außen an das Individuum herangetragene und von

---

[78] Begriffe wie »Orientierungswerte«, »Grundwerte«, »Lebenswerte« charakterisieren ein Bün-
del von Werten, die »durch einen Unbedingtheitsbezug ausgezeichnet [sind], der sich nicht
auf subjektive Wertungen und reale Bedingungsverhältnisse reduzieren lässt« (Krijnen 2002,
532). Jutta Standop beispielsweise subsumiert unter Orientierungswerten einen »langfristi-
gen Kern« aus Werten, welche »eine grundlegende Vorstellung über erwünschte (End-)
Zustände dar[stellen], die ausdrücklich oder unausgesprochen für das Streben eines Individuums, einer Gruppe bzw. einer Gesellschaft charakteristisch« sind. (Standop 2008, 13)
Freiheit, Gerechtigkeit, Wahrheit, Solidarität fallen z. B. in diese Kategorie, insofern sie –
im Gegensatz zu subjektiven oder auch kulturell-spezifischen Werten – als für alle Menschen unverzichtbar erscheinen.

[79] Kreß beispielsweise verweist deshalb darauf, dass Werte »geschichtlich wandelbar bzw.
fortschreibungs- sowie auslegungsfähig« (Kreß 2003, 654) sind.

diesem zumeist akzeptierte Standards und Regeln dar, die das Denken und Handeln einer Gruppe steuern.[80] Häufig beruhen sie auf »Konvention und Sitte, auf Geschichte und Erfahrung. Sie gelten [...] bis zum Erweis ihres Gegenteils, ihrer Widerlegung« (Honecker 1990, 220). Ausgehend davon, wie Wertetheorien Normen und Werte ins Verhältnis setzen, lassen sich Folgerungen anstellen, ob Werthaltungen als überprüfbar-regulativ und somit vorgebbar gedacht werden oder nicht.

Indem die wertetheoretischen Reflexionen von Max Scheeler, Jürgen Habermas und Hans Joas primär entlang der eben vorgestellten Dimensionen befragt werden, müssen die im Folgenden herausgearbeiteten Aspekte in gewisser Weise reduktionistisch bleiben: Aus den jeweils sehr umfangreichen Entfaltungen dieser Philosophen zum Themenkomplex Werte werden lediglich zentrale Versatzstücke extrahiert, um für die Entwicklung und unterschiedlichen Setzungen im Diskurs über Werte zu sensibilisieren. Das Forschungsinteresse liegt also nicht in einer detaillierten Nachzeichnung der jeweiligen wertetheoretischen Reflexionen, sondern vielmehr in einer fokussierten Zusammenschau, um Anknüpfungspunkte für eine religionspädagogische Theoriebildung im Horizont von Wertebildung zu identifizieren und dabei philosophische Kontextualisierungen ernst zu nehmen, insofern letztere den zeitgenössischen Wertediskurs prägen.

3.1.3 Werte im a-priori-Modus. Max Schelers materiale Wertethik

3.1.3.1 Allgemeine Verortungen

Als Philosoph und Soziologe prägte Max Scheler (1874–1928) seine Zeit nachhaltig.[81] Besonders intensiv rezipiert wurde seine materiale Wertethik. Gerade Schelers Ausgangspunkt, Werte als a priori gegebene zu denken, bietet Raum für Kontroversen. Nicht selten wurde und wird unterstellt, Scheler würde »einfach *seine* Werte (oder zumindest die einer bestimmten sozialen Gruppe, eines Zeitalters etc.) als die ewigen, letztgültigen« (Bíró 2012, 171) festschreiben.[82] Letztere Zuschreibung lässt sich zwar nicht halten, führte aber unter anderem dazu, dass Schelers Wertphilosophie in der zweiten Hälfte des 20. Jahrhunderts weniger berücksichtigt wurde. Nach vielen Jahren des Nichtbeachtetwerdens trifft sie gegenwärtig wieder zunehmend auf das Interesse philosophischer Forschungen. Insbesondere theologisch-ethische Reflexionen zum Werte-Begriff werden im Rekurs auf seine Darlegungen entfal-

---

[80] Je nach Verbindlichkeitsgrad wird ein Missachten von Normen sogar strafrechtlich verfolgt.

[81] Heidegger beispielsweise wertete im Jahr 1928 Scheler als »die stärkste philosophische Kraft im heutigen Deutschland, nein, im heutigen Europa« (Heidegger [1975], 9). Zu Schelers Wertetheorie vgl. u. a. Fees 2001, 156–166.

[82] Konrad Fees kritisiert dies in ähnlicher Weise: »Schelers Modell [...] beruht auf Intuition bzw. Dezision, und spiegelt damit nur eine subjektivistische Sichtweise wider.« (Fees 2000, 165)

tet; nicht zuletzt weil es Scheler – wenngleich er sich im Zuge mehrerer Ehescheidungen von der katholischen Kirche distanzierte – ein Anliegen gewesen ist, auf Transzendenz ausgreifende, christliche Aspekte in seine Philosophie zu integrieren.

Seine materiale[83] Wertethik legt Scheler vor allem in der 1913 (Teil I) und 1916 (Teil II) veröffentlichten Schrift »DER FORMALISMUS IN DER ETHIK UND DIE MATERIALE WERTETHIK. NEUER VERSUCH DER GRUNDLEGUNG EINES ETHISCHEN PERSONALISMUS« dar. In Abgrenzung zu Kant, der mit dem Formalismus das Begrifflich-Rationale der Ethik betont und damit kaum Aussagen über ethisch Gebotenes zulässt, prägt Scheler eine alternative Wertetheorie: Nicht der formale Aspekt, sondern der Inhalt, der materiale Aspekt und Wert an sich, entscheide über die Moralität einer Handlung – so Schelers Grundtenor. Unter dieser Prämisse geht er sogar soweit, eine apriorische »*Rangordnung* zwischen den Qualitätssystemen der materialen Werte« (Scheler 1954, 125) zu erarbeiten, die stark von seiner Idee zeugt, eine Phänomenologie menschlicher Wertempfindungen in Anknüpfung an Husserl zu entfalten.[84] Mit seiner material fundierten Wertethik will Scheler einer Reduktion der Ethik auf das Sollen – also der Kant'schen Pflichtethik entgegenstehend –,

---

[83] »Unter einer materialen Ethik wird im allgemeinen eine Theorie verstanden, die alle sittlichen Gesetze auf eine inhaltliche, d. h. materiale Bestimmung des höchsten Gutes der Menschen oder eines allgemeinen Endzwecks aller menschlichen Willensbestrebungen zurückführt.« (Henckmann 1998, 117)

In Anschluss an Scheler entfaltete Nicolai Hartmann eine materialethische Wertphilosophie, die ebenfalls breit rezipiert wurde (vgl. Hartmann 1925). »Den obersten systematischen Rückhalt der Wertrangordnung auf der Gegenstandsseite sieht Scheler in der Idee eines zeitlos gültigen, unveränderlichen und absoluten Wertreichs, auf der Aktseite korrelativ dazu in der Idee einer absoluten Geistperson. Durch die Anerkennung der Notwendigkeit einer absoluten Geistperson wahrt Scheler das Korrelationsapriori und unterscheidet sich dadurch grundsätzlich von N. Hartmanns Ontologisierung eines von möglichen geistigen Akten unabhängig bestehenden Ideen- und Wertehimmels.« (Henckmann 1998, 108f) Eine bündelnde Zusammenschau der Hartmann'schen Wertphilosophie bietet Krobath 2009, 83.

[84] »Eine dem gesamten Wertreiche eigentümliche Ordnung liegt darin vor, daß Werte im Verhältnis zueinander eine ›Rangordnung‹ besitzen, vermöge deren ein Wert ›höher‹ als der andere ist, resp. ›niedriger‹. Sie liegt wie die Unterscheidung von ›positiven‹ und ›negativen‹ Werten im Wesen der Werte selbst und gilt nicht etwa bloß von den uns ›bekannten Werten‹.« (Scheler 1954, 107) Zugleich unterscheidet Scheler verschiedene Wertmodalitäten, die – unabhängig von Zeit und gesellschaftlichem Kontext – die so genannten Wertreiche prägen: z. B. das Angenehme/Unangenehme oder das Edle/Gemeine. Die höchste Wertmodalität kategorisiert Scheler im »Heiligen und Unheiligen«, erfassbar in einem bestimmten Akt der Liebe: z. B. Gefühle der Seligkeit oder des Glücks. Einen Rang niedriger lokalisiert Scheler die so genannten »geistigen Werte«, die im Akt eines »geistigen Fühlens« zugänglich sind und sensibel sind für Schönes/Hässliches oder Rechtes/Unrechtes. Die Wertmodalität »Edles und Gemeines« bildet die zweitniedrigste Kategorie und umschreibt so genannte »vitale Werte«, die dem Leben zugeordnet sind: z. B. der Wert »Leben«. Die letzte Gruppe innerhalb der Rangordnung machen sinnlich erfühlbare Werte aus, die Modalität des »Angenehmen und Unangenehmen«, z. B. technische, für die Herstellung angenehmer Dinge nötige Werte oder Luxuswerte. Vgl. ebd., 125–130.

aber auch einer Reduktion religiöser Ethik auf eine Art Gehorsam gegenüber Gott vorbauen. In dieser Hinsicht führt er den Nachweis eines objektiven, apriorischen Seins von Werten, den so genannten »ewigen Werten«.[85]

Gerade für katholisch-theologische Reflexionen im Kontext »Werte« erwies sich – und erweist sich bisweilen noch heute – Schelers materiale Wertethik als bedeutende Bezugsgröße; nicht zuletzt deshalb, weil er seine Wertphilosophie im Rahmen der christlichen Liebesidee verortet: Er hegt den Anspruch, der christlichen Liebesidee ›endlich‹ zu einem angemessenen Stellenwert zu verhelfen, indem er hervorhebt, dass Liebe als das Wesensmerkmal Gottes und somit als das allem vorgeordnete erkenntniskonstitutive Moment dazu führen kann, dass Menschen sich unter Verzicht uneigennützig für einen höheren Wert entscheiden – trotz des Wissens um einen konkurrierenden Wert (vgl. ebd., 234–246; vgl. auch Joas 2009, 139–140). An diesem Punkt zeigt sich Max Schelers Abgrenzung von der Kant'schen Wertphilosophie besonders deutlich: »Wo Kant den sittlichen Wert in der Ausübung der Pflicht verortet, opponiert Scheler diesem Gedanken seine Deutung der Botschaft des Evangeliums, daß nämlich ›Wohlwollen und Wohltun selbst nur so viel sittlichen Wert [hat], als Liebe in ihm steckt‹.« (Joas 2009, 137f) Der »höchste und endgültige sittliche Sinn der Welt« als Ziel seiner Ethik ist für Scheler »das mögliche Sein höchstwertiger und positivwertiger Personen«. (Scheler 1954, 573)

3.1.3.2 Dimensionen der Wertetheorie Max Schelers

ENTSTEHUNGS- UND GENERIERUNGSKONTEXT: Die gesamte Wertetheorie Schelers prägt die Setzung, dass Werte a priori[86], unabhängig von Erfahrung existieren und sich somit objektiv erfassen lassen: »Werte können nicht geschaffen und vernichtet werden. Sie bestehen unabhängig von aller Organisation bestimmter Geisteswesen« (Scheler 1954, 275) – und zwar in einer bestimmten Rangordnung. Werte sind für Max Scheler nicht gekoppelt an Objekte bzw. an aus diesen wirkende Kräfte, sonst wären sie historisch verortbar und damit schnelllebig. Auch sind sie keine von Individuen gesetzten Ideale, vielmehr gibt es »Werte *von* Idealem« (ebd., 182): Bevor Werte als solche wahrgenommen werden, gebe es sie bereits, insofern menschliches Handeln aus Strebungen hervorgeht, die bereits vorreflexiv existent sind (vgl. ebd., 183–185). Mit letzterer Idee korrespondiert auch Schelers phänomenologi-

---

[85] Eine zusammenführende Auseinandersetzung mit der Wertphilosophie Schelers bietet unter anderem Henckmann 1998, 100–137.

[86] »Als ›*Apriori*‹ bezeichnen wir alle jene idealen Bedeutungseinheiten und Sätze, die unter Absehen von jeder Art von Setzung der sich denkenden Subjekte und ihrer realen Naturbeschaffenheit und unter Absehen von jeder Art von Setzung eines Gegenstandes, auf den sie anwendbar wären, durch den Gehalt einer *unmittelbaren Anschauung zur Selbstgegebenheit kommen*.« (Scheler 1954, 68f)

scher Zugang, demzufolge Werte dem Menschen über das Fühlen, das Gefühlsleben zugänglich sind: »Werte sind klare fühlbare Phänomene« (ebd., 39), sie können vom Individuum erblickt, also fühlend wahrgenommen werden, da sie schon immer vorhanden sind. Mit Fühlen meint Scheler nicht ein wie auch immer ermöglichtes Erfühlen, sondern den Gefühlszustand selbst, der unabhängig von einem Gegenstandsbezug existiert. Der Liebe spricht er in diesem Zusammenhang schöpferische Funktion zu; zwar nicht hinsichtlich der a priori schon existenten, jedoch für die durch ein Wesen fühlbaren und vollziehbaren Werte. Gerade in den Momenten der Liebe oder des Hasses erfahre das dem Menschen zugängliche Wertreich eine Erweiterung oder Verengung.[87] Der Akt der Liebe als höchste Stufe menschlich-emotionalen Lebens – fundiert in der Liebe Gottes als apriorische Basis persönlichen Heils – spiele »die eigentlich *entdeckerische* Rolle in unserem Werterfassen«: »In der Aufdeckung der Gesetze von Liebe und Haß […] würde sich daher alle Ethik vollenden.« (Ebd., 275)

Scheler berücksichtigt bei seinem apriorischen Ansatz sehr wohl, dass verschiedene (Traditions-)Gemeinschaften Werte verschieden realisieren, insofern diese von unterschiedlichen Bildungsniveaus, Handlungskontexten, historischen Bedingungslagen etc. geprägt sind. Die zu einer Gemeinschaft zählenden Individuen leiten – zunächst für sich selbst – aus den objektiv gegebenen Werten eigene, so genannte »sittliche Werte« ab.[88] Erfühlen alle Teile einer Gemeinschaft – z. B. Ehepartner, Familie, Gemeinden – als »ein von allen ihren ›Gliedern‹ *erlebtes Ganzes*« gleiche Werte, so können diese als »Kollektivwerte« angesehen werden. (Ebd., 123) Der Tradition spricht Scheler zu, im Kontext von »Vorbildern«, an denen ethische Gesinnungen erblickt werden können, spezifische Formen des ethischen Werterkennens weiterzugeben: Ein daraus resultierender Gesinnungswandel vollziehe »sich primär durch einen Wandel der Liebes-richtung [sic!] im Mitlieben mit der Liebe des Exemplars des Vorbildes« (ebd., 582). Damit ist jedoch noch nicht gesagt, dass die tradierte Form des Ableitens von Werthaltungen zu wirklich guten, sittlichen Wertrealisierungen führt. Es können auch – abhängig von jeweiligen »Epochen«-Kontexten – negativ bewertbare Wertvorstellungen weitergegeben werden: »Wird also z. B. eine in sich gute Handlung von A einsichtslos und erzwungen gewollt (z. B. auf Grund von Erbe und Tradition oder einsichtslosem Gehorsam gegen eine Autorität), so bleibt sie nicht weniger eine ›gute Handlung‹ – obzwar sie A als

---

[87] Für Scheler ist »der eigentliche Sitz alles Wertapriori (und auch des sittlichen) […] die im Fühlen, Vorziehen, in letzter Linie im Lieben und Hassen sich aufbauende *Wert-Erkenntnis* resp. *Wert-Erschauung*, sowie die der Zusammenhänge der Werte, ihres ›Höher-‹ und ›Niedrigerseins‹, d. h. die ›*sittliche Erkenntnis*«« (Scheler 1954, 88).

[88] Scheler bezeichnet die »Variationen des Fühlens« als Ethos, welches jeweils eine spezifische Epoche präge (vgl. Scheler 1954, 312f).

Person nicht zuzurechnen ist; desgleichen bleibt eine gewollte Handlung in sich böse, wenn sie es in sich ist.« (Ebd., 500)

ROLLE DES WERTE-TRÄGER-SUBJEKTS: Scheler denkt seinen Werte-Begriff nicht unabhängig vom Individuum, welches durch sein Fühlen Werte für sich erblickt.[89] Insofern Scheler jedoch Werte als a priori setzt, erscheint der Stellenwert des Träger-Subjekts als begrenzt. Sie sind – bei einer grund-sätzlichen Betrachtung – unabhängig von ihren Trägern: »Das ›Ich‹ […] ist Gegenstand des Wertbewußtseins, nicht sein notwendiger Ausgangspunkt.« (Ebd., 280) Die Person ist ausgehend von ihrem Fühlen, das ihr ermöglicht, Werte zu erblicken, von ihnen ergriffen zu werden, »ausschließlich letzter Wert*träger*, nicht aber und in keinem Betracht Wert*setzer*« (ebd., 519f). Gleichwohl würden ohne ein Träger-Subjekt ethische Werte nicht anschau-lich (vgl. ebd., 106). Scheler spricht dem Individuum zu, nach bestimmten Werten streben zu können, gerade weil die apriorische Liebe Gottes jeden einzelnen freisetze, sich dem Wertideal anzunähern (vgl. ebd., 496, Anm. 1). Die gewonnene Einsicht in die objektiven Werte kann vom Träger-Subjekt als Aufforderung erlebt werden, in deren Sinne zu handeln: Daraus leitet ein Individuum seine sittlichen Werte ab. Vor allem die Differenz- bzw. Man-gelerfahrung sensibilisiere für bestimmte Werte und deren Realisierung. Aus der Einsicht in die objektiv vorhandenen Werte ist es Personen möglich, sittlich gut zu handeln (vgl. ebd., 495). Scheler stellt heraus, dass das Träger-Subjekt zwar Werthaltungen einnehmen und auch Werturteile fällen kann, beide Aspekte jedoch nicht Werte an sich sind (vgl. ebd., 245).[90] Insofern wird deutlich, dass für Scheler die Werterfahrung individuell ist. Gekoppelt mit dem Aspekt der apriorischen Wertsetzung liegt in letzterem Befund ein ent-scheidender Punkt seiner Wertetheorie: Potentiell gibt es sittliche Werte, die sich nur einem einzigen Individuum erschließen und auch nur von diesem realisiert werden könnten. »Es kann durchaus ein Apriori geben, für das nur *einer* die Einsicht hat, ja haben *kann!*« (Ebd., 96; vgl. ebd., 499)[91]

Bedenkenswert erscheint, dass sich Scheler in späteren Schriften von sei-nem Werteobjektivismus in bedingter Weise entfernt, indem »er dem Men-schen überhaupt – und nicht nur den Religionsstiftern – eine ›mitschöpferi-sche‹ Rolle der Wirklichkeit, auch der Werte« (Joas 2009, 157) zuspricht: Er gesteht dem Menschen »ein wahres *Mit*hervorbringen, ein Miterzeugen der dem ewigen Logos und der ewigen Liebe und dem ewigen Willen zugeordne-

---

[89] Dániel Bíró konstatiert gar, dass »sich Werte nach Scheler […] gerade durch eine große Nähe zum Menschen« (Bíró 2012, 174) auszeichnen.

[90] Für Scheler existieren qualitativ grundverschiedene Akte: a) Akte, in denen Menschen Werte fühlen; b) Akte, in denen Menschen die Erlebnisse des Wertfühlens werten (vgl. Scheler 1954, 252).

[91] Folglich könne »daher *Ethik* als philosophische Disziplin wesentlich niemals die sittlichen Werte erschöpfen« (Scheler 1954, 499).

ten Wesenheiten, Ideen, Werte und Ziele aus dem Zentrum und *Ursprung* der Dinge selbst heraus« (Scheler 1994, 170) zu.

INTERSUBJEKTIVE KOMMUNIZIERBARKEIT: An Personen können Werte erfasst und an jenen auch deren Werte beurteilt werden: »Der Mensch qua Mensch ist […] gleichsam der Ort und die Gelegenheit für das Auftauchen von fühlbaren Werten.« (Scheler 1954, 285) Hinsichtlich der Verständigung über Werte spricht Scheler der Vorbild-Idee daher eine wichtige Rolle zu. Das »Vorbildprinzip« sei »überall das primäre Vehikel aller Veränderungen in der sittlichen Welt« (ebd., 576); und zwar sowohl für als gut als auch für als schlecht bewertbare. Vorbilder ermöglichen es, Werte zu erblicken, die intrinsisch als erstrebenswert erachtet werden. Im Interesse einer sittlich guten Ethik definiert Scheler – noch abseits der Anfragen, welche im Rahmen der Diskussionen um das Vorbild in den 1970/80er Jahren von pädagogischer Seite her gestellt wurden[92] – oberste Typen positiver und guter Vorbilder: »die Typen des *Heiligen*, des *Genius*, des *Helden*, des *führenden Geistes* und des *Künstlers des Genusses* in der Rangordnung dieser Reihenfolge« (ebd., 586). Letztlich bleibt für ihn jedoch unhintergehbar, dass »die Akte, in denen etwas […] zum Vorbild wird, […] fundiert von solchen [sind], die wir Akte des Werterkennens […] genannt haben (Fühlen, Vorziehen, Lieben, Hassen)« (ebd., 578).

Dass gleiche Werte mehreren Personen zugänglich sind, liegt für Scheler letztlich darin begründet, dass diese gleiche apriorische Werte erfühlen, sei es an einem Vorbild oder unabhängig davon. Einen anderen Aspekt der intersubjektiven Kommunikation bezüglich »gemeinsamer« Werte sieht er kritisch: Scheler konstatiert, dass Menschen dazu neigten, Gemeinsamkeiten hinsichtlich ethischer Werturteile zu fokussieren und von daher zu überschätzen. Dahinter stehe das Bedürfnis nach sozialem Rückhalt, um Handlungen im Verweis auf das Handeln anderer rechtfertigen zu können, und die »Schwäche, in sittlichen Wertfragen nicht allein stehen zu können, sondern uns überallhin ängstlich umzusehen, ob der andere denn auch ebenso fühlt und denkt« (ebd., 332).[93] Dies führe schließlich dazu, Differenzen wahrzunehmen und den Versuch zu unternehmen, diese auszugleichen – zum Teil, indem bestimmte sittliche Werte normiert werden. Scheler missfällt diese Tendenz insofern, als er dahinter »jenes *primäre* Misstrauen in die *echte* Objektivität und Einsichtigkeit des sittlich Guten« (ebd., 333) ausmacht.

---

[92] Unter anderem ist zu bedenken, dass Scheler seine Idee von Vorbild nicht auf »bloße Nachahmung von Handlungen und Ausdrucksgebärden« (Scheler 1954, 575) reduziert. Vielmehr geht er davon aus, dass das Individuum durch die liebende Beziehung, welche es zur als Vorbild erachteten Person aufgebaut hat, Einsicht in Werte gewinnt, die es sodann aus sich heraus realisieren will (vgl. ebd. 576–582).

[93] In diesem Zusammenhang kritisiert er zugleich Kants Idee von »Verallgemeinerungsfähigkeit einer Maxime des Wollens zum Maßstab ihrer sittlichen Richtigkeit«: »die bloße *Verallgemeinerungsfähigkeit* von Fall zu Fall und von Mensch zu Mensch *macht* sie [die Maxime] nicht im mindesten sittlich gut.« (Scheler 1954, 332)

UNIVERSALISIERBARKEIT: Für Scheler gibt es – apriorisch wie er seine Wertetheorie begründet – allgemeingültige und damit universale Werte. Inwieweit diese erfasst werden, hängt jedoch von den Individuen und deren Kulturen ab. Erst eine Zusammenschau über zu verschiedenen Zeiten als gültig erachtete Werte hinweg könne erbringen, was an sich gut sei:[94] »Gerade weil dies zum Wesen der an sich bestehenden Werte gehört, daß sie nur durch eine Mannigfaltigkeit von Einzel- und Kollektivindividuen und nur durch eine Mannigfaltigkeit von konkreten historischen Entwicklungsstufen dieser *voll* realisiert werden können, ist der Bestand dieser historischen *Unterschiede* der Moralen nichts weniger als ein Einwand gegen die *Objektivität der sittlichen Werte*, sondern im Gegenteil eine notwendige Forderung.« (Ebd., 498) In der mit Kant etablierten Subjektivierung der Werte sieht Scheler das Dilemma einer »schrankenlose[n] Universalisierungstendenz von Werten und Normen« (ebd.) grundgelegt, insofern nicht immer das sittlich Gute normiert werde. Er gibt schließlich zu bedenken, dass es weder einer Person noch einer Nation oder einer geschichtlichen Epoche möglich sei, das universale Wertreich in seiner ganzen Fülle zu kennen. Gleichwohl gebe es »solche Qualitäten und Vorzugsbeziehungen, die von allen und zu jeder Zeit erkennbar sind. Es sind die schlechthin *allgemeingültigen* Werte und Vorzugsgesetze« (ebd., 499).

RELATIVITÄT: Relativ sind Werte für Scheler lediglich insofern, als jeder Mensch anders fühlt und somit nicht jede bzw. jeder die gleichen Werte erblicken und für sich als sittliche Werte integrieren kann. Ihre Existenz ist davon jedoch nicht tangiert. Einen derartigen ethischen Relativismus, der »die Werte selbst für bloße *Symbole* für die gerade in seinem Kulturkreis herrschenden Wertschätzungen bestimmter Güter und Handlungen [...] hält, und sich nun die gesamte Geschichte als bloße wachsende technische Anpassung des Handelns an die so faktisch absolut gesetzten Werte seines Zeitalters [...] konstruiert« (ebd., 317f), kritisiert Scheler als zu billig. Indem beispielsweise neue Zeiten »alte« Werte infrage stellen oder gar abschaffen, werden letztere nicht zerstört: »Das Ganze wird nur relativiert.« (Ebd., 319)

ABGRENZUNG VON NORMEN: Alle Normen gründen auf Werten, so lässt sich der Grundtenor fassen, geht man der Differenzierung »Werte – Normen« bei Scheler nach. Er sieht in Normen »innere Nötigungen, die auf den allgemeinen Charakter eines Verhaltens gehen« (ebd., 206). Darauf dürfe sich eine Ethik nicht gründen, insofern Normen kein ideales Sollen, »sondern bereits diese seine [des Sollens] Spezifizierung zu irgendeiner Art des *Imperativischen*« (ebd., 218) fokussieren. Ihnen liegt immer ein Befehlsakt zugrunde,

---

[94] Interessant ist, dass Scheler gerade am Beispiel des Wertes »Leben« aufzeigt, inwiefern die Tötung eines Menschen – zumindest in früheren Kulturen – als Wert anerkannt sein konnte, z. B. bei Ritualtötungen, die Menschen zugunsten eines Höheren, Göttlichen opferten (vgl. Scheler 1954, 323–331).

der sich auf Autoritäten – und in dieser Hinsicht z. B. auf Traditionen – gründe.[95] Normen können zudem nicht aus sich heraus darlegen, was letztlich das Gute ist: »*Alles* Sollen (nicht etwa nur das Nichtseinsollen) ist daher darauf gerichtet, Unwerte auszuschließen; *nicht* aber, positive Werte zu setzen!« (Ebd., 223) In dieser Hinsicht ist Normen durchaus Ambivalenz zu Eigen: Sie können »selbst noch positiv- und negativwertig sein« (ebd., 574). Obwohl eventuell zu verschiedenen Zeiten dieselben Werte erfüllt und anerkannt werden, lässt sich nicht sicher gehen, dass diese jeweils in dieselben Normen gesetzt werden: Die abgeleiteten Normen können durchaus variieren. Insofern folgert Scheler, »daß wir aus den sittlichen *Normen*, die wir in der Geschichte vorfinden, *niemals* – ja nichts weniger als das – schließen dürfen, daß das, was diese Normen gebieten, einer Veranlagung des Volkes entspricht« (ebd., 230). Aus Normen kann somit nicht auf Werte geschlossen werden. Letztlich subsumiert Scheler also Sollensvorgaben unter die Werte: »wo von einem Sollen die Rede ist, [muss] immer ein Erfassen des Wertes stattgefunden haben« (ebd., 200).

3.1.3.3 Einordnungen und Perspektivierungen

Max Schelers Wertphilosophie stellt einen anspruchsvollen Versuch dar, »unter postmetaphysischen Bedingungen und basiert auf einer Phänomenologie der Gefühle eine Wertethik zu begründen und zu entfalten« (Joas 2009, 158). Unabhängig davon, ob sie realisiert werden, gibt es für Scheler die Werte – und zwar in einer Unerreichbarkeit, dass die Menschheit nicht davon ausgehen kann, das Wertreich in seiner Weite vollständig erfassen zu können. Dieses ontologische Missverständnis Schelers, dass »die sichere Erfahrung der Wertgeladenheit Ausweis einer erfahrungsunabhängigen Präexistenz der Werte« (ebd.) sei, wurde vielfach kritisiert. Auch die mit der A-priori-Setzung verbundene Beanspruchung einer Zeitlosigkeit der Werte ist zu hinterfragen, denn gegen sie kann »ein geradezu erdrückendes Gegenmaterial ins Feld geführt werden« (Hilpert 2009, 205). Die Idee objektiver Werte trägt zweifelsohne ein utopisches Moment in sich, das auf eine »Fehlstelle zwischen idealer und wirklicher Welt« (Fees 2000, 165) in Schelers Wertphilosophie aufmerksam macht. In logischer Hinsicht ist zudem zu fragen, ob Normen wirklich immer den Werten untergeordnet sind und aus diesen entstehen: Durchaus denkbar ist, dass gesetzte Normen nach und nach als erstrebenswerte Ideale

---

[95] Scheler nimmt religiöse Ethik, insbesondere solche, die das Gute auf Gott zurückführt, von der Zuschreibung eines imperativischen Charakters aus: »In Wirklichkeit trifft diese Behauptung durchaus nicht für jede religiöse Ethik zu, sondern nur für eine solche, die [...] die Ideen von gut und Böse selbst auf einen gesetzgebenden Willen – den Willen Gottes – zurückführt. Daneben aber stehen jene völlig davon verschiedenen Fassungen, die das Gute nicht in den *Willen*, sondern in das ›*Wesen Gottes*‹ setzen (Thomas v. Aquino), und endlich jene tiefsten Fassungen, wonach jedes gute Verhalten ›*in*‹ Gott ist« (Scheler 1954, 226f).

und letztlich als Werte erkannt werden. Hinzu kommt in der Folge, dass sich die Abqualifizierung von Normen als »ethisch ungeeignet« auch nur mit der Begründung, dass diese imperativisch formuliert seien, bedingt halten lässt.

Wegweisend ist abseits aller Kritik Max Schelers Leistung, eine in sich konsistente Wertphilosophie zu denken, die die Frage danach stellt, wie die objektiven Werte für das Trägersubjekt zugänglich werden. Der Rekurs auf das Erkennen der Werte durch das Fühlen, welches gekoppelt mit der Liebesidee dazu führt, apriorische Werte zu identifizieren und zu realisieren, stellt eine eindrückliche »Lösung« dar. D. h., das Subjekt ist zwar grundsätzlich abseits der präexistenten Werte nicht fähig, eigene Werte zu generieren, jedoch gesteht Scheler zu, dass die Erfahrung sowie Inanspruchnahme von Werten vom Individuum abhängen: Dadurch, dass einem Individuum objektiv gegebene Werte gefühlsmäßig bewusst werden, wird es zu ethischem Handeln befähigt. Die Setzung des A-priori bietet Scheler dabei die Möglichkeit, auszuschließen, dass Werte an sich relativ sein können; wobei er seiner Wertphilosophie dadurch nicht die Chance nimmt, Werte als subjekt- und kulturabhängig identifizieren.

Mit Blick auf das religionspädagogische Forschungsinteresse vorliegender Studie lassen sich aus Schelers wertphilosophischen Darlegungen beachtenswerte Aspekte ableiten: Der Verweis auf die Bedeutung des *in der Liebesidee verorteten Fühlens* auf Seiten des Subjektes, wenn es darum geht, einen Wert als solchen für sich zu identifizieren, sensibilisiert dafür, dass Werthaltungen nicht lediglich kognitiv verortet werden können, sondern in besonderer Weise von affektiven Aspekten her zu betrachten sind (vgl. auch 2.2.2.2). Abseits dieses positiven Fingerzeigs macht die dominierende, objektive Setzung von Werten auf mehrere pädagogisch bedenkenswerte Perspektiven aufmerksam, die aus der damit verknüpften Einschränkung der Bedeutung des Subjekts resultieren. Sind Werte vorgegeben und vom Individuum lediglich zu erkennen, werden *Wichtigkeit und Qualität des individuellen Wertungsaktes* geschmälert. Dieser wird auf die Entscheidung zwischen verschiedenen und zudem positiv oder negativ konnotierten Werten reduziert. Dem Subjekt wird jedoch das *kreative Vermögen* abgesprochen, eigenständige, auf neue Herausforderungen reagierende *Werthaltungen hervorzubringen*.[96] Letzterer Aspekt lässt einmal mehr aufmerksam werden angesichts einer weiteren Idee Max Schelers; und zwar,

---

[96] An dieser Stelle könnte mit Scheler eingewendet werden, dass auch neu kreierte Werthaltungen bereits präexistent sind, aber bis dato nicht aufgerufen wurden. Das damit verknüpfte logische Problem wurde – unter anderem auch mit Verweis auf als negativ zu wertende Werthaltungen, die anderen Menschen zum Nachteil werden können und somit nicht genuin als »gut« zu klassifizieren sind – bereits an anderer Stelle nachgewiesen. Insofern Scheler sogar so weit geht, in der Entschlüsselung der Gesetze von Liebe und Hass – beides Momente, denen er zugesteht, dass sie entdeckerisches Vermögen für bis dato nicht zugängliche Werte freisetzen – eine Vollendung der Ethik zu sehen (vgl. Scheler 1954, 275), zeigt sich in eindrücklicher Weise das hoffend-utopische Grundmoment seiner Wertphilosophie.

dass Werte vor allem *über vorbildhafte Personen weitergegeben* würden. Durch diese Setzung werden Subjekte in Anbetracht neuer Herausforderungen auf eine Art Passivität fixiert: zu beobachten, wie andere Personen Werthaltungen verwirklichen, und davon ausgehend zu entscheiden, ob man diese selbst als gut oder schlecht erkennt. Das Subjekt wird einmal mehr – wie grundlegend für Schelers materiale Wertethik kennzeichnend – darauf reduziert, bereits Vorgegebenes als Wert für sich zu akzeptieren. Einen diskursiven Austausch im Sinne von *Kommunikation und Aushandlung über divergierende Werte* hat Max Scheler kaum im Blick. Wenn, dann sieht er diesen eher als Resultat einer Angst, in sittlichen Fragen alleine dazustehen, und kann diesem daher kein wertstiftendes Potential zumessen. Damit ist Max Scheler wie jeder Mensch ein Kind seiner Zeit, für die ein produktiver Umgang mit Pluralität noch nicht an erster Stelle stand. Ihm geht es mit seiner materialen Wertphilosophie zwar um die sittliche Orientierung, doch denkt er diese Orientierung in einem eng vorgegebenen Korsett, das maximal Wahlmöglichkeiten aus schon vorgegeben Entschiedenem bietet.

Obgleich seine einseitige Sicht auf Normen kritisch angefragt werden kann, so verweist Scheler in diesem Zusammenhang doch auf in (religions-)pädagogischer Hinsicht Bedenkenswertes: Imperativisch vorgegebene Normen haben gegenüber einem »Erfühlen« von objektiv vorgegebenen Werten einen Nachteil. Sie sind – Scheler zufolge – ungeeignet für die Konstitution von Ethik. *Werte können demzufolge einem Subjekt nicht aufoktroyiert werden;*[97] auch die Idee einer A-priori-Existenz von Werten und all ihre damit einhergehenden Implikationen weiß dies.[98]

3.1.4 Werte als kultur- und kontextabhängige Spezifika.
Jürgen Habermas' Darlegungen

3.1.4.1 Allgemeine Verortungen

Mit seiner Diskursethik[99] entfaltet Jürgen Habermas eine auf Universalisierbarkeit hin angelegte moraltheoretische Idee, der es darum geht, Moralität als

---

[97] Konrad Fees präzisiert diese These folgendermaßen: »Versteht man Erziehung als jenen Prozeß, in dem das Subjekt seine Haltungen und Einstellungen entwickelt, und versteht man es als praktisch möglich, geltende materiale sittliche Vorgaben zu entwickeln, dann müßten hieraus Konsequenzen für die Erziehung gezogen werden. Denn die zu erreichenden Haltungen und Einstellungen wären auf diese Weise bereits gegeben. ›Erziehung‹ würde sich damit als jener Prozeß darstellen, in dessen Verlauf sich das Subjekt diese Haltungen und Einstellungen aneignet. Da aber gerade eine Geltung nicht zu bestimmen ist, bleibt der mögliche Beitrag zu einer pädagogisch legitimen Erziehungstheorie unbestimmt.« (Fees 2000, 165f)

[98] »Die Individualisierung der Werterfahrung ist für Scheler also mit seinem werttheoretischen Objektivismus verträglich« (Joas 2009, 153).

[99] An dieser Stelle soll keine umfassende Darlegung der Diskursethik geleistet werden. Habermas erläutert deren Charakteristika im Rekurs auf ihren Kant'schen Ursprung folgen-

Ergebnis der rationalen Form des Diskurses zu setzen.[100] Wenngleich er damit keine explizite Wertphilosophie vorlegt, so bieten die Habermas'schen Darlegungen in mehrerlei Hinsicht Optionen, sich seinem Verständnis von Werten anzunähern.[101]

Mit der Diskursethik will er keine konkreten inhaltlichen Orientierungen setzen, sondern lediglich ein formales Verfahren des »praktischen Diskurses« darstellen, mit dessen Hilfe kontingente Inhalte verhandelt werden können: »Dieser ist freilich ein Verfahren nicht zur Erzeugung von gerechtfertigten Normen, sondern zur Prüfung der Gültigkeit vorgeschlagener und hypothetisch erwogener Normen.« (Habermas 1983, 113) Letztlich zeigt die Diskursethik »wie sich moralische Urteile begründen lassen«, sie bietet also eine »Möglichkeit zwischen richtigen und falschen moralischen Urteilen zu unterscheiden«. (Ebd., 131)[102]

Im Hintergrund der Habermas'schen Diskursethik steht der Befund, dass im nachmetaphysischen Zeitalter »praktische Orientierungen letztlich nur

---

dermaßen: Sie sei *deontologisch*, indem sie einen Beitrag leistet, von Normen her resultierende Handlungen und Normen selbst in ihrer Sollgeltung zu erweisen. *Kognitivistisch* sei die Diskursethik, weil sie Geltungsansprüche auf ihre vernunftbasierte, wahrheitsanaloge Begründung hin befragt. Insofern sie primär an der Argumentationsform selbst – und nicht an Inhalten – interessiert ist, lässt sich die Diskursethik als *formalistisch* charakterisieren. Das vierte Merkmal bezieht sich auf die Idee einer Allgemeingültigkeit, die unabhängig von Kulturen oder Zeitumständen anzusiedeln ist: die *universalistische* Grundidee der Diskursethik (vgl. Habermas 1991, 11–13; vgl. zudem ebd. 13–20).

[100] Moralität lässt sich im Sinne von Habermas mit dessen Worten folgendermaßen verstehen: »*Moralisch* möchte ich alle die Intuitionen nennen, die uns darüber informieren, wie wir uns am besten verhalten sollen, um durch Schonung und Rücksichtnahme der *extremen Verletzbarkeit* von Personen entgegenzuwirken.« (Habermas 1991, 14) Dieser Anspruch richtet sich sowohl an die Subjekte selbst als auch an Gemeinschaften (vgl. intersubjektive Beziehungen), die Anerkennung beanspruchen, sich aber auch gegenseitig zukommen lassen müssen.

[101] Diesen Hinweis gibt unter anderem Hans Joas: »Aus seinen Abgrenzungen der Aufgaben und Leistungsmöglichkeiten der Diskursethik ergeben sich Probleme, deren Bedeutung […] auf unterschiedliche Sichtweisen im öffentlichen ›Werte-Diskurs‹ verweist.« (Joas 2009, 276)

[102] Karl-Otto Apels Idee der Diskursethik unterscheidet sich von der Habermas'schen Variante durch »den Anspruch auf philosophische Letztbegründung der Normen einer idealen Argumentationsgemeinschaft, die ihm zufolge in der realen Argumentationsgemeinschaft kontrafaktisch antizipiert werden« (Arens 1996, 460; vgl. Schelkshorn 1997, 35). Die Letztbegründung wird dabei in der Vernunft gesetzt, in der »Rationalität bzw. universale[n] Gültigkeit eines normativen Mindeststandards gegenüber moralskeptischen Einwänden«: »Die diskurstheoretisch verstandene Autonomie ethischer Vernunft resultiert daher nicht aus einer atheistischen Selbstsetzung des Menschen, sondern aus der Einsicht in die Fraglichkeit gegebener Orientierungen und der Grenzen endlicher Vernunft. Umgekehrt wehrt insbesondere Apel […] Versuche ab, die universale Gültigkeit des allgemeinen Diskursprinzips im letzten doch wieder voluntaristisch oder religiös zu begründen.« (Schelkshorn 1996, 253) Habermas lehnt eine derartige Letztbegründungsidee ab und bezieht sich stärker auf allgemein anerkennbare Diskursregeln. Sein Universalisierungsgrundsatz, dem man eine Letztbegründungsperspektive zuschreiben könnte, fokussiert vor allem den Aspekt von Angemessenheit.

noch aus Argumentationen, d. h. aus den Reflexionsformen kommunikativen
Handelns selber zu gewinnen« (Habermas 1992, 127) sind: Insofern »kulturelle Überlieferungen und Sozialisationsvorgänge reflexiv werden« und »religiöse
oder metaphysische Weltbilder« hinterfragt werden oder gar ausfallen und
zugleich Lebensentscheidungen bewusst sowie individuell – im Gegensatz zur
bloßen Übernahme oder Nachahmung vorgegebener Lebensentwürfe – gefällt werden, erweisen sich ethisch-existentielle Diskurse als unbedingt notwendig. (Ebd.)[103]

Habermas bietet mit seiner Diskursethik einen Antwortversuch auf diese
Ausgangslage: Das von ihm erarbeitete Verfahren des moralischen Diskurses
soll es den Diskursteilnehmern ermöglichen, »jeweils die Überprüfung moralischer Handlungsweisen und Normen selbst in die Hand zu nehmen« (Kang
2009, 862; vgl. Putnam 2006, 286). Dabei sind zwei Prinzipien zu beachten,
die Merkmale gültiger moralischer Urteile darstellen: das Diskurs- und das
Universalisierungsprinzip. Das Diskursprinzip (oder: der diskursethische
*Grund*satz) legt dabei Folgendes fest: »Gültig sind genau die Handlungsnormen, denen alle möglicherweise Betroffenen als Teilnehmer an rationalen
Diskursen zustimmen könnten.« (Habermas 1992, 138) Es benennt damit
eine Bedingung, von der es abhängt, dass »Handlungsnormen überhaupt
unparteilich begründet werden können [...]. In moralischen Begründungsdiskur-
sen nimmt dann das Diskursprinzip die Form eines Universalisierungsgrund-
satzes an.« (Ebd., 140)[104] Das Universalisierungsprinzip wiederum formuliert
eine Argumentationsregel und *operationalisiert* somit das Diskursprinzip auf
moralische Begründungsdiskurse hin, indem es besagt, dass »jede gültige [mo-

---

[103] Vgl. auch Habermas' grundlegende Setzungen: »Eine Diskursethik steht und fällt also mit
den beiden Annahmen, daß (a) normative Geltungsansprüche einen kognitiven Sinn haben
und wie Wahrheitsansprüche behandelt werden können, und daß (b) die Begründung von
Normen und Geboten die Durchführung eines realen Diskurses verlangt und letztlich nicht
monologisch, in der Form einer im Geiste hypothetisch durchgespielten Argumentation
möglich ist.« (Habermas 1983, 78)

[104] Habermas fordert folgende Eigenschaften von einem entsprechenden Argumentationspro-
zess: »(a) niemand, der einen relevanten Beitrag machen könnte, darf von der Teilnahme
ausgeschlossen werden; (b) allen wird die gleiche Chance gegeben, Beiträge zu leisten; (c)
die Teilnehmer müssen meinen, was sie sagen; (d) die Kommunikation muß derart von äußeren und inneren Zwängen frei sein, daß die Ja/Nein-Stellungnahmen zu kritisierbaren
Geltungsansprüchen allein durch die Überzeugungskraft besserer Gründe motiviert sind.
Wenn nun jeder, der sich auf eine Argumentation einläßt, mindestens diese pragmatischen
Voraussetzungen machen muß, können in praktischen Diskursen, (a) wegen der Öffentlichkeit und Inklusion aller Betroffenen und (b) wegen der kommunikativen Gleichberech-
tigung der Teilnehmer, nur Gründe zum Zuge kommen, die die Interessen und Wertorientierungen eines jeden gleichmäßig berücksichtigen; und wegen der Abwesenheit von (c)
Täuschung und (d) Zwang können nur Gründe für die Zustimmung zu einer strittigen
Norm den Ausschlag geben.« (Habermas 1996, 62) Hilary Putnam präzisiert, dass »auch
diejenigen, die sich nicht zu Wort melden, als Mitglieder der Gruppe betrachtet werden
(sonst schließt sie nicht alle Betroffenen ein)« (Putnam 2006, 306) müssen.

ralische; K.L.] Norm […] der Bedingung genügen [muss], daß die Folgen und Nebenwirkungen, die sich aus ihrer *allgemeinen* Befolgung für die Befriedigung der Interessen *jedes* Einzelnen voraussichtlich ergeben, von *allen* Betroffenen zwanglos akzeptiert werden können.« (Habermas 1983, 131; vgl. auch Habermas 1996, 59f) Nur »die Normen [werden] als gültig akzeptiert […], die einen *allgemeinen Willen* ausdrücken« (Habermas 1983, 73) und damit nicht aus einer lediglich individuellen Setzung resultieren, die nicht im Diskurs geprüft wurde. Mit diesem Universalisierungsprinzip »bestreitet die Diskursethik die Grundannahme des *ethischen Relativismus*, daß sich die Geltung moralischer Urteile allein an Rationalitäts- oder Wertstandards derjenigen Kultur oder Lebensform bemißt, der das urteilende Subjekt jeweils angehört« (ebd., 131f).

»Indem sie die Sphäre der Sollgeltung von Handlungsnormen herausarbeitet, grenzt die Diskursethik den Bereich des moralisch Gültigen gegenüber dem der kulturellen *Wertinhalte* ab.« (Ebd., 132) Dahinter steht eine universalistische Auffassung von Moral, die »ein Maß an Allgemeinheit und Verbindlichkeit« enthält, »das die konkurrierenden Wertvorstellungen *transzendiert*«. (Forst 2006, 346) Unter moralischen Fragestellungen versteht Habermas dabei solche, die *verallgemeinerbare* Grundsätze des Richtigen, des Gerechten perspektivieren. Er unterscheidet diese von *ethischen* Fragestellungen nach dem Guten, die – so Habermas, der zu dieser Überlegung nicht zuletzt aufgrund seines Universalisierungsprinzips gelangt – ausgehend vom *Subjekt* oder von partikularen Lebensgemeinschaften gestellt werden und Inhalte fokussieren, die somit nicht verallgemeinerbar sind. Moral ist für Habermas »mehr ein ›Wissenssystem‹ als ein Handlungssystem« (Kang 2009, 865). Diese Habermas'sche Differenzierung bringt Probleme mit sich: Im Alltag sind ethische Reflexionen selten von moralischen Fragestellungen trennbar.[105] Um der Diskursethik und ihren Forderungen gerecht zu werden, ist es jedoch erforderlich, den eigenen subjektiv geprägten Zugang – also die ethische Fragehaltung – mehr oder weniger aufzugeben, um verallgemeinerbare moralische Entscheidungen herbeiführen zu können. Das sich daraus ergebende Problem aus diesem kognitivistischem Verständnis von Moral verschweigt Habermas nicht: Wenn der subjektive, lebensweltliche Standpunkt zugunsten der Diskursethik reduziert wird, kommt es zu einer Schwächung der Motivation, sich an einem entsprechenden moralischen Diskurs zu beteiligen und sich an daraus resultierenden Ergebnissen zu orientieren (vgl. Habermas 1991, 135; vgl. Kang 2009, 865f und 870f; vgl. Joas 2009, 278).[106]

---

[105] Auch Hans Joas fragt an, »ob tatsächlich Diskurse als formale Verfahren von werthaften Voraussetzungen völlig ablösbar sind oder nicht« (Joas 2009, 278).

[106] Gerade diese Differenzierung zwischen Ethischem und Moralischem wurde zum häufig kritisierten Punkt der Habermas'schen Argumentation: Hilary Putnam z. B. erachtet diese Unterscheidung als »problematisch« (Putnam 2006, 286), Hans Joas wiederum bezeichnet sie als »zutiefst problematisch« (Joas 2009, 285).

Habermas' diskursethische Entfaltungen – die er über mehrere Veröffentlichungen hinweg leicht variiert – tangieren den ›Kontext Werte‹, da Werte motivieren, sich am Führen von Diskursen zu beteiligen, selbst Inhalte des Diskurses sein und zur Verwirklichung der Diskursergebnisse anleiten können.[107] Insbesondere seine formale Idee, auf moralische Fragen und die damit gekoppelten Aushandlungsprozesse zu blicken, gepaart mit dem Universalisierungsgrundsatz lässt die Frage nach der *Herkunft von Geltungsansprüchen* aufkeimen, die im Kontext »Werte« eine Antwortoption fände. Habermas entzieht sich dieser Frage zwar in gewisser Weise, doch ermöglichen es Analysen seiner Ausführungen, sein wertphilosophisches Konstrukt zu extrahieren. Bedeutsam für vorliegende Studie ist diese Beschäftigung mit Habermas' Darlegungen zur Thematik »Werte«, insofern im Horizont der Reflexion von »Wertebildung« diskursethische Prämissen aufgegriffen werden, die unter anderem in der Wertebildungsstrategie der so genannten »Wertkommunikation« (vgl. 4.2.3.4) ihren Niederschlag gefunden haben. Eine Auseinandersetzung mit Habermas' Reflexionen ermöglicht eine kritisch-konstruktive Perspektive auf Potentiale und Grenzen einer von diskursethischen Parametern tangierten Idee von Wertebildung.

3.1.4.2 Dimensionen der werttheoretischen Darlegungen von Jürgen Habermas

ABGRENZUNG VON NORMEN: Habermas nimmt im Rahmen seiner Diskursethik eine Differenzierung von Normen und Werten vor, weil er in seiner Theorie primär nach der Sollgeltung von Normen fragt, wobei jedoch der Horizont kulturell ausgehandelter Werte nicht ignoriert werden kann. Die entsprechende Abgrenzung wird im Folgenden an erster Stelle fokussiert, da sie die Option bietet, den Werte-Begriff von Jürgen Habermas genauer zu fassen. Werte sind für Habermas stark mit »der Totalität einer besonderen Lebensform verwoben« (Habermas 1983, 113f). Sie beziehen sich auf das, »was für mich oder für uns, ein bestimmtes Kollektiv, im ganzen und auf lange Sicht gesehen gut ist« (Habermas 1996, 86). Wertorientierungen – so Habermas – »transzendieren die faktischen Handlungsabläufe«, stellen also Kriterien außerhalb des menschlichen Tuns dar und helfen den Subjekten »das ›gute Leben‹ von der Reproduktion ihres ›nackten Lebens‹ unterscheiden [zu] können«. (Habermas 1983, 118) Weil Werte die Identität von einzelnen Menschen und von Gruppen stark prägen, sieht Habermas in ihnen integrierte Teile, die kultur- und personenabhängig sind. Werte sind für Habermas »nur *innerhalb* des unproblematischen Horizonts einer geschichtlich konkreten Lebensform oder einer individuellen Lebensführung zugänglich« (Habermas

---

[107] Hans Joas verweist darauf, dass im »Diskurs geprüft [werde], wozu sich Personen evaluativ hingezogen fühlen; sich können sich ohne Wertbindung nicht zur Teilnahme am Diskurs und zur Einhaltung seiner Regeln motiviert fühlen« (Joas 2009, 285).

1983, 118). Sie stellen kontingente Inhalte dar, die zwar in den Diskurs einge-bracht werden können, aber nur unter den Prämissen der Diskursethik allge-meine Gültigkeit beanspruchen können.

Hierin begründet Habermas den Unterschied gegenüber Normen:[108] In sei-ner Lesart besitzen Normen »eine größere Rechtfertigungskraft als Werte« (Habermas 1992, 315), da sie im Rahmen eines diskursethischen Verfahrens aushandelbar und somit verallgemeinerbar, ja universalisierbar sind: »Die Sollgeltung von Normen [...] beansprucht, gleichermaßen gut für alle (bzw. für alle Adressaten) zu sein.« (Habermas 1996, 72) Sie geben als »moralische Gebote« (Habermas 1991, 114) Entscheidungshilfen für alle Adressaten, »was zu tun geboten ist«, während Werte lediglich auf bestimmte Kollektive hin bezogen sagen, »welches Verhalten sich empfiehlt«. (Habermas 1996, 72) Letztere Differenzierung manifestiert einen weiteren Unterschied: Normen sind deontologisch charakterisiert und verpflichten, Werte dagegen offenba-ren einen teleologischen Duktus, der mit Präferenz gekoppelt ist. »Die At-traktivität von Werten hat den relativen Sinn einer in Kulturen und Lebens-formen eingespielten oder adoptierten Einschätzung von Gütern: gravierende Wertentscheidungen oder Präferenzen höherer Ordnung sagen, was aufs Ganze gesehen gut für uns (oder für mich) ist.« (Habermas 1996, 72)

ENTSTEHUNGS- UND GENERIERUNGSKONTEXT: Die Frage nach der Ent-stehung der Werte steht für Habermas nicht an; er interessiert sich vielmehr für deren Geltung. Gleichwohl lassen sich aus seinen Darlegungen Hinweise herausarbeiten, die zeigen, in welchem Generierungszusammenhang Werte gebildet werden. Werte – von Habermas in partikularen lebensweltlich-subjektiven und kulturellen Kontexten angesiedelt – resultieren aus der »Af-firmation einer Lebensform im Lichte kritisch angeeigneter Traditionen« (Habermas 1992, 202). Sie sind – Habermas zufolge – kulturspezifisch inhalt-lich spezifiziert.[109]

Gerade im nachmetaphysischen Zeitalter, dessen Gesellschaften pluralis-tisch geprägt sind, dominieren lebensformabhängige ethische Werte. Diese –

---

[108] Hilary Putnam gibt – mit kritischem Blick auf Habermas' Diskursethik – zu bedenken, dass »Werte konzeptuell unverzichtbar und zudem nicht auf rein deskriptive Ausdrücke redu-zierbar sind« (Putnam 2006, 292). Hans Joas kritisiert an der Habermas'schen Werte-Normen-Differenzierung die »Behauptung, daß die Ethik nur Maximen enthalte, die formu-lieren, was ›für mich‹ oder ›für uns‹ gut sei, während erst die Moral darauf ziele, was gut für alle ist« (Joas 2009, 286) als falsch: »Zu behaupten, daß alle Ethiken immer nur das Glück der Mitglieder der eigenen Kultur oder Glaubensgemeinschaft im Auge gehabt hätten, ist ›a violently distortive fiction‹« (Joas 2009, 287) und würde universalistischen ethischen Tradi-tionen, z. B. der christlichen, Unrecht tun.

[109] Habermas verweist darauf, dass »in der Kulturanthropologie und im geisteswissenschaftli-chen Historismus [...] immer schon die Auffassung [herrschte], daß moralische Urteile nur die Wertstandards und Deutungen intersubjektiv geteilter Weltbilder, also *kulturspezifische* geschichtliche Konstruktionen widerspiegeln« (Habermas 2004, 311).

so Habermas – fordern im Interesse an einer konsensuellen Beilegung von Konflikten, »ein gemeinsames *ethisches* Selbstverständnis zu entwickeln« (Habermas 1996, 56). Werte entstehen somit im Kontext einer Zweckrationalität: »Die wertorientierte Abwägung von Zwecken und die zweckrationale Abwägung von verfügbaren Mitteln dient der vernünftigen Entscheidung darüber, wie wir in die objektive Welt eingreifen müssen, um einen erwünschten Zustand herbeizuführen.« (Habermas 1991, 108)[110] Dies ist der Generierungskontext von Werten, denen Habermas jedoch nicht zutraut, eine gemeinsame, von allen akzeptierbare Basis herzustellen: »Die Beteiligten lernen, daß die kritische Vergewisserung ihrer starken, in der Praxis bewährten Wertungen zu konkurrierenden Konzeptionen des Guten« (Habermas 1996, 56) führen kann. Ziel der Diskursethik ist daher – wie oben bereits erwähnt – ein Rekurs auf allgemein zustimmungsfähige Normen (vgl. Habermas 1996, 60).[111]

Habermas Situierung von ethischen Werten in Kollektiven und in dem davon geprägten Subjekt erweist die Rolle von Traditionen, von konkreten Gemeinschaften hinsichtlich der Generierung von spezifischen Werten: »Bei ethisch-politischen Fragestellungen bildet die Lebensform ›je unseres‹ politischen Gemeinwesens das Bezugssystem für die Begründung von Regelungen, die als Ausdruck eines bewußten kollektiven Selbstverständnisses gelten.« (Habermas 1992, 139)[112] Im Hintergrund steht eine »intersubjektiv geteilte[] Gemeinwohlvorstellung« (Habermas 2002, 301). Bei Interessensgegensätzen gilt es sodann, innerhalb der jeweiligen Werte-Bezugsgruppe auf der Basis der geteilten Gemeinwohlidee einen rationalen Ausgleich im Horizont der Werteinstellungen herbeizuführen.[113]

Nicht zuletzt können Werthaltungen im Rahmen des Praktizierens von moralischen Diskursen entstehen: Teilnehmerinnen und Teilnehmer können sich dazu angehalten sehen, »vertraute Traditionen im Lichte des neu erwor-

---

[110] »Natürlich finden Werte in der Gemeinschaft, für deren Lebensweise sie konstitutiv sind, intersubjektive Anerkennung. [...] Ein Gebrauchswissen von der Art intersubjektiv geteilter Wertorientierungen würde sich selbst in lokalen Kontexten nicht eingespielt haben, wenn es sich nicht praktisch ›bewährt‹ hätte.« (Habermas 2002, 293)

[111] Denn, so Habermas: »Die im kommunikativen Handeln verwurzelten und traditionell eingespielten Verpflichtungen reichen nicht von sich aus über die Grenzen der Familie, des Stammes, der Stadt oder der Nation hinaus.« (Habermas 1996, 58)

[112] Habermas spricht gar davon, dass »jede vernünftige Genealogie von Werten an die Wir-Perspektive einer um ihr Wohlergehen besorgten Kooperationsgemeinschaft gebunden ist« (Habermas 2002, 301).

[113] Insofern aber viele Traditionssysteme, wie z. B. Religion, zunehmenden Privatisierungstendenzen unterliegen, erweist sich gemäß Habermas die voranschreitende Bedeutung des rationalen Diskurses: »An die Stelle tradierter Inhalte treten immer mehr Verständigungsprozesse.« (Breitsameter 2003, 51)

benen moralischen Wissens zu reinterpretieren und über reflexhaft gewordene Verhaltens- und Denkmuster zu reflektieren« (Kang 2009, 870).[114]

ROLLE DES WERTE-TRÄGER-SUBJEKTS: Habermas kann Werte nicht unabhängig von Träger-Subjekten denken, wenngleich er dies wenig expliziert. Nachmetaphysisch konzeptualisierte, pluralistisch dominierte Gesellschaften – so sein bereits oben benannter Ausgangspunkt – fordern die Subjekte heraus, sich über die eigenen Werte zu vergewissern. Dies erweist sich für Habermas daran, dass »ethisch-existentielle Fragen – was im großen und ganzen das Beste für mich ist, wer ich bin und sein möchte – [...] sich ebenso wie ethisch-politische Fragen der kollektiven Identität und Lebensführung aus der Perspektive der ersten Person« (Habermas 2002, 295) stellen. Das Subjekt also ist es, das für die Erarbeitung und Setzung von Wertvorstellungen verantwortlich ist. Es trägt zur Reproduktion von Werten bei, die den gesellschaftlich-kulturellen Kontext sozialintegrativ stützen und es so weniger erforderlich machen, zur Sicherung der Ordnung auf »Ausfallbürgschaften« (Habermas 1992, 99) – wie sie beispielsweise Normen konkretisieren – zurückgreifen zu müssen.

Das Träger-Subjekt entfaltet Werte im Kontext des eigenen Selbstverständnisses im Interesse an der Gewinnung von Identität. Dabei spielen – Habermas zufolge – nicht zuletzt Vorbilder eine wichtige Rolle: »Wie man sich selbst versteht, hängt nicht nur davon ab, wie man sich beschreibt, sondern auch von den Vorbildern, denen man nachstrebt. Die eigene Identität bestimmt sich zugleich danach, wie man sich sieht und sehen möchte – als wen man sich vorfindet und auf welche Ideale hin man sich und sein Leben entwirft.« (Habermas 1991, 104) Das Werte-Träger-Subjekt strebt somit unter anderem Werten nach, die es schon als gelebte vorfindet.

INTERSUBJEKTIVE KOMMUNIZIERBARKEIT: Nicht zuletzt im Verweis auf die Idee der Diskursethik zeigt sich, dass sich Moralität in Form eines von Subjekten geführten Diskurses entfalten kann. Gerade ein gestörter Konsens – so Habermas – veranlasse kommunikatives Handeln, um Handlungskonflikte beizulegen (vgl. Habermas 1983, 77).[115] »Die Habermassche Norm des ›kommunikativen Handelns‹ verlangt von uns, daß wir unsere Werte im kommunikativen Handeln verteidigen [...]. Nur Werte, die eine solche Verteidigung überstehen, sind legitimiert.« (Putnam 2006, 281) Dieses Verfahren

---

[114] Habermas formuliert dies folgendermaßen: »Da solche Verständigungsprozesse und Lebensformen gewisse strukturelle Aspekte gemeinsam haben, könnten die Beteiligten sich fragen, ob in diesen normative Gehalte stecken, die die Grundlage für gemeinsame Orientierungen bieten.« (Habermas 1996, 57)

[115] Vgl. einmal mehr den Kontext der Wertgenerierung: »Ich gehe davon aus, daß die Beteiligten ihre Konflikte nicht durch Gewalt oder Kompromißbildung, sondern durch Verständigung beilegen wollen. So liegt als erstes der Versuch nahe, in Beratungen einzutreten und auf profaner Grundlage ein gemeinsames *ethisches* Selbstverständnis zu entwickeln.« (Habermas 1996, 56)

ist gekoppelt an die Anforderung, sich in Interessenslagen, aber auch in das
Selbst- und Wirklichkeitsverständnis der Diskurspartnerinnen und -partner
hineinzuversetzen, sich letztlich auf einen gegenseitigen Perspektivwechsel
einzulassen, um »eine inklusive Wir-Perspektive hervorzubringen« (Habermas
2002, 303; vgl. Habermas 1996, 60). Im Hintergrund dieser Überlegungen
steht die Habermas'sche Setzung, dass Werte »immer Bestandteil einer intersubjektiv geteilten Überlieferung« (Habermas 1983, 78) sind und dass sich
gesellschaftliche Solidarität »heute nur noch [...] in den Formen kommunika-
tiver Selbstbestimmungspraktiken [regenerieren lasse]« (Habermas 1992, 536):
Wird ein ethischer Diskurs geführt, bringen die einzelnen Teilnehmerinnen
und Teilnehmer immer ihre »pragmatischen und ethischen Gründe« in Form
von »Interessenlagen und Wertorientierungen« ein. Abgesehen von der individuellen Verortung ist dies eine Voraussetzung dafür, dass ein »hinreichend
breites Spektrum von Beiträgen« den Diskurs anreichert. (Habermas 1996,
60) Letztlich kann der intersubjektive, auf Vergesellschaftung hin angelegte
ethische Diskurs – dem diskursethischem Ziel Habermas' entsprechend –
dazu beitragen, dass sich eine Moral ausprägt, die »einen genuinen, vom individuellen Guten unabhängigen Sinn bezieht« (Habermas 1996, 57).

UNIVERSALISIERBARKEIT: Hinsichtlich der Universalisierbarkeit von Werten positioniert sich Habermas skeptisch.[116] Aus seiner Universalisierungsre-
gel, die er im Rahmen der Diskursethik aufstellt, geht hervor, dass Werte, die
»unser Tun und Lassen im Horizont der je eigenen Lebenswelt« (Habermas
2002, 295) orientieren, lediglich kulturell determiniert sind. Universale Geltung könnten vielmehr nur diskursiv ausgehandelte Normen für sich beanspruchen.[117] Dabei schließt Habermas jedoch nicht aus, dass im Rahmen eines
Diskurses – die von ihm als partikular eingestuften – Werte zu universalen
Handlungsnormen werden können (vgl. Habermas 2005, 93): »Kulturelle
Werte führen [...] einen Anspruch auf intersubjektive Geltung mit sich, [...]
sie *kandidieren* [...] für eine Verkörperung in Normen« (Habermas 1983,
113f).[118]

---

[116] Hans Joas konstatiert »aus Habermas' Theorie eine tiefe Skepsis gegen jeden Beitrag konkreter Werttradition und partikularer Bindungen zur sozialen Integration moderner Gesellschaften. Eine universalistische Moral und, wo diese zu schwach ist, das moderne Recht
sind für ihn der Königsweg« (Joas 2009, 290).

[117] »Richtige moralische Urteile verdanken ihre universale Geltung nicht wie wahre empirische
Urteile der Beglaubigung durch die objektive Welt, sondern einer rational motivierten Anerkennung, die sie [...] im diskursiven Universum aller sprach- und handlungsfähigen Subjekte müßten finden können.« (Habermas 2002, 299)

[118] In praktischer Hinsicht gibt Habermas zu bedenken: »Universalistische Moralen sind auf
Lebensformen angewiesen, die ihrerseits soweit ›rationalisiert‹ sind, daß sie die kluge Appli-
kation allgemeiner moralischer Einsichten ermöglichen und Motivationen für die Umsetzung von Einsichten in moralisches Handeln fördern.« (Habermas 1983, 119)

RELATIVITÄT: Habermas geht davon aus, dass »uns die Uneinigkeit über Werte (ebenso wie die Uneinigkeit über Verhaltensnormen) immer begleiten wird« (Putnam 2006, 285). Im Gegensatz zu Normen erachtet er Werte jedoch als relativ, da sie zum einen in partikularen Systemen verankert sind, zum anderen angesichts von Konsensstörungen zur Disposition stehen und zudem im nachmetaphysischen, pluralitätsaffinen Zeitalter ausgehandelt werden müssen (vgl. Habermas 2002, 295f).[119]

3.1.4.3 Einordnungen und Perspektivierungen

Jürgen Habermas' diskurstheoretische Verortungen bieten in mehrerlei Hinsicht Hinweise, wie in einer pluralen Gesellschaft, die bei der Konsensfindung auf alle Beteiligten ernstnehmende Aushandlungsprozesse angewiesen ist, der Stellenwert von Werten gedacht werden kann. Dabei zeigt sich, dass Habermas Werten eine gewisse Skepsis entgegenbringt, was deren Bedeutung für einen übergesellschaftlich gedachten, universalen Zusammenhang anbelangt. Im Gegensatz zu Max Scheler, der Werte als präexistent betrachtet, verweist Habermas immer wieder auf deren Kulturgeprägtheit. Sie sind von Präferenzzuschreibungen und damit zugleich stark von den Subjekten abhängig. In Anbetracht von Pluralität eröffnen Werte den Individuen die Chance, Identität zu gewinnen, indem sie helfen, ein ethisches Selbstverständnis auszuprägen, das auch von anderen Angehörigen einer jeweiligen gesellschaftlich-kulturellen Teilgemeinschaft geteilt wird. D. h., es ist möglich, je neue Werte zu definieren. Wertvorstellungen sind wandelbar und werden von den Individuen protegiert. In diesem Zusammenhang spielt der intersubjektive Diskurs eine prägende Rolle: Im Austausch und im Aushandeln über Werte, aber auch auf der Basis von den Diskurs prägenden Werten – eigentlich ist die »diskursethische Theorie« bereits als Wert anzusehen, insofern sie darauf angewiesen ist, dass sie von allen Beteiligten geteilt wird – kann Sinn generiert werden, der überindividuell definiert, was als gut anzusehen ist. An letzterer Formulierung wiederum zeigt sich das eigentliche Interesse von Habermas, wenn er sich mit der Frage nach Werten auseinandersetzt: Er denkt darüber nach, wie personenunabhängige Normen gewonnen werden können, die weniger partikular, sondern universalisierbar sind.

Im Sinne des religionspädagogischen Forschungsinteresses vorliegender Studie sensibilisieren die Habermas'schen Präzisierungen in mehrerlei Hinsicht für Beachtenswertes: Gerade die *deutlichere Gewichtung des Subjekts* stellt einen markanten Aspekt dar, wenngleich in diesem Zusammenhang eine stark

---

[119] Durch die Setzung, dass Normen universal sein müssen, bestreitet Habermas »die Grundannahme des ethischen Relativismus, daß sich die Geltung moralischer Urteile allein an Rationalitäts- oder Wertstandards derjenigen Kultur oder Lebensform bemißt, der das urteilende Subjekt jeweils angehört« (Habermas 1983, 132).

zweckrationale Sicht vorherrscht. Zwar gesteht Habermas dem Subjekt großen *Anteil an, kreatives Vermögen bei der Gewinnung eigener Wertvorstellungen* zu –
ganz im Gegensatz zu Scheler, der ja Werte bereits als apriorisch existent und
sodann vom Subjekt erfühlt ansieht. *Zweckrational*[120] ist sein Blick, wenn er auf
die *Leistungen* rekurriert, die Werte für das Subjekt eröffnen: *Präferenzabhängig-
keit,*[121] *Identitätsgewinn, Sinngenerierung* etc. Letztere Aspekte erscheinen in religionspädagogischer Hinsicht beachtenswert, indem sie Aspekte markieren, von
denen her eine subjektorientierte Idee von Wertebildung gedacht werden
sollte.

Habermas gesteht dem Subjekt zwar eine wichtige Rolle innerhalb des
Wertekontextes zu, doch situiert er dieses nicht autonom, sondern in Abhängigkeit von Kultur und Gemeinschaft – ganz im Sinne seiner Theorie, die »die
Konstitution des Subjekts aus Intersubjektivität« (Arens 1996, 453) begründet. Werte sind für ihn demgemäß zwar auf die (Re-)Produktion von Individuen angewiesen, zugleich aber immer auch kultur- und gemeinschaftsge-
prägt. Diese Erkenntnis sensibilisiert zum einen für die *Grenzen* von (pädagogischen) Ansätzen, die meinen, Werte, welche das Gute befördern, seien von
vorneherein abseits einer Berücksichtigung gesellschaftlicher, religiöser etc.
Vergemeinschaftungszusammenhänge universalisierbar. Zum anderen aber
erweist diese Habermas'sche Setzung die Bedeutung von (Glaubens-)Ge-
meinschaften, wenn es darum geht, dass sich Subjekte herausgefordert sehen,
eigene Werte zu generieren: (Glaubens-)Gemeinschaften eröffnen durch
ihren Wertekosmos *Optionen, sich orientierend in einen Sinnzusammenhang zu stellen,*
da z. B. Religionen Möglichkeiten bieten, Wertpräferenzen rational[122] zu begründen – sowohl in Adaption dieser als auch per Abgrenzung davon. Dieser
Aspekt ist bezüglich wertebildungsbezogener Folgerungen zu bedenken.

Habermas' diskursethische Idee selbst bietet einen stimmigen Referenzpunkt, wie wertebildende Lernprozesse operationalisiert werden können,
beinhaltet jedoch auch Hinweise auf Schwierigkeiten: Sie verweist auf die
Bedeutung des kommunikativen Akts, der alle von den zu treffenden Aus-
handlungen Betroffenen berücksichtigt. Lassen sich aber – so ist zu fragen –
Lernprozesse gestalten, die eine *gleichberechtigte Kommunikation* ermöglichen,

---

[120] Unter anderem Christof Breitsameter sieht in der Zweckkontextualisierung einen wichtigen
  Aspekt des gegenwärtigen Blicks auf Werte, die »der selektiven Stabilisierung eines engeren
  Bereiches von relevanten Ursachen und Wirkungen« (Breitsameter 2009, 93) dienen.

[121] Breitsameter verweist auch auf die Präferenz-Abhängigkeit von Werten, die »als heuristische
  Instrumente im Hintergrund« stehen und helfen, Präferenzen zu generalisieren, »ohne dass
  dieser Vorgang schon handlungswirksam werden müsste«. (Breitsameter 2009, 131) Er setzt
  damit implizit das kognitive Moment als zentrale Dimension von Werten bzw. Wertungsak-
  ten.

[122] Gerade in seinen späteren Schriften verweist Habermas verstärkt auf das unaufgebbare und
  in den gesellschaftlichen Diskurs zu integrierende Vernunftpotential von Religionen (vgl.
  unter anderem Habermas 2001b und 2005).

wenn man bedenkt, dass Religionsunterricht wie jeder andere schulische Unterricht durch eine mit Autorität ausgestattete Person geleitet wird (vgl. 4.2.4)? Welche Maßnahmen sind somit notwendig, um einen gleichberechtigten Diskurs herbeizuführen? Überdies ist zu berücksichtigen, dass Werte nicht nur diskutiert, sondern auch *gelebt* werden müssen. Aufgrund der *kognitivistischen* Fundierung – von Kritikern als Manko benanntes Kennzeichen – der Diskurstheorie tut sich an dieser Stelle ex negativo eine weitere Notwendigkeit auf: Wertebildung kann nicht auf Kommunikation und Kognition begrenzt bleiben. Sie bedarf weiterer Dimensionen – z. B. des Fühlens (vgl. Scheler) oder des Agierens (vgl. 4.2.3.5).

Wie Scheler auch rekurriert Habermas auf die Bedeutung von *Vorbildern*: Er sieht diese aber nicht als aktive Option im Sinne einer geplanten Werteweitergabe, sondern betrachtet sie aus dem Blickwinkel des Subjektes. Vorbilder können für Individuen zu einer erstrebenswerten Vorlage werden und dazu motivieren, sich ähnliche Werthaltungen – nicht genau gleiche Werte! – zu Eigen zu machen. In dieser Hinsicht tun sich Grenzen, aber auch Potentiale der Vorbild-Idee auf: Letztere kann nicht pädagogisiert werden, hat jedoch bildende Relevanz, wenn man die Orientierungsbedürfnisse der Subjekte ernstnimmt.

Habermas' Darlegungen sensibilisieren zudem für die *Relativität* von Werten, die eben nicht wie Normen vorschreibbar sind, sondern verhandelbar und damit wandelbar sein müssen. Dies bedeutet jedoch auch, dass eine *Vermittlung von Werten*, die von der Prämisse her denkt, dass Werthaltungen von Lernenden genau so wie vorgegeben adaptiert werden, kaum realisierbar und somit (religions-)pädagogisch zu *hinterfragen* ist (vgl. 4.1.2.6).

3.1.5 Werte aus dem Blickwinkel des Subjekts. Hans Joas' Wertphilosophie

3.1.5.1 Allgemeine Verortungen

Mit seiner Veröffentlichung »DIE ENTSTEHUNG DER WERTE« im Jahr 1997 avancierte der Soziologe und Sozialphilosoph Hans Joas (*1948) im deutschen Sprachraum zu einem renommierten Wertetheoretiker der Gegenwart. Darin spürt er mittels einer Analyse verschiedener philosophischer bzw. soziologischer Theorien der Frage nach, wie Werte und Bindungen an bestimmte Werte entstehen: »Aus welchen Erfahrungen resultiert dieses scheinbar paradoxe Gefühl einer nicht wählbaren und doch freiwilligen Bindung an Werte?« (Joas 2009, 16) Bei der Entfaltung seiner Überlegungen und des eigenen Werte-Begriffs orientiert sich Joas besonders am Pragmatismus als »anthropologische[r] Theorie des menschlichen Handelns im allgemeinen und der menschlichen Kommunikation im besonderen« (ebd., 265), die von einer Kreativität des Handelns ausgeht. Die pragmatistische Ethik ist Joas deshalb so wichtig, weil sie eine Ethik aus der Perspektive des Akteurs ist und nicht die Frage nach Begründungen von Normen oder die Rechtfertigung von Handlungen fokussiert, »sondern die Frage der Lösung von Handlungsproblemen« (ebd., 266). »Eine Pointe der Betonung der Kreativität des Handelns ist eben die Einsicht, daß aus dem Universalisierungsgesichtspunkt selbst sich die Handlungen nicht ableiten lassen, sondern nur geprüft werden kann, ob eine mögliche Handlung unter diesem Gesichtspunkt akzeptabel ist.« (Ebd., 270) Dabei kommt der diskursiv geführten Kommunikation prägender Stellenwert zu. Nicht zuletzt darin liegt das postmoderne Moment von Joas' eigener Wertetheorie begründet. In einer Zeit, in welcher Diskussionen über Werteverlust oder -wandel scheinbar zum Tagesgeschäft gehören (vgl. 2.1), ist es sein Anliegen, den Werte-Begriff zu präzisieren. Unter anderem im Kontext der Debatte um »die Werte Europas« meldet er sich damit kritisch zu Wort.[123] Interessant ist, dass Joas immer wieder auf den Zusammenhang Religion rekurriert. Dabei spürt er vor allem der Frage nach dem Spezifischen religiös kontextualisierter Werterfahrung und -bindung gegenüber allgemeiner Werterfahrung und -bindung nach (vgl. Joas 2007).

3.1.5.2 Dimensionen der Wertetheorie von Hans Joas

Die von Joas entfaltete Wertetheorie, die im Folgenden mit der Linse des oben erarbeiteten Dimensionenrasters studiert wird, stellt für vorliegende Studie einen wesentlichen Bezugspunkt dar, vor allem, weil in ihr das Werte-Träger-Subjekt eine bedeutsame Aufwertung erfährt – für eine religionspädagogisch verortete Vergewisserung bezüglich Wertebildung ein nicht unwesentlicher Aspekt, gerade weil die Prämisse der Subjektorientierung dadurch wertvolle Unterstützung finden kann.

ENTSTEHUNGS- UND GENERIERUNGSKONTEXT: Um Hans Joas' Idee bzgl. der Entstehung der Werte zu verstehen, ist zu berücksichtigen, dass er vom kontingenten Charakter der Werte aus argumentiert: »Kontingent‹ ist etwas, das weder notwendig noch unmöglich ist – das also ist, aber nicht sein müsste.« (Joas 2002a, 64) Im einem Zeitalter, das von der ständigen Zunahme der Handlungsoptionen geprägt ist, sieht sich das Individuum permanent mit der Frage konfrontiert, was in Bezug auf das Zusammenleben mit anderen Menschen zu tun, wie zu handeln ist. Insofern Institutionen mit sozialintegrativer Funktion vermehrt ausfallen bzw. nicht mehr akzeptiert werden, »müs-

---

[123] Joas diesbezügliche Motivation kristallisiert sich in folgender, diffizil entfalteten Frage: »Wie kommen wir zu einer Bestimmung der kulturellen Werte Europas, die sich frei hält von aller Selbstbeweihräucherung und der Erzeugung neuer Feindbilder, die genau genug ist, um sich nicht in wolkigen Allgemeinheiten aufzulösen, die eindeutig ist und doch der enormen Vielfalt Europas in Raum und Zeit gerecht wird, die sich keinen Machbarkeitsillusionen hingibt und doch orientierend wirken kann in einer Zeit, in der auf europäischer Ebene Entscheidungen von größter historischer Tragweite getroffen werden müssen?« (Joas 2005, 13)

sen die Werte selbst reproduziert werden« (Joas 2009, 291).[124] Gleichwohl macht Joas klar, dass »Werte sich weder rational produzieren noch durch Indoktrination verbreiten lassen« (ebd., 16). Die Frage nach der Entstehung der Werte beantwortet er folgendermaßen: »Werte entstehen in Erfahrungen der Selbstbildung und Selbsttranszendenz.« (Ebd., 10) An dieser Formulierung zeigt sich, dass Joas die Frage nach Werten nicht ohne das Werte-Träger-Subjekt klärt. Die Generierung der Wertewelt ist für ihn mit den handelnden Menschen verknüpft. Werte werden nicht als präexistent, nicht als unabhängig von Erfahrung und von Bindungen an sie gedacht.

Im Prozess der Selbstbildung könne dem Individuum Erfahrenes als »subjektiv evident und affektiv intensiv als ›gut‹« (Joas 2002a, 68) erscheinen. Bei einem derartig erlebten Ergriffensein von Werten bekomme das Subjekt ein intensives Gefühl des Bei-sich-Seins, insofern die dabei verinnerlichten Werte »zu einer spezifischen Erfahrung von Freiheit […] [führen], die selbst unter Bedingungen äußerer Unfreiheit nicht verschwindet« (Joas 2005, 14). Der Terminus »Selbsttranszendenz« hat im Joas'schen Verwendungskontext zunächst nichts mit dem religiösen Verständnis von Transzendenz zu tun: Etwas wird für ein Individuum dann zu einem Wert, wenn es sich als über die Grenzen seines bisherigen Selbst »hinausgerissen« erfährt (vgl. Joas 2002a, 68 und Joas 2005, 16). Joas macht also ganz deutlich, dass Werte vor allem darin begründet liegen, dass sich Individuen an diese gebunden sehen, *freiwillig* daran gebunden sehen.[125]

Traditionale Systeme sieht er insofern als bedeutend für die Generierung von Werten an, als diese bestimmte Werte als wünschenswert deklarieren und somit eine emotional-identitätsstiftende Selbstverortung ermöglichen (vgl. Joas 2005, 16).[126] Sie offerieren damit Werte, die von einer Gemeinschaft als zentral identifiziert werden, vor allem indem sie diese vertreten und auch handelnd realisieren. Gerade universalistisch angelegte ethisch verortbare Traditionen wie z. B. das Christentum stellen – so Joas – Beurteilungsmaßstäbe und Wertvorstellungen bereit, die »zum Bruch mit egozentrischen Sichtweisen motivierten« und nicht »nur das Glück der Mitglieder der eigenen

---

[124] Bei dieser Feststellung greift Joas auf Habermas zurück, der in Moral und Recht »Ausfallbürgschaften« für sozialintegrative Leistungen institutionalisierter Ordnungen sieht; wobei der Mensch relativ lange versuche, nicht auf die Ausfallbürgschaften zurückzugreifen (vgl. Joas 2009, 291).

[125] Joas glaubt nicht an apriorisches Wertereich, sondern definiert Werte nur in Abhängigkeit von Menschen, die sich von diesen ergriffen sehen. Lediglich gesteht er zu, dass weitere Werte in kulturellen Zeugnissen oder Schriften niedergelegt sind (vgl. Joas 2006).

[126] Joas konstatiert: »Bei der Untersuchung Europas können wir entsprechend von charakteristischen Wertkomplexen oder von lebendigen kulturellen Traditionen ausgehen.« (Joas 2005, 16f) Zu diesen Europa-charakteristischen Wertkomplexen bzw. Werten zählt er unter anderem Freiheit, Innerlichkeit, Hochschätzung des gewöhnlichen Lebens, Selbstverwirklichung, Rationalität und Akzeptanz von Pluralität.

Kultur oder Glaubensgemeinschaft im Auge« haben. (Joas 2009, 287) Joas weiß um die Problematik der Funktionalisierung von Religionen als Werteinstanzen im Interesse eines gesellschaftlich-sozialen Zusammenhaltes. Gleichwohl bemerkt er, dass diese »ja in der Tat Werten eine anschauliche Gestalt verleihen, Gläubige aus ihrem Glauben Motivation und Orientierung gewinnen und sich in Traditionen stellen, die sie auch an ihre Kinder und Schüler weiterzugeben versuchen« (Joas 2007, 19).

Welchen Werten in einer Gemeinschaft, in einem Traditionssystem identitätsstiftende Bedeutsamkeit zugesprochen wird, ist abhängig von den kontingent geprägten, »partikularen Bedingungen, unter denen die für die Kontinuität demokratischer Gemeinwesen vorausgesetzten Werte entstehen und erhalten bleiben« (Joas 2009, 293). Herausforderungspotential liegt in kontingent begründeten Deutungsproblemen, für die Traditionen keine Antworten parat haben, beispielsweise in bioethischen Fragestellungen, die sich im Rahmen der Fortschritte in der Molekularbiologie oder der Gentechnik ergeben. Die Generierung »neuer« Werte ist damit nicht lediglich möglich, sondern bisweilen sogar erforderlich.

ROLLE DES WERTE-TRÄGER-SUBJEKTS: Nachdem die Analyse zum Entstehungs- und Generierungskontext von Werten in der Joas'schen Wertetheorie nicht ohne Berücksichtigung des Träger-Subjekts entfaltet werden konnte, finden sich nachfolgend lediglich zusätzliche Aspekte, die dessen Rolle spezifizieren. Werte geben dem Individuum Orientierung bei der Lebensgestaltung und helfen ihm, Stellung zu sich selbst zu nehmen – nicht zuletzt hinsichtlich eigener Präferenzen, von denen nicht alle als gut empfunden werden (vgl. ebd., 31).[127] Hier verortet Joas den Beitrag der Werte zur Identitätsbildung: In der Konfrontation mit anderen sieht er die Option einer »heilsamen Provokation zur ernsthaften Selbstveränderung« (ebd., 251). Das Ergriffensein von Werten ermöglicht ehrliche Einsichten in das Gute, die wiederum handlungsleitend sind. Joas erachtet es als wichtig und damit als möglich, dass sich Menschen bewusst »spezifische[] Werte, die zum Empfinden moralischer Gefühle gegenüber anderen anhalten« (Joas 2002a, 74), aneignen. Dafür seien wertkonstitutive Erfahrungen, die zugleich als solche interpretiert werden müssen, ebenso notwendig wie eine zeitgemäße Artikulation von Werten. Solche, von Joas so bezeichnete Selbsttranszendenzerfahrungen müssen gedeutet können werden und zwar so, wie es die (Zeit-)Kontexte

---

[127] Hier orientiert sich Joas an Talcott Parsons: »A value is not just a preference but is a preference which is felt and/or considered to be justified.« (Parsons, zit. n. Joas 2009, 32) Parsons beschreibt in seiner soziologischen Theorie, dass Werte für eine Gesellschaft – neben Normen, Kollektivität und Rollen – eine zentrale Voraussetzung darstellen, da sie das Handeln orientieren und den Zusammenhalt der Gesellschaft sichern. Werte als »die von den Mitgliedern geteilten Vorstellungen einer erstrebenswerten Gesellschaft« (Parsons, zit. n. Abels 2009, 33) stellen für ihn allgemein anerkannte Bezugspunkte dar.

erfordern: »Dann sehen wir die Biographien von Individuen und die Geschichte von Kulturen auch nicht als linear an, sondern als gekennzeichnet
vom Einbruch unvorhersehbarer Ereignisse, vom Aufkommen unerhört
neuer Deutungen von Erfahrungen und vom offenen Wechselspiel zwischen
der Sinndeutungsnot der Menschen und dem kulturellen Angebot an Deutungen.« (Joas 2005, 16) Am eben erläuterten Gedankengang lässt sich aufzeigen, dass Joas das Werte-Träger-Subjekt neben dessen aktiver Rolle des Er-
griffenseins und Selbstbildens bezüglich Wertbildung auch in passiven Zusammenhängen verortet. Abseits aller Indoktrination hält er »Wertevermittlung« für möglich.[128] Das Träger-Subjekt kann also von außen für bestimmte
Werte sensibilisiert und zu deren Realisierung motiviert werden und ist somit
nicht nur auf das eigene Erblicken von objektiven Werten – was Max Scheler
nachhaltig präzisierte und deren apriorische Existenz Joas bezweifelt – verwiesen. An diesem Aspekt lässt sich die Brücke zur Frage nach der intersubjektiven Kommunizierbarkeit von Werten in der Joas'schen Wertetheorie
schlagen.

INTERSUBJEKTIVE KOMMUNIZIERBARKEIT: In Anlehnung an werttheoreti-
sche Explikationen von John Dewey und Charles Taylor sowie im Rekurs auf
Jürgen Habermas' Diskursethik verweist Joas auf die Bedeutung der Intersubjektivität bei der Identifikation von Werten. Während es einige Werte wie
»individuelle Freiheitsrechte, Gerechtigkeitsvorstellungen, die Ablehnung
körperlicher Gewalt« (Joas 2009, 21) gebe, die durchaus auf breiten Konsens
träfen, müssten andere Werte im Diskurs legitimiert werden. Letzteres sei
jedoch nicht immer einfach: Entweder mangle es an einer Begründungen
rational zugänglich machenden Sprache oder an Rückgriffsoptionen, z. B. auf
die Zehn Gebote der jüdisch-christlichen Tradition. »Im Diskurs wird geprüft, wozu sich Personen evaluativ hingezogen fühlen« (ebd., 285). Damit
der Diskurs gelingt und sich das daran beteiligte Subjekt motiviert sieht, sich
an die erzielten Ergebnisse zu halten, seien zum einen Wertbindungen Voraussetzung. Zum anderen könnten aus dem Diskurs heraus selbst Wertbindungen entstehen. Eng mit letzterem Aspekt verbunden ist Joas' Beobachtung, dass bei einem Gespräch über Werte – im Gegensatz zu rational-
argumentativen Diskursen über kognitive oder normative Geltungsansprüche
– »eine stark affektive Dimension ins Spiel« (Joas 2002b, 276) komme, insofern Individuen von ihren Werten »ergriffen« sind. Zudem ist der intersubjektive Diskurs über Werte notwendig narrativ: »Das heißt, dass wir unsere
Wertbindungen nicht plausibel machen und nicht verteidigen können, ohne
Geschichten zu erzählen – Geschichten über die Erfahrungen, aus denen

---

[128] Seine diagnostizierten Desiderate zur »Wertevermittlung« im Bildungswesen lauten: Berücksichtigung der personalen Dimension, Berücksichtigung des institutionellen Charakters von
Bildungseinrichtungen, wirkliche Verarbeitung gemachter Erfahrungen, keine Separierung auf
ein bestimmtes Schulfach, zeitgemäße Artikulation der Werte (vgl. Joas 2002a, 76f).

unsere Bindungen erwuchsen, Geschichten über Erfahrungen anderer Menschen oder über die Folgen, die eine Verletzung unserer Werte in der Vergangenheit hatte.« (Ebd., 277) Durch die intersubjektive Kommunikation über Werte könnten sich Kräfte gesellschaftlicher Solidarität regenerieren. Letzteren von Habermas übernommenen Gedankengang gesteht Joas auch Traditionsgemeinschaften zu – in Differenz zu Habermas, welcher dies eher skeptisch sieht. Die Vergewisserung über gemeinsame Werte sei für Gemeinschaften bedeutsam, da identitätsstiftend. Zugleich verweist Joas darauf, dass »das gesellschaftliche Gespräch über Werte […] weder auf moralische oder rechtliche Argumentation reduziert werden noch zum Konflikt und Verteilungskampf fixierter Identitäten verkommen darf« (Joas 2009, 293). Vielmehr sieht er im Dialog über Werte, welchem er eine eigene Logik zuschreibt, das Potential einer »Wertegeneralisierung«, nämlich »die Formulierung der Gemeinsamkeit in verschiedenen Wertetraditionen, die deren partikulare bindende Kraft unangetastet läßt« (Joas 2002b, 278): Indem dies mehr ist als die Konstatierung eines Wertedissenses oder eine Parallelisierung verschiedener Wertsysteme, könne die intersubjektive Kommunikation über Werte auf diese Weise zu einer »dynamische[n] wechselseitige[n] Modifizierung« beitragen und »Anregung zu Erneuerung des Eigenen« geben. (Ebd.)

Wenn er betont, dass Werte nicht oktroyiert werden können, intendiert Joas damit jedoch keine Ablehnung der Väter- und Müttergenerationen als Träger von Werten. Diese motivierten vielmehr, »andere Vorstellungen über das Wünschenswerte evident und emotional ergreifend zu finden« (Joas 2005, 16). In ähnlicher Weise bewertet er Vorbilder, die Werte repräsentierten und denen – wie den Vorgängergenerationen auch – vom Werte-Nehmer-Subjekt personale Bindungsqualität zugedacht werde. Die »personale Dimension« (Joas 2002a, 76) – so Joas – sei für Werthaltungen sehr wichtig: Sie trage dazu bei, dass eine Bindung an Werte aufgebaut werde, ohne die das Individuum sich nicht motiviert fühle, sich an bestimmten Werten bei der eigenen Lebensgestaltung zu orientieren. Im Identifikationsakt mit wichtigen Personen werden Werte zugänglich. Menschen kommen somit dazu, sich auch mit deren Weltsicht und deren Werten zu identifizieren. An dieser Stelle läuft der Kommunikationsakt für das als vorbildhaft erkannte Werte-Träger-Subjekt eher unbewusst ab. Durch verschiedene Merkmale seines Handelns erlangt es für das wahrnehmende Gegenüber einen Werte stiftenden Charakter.

UNIVERSALISIERBARKEIT: Joas hält ein »universalistisches Wertsystem für logisch möglich« (Joas 2009, 287), fokussiert jedoch eher partikulare Wertesysteme und das »Potential einer auf Universalität hin drängenden Moral« (ebd., 272). Letzteres belegt er im Verweis auf die in allen Kulturen zu findenden Entfaltungen der »Goldenen Regel«. Zunächst – so Joas – jedoch stützen sich Kulturen auf partikulare Weltdeutungen und auf partikulare Wertesysteme, die nicht sofort universalisierbar sind. Gleichwohl hätten beispielsweise die partikularen Wertesysteme demokratischer Gesellschaften »Regeln, die als Übersetzungen universeller moralischer Regeln in partikulare politische Institutionen aufgefaßt werden können« (ebd., 274). Derartige Normen – nicht Werte! – ergeben »sich aus den universellen Kooperationsstrukturen« (ebd., 273) von Gesellschaften im Interesse an sozialer Integration. Eine »Ethik aus der Perspektive des Handelnden« brauche Werte und Normen, wobei »das Universalisierungspotential des Normativen mit den kontingenten Werten« interagiere (ebd. 287f). Abgesehen von universell verbreiteten Strukturen von Moralität sieht Joas daher vornehmlich die aus Werten abgeleiteten Normen mit dem Anspruch auf Universalisierbarkeit ausgestattet (vgl. ebd., 272f). Zugleich sei zu bedenken, dass durch Festlegungen der Anwendungskontexte und -bedingungen »jede Kultur die potentiell universelle Moral« (ebd., 272) begründeterweise begrenze.

Prüfinstanzen hinsichtlich der Universalisierbarkeit von handlungsleitenden Maßgaben seien zum einen Vorstellungen von Pflicht und zum anderen persönliche Strebungen, die »einen potentiell universellen Geltungsanspruch« (ebd., 270) enthielten. Gerade das Rechte bzw. Richtige berge ein Potential, das in Situationen des Handelns vorhandene Orientierungen prüfe, welche auf das Gute ausgerichtet sind: Es wirke auf das Gute modifizierend ein, »um es zum Bestehen der Universalisierungsprüfung zu befähigen« (ebd.). Hinsichtlich der Frage nach einer Universalisierbarkeit der Werte in der Wertetheorie von Hans Joas ist somit zu konstatieren, dass dieser zwar das Potential einer Universalisierbarkeit bedenkt, jedoch Werte vor allem von ihren kulturellen Anwendungskontexten her in ihrer Reichweite als begrenzt ansieht.

RELATIVITÄT: Insofern Hans Joas Werte stark vom Werte-Träger-Subjekt her denkt, ist unschwer eine gewisse Relativitätszuschreibung zu konstatieren. Nicht nur von der intersubjektiven, diskursiven Vergewisserung, sondern auch von partikularen Bedingungen der Kontexte, die an der Generierung von Werten beteiligt sind, ist es abhängig, was als Wert identifiziert und somit realisiert wird.[129] So fordert die Kontingenz immer wieder zum Rückgriff auf bisher nicht integrierte Werte auf. Zum Teil ist es gar notwendig, neue Werte zu etablieren, die wiederum vorhandene Werte ablösen.

ABGRENZUNG VON NORMEN: »In einer Ethik aus der Perspektive des Handelnden müssen Werte und Normen vorkommen« (Joas 2009, 287), insofern kontingente Werte zur Normensetzung herausfordern. In Abgrenzung zu den als restriktiv konnotierten Normen betont Joas den attraktiven Charakter von Werten: Während letztere den Handlungsradius eines Individuums erweitern, schränken erstere dagegen bestimmte Handlungen ein bzw. »schließen bestimmte Mittel des Handelns als moralisch oder rechtlich unzulässig aus« (Joas 2005, 14f; vgl. Joas 2002a, 275). Diese Differenzierung kon-

---

[129] Vgl. diesbezüglich auch die Erläuterungen zum Entstehungs- und Generierungskontext.

statiert Joas in Anlehnung an Émile Durkheim und Jürgen Habermas und der seither prägenden Prämisse, dass Werte den teleologischen Aspekt des Handelns fokussieren, Normen dagegen den obligatorischen Aspekt (vgl. Joas 2009, 286). Es gebe z. B. Ziele des Handelns, die zwar erlaubt seien, jedoch seien nicht alle Mittel zulässig, um diese Ziele zu erreichen. Werte dagegen bringen »überhaupt erst auf Ideen, bestimmte Sachen zu tun, [...] über mein bisheriges Ich irgendwie hinauszuwachsen« (Joas 2006). Zwar hätten Normen ein Universalisierungspotential inne, d. h., sie werden vielerorts mit einem für alle Individuen verbindlichen Gültigkeitsanspruch entfaltet. Gleichwohl sei zu bedenken, dass »unterschiedliche Wertsysteme unterschiedliche Nähe zu den Normen haben, die sich aus den universellen Kooperationsstrukturen ergeben« (Joas 2009, 273): Regeln eines kulturell-partikularen Systems können also nicht ohne Weiteres auf ein anderes übertragen werden, da dort aufgrund kontingent gedeuteter Erfahrungen eventuell andere Werte prägend sind.

3.1.5.3 Einordnungen und Perspektivierungen

Hans Joas zeichnet eine Wertphilosophie aus der Perspektive des Subjekts; anders als Scheler, der Werte als objektiv vorhandene und sodann vom Subjekt zu erfühlende denkt; anders als Habermas, der zwar dem Subjekt eine wichtige Rolle zuspricht, jedoch vornehmlich an einer überindividuellen Aushandlung und Begründung von gemeinsam teilbaren Wertvorstellungen interessiert ist. Für Joas ist die Handlungsperspektive zentral, gerade in einer pluralen Gesellschaft, die – nicht zuletzt aufgrund sich ständig ergebender neuer Herausforderungen – das Subjekt unter anderem fordert, Werte selbst zu (re-)produzieren. Er macht deutlich, dass Werte davon leben, dass sich Menschen freiwillig an sie binden. Letzteres tritt besonders dann ein, wenn Werte das Gefühl eines »Bei-sich-seins« ermöglichen. In Bezug auf Habermas misst er dem Wertediskurs eine wichtige Funktion zu. Dieser kann dazu beitragen, Werte konsensuell zu legitimieren. Letztere Option zeigt aber zugleich, dass Joas Werte als relativ ansieht: Neue Kontexte können neue Werte erfordern und alte ablösen. Die starke Rückbindung an das Subjekt bringt es zudem mit sich, dass Hans Joas zwar die Bedeutung von Werten für partikulare Gemeinschaften herausstellt und damit auch auf deren intersubjektive Relevanz verweist. Gleichwohl folgt daraus eine begrenzte Reichweite: Lediglich bestimmte Werte können – entweder auf der Basis eines breiten, von kulturellen, politischen, religiösen etc. Aspekten unabhängigen Konsenses oder als Ergebnis eines Diskurses – eine universalisierende Tendenz aufweisen; dann aber mit einer Affinität zu restriktiv gesicherten Normen.

Hinsichtlich des religionspädagogischen Forschungsinteresses vorliegender Studie markieren die wertphilosophischen Darlegungen von Hans Joas wichtige Einsichten. Unter anderem rekurriert er auf mehrere *Aspekte*, wenn es darum geht, das Verhältnis von Subjekt und Werten zu charakterisieren: Werte können diskursiv ausgehandelt werden (*kognitiv-kommunikativer* Aspekt), werden vom Subjekt dann anerkannt, wenn es sich von ihnen als ergriffen erfährt (*affektiver* Aspekt) und bieten Anhaltspunkte, in Handlungszusammenhängen zu reagieren (*praktischer* Aspekt). Diese drei Bereiche gilt es bei der Entfaltung von wertbildenden Optionen zu berücksichtigen.

Hans Joas' Reflexionen sensibilisieren zudem für weitere Bedingungsfelder, von denen die Entfaltung eines individuellen Wertegerüsts abhängig ist und worauf bei der Anlage entsprechender Lern- und Bildungsarrangements geachtet werden sollte. Zum einen müssen die Subjekte befähigt werden, über Werte in den Austausch zu kommen – vornehmlich auf der Ebene *sprachlicher Artikulation.* Dem *Duktus des Erzählens* spricht Joas in dieser Hinsicht eine besondere Bedeutung zu. Erzählen nimmt den Erzähler und sein Gegenüber ins Geschehen mit hinein – die Kommunikation über Werte bleibt nicht auf einen abstrakten Diskurs reduziert, sondern macht das Thematisierte im narrativen Zugang anschaulich zugänglich.

Die reflexive wie auch handelnde Auseinandersetzung mit Werten bietet – den Darlegungen von Joas gemäß – dem Subjekt Optionen zur *Selbstvergewisserung* und zur *Orientierung* bezüglich des eigenen Verhaltens. Gerade auch (Glaubens-)Gemeinschaften deuten Werte und machen diese *anschaulich,* indem Anhänger bzw. Gläubige Werthaltungen realisieren. Letzterer Aspekt verweist einmal mehr darauf, dass Werte auf Praxis angewiesen sind.

Hans Joas ist der Meinung, dass eine *absichtsvolle Wertevermittlung* möglich ist, indem Subjekte dazu gebracht werden, sich von vorgegebenen Werten ergreifen zu lassen. Gleichwohl formuliert er dies zum einen zurückhaltend und präzisiert zum anderen, dass insbesondere neue Situationen das Generieren von neuen Werten durch die Subjekte selbst erfordern. Wie Scheler und Habermas auch sieht Joas in *Vorbildern* eine wichtige Option von Wertebildung: Gerade die personale Dimension enthalte besondere Bindungsqualität und motiviere, bestimmte Werthaltungen als adaptierenswert anzusehen und zu realisieren. Damit meint Joas aber nicht, dass Werte immer 1:1 übernommen werden. Vielmehr ist er davon überzeugt, dass es im Austausch über unterschiedliche Werte im Rahmen *wechselseitig dynamischer Prozesse* zu *Modifikationen* kommen kann. Wertebildung ist also einer finalen Planung in gewisser Weise entzogen.

Und noch ein Hinweis, der religionspädagogisch berücksichtigenswert scheint, findet sich bei Joas, der *Prüfinstanzen* identifiziert, die herangezogen werden, wenn es darum geht, nach der potentiell universalen Bedeutung von Werten zu fragen: persönliche Strebungen, Gerechtigkeits- und Pflichtvorstellungen. Diese Aspekte beeinflussen das jeweilige Werturteil eines Subjektes und verweisen darauf, dass intersubjektiv angelegte Wertbildungsprozesse – und dergestalt werden sie im Rahmen schulisch-religionsunterrichtlicher Bemühungen meist sein – abhängig von individuellen Vorprägungen sind.

3.1.6 Religionspädagogische Perspektiven

Aus den Ergebnissen der Annäherungen an die wertphilosophischen Darlegungen von Max Scheler, Jürgen Habermas und Hans Joas lassen sich zusammenfassende Perspektiven ableiten, die hinsichtlich der Entfaltung einer religionspädagogischen Wertebildungstheorie als bedeutsam erscheinen.

Wertebildung ist vom Individuum aus zu denken: Dieses ist *Subjekt* der immer wieder neu zu justierenden Ausrichtung seines Wertegerüstes, welches Modifikationen und der Herausforderung unterliegt, eventuell gar neue Werte zu kreieren bzw. zu generieren. Hinter diese von Hans Joas pointierte Position kann eine pünktliche Wertebildung nicht zurück: Dabei sollte das Subjekt freilich nicht unabhängig von der Kultur und der Gemeinschaft gedacht werden, welcher es sich zugehörig fühlt. Diese Kontexte prägen das individuelle Wertegerüst – Aspekte, die es ebenso zu berücksichtigen gilt. Gleichwohl ist das Individuum nicht Objekt von Wertebildung, das – wie Max Scheler meint – lediglich schon existierende Werte annehmen oder eben nicht aufgreifen kann. Daher gilt es Wertebildung so zu ermöglichen, dass sich das Subjekt in seiner Wertkonstruktion frei fühlt und diesbezüglich nicht zugunsten eines am Konsens ausgerichteten Diskurses begrenzt wird. Nur die Werte, die das Subjekt für sich selbst erkennt, von denen es sich ergriffen fühlt, können von diesem authentisch realisiert werden. In dieser Hinsicht gibt auch Konrad Fees zu bedenken: »Werte sind dann keine autoritativen Maßgaben, sondern erwachsen eigenverantwortlichen Entscheidungen. Die pädagogische Aufgabenstellung lautet daher, das Subjekt dahingehend zu begleiten, daß es nicht ›irgendwie‹, sondern in Befolgung spezifischer Kriterien Werte bildet.« (Fees 2000, 198)

Aus der Zusammenschau der Reflexionen von Max Scheler, Jürgen Habermas und Hans Joas zeigt sich unter anderem, dass wertekontextualisierende Lern- und Bildungsprozesse nicht eindimensional auf der Ebene von Kognition angesiedelt bleiben sollten. Insbesondere Joas fokussiert sowohl den *kognitiven* (den vor allem Habermas im Blick hat) als auch den *affektiven* (der von Scheler im Kontext des »Fühlens« tangiert wird) und den *praktischen Aspekt*. Ein nachhaltige, stimmige und nicht einseitig ausgerichtete Idee von Wertebildung bedarf aller drei Aspekte. Zu bedenken wird im Blick auf den Zusammenhang des schulischen Religionsunterrichts sein, inwiefern der praktische Aspekt eingeholt werden kann. Auch bezüglich des affektiven Kontextes ist darauf zu achten, die Grenzen hin zu einem aufgesetzten und funktionalisierenden Emotionalisieren auszuloten und nicht zu überschreiten.

Insbesondere Habermas' diskursethische Darlegungen erweisen die Bedeutung der *Kommunikation* über Werte. Lernprozesse, die eine Wertebildung – nicht eine ledigliche Wertevermittlung! – intendieren, sollten so angelegt sein, dass sich die Lernenden in einen Diskurs über Werte begeben können. Dieser lebt davon, dass sich alle möglichst gleichberechtigt beteiligen können. Insbesondere ist dafür die sprachliche Befähigung von Bedeutung: Somit stellt sich unter anderem für den Religionsunterricht an der öffentlichen Schule die Herausforderung, den Schülerinnen und Schülern ein *Vokabular* zu eröffnen, das es ermöglicht, Werte im Rahmen einer »zeitgemäßen Artikulation« (Joas 2002, 77) zu diskutieren. Ob dieser Diskurs darauf angelegt sein kann, zu einer Konsensfindung beizutragen, die von allen Beteiligten als solche in die eigene Lebensgestaltung integriert wird, ist an späterer Stelle (vgl. 4.3.2) zu reflektieren. Eine Chance bietet die Diskursoffenheit auf jeden Fall: Den Schülerinnen und Schülern eröffnet sich ein Forum, den Wertediskurs zu erlernen und sich im Austausch untereinander des individuellen, eigenen Wertegerüstes zu vergewissern. Dies ist auch deshalb bedeutsam, weil dabei die Fähigkeit geschult wird, mit der alltäglich vorzufindenden Konkurrenz von mehreren, divergierenden Werten umzugehen.[130] Eine wichtige Rolle kommt im kommunikativen Zusammenhang von Wertebildung auch dem *Erzählen* zu: Es macht Werte anschaulich zugänglich und eröffnet den Subjekten die Chance, sich narrativ in einen Wertezusammenhang zu stellen.

Offen ist auch die Frage nach der so genannten *Wertevermittlung*. Dieser Begriff, welcher nicht immer sogleich in seiner pädagogischen Tragweite bedacht wird, suggeriert, Werte könnten passgenau gesteuert eingeübt und sodann umgesetzt werden. Max Scheler gibt demgegenüber zu bedenken, dass es sein könne, dass bestimmte Werte nur von einem einzigen Individuum erfühlt werden. Jürgen Habermas' Verweis auf die Rolle des Diskurses wiederum belegt die Vorrangstellung eines einvernehmlich auf Konsens angelegten Aushandlungsprozesses gegenüber der Vermittlungsidee. Hans Joas aber hält Wertevermittlung – ohne die mit diesem Terminus verknüpften pädagogischen Implikationen zu tangieren – für möglich, insofern sich beobachten lässt, dass »wertkonstitutive Erfahrungen« (Joas 2002, 76) von außen an Individuen herangetragen und von diesen auch akzeptiert werden. Derartige Reflexionen sind religionspädagogisch beachtenswert, wenn es um die Fragestellung nach intentional angelegten Lernprozessen geht, die vorhaben, bestimmte Werte so zu thematisieren, dass Schülerinnen und Schüler diese für sich akzeptieren und leben. Hier gilt es nach dem erziehenden Moment von Wertebildung zu fragen und zugleich zu bedenken, in welchen Grenzen Schule bzw. schulischer (Religions-)Unterricht als Organisationsform stehen (vgl. 4.2 und 4.3).

Die Thematisierung von Werten forciert *Abwägungs-, Bewertungsprozesse*. Der intersubjektive Austausch ist in dieser Hinsicht von großer Bedeutung. Unter anderem stellt sich dabei die Frage danach, ob es von mehreren bzw. allen

---

[130] Christof Mandry verweist auf die diesbezüglich notwendige Haltung, »die einerseits eine kognitive, selbstdistanzierte Komponente, andererseits eine Art ›Vertrauens-‹ oder ›Anerkennungsvorschuss‹ beinhaltet« (Mandry 2009, 220).

Subjekten geteilte Kriterien geben kann, Werte zu bewerten und eine Verständigung über gemeinsam geteilte Werte herbeizuführen. Habermas macht
beispielsweise den diskursiv erreichten Konsens stark, Joas wiederum bringt
die Aspekte Recht und Pflicht ein.[131] Hinter all dem steckt eine subjektiv gefärbte Idee von »gut«, was auf die Schwierigkeit verweist, Werte so zu definieren, dass alle das Gleiche darunter verstehen und damit intendieren. Einmal
mehr wird hieran deutlich, dass Werte auch von partikularen Interessen her
betrachtet werden müssen. In dieser Hinsicht ist anzufragen, inwiefern es im
Rahmen von Wertebildungsprozessen gelingen kann, Werte zu konsensueller
Anerkennung und zu Realisierung zu bringen. Gleichwohl scheint es religionspädagogisch bedeutsam, individuelle Wertungsakte und deren Begründung zu forcieren; ob diese zu einheitlichen Ergebnissen kommen müssen,
bleibt zu diskutieren (vgl. 4.1.2 und 4.3.2).

Auffällig ist, dass sowohl Schelers als auch Habermas' und Joas' philosophische Reflexionen zum Kontext »Werte« die pädagogische Kategorie *Vorbilder* tangieren. Sie schreiben ihnen wertebildende, bisweilen gar wertevermit-
telnde Qualitäten zu. Die damit verknüpften Nuancierungen sensibilisieren
für religionspädagogisch Beachtenswertes, wenn die oben fokussierte Subjektorientierung eingeholt werden soll: Während Scheler Vorbilder als Option
sieht, mit diesen verknüpfte Werte zu adaptieren, zeigen die Ausführungen
von Hans Joas eine weniger vermittelnde Schlagseite. Joas fokussiert insbesondere die mit Vorbildern verknüpfte »personale Dimension«, Werte in
Erfahrungszusammenhängen wahrzunehmen, da sie »reales Handeln« repräsentieren, das für ihn mehr zählt »als verbale Bekundungen und Informationen«. (Joas 2002, 76) Religionspädagogisch sind in dieser Hinsicht zwei Aspekte bedenkenswert: Ausgehend von gegenwärtigen (religions-)pädagogi-
schen Darlegungen zum Vorbildlernen ist das klassische Bild von Vorbild-
Lernen, dem das Verständnis von Scheler – Zeitkontext bedingt – sehr nahe
steht, anzufragen: Schon Albert Bandura konnte nachweisen, dass Individuen
vorgegebenes, beobachtetes Verhalten nicht eins zu eins kopieren, sondern in
zeitversetzten Situationen modifiziert zur Anwendung bringen. Deshalb
spricht er nicht von Vorbild-, sondern von Modell-Lernen (vgl. Bandura
1976) – eine Perspektive, der Hans Joas' Reflexionen zur Bedeutung von
Vorbildern in wertebildenden Kontexten nahe kommen. Insgesamt stellt die
personale Dimension im Rahmen von Wertebildung eine prägende Konstante
dar: Es gilt somit Lern- und Bildungssituationen zu ermöglichen, um diese
Dimension einzuholen – abseits eines reinen Informierens auch über die
Begegnung.

---

[131] Konrad Hilpert benennt folgende Kriterien hinsichtlich der Frage, was einen Wert zu einem
besseren, allgemein anerkennbareren macht: Nachhaltigkeit für andere Werte des selben
Wertesystems, Grad der Allgemeingültigkeit, Erfahrungen mit diesem Wert, kleineres Übel
(vgl. Hilpert 2009, 206f).

Sowohl Scheler und Habermas als auch Joas verweisen auf die Bedeutung von traditionalen Kontexten im Rahmen der Weitergabe von Werten: Dabei zeigt sich, dass gleich bezeichnete Werte in unterschiedlichen Gemeinschaftszusammenhängen auf verschiedene Weise begründet und realisiert werden können. Hier tun sich unter anderem Hinweise hinsichtlich des *Potentials von Religionen* auf: Sie tragen dazu bei, Werte in einen Sinnzusammenhang einzuordnen. Der in den tradierten Erzählungen über Erfahrungen mit Gott, aber auch in Lehräußerungen eröffnete Möglichkeitsraum bietet sowohl Deutemuster als auch Sprachspiele, die in wertebildender Hinsicht »in den Dienst« genommen werden können. Die einer Religion zugehörigen Gläubigen wiederum bieten anschauliche Optionen des Nachvollzugs, inwiefern ein spezifischer Begründungs- und Sinnzusammenhang hinsichtlich der Realisierung bestimmter Werte prägend ist. Hieraus ergibt sich religionspädagogisches Potential: In der reflexiven Auseinandersetzung mit religiös konturierten Begründungen von Werthaltungen, aber auch beispielsweise in der Begegnung mit Gläubigen (personale Dimension!) oder gar im handelnden Realisieren können Schülerinnen und Schülern Möglichkeiten eröffnet werden, sich – zumindest »probehalber« – mit dem wertebegründenden religiösen Sinnzusammenhang auseinanderzusetzen. Dies kann vorhandene Wertekonstruktionen irritieren, anreichern oder bestätigen; im Letzten zu einer wertebewussten Selbstvergewisserung beitragen.

3.2 Werte erheben? Soziologische Konnotationen

Wenn heutzutage das Wort »Werte« fällt, gerät meist der Bereich der soziologischen Werte(-wandel-)forschung ins Blickfeld. Neben philosophischen Vergewisserungen markieren nicht zuletzt die den verschiedenen empirischen Studien (vgl. 2.2.1) zugrundeliegenden Begriffsklärungen das, was ein Großteil der Gesellschaft unter Werten versteht. Wie im philosophischen Zusammenhang gibt es auch im Kontext soziologisch bzw. psychologisch-pädagogisch motivierter Wertereflexionen keine Einigkeit darüber, was unter dem Begriff »Werte« verstanden wird. Nicht zuletzt aber von der jeweiligen Definition ist es abhängig, zu welchen Forschungsergebnissen eine Werte erforschende Empirie gelangen kann. Der Soziologe Helmut Klages fordert daher seit langem eine »Standardisierung des ›Wert‹-Begriffs unter Abklärung seiner vielfältigen Differenzierungsmöglichkeiten« (Klages 1992, 31). Sein Kollege Karl-Heinz Hillmann spricht gar von einem »Begriffswirrwarr«, das die Werteforschung beeinträchtige;[132] deren weiteren Fortschritt macht er davon ab-

---

[132] Die Pluralität der verwendeten Begrifflichkeiten belegt Hillmann durch folgende Termini: »Werte, Wertvorstellungen, -orientierungen, -dominanzen, -schätzungen, -haltungen, -einstellungen, Präferenzen, Sinn, Zwecke, Ziele, Einstellungen, Interessen, Wünsche, Bedürftigkeiten, Motivationen« (Hillmann 2001, 22).

hängig, »dass dieser Dschungel durch klare konsensfähige Begriffsbestimmungen überwunden wird, die sich dann auch allgemein durchsetzen« (Hillmann 2001, 22). Bis dato zeichnen sich jedoch keine nennenswerten Konsensfindungsinteressen ab, sodass sich nach wie vor unterschiedliche Setzungen konstatieren lassen.[133]

Wenn im Folgenden die jeweiligen Werte-Verständnisse des Sozialpsychologen Milton Rokeach, des Politologen Ronald Inglehart, des Soziologen Helmut Klages und des Sozialpsychologen Shalom Schwartz näher analysiert werden, so geschieht dies im Wissen darum, dass damit keinesfalls die breite Vielfalt der in der Werteforschung verwendeten Begrifflichkeiten repräsentiert werden kann. Gleichwohl markieren die Forschungswege und auch -erkenntnisse dieser Wissenschaftler international anerkannte und zugleich prägende Etappen der empirischen Werteforschung. Mit der Analyse des jeweils operationalisierten Werte-Verständnisses gelingt es, eine weitere, wichtige Perspektive hinsichtlich der Frage danach einzufangen, was unter Werten verstanden werden kann. Hinsichtlich des Forschungsinteresses vorliegender Studie trägt dieser soziologisch-empirische Blickwinkel zur Vergewisserung darüber bei, welche Werte gegenwärtig als relevant erachtet werden, welche Aspekte und (gesellschaftlichen) Bereiche menschlicher (und religiöser) Lebensgestaltung davon tangiert sind und inwiefern die jeweiligen Werte im Rahmen religionspädagogischer Bemühungen bildungsbedeutsam thematisiert werden können.

Im Folgenden werden jeweils nach grundlegenden Klärungen des betreffenden Werte-Verständnisses die Achtergewichte des zugehörigen soziologisch-empirischen Konstrukts herausgearbeitet.

3.2.1 Lebensziele und Verhaltensmaßstäbe.
Milton Rokeachs Werte-Verständnis

3.2.1.1 Grundlegende Klärungen

Der US-amerikanische Sozialpsychologe Milton Rokeach (1918–1988) begründete mit seinen umfangreichen Forschungen ein erstes, zuverlässiges Konstrukt, um Werte empirisch zu überprüfen. Seine Arbeiten haben bis heute bei der Entwicklung neuer Werteerhebungsinstrumente prägenden Charakter; nicht zuletzt deshalb, weil auf Rokeachs Item-Batterie bei der Generierung empirischer Wertforschungsstudien immer noch – meist selektiv – zurückgegriffen wird. Seiner Wertforschung legt er folgende begriffliche

---

[133] Konrad Fees beispielsweise verweist im Rekurs auf Hans Arne Stiksrud darauf, dass in Psychologie, Soziologie und empirischen Sozialwissenschaften »»Werte‹ […] nicht auf einen sozio-moralischen oder auf einen ideellen Zusammenhang beschränkt [werden]. Als ›Werte‹ sind jene Gegenstände bzw. Güter gemeint, die faktisch erstrebt und bevorzugt werden« (Fees 2000, 13).

Klärung zugrunde, die er in Anlehnung an bereits vorliegende philosophische, psychologische und anthropologische Reflexionen – vor allem im Rekurs auf Clyde Kluckhohn[134] – entfaltet: »A *value* is an enduring belief that a specific mode of conduct or end-state of existence is personally or socially preferable to an opposite or converse mode of conduct or end-state of existence.« (Rokeach 1973, 5) Ein Wert ist für Rokeach somit eine anhaltende Überzeugung, dass eine bestimmte Verhaltensweise oder ein bestimmter Endzustand der Existenz in persönlicher und gesellschaftlich bedeutsamer Hinsicht einer gegenteiligen oder entgegengesetzten Verhaltensweise oder Lebenseinstellung gegenüber bevorzugenswert ist.

Dieser allgemeinen Vergewisserung fügt Rokeach eine bedeutsame Differenzierung bei, insofern er zwei Arten von Werten unterscheidet: »*instrumental and terminal* values« (ebd., 7). In der deutschsprachigen Rezeption wird diese Unterscheidung meist mit »instrumentellen Werten« und »Terminalwerten« wiedergegeben. Mit Wissen darum, was Rokeach darunter jeweils versteht, lässt sich diese Differenzierung folgendermaßen präzisieren: Lebensziele (terminal values) und Verhaltensmaßstäbe (instrumental values).

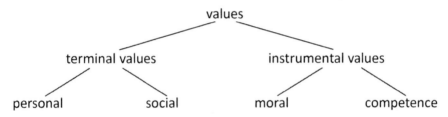

Abb. 3: Wertedifferenzierung nach Milton Rokeach

Die Lebensziele wiederum speisen sich – so Rokeach – aus zwei Kontexten, insofern sie aufgrund persönlicher (»personal values«) bzw. gesellschaftlicher (»social values«) Bedeutsamkeit heraus gewählt werden. Persönlich bedeutsame Werte sind z. B. ›Erlösung zum ewigen Leben‹ oder ›innere Harmonie‹, gesellschaftlich bedeutsame Werte wiederum z. B. ›Weltfrieden‹ oder ›Freiheit‹ (vgl. Rokeach 1973, 8). Auch auf Seiten der instrumentellen Werte, der Verhaltensmaßstäbe, setzt Rokeach eine Unterteilung zwischen »moral values« und »competence values«, zwischen moralischen Werten und Kompetenz-

---

[134] Clyde Kluckhohn legte bereits 1951 in handlungstheoretischem Interesse eine Übersicht zum Werte-Begriff vor. Dabei kommt er zu folgender Definition: »A value is a conception, explicit or implicit, distinctive of an individual or characteristic of a group, of the desirable which influences the selection form available modes, means, and ends of action.« (Kluckhohn 1962, 395) An der Unterscheidung zwischen ›means‹ und ›ends of action‹ orientiert sich Rokeach, wenn er zwei Arten von Werten – ›instrumental values‹ und ›terminal values‹ – differenziert.

Werten. Moralische Verhaltensmaßstäbe markieren ihm zufolge Werte, die vornehmlich Verhaltensweisen und weniger existentiell bedeutsame Endzustände fokussieren. Zudem besitzen diese eine interpersonelle Ausrichtung, insofern zu den »moral values« unter anderem ›höflich (wohlerzogen)‹ oder ›liebevoll (zärtlich, zugetan)‹ gezählt werden (vgl. ebd.). Die Kompetenzwerte dagegen referieren intrapersonell, wenn sich darüber ein Individuum in seinem Können selbstaktualisierend definiert: z. B. ›intellektuell (intelligent, nachdenklich)‹ oder ›logisch (übereinstimmend, rational)‹.

Dezidiert unterscheidet Rokeach Werte von sozialen Normen: Ihm zufolge rekurrieren letztere lediglich auf Verhaltensweisen, während Werte sich sowohl auf Verhaltensweisen als auch erstrebte Endzustände beziehen können. Normen geben vor, wie man sich in einer bestimmten Situation zu verhalten hat, Werte dagegen sind unabhängig von spezifischen Situationen. Werte sind im Gegensatz zu Normen viel persönlicher (vgl. ebd., 19).

Rokeachs theoretische Differenzierung in »terminal values« und »instrumental values« bildet die Basis für die Entfaltung einer eigenen Werteliste, welche er in verschiedensten Erhebungen empirisch überprüft hat:[135] Diese Liste mit 18 Items für Terminalwerte und 18 Items für instrumentelle Werte wurde dabei den Probanden in Interviews zur Anordnung nach persönlicher Wertpriorität vorgelegt. Seine Ergebnisse ermöglichen es Rokeach, eine Werthierarchie auszumachen. Mit seinen Forschungen konnte er den von ihm bedienten Werte-Begriff zwar praktisch zugänglich machen, zugleich aber nicht nachweisen, dass seine theoretische Fundierung den Werte-Begriffen der Probanden in umfassender Weise gerecht wird. Dafür wäre ein

---

[135] Der so genannte Rokeach Value Survey (RVS) umfasst insgesamt 18 Terminalwerte und 18 instrumentelle Werte. Folgende Terminalwerte listet der RVS: a world at peace, family security, freedom, equality, self-respect, happiness, wisdom, national security, salvation, true friendship, a sense of accomplishment, inner harmony, a comfortable life, mature love, a world of beauty, pleasure, social recognition, an exciting life. Die instrumentellen Werte des RVS sind: ambitious, broadminded, capable, cheerful, clean, courageous, forgiving, helpful, honest, imaginative, independent, intellectual, logical, loving, obedient, polite, responsible, self-controlled (vgl. Rockeach 1973).

Die vorgelegten 18 Items zu den so genannten »terminal values« extrahierte Rokeach aus einer sehr großen Werte-Liste, die im Rekurs auf Literatur über Werte und auf Lebensziele von Rokeach selbst sowie durch offene Befragungen von 30 Psychologiestudenten und von ca. 100 repräsentativ gewählten Personen aus Lansing (USA) zu ihren Lebensüberzeugungen erstellt wurde.

Die so genannten »instrumental values« dagegen konkretisierte er im Rückgriff auf eine Zusammenstellung von Norman H. Anderson, der 555 Wörter für menschliche Charakterzüge sammelte. Diese Liste wurde zunächst auf ca. 200 Begriffe reduziert, indem alle Negativ-Formulierungen gestrichen wurden, da das Interesse Rokeachs auf positiven Werten lag. Für die weitere Reduzierung auf 18 Items zu den instrumentellen Werten legte er unter anderem folgende Kriterien an: keine Synonyme; maximale Differenz; minimale Korrelationen; keine Diskriminierungen; bedeutungsvoll in allen Kulturen; keine »Eitelkeits-Werte« (vgl. ebd., 29f).

qualitatives, induktives Vorgehen besser geeignet, insofern dabei nicht vorliegende Werte einzuschätzen sind, sondern offen danach gefragt wird, was
Menschen als Wert ansehen. Letzteres hat Rokeach zwar bei der Generierung
der Itemliste für die Terminalwerte berücksichtigt, nicht aber bei den instrumentellen Werten.

3.2.1.2 Einordnungen und Perspektivierungen

Insgesamt ist zu konstatieren, dass Milton Rokeach durch seine aufwändige
und gründliche Fundierung des Werte-Begriffs eine Basis für die empirische
Werteforschung gelegt hat, die bis heute viele jüngere Erhebungen in ihrer
theoretischen Fundierung übertrifft. Seine Leistung auf dem Gebiet soziologischer Werteforschung liegt neben den empirisch erhobenen Ergebnissen
zweifelsohne in seiner intensiven Auseinandersetzung mit dem begrifflichen
Konstrukt »Werte«, wodurch er zu der nach wie vor bedenkenswerten Unterscheidung in Terminalwerte und instrumentelle Werte gelangte. Diese Differenzierung sensibilisiert für *Bereichsspezifitäten*, unter welchen Werte in der
Gesellschaft verhandelt werden: Nicht selten wird in entsprechenden Diskursen auf instrumentelle Werte abgehoben; gerade dann, wenn das Verhalten
von Alters- oder Personengruppen zum Anlass genommen wird, von einem
»Werteverfall« zu sprechen, wenn anscheinend »Höflichkeit« oder »Hilfsbereitschaft« weniger anzutreffen sind. Instrumentelle Werte unterscheiden sich
von Terminalwerten dadurch, dass sie als Verhaltensmaßstäbe zum Teil im
Rahmen von Erziehungsprozessen, die von außen auf die Subjekte wirken,
weitergegeben werden können. Die Lebensziele charakterisierenden Terminalwerte wiederum kommen dem näher, was in den philosophischen Verortungen unter dem Begriff »Werte« fokussiert wird: Sie stellen als bevorzugenswert identifizierbare Selbstvergewisserungsoptionen dar, die vom Subjekt
gewählt werden. Nicht zuletzt weil sie meist thematisch verortet werden können und dadurch weiter ausgreifen als lediglich bei einer Benennung von
Verhaltensmaßstäben stehen zu bleiben, leben sie vom Diskurs und individuellen Aneignungsprozessen. Daher benötigen insbesondere *Terminalwerte
Selbstaneignung ermöglichende Bildungsprozesse* und bieten somit mehr Anknüpfungspunkte für subjektorientiert angelegte schulische Lernarrangements als
die stärker von Erziehungsprozessen abhängigen instrumentellen Werte.

Für Rokeach hat das *Subjekt* einen hohen Stellenwert im Horizont des
Themas Werte – dies belegen unter anderem seine aufwändigen Forschungen, um seine Items zu generieren, bei denen er sich gerade bezüglich der
Terminalwerte auf umfangreiche Umfragen stützte. Dieser Aspekt verdeutlicht: Von den individuellen Strebungen eines Subjekts hängt ab, was zu einem Wert wird und damit eine richtungsweisende, selbstverteidigende, ver-
gewissernde und selbstaktualisierende Funktion zugewiesen bekommt (vgl.
ebd., 25). Der *Austausch* über Werte stellt dabei einen wichtigen, orientieren-

den Faktor dar. Gerade der Abgleich mit einem Gegenüber ist gemäß Rokeach von Bedeutung.

Rokeachs Klärungen sensibilisieren aber auch für die Relevanz einer *gesellschaftlichen Kontextualisierung*. Nicht zuletzt sein Hinweis auf die Wahl bzw. Bevorzugung bestimmter – und damit vorgegebener – Werte lässt diesen Schluss zu. Sie sind für Rokeach nicht nur individuell, sondern auch gesellschaftlich bestimmt und bieten insbesondere in Entscheidungssituationen handlungsleitende Optionen (vgl. ebd., 5). Werte repräsentieren also nicht nur persönliche Interessen, sondern auch gesellschaftlich zugängliche Referenzpunkte. Sie helfen dem Individuum, sich selbst zu konstruieren und das eigene Handeln selbstbezogen wie auch auf das Gegenüber hin zu strukturieren. Dabei ist das jeweilige Wertegerüst einer Person sehr beständig und in sich *nur bedingt wandelbar* – unter anderem kulturellen Umbrüchen, die neue Entscheidungsherausforderungen mit sich bringen, traut Rokeach entsprechenden Einfluss zu (vgl. ebd., 37).

In (religions-)pädagogischer Hinsicht machen Rokeachs soziologische Konturierungen darauf aufmerksam, die *Reichweite* von wertebildenden Lernprozessen nicht von vorneherein intentional zu überstrapazieren und die Subjekte mit ihren *aktuellen Wertekonstrukten* aber auch *gesellschaftlichen Prägungen ernst zu nehmen*. Ausgehend davon zeigt sich, dass es zentral ist, den Individuen entsprechende *wertegenerierende Optionen und Handlungsalternativen anzubieten*; gerade für Heranwachsende, die hinsichtlich ihrer Entwicklung auf der Suche nach Orientierungsmöglichkeiten sind. Überdies sensibilisiert der Rokeach'sche Werte-Begriff dafür, dass die Diagnose eines so genannten »Werteverfalls« mit Vorsicht zu betrachten ist, da sie die Subjekte nicht genügend würdigt und von einem starr definierten Wertekonstrukt aus bewertet, welches meist auf instrumentelle Werte fixiert ist.

3.2.2 Materialistische, postmaterialistische, postmoderne Werte. Ronald Ingleharts Werte-Verständnis

3.2.2.1 Grundlegende Klärungen

Der Politologe Ronald Inglehart zählt zu den herausragenden und international anerkannten Wertewandelforschern. Er ist maßgeblicher Mitinitiator der »World Values Surveys«, die seit 1981 weltweit in verschiedenen Erhebungswellen[136] durchgeführt werden.

Ingleharts Forschungen sind von der Setzung bestimmter Werteprioritäten geprägt, wenn er ab den 1970er Jahren überprüft, ob Probanden eher – den von ihm so differenzierten – materialistischen oder postmaterialistischen Wertedominanzen nahe stehen. Materialistisch orientierte Wertetypen legen –

---

[136] In den Jahren 2017 bis 2018 läuft die siebte Erhebungswelle in über 80 Ländern.

so Inglehart – ihren Hauptfokus auf physisches Überleben und physische Sicherheit. Bei postmaterialistischen Werteprioritäten dagegen treten »Gruppenzugehörigkeit, Selbstverwirklichung und Lebensqualität in den Vordergrund« (vgl. Inglehart 1989, 90). Eigenständige Reflexionen darüber, was ein Wert genau ist, finden sich bei Inglehart kaum. Dieses Defizit wurde ihm auch immer wieder vorgeworfen: Er habe »keine hinreichend scharfe begriffsdefinitorische Trennung zwischen Wert und Einstellung bemüht« (Hillmann 2001, 22). Helmut Klages wiederum kritisiert, dass Inglehart mit »plakativen Begriffsformeln« (Klages 1984, 9) arbeite. Häufig substituiert Inglehart den Begriff Wert zudem mit den Termini »Bedürfnis« oder auch »Ziel« (vgl. unter anderem Inglehart 1984, 280). Eine Abgrenzung zum Begriff »Normen« nimmt er nicht explizit vor. Doch zeigt sich an manchen seiner Darlegungen, dass Inglehart den Normen eine einschränkende Dimension zurechnet, die im Sinne von zu befolgenden Regeln auf das Subjekt zukommt (vgl. Inglehart 1998, 51 oder 63f).[137] Werten unterstellt er dies nicht.

Trotz dieser terminologischen Unschärfen erscheint es bedeutsam, sich Ronald Ingleharts Werte-Verständnis anzunähern, da dieses gerade über die World Values Surveys bis heute die Werteforschung prägt. Um es genauer fassen zu können, müssen die von ihm gesetzten Schlüsselhypothesen berücksichtigt werden: Der so genannten »Mangelhypothese« zufolge zeigt sich in den »Prioritäten eines Individuums […] sein sozio-ökonomisches Umfeld: Den größten subjektiven Wert mißt man Dingen zu, die relativ knapp sind«. (Inglehart 1989, 92) Gemäß der »Sozialisationshypothese« »ergeben sich [Wertprioritäten] nicht unmittelbar aus dem sozio-ökonomischen Umfeld. Vielmehr kommt es zu einer erheblichen Zeitverschiebung, denn die grundlegenden Wertvorstellungen eines Menschen spiegeln weithin die Bedingungen wider, die in seiner Jugendzeit vorherrschend waren«. (Ebd.) Werte – zumindest diejenigen, die er empirisch überprüft – sind für Inglehart auch *in Abhängigkeit von materieller Konnotation zu denken*. Sie zeigen auf, an welchen Bedürfnissen ein Individuum seine Lebensgestaltung ausrichtet, um ein möglichst gutes und zufriedenes Leben führen zu können. Abhängig von materiellem Wohlstand erweist sich das, was für ein Subjekt erstrebenswert erscheint:[138] Je

---

[137] Inglehart weist bei der Auswertung der bei den World-Values-Surveys erhobenen Daten darauf hin, dass Normen in postmodernen Kontexten zunehmend an Zustimmung verlieren (vgl. Inglehart 1998, 380–398). Darunter versteht er unter anderem Respekt vor (institutioneller) Autorität, sexuelle Konventionen oder auch religiöse Vorschriften wie z. B. regelmäßigen Gottesdienstbesuch.

[138] Eine wichtige Referenzgröße für Ingleharts Wertetheorie stellt die Maslow'sche Bedürfnishierarchie dar. Menschen richten sich in aufsteigender Folge an folgenden Aspekten aus: a) physiologische Bedürfnisse, z. B. Schlaf oder Nahrung; b) Sicherheitsbedürfnisse, z. B. Recht und Ordnung oder festes Einkommen; c) soziale Bedürfnisse, z. B. Zugehörigkeit und Liebe; d) Wertschätzungsbedürfnisse, z. B. Anerkennung, Prestige, Kompetenz; e) Be-

weniger materiell defizitär sich ein Individuum erfährt, desto mehr – so Ingleharts implizite Forschungsthese, die er empirisch erweisen kann – fokussiert es »soziale Bedürfnisse und Selbstverwirklichung« (Inglehart 1984, 286). Letzterer Werte-Gruppe ordnet Inglehart beispielsweise folgende Items zu: »mehr Mitspracherecht am Arbeitsplatz«, »Ideen zählen« oder »eine weniger unpersönliche Gesellschaft«. Materielle Wertepräferenzen testet er unter anderem über die Items »Aufrechterhaltung der Ordnung«, »stabile Wirtschaft« oder »Verbrechensbekämpfung«. Insgesamt lässt sich folgern, dass Inglehart – in der Begrifflichkeit von Rokeach formuliert – vor allem Terminalwerte, also Lebensziele als Werte definiert.[139] Verhaltensmaßstäbe nimmt er bei seinen Werteforschungen nicht in den Blick. Somit fokussiert er mit seinem empirisch erforschten Wertekosmos vornehmlich Werte, die dem Individuum selbst einen sozio-ökonomischen Zugewinn verheißen. Nicht zuletzt seine These, dass die jüngere Generation in westlichen Nachweltkriegs-Gesellschaften eher zu postmaterialistischen Werten neige als die ältere Generation, unterstreicht diese Annahme (vgl. Inglehart 1984, 280). Die intersubjektive Komponente, also inwiefern Werte das Verhalten anderer gegenüber motivieren bzw. prägen, bleibt dabei unterbelichtet, was auch die im Rahmen der Surveys zur Auswahl gestellten Items belegen.[140]

Ab den späten 1990er Jahren erweiterte Inglehart seine bisherige Differenzierung zwischen materialistischen und postmaterialistischen Werteprioritäten um so genannte postmoderne Werte. Bei letzteren werden »anstelle von Hierarchie und Konformität, die zentral für die Moderne waren, Autonomie und Vielfalt des Menschen hervorgehoben« (Inglehart 1998, 44). In postmodernen Gesellschaften werde »Wertschätzung ökonomischer Leistung als oberstes Ziel von einer zunehmenden Betonung der Lebensqualität abgelöst« (ebd., 46). Die Priorität wird auf Selbstverwirklichung und »Maximierung des individuellen Wohlbefindens« (ebd., 113) gelegt. Das empirische Fundament zum Komplex »postmoderne Werte« stammt aus den World Values Surveys, welche die ursprünglich zwölf Inglehart-Ranking-Items sowohl empirisch-

---

dürfnis nach Selbstverwirklichung. Ist eine Bedürfnisstufe gestillt, gelangt die nachfolgende in den Radius des Erstrebenswerten (vgl. Maslow 1984).

[139] Dies spiegelt nicht zuletzt die Erweiterung seines eigenen Fragebogens durch Rokeach-Items wider, die alle aus dem Bereich der Terminalwerte übernommen wurden (vgl. Inglehart 1984, 290).

[140] Wenn, dann erheben die World Values Surveys unter anderem Einschätzungen zu »Toleranz und Respekt gegenüber anderen«, »etwas zum Wohle der Gesellschaft beitragen« (vgl. Fragebogen zur sechsten Erhebungswelle des World Values Survey 2010–2012, 2, 6). Insbesondere aber werden im Rahmen der jüngsten Erhebungswellen vor allem Einstellungen zu Demokratie, Umgang mit Alterität, Religiosität, Job-Zufriedenheit und Sicherheitsbedürfnis erhoben. Inglehart wertet Ende der 1990er Jahre z. B. Einstellungen zu folgenden intersubjektiv ausgerichteten Items aus: »Eltern respektieren« oder »Verhalten zu Randgruppen« (vgl. Inglehart 1998, 130f).

methodisch als auch inhaltlich erweitern und z. B. nach Toleranz, Bedeutung von Freunden, Gottesglauben, Familienkonstruktionen und anderem fragen.[141] Damit gelangen auch so genannte »letzte Werte« und deren Entstehungskontexte in sein Blickfeld, wenn Inglehart feststellt, dass sich postmoderne Menschen »weniger an organisierte Religionen« binden und gleichzeitig »immer mehr Zeit damit verbringen, über den Sinn des Lebens nachzudenken«. (Ebd., 70)

3.2.2.2 Einordnungen und Perspektivierungen

Ronald Ingleharts Arbeiten prägen bis heute die Wertforschung, insbesondere seine Typologie, um Individuen in materialistische, postmaterialistische bzw. postmoderne Werttypen einzuordnen. Seine diesbezüglichen Darlegungen, die aufzeigen, dass das Wertegerüst eines Menschen in Abhängigkeit vom ökonomisch-materiellen Status zu denken ist, erscheinen logisch und nachvollziehbar. Gleichwohl ist zu bedenken, dass Inglehart durch die Anlage seiner Fragebögen genau diese Typ-Differenzierungen vorjustiert: Die Probanden wählen unter anderem aus Items, welche die Dichotomie »materialistisch – postmaterialistisch« bereits in sich laden. Seine Items bedienen dabei einen sehr weiten Begriff von »values«, der zwischen Bedürfnissen und Lebenszielen changiert.

Diese Erkenntnis macht darauf aufmerksam, dass es wichtig zu klären ist, was genau unter Werten verstanden wird – gerade in (religions-)pädagogischer Hinsicht. Eventuell stehen hinter Bedürfnissen und Lebenszielen ethisch-sittliche Werte, die im Sinne einer Wertebildung in Lernprozessen thematisiert werden können. Der Austausch über Bedürfnisse beispielsweise erscheint gleichwohl etwas weniger bildungsbedeutsam als die *Reflexion* der damit verknüpften Werte und der daraus resultierenden *Begründungsstrategien*. Ingleharts These, dass die Wahl bestimmter Werte vom ökonomischen Status der Träger-Subjekte abhängig ist, birgt einen weiteren (religions-)pädagogisch beachtenswerten Hinweis: In Kombination mit der *Mangelhypothese* sensibilisiert sie dafür, dass auf Verwirklichung und auf das Gegenüber hin ausgerichtete Werte dann mehr Relevanz beanspruchen können, wenn die Subjekte sich als wirtschaftlich unabhängig bzw. abgesichert erfahren (vgl. die z. T. korrespondierenden Befunde unter 2.2.1). Dies sollte bei der Initiierung wer-

---

[141] Die World Values Surveys erheben ihre Daten im Rahmen von Interviews auf über 100 Fragen zu verschiedenen Lebensaspekten, die z. T. über Rating, aber auch über (offene) Einschätzungsfragen oder semantische Differenziale getestet werden. Vgl. unter anderem www.worldvaluessurvey.org [Abruf: 08.04.2017].

tebildender Lernarrangements bedacht werden, unter anderem indem diese Problematik offen thematisiert wird.[142]

Mit seiner *Sozialisationshypothese* lenkt Inglehart das Augenmerk auf die Bedeutung der Phase des Heranwachsens für die Wertegenerierung eines Subjektes. Dessen Umfeld trägt zur Etablierung der präferierten Werte bei, die sich sodann im Erwachsenenalter als relativ stabil erweisen (vgl. auch 2.2.3). Wenngleich diese Hypothese von Inglehart selbst nicht direkt empirisch nachgewiesen wird, so macht sie dennoch auf die große Bedeutung von *wertebildenden Optionen für Heranwachsende* und die damit verbundene (religions-)pädagogische Verantwortung aufmerksam – gerade auch im schulischen Zusammenhang.

Die von Inglehart mitentwickelten Item-Batterien thematisieren unter anderem so genannte »letzte Werte«, die einzuholen versuchen, an welchen *werthaltigen Sinnkontexten* die Probandinnen und Probanden ihr Leben ausrichten. Hier tut sich ein Verweis hinsichtlich der Wertekonstitutivität *religiöser Verortungen* auf.[143]

3.2.3 Synthese zwischen Pflicht- und Selbstentfaltungswerten. Helmut Klages' Werte-Verständnis

3.2.3.1 Grundlegende Klärungen

Werteforschung in Deutschland ist seit den 1970er Jahren stark mit Helmut Klages und seinem Team »Speyerer Werteforschung« verknüpft – sowohl was theoretische Vergewisserungen als auch empirische Erhebungen betrifft. Nicht zuletzt seinem Forschen ist es zu verdanken, dass gegenwärtig der Wertewandel nicht als Werteverlust stigmatisiert wird. Klages setzte sich intensiv mit dem Werte-Begriff auseinander und versteht unter Werten »– ganz allgemein gesehen – innere Führungsgrößen des menschlichen Tuns und Lassens, die überall dort wirksam werden, wo nicht biologische ›Triebe‹, Zwänge, oder ›rationale‹ Nutzenerwägungen den Ausschlag geben. Immer dann, wenn Menschen etwas wünschen oder ›wichtig‹ finden, wenn sie Lebensleitbilder verfolgen oder als Personen Stellung nehmen und Urteile aussprechen, sind ›Werte‹ maßgeblich im Spiel.« (Klages 1984, 9f) Sie sind »sozialkulturell« bedingt und werden »aufgrund von Vermittlungsprozessen oder aufgrund von

---

[142] Den Interdependenzen einer ökonomischen Verhaftetheit von Werthaltungen wird m. E. nach auch in den World Values Surveys nachgespürt, insofern die Umfragen Einschätzungen zum Umgang mit Alterität und Demokratie erheben.

[143] Ronald Inglehart kann unter anderem eine Zuordnung zu Überlebenswerten vs. Selbstausdruckswerten und traditionellen Werten vs. säkular-rationalen Werten in Abhängigkeit von religiöser Orientierung vornehmen. Vgl. Inglehart 2007, 12–16 und Inglehart/Welzel 2005, 63. Für religionspädagogische Kontexte hat dies z. B. Henrik Simojoki aufbereitet: vgl. Simojoki 2012, 134–140.

Erfahrungen gelernt«. Familie, Schule, Freundeskreis und Massenmedien spielen bei ihrer Entstehung eine prägende Rolle (ebd., 13f). Gleichwohl macht Klages in dieser Hinsicht auf einen Unterschied zwischen Werten und Normen aufmerksam, indem er in letztgenannten von außen an das Individuum herangetragene Vorschriften sieht, »wobei es sich in einem Grenzfall um Gesetze und im anderen Grenzfall um nicht formalisierte ›soziale‹ Normen handeln kann, die sich in ›Erwartungen‹ niederschlagen« (ebd., 140). Werte legen – im Gegensatz zu Normen – keine Handlungsanweisungen vor, sondern lassen »in der Regel eine Mehrzahl alternativer Verhaltensweisen offen« (Klages 2002, 65).

Werte – so Klages – erweisen sich somit in Abhängigkeit von den Subjekten, weil sie das sind, »was ›in den Menschen‹ als Wertungs-, Bevorzugungs- und Motivationspotential vorhanden ist« (Klages 1984, 12). Werte sind »evaluative‹ Orientierungen […], die sich in den einzelnen Menschen als Bestandteile ihrer Psyche finden« (ebd., 140). Klages spricht gar von »der ›Subjektivierung‹ von Werten«, insofern diese aus dem Menschen »selbst entspringende Wertungen und Strebungen« darstellen. (Ebd., 141) Er verweist jedoch darauf, dass Werte ihren Träger-Subjekten nicht immer reflexiv bewusst sind, da sie oft in soziale Normen oder kulturelle Gewohnheiten eingebettet seien (vgl. ebd., 10). Werte brauchen Anlässe und Situationen, um sie zu aktualisieren. In dieser Hinsicht steuern sie menschliches Verhalten und bieten Handlungsorientierungen. Gleichwohl bedeutet die Kenntnis der Werte einer Person nicht, dass man vorhersagen kann, wie sie sich in bestimmten Situationen verhalten wird.

Letztlich unterscheidet Klages zwei Gruppen von Werten: »Selbstzwang- und -kontrollwerte (oder, konzilianter ausgedrückt, Pflicht- und Akzeptanzwerte) und Selbstentfaltungswerte« (ebd., 17). Zu ersterer Gruppe zählt er z. B. Disziplin, Ordnung, Fleiß, Selbstbeherrschung oder auch Leistung. Selbstentfaltungswerte sind für Klages unter anderem Emanzipation von Autoritäten, Partizipation, Genuss, Abwechslung, Kreativität oder auch Ungebundenheit (vgl. ebd., 18). In diesem Zusammenhang stellt Klages auch heraus, dass sich manche Selbstentfaltungswerte zum einen vornehmlich auf die Gesellschaft beziehen, zum anderen eher das individuelle Selbst zum Gegenstand haben. Mit seinen Forschungen kann er nachweisen, dass sich Pflicht- bzw. Akzeptanzwerte – in jüngeren Veröffentlichungen bezeichnet er diese als »Unterordnungs- und Fügsamkeitswerte« (Klages 2002, 29) – und Selbstentfaltungswerte nicht unvereinbar gegenüberstehen: »Im Zustand der Wertsynthese treten […] die beiden Werte-Gruppen […] als einander sinnvoll ergänzende Steuerungs- und Orientierungskräfte des menschlichen Handelns« (Klages 1984, 165) in Erscheinung.[144] Aufgrund der Forschungsergebnisse von Klages, die die These des Wertewandels als Wertesynthese charakterisieren, zeigt sich, dass Werte intrasubjektiven Wandlungsprozessen unterliegen können. Auch sind diese sozialkulturell bedingt und können »unter bestimmten Bedingungen [...] geradezu ›vergessen‹« (ebd., 12) werden. Gleichwohl meint dies nicht, dass ein Individuum ständig neue Werte generiert, sondern aufgrund der Konfrontation mit bisher nicht bedachten Bedingungen sein Wertegerüst je neu, aber mit der Perspektive auf Längerfristigkeit aktualisiert. Klages bezeichnet die Werte, die sich wandeln können, als »aktualisierte« und relativ instabile. Zugleich grenzt er diese von »grundlegenden«, verhältnismäßig stabilen Werten ab. (Klages 1992, 31)

Helmut Klages' theoretische Vergewisserungen stellen ein wichtiges Fundament der vor allem im deutschsprachigen Raum sehr intensiv betriebenen Werteforschung dar. Meist legen er und sein Forscherteam den Probanden im Rahmen des so genannten »Speyerer Werte- und Engagementsurvey« 23 Werte-Items vor,[145] die im Ratingverfahren schriftlich auf einer siebenstufigen Skala eingeschätzt werden müssen (1= unwichtig; 7= sehr wichtig). Die Auswertung der Einschätzungsergebnisse bestätigt – mit kleineren Korrekturen – vier, ab den späten 1990er Jahren fünf Werttypen, die für jeweils typische Kombinationen von Werten stehen. Klages postuliert folgende Werttypen: Konventionalisten, die Gehorsamswerte präferieren, einer Modernisierung abwehrend gegenüberstehen und möglichst eindeutig bewertbare Situationen bevorzugen; perspektivlose Resignierte, die sowohl traditionellen als auch modernen Werten – meist wohl aufgrund von Misserfolgserlebnissen – skeptisch gegenüberstehen und Nischen suchen, welche ihnen ermöglichen, verändernden Herausforderungen zu entgehen; hedonistische Materialisten, die vor allem ihre persönliche Selbstentfaltung im Blick haben und sich flexibel den jeweiligen Kontexten anpassen können; nonkonforme Idealisten, die zwar auf der Bewusstseinsebene die Modernisierung repräsentieren, aber den alltäglichen Anforderungen einer sich modernisierenden Gesellschaft hilflos gegenüberstehen, indem sie sich an hochgesteckten Idealen individual-

---

[144] In später erscheinenden Publikationen differenziert Klages zudem zwischen Präferenzwerten und regulativen Werten: Erstere bezeichnen »Einzelwerte, die sich unmittelbar auf bewertbare Lebensgüter beziehen« (Klages 1992, 33), letztere steuern die Präferenzwerte wiederum durch Festlegung von Anspruchsniveaus. Die so genannten regulativen Werte also beeinflussen die Entscheidungen – auch die Wertentscheidungen – eines Individuums in bedeutsamer und fundierender Weise.

[145] Folgende Werte fokussieren die Items: Partnerschaft; gutes Familienleben; Freundschaft; Gesetz/Ordnung; Umweltbewusstsein; Gesundheitsbewusstsein; Unabhängigkeit; Kontaktfreude; Sicherheit; Fleiß/Ehrgeiz; Kreativität; Gottesglauben; Gefühle; sozial helfen; Toleranz; voller Lebensgenuss; hoher Lebensstandard; sich durchsetzen; Geschichtsstolz; Althergebrachtes; sich politisch engagieren; Macht/Einfluss; tun, was andere tun (vgl. Klages 1998).

menschlicher Emanzipation orientieren; aktive Realisten, die auf verschiedenste Herausforderungen pragmatisch reagieren und bei hoher Erfolgsorientierung keine Schwierigkeiten haben, sich in der sich wandelnden Gesellschaft zu bewegen (vgl. Klages 2002, 41–44). Die Werte-Itembatterie von Klages kommt seit 2002 auch in den Shell-Jugendstudien – lediglich mit sehr geringen Abweichungen – zum Einsatz (vgl. 2.2.1.1).

Klages folgert aus den Ergebnissen seiner Studien, dass zunehmend von einer »Wertsynthese« gesprochen werden müsse, »welche die ›alten‹ und die ›neuen‹ Werte zu einer mentalen Disposition komplexerer Art vereinigt« (ebd., 45). Der von ihm seit Ende der 1990er Jahre herauskristallisierte, immer mehr Zugehörige auf sich vereinende Werttypus der »aktiven Realisten«, die in der 17. Shell-Jugendstudie als »aufstrebende Macher« bezeichnet werden, leistet genau dies: Personen, die zu dieser Gruppe zählbar sind, schätzen moderne und traditionelle Werte gleichermaßen. Damit erweist dieser Personenkreis ein Spannungen integrierendes Persönlichkeitsprofil, das die gegenwärtige Gesellschaft ihren Mitgliedern immer mehr abverlangt.

3.2.3.2 Einordnungen und Perspektivierungen

Helmut Klages differenziert den Terminus »Werte« ähnlich wie Milton Rokeach: Er unterscheidet – mit mehrmals abgewandelten Begrifflichkeiten – Pflicht-/Akzeptanzwerte und Selbstentfaltungswerte. Erstere stehen den instrumentellen Werten nahe, die Selbstentfaltungswerte den Terminalwerten im Sinne von Rokeach. Beide Gruppen schließen sich nicht aus, sondern bilden die Grundlage je individueller Wertesynthesen. Bedeutsames leistete Klages mit seiner Werteforschungsgruppe, indem er mit seinen Wertetypen für die *plurale Realisierung von Werten* sensibilisiert hat. Dies ist bei der Initiierung wertebildender Lernarrangements zu berücksichtigen und ernst zu nehmen.

Klages' intensive Reflexionen zum Wertekonstrukt bieten weitere (religions-)pädagogisch bedenkenswerte Aspekte – unter anderem sein Befund, dass Werte *soziokulturell* geprägt sind und aus *Vermittlungsprozessen und Erfahrungen* resultieren. Bedenkenswert ist dabei, dass *nicht nur die Schule*, sondern auch die Familie und die Peergroup und andere gesellschaftliche Gruppierungen die Ausbildung des individuellen Wertegerüstes beeinflussen (vgl. auch 2.2.3). In dieser Hinsicht zeigt sich eine Einschränkung (religions-)pädagogischer Bemühungen im Kontext Schule: Wertebildung findet nicht nur in diesem Zusammenhang statt. D. h., die Subjekte rezipieren schulische Wertebildungsprozesse nicht unabhängig von anderen werteprägenden Kontexten. Der Befund Klages', dass Werte stark *subjektiviert* sind, bestätigt dies einmal mehr.

Mit dem Hinweis, dass dem Subjekt nicht immer reflexiv klar ist, welche Werte für es bedeutsam sind, führt Klages ein Argument für die *kognitive Auseinandersetzung* mit dem Thema Werte ins Feld. Diese Aufgabe markiert eine (religions-)pädagogische Anforderung. Dabei kann es unter anderem darum gehen, mit den Lernenden über ihre internalisierten Werte nachzudenken,[146] neue, zusätzliche Werte zu offerieren und zugleich Aufmerksamkeit für die Relevanz der Werthaltungen hinsichtlich der persönlichen Lebensgestaltung und Sinngenerierung zu wecken. Diese kognitiv-reflexive Thematisierung von Werten macht unter anderem deshalb Sinn, weil mit ihnen eine Mehrzahl von *Handlungsalternativen* verknüpft ist; im Gegensatz zu Normen, die Handlungsanweisungen darstellen.

Zum anderen rekurriert Klages auf die *Bedeutung der Erfahrung* und damit des *praktischen Aspekts*. Sein Hinweis, dass die Sympathie für bestimmte Werte noch keine Aussagen über tatsächliches Verhalten in bestimmten Situationen zulässt, sensibilisiert dafür, dass kognitiv reflektierte Werte nicht zwangsläufig realisiert werden. Ihre Realisierung ist nicht unabhängig von äußeren Einflüssen. Werte benötigen *Anlässe, Situationen*, in denen sie gelebt werden können. Ohne diese bleiben sie irrelevant und werden gar vergessen. (Religions-)Pädagogisch gewendet bedeutet dies, dass wertebildende Lernarrangements bemüht sein sollten, den praktischen Aspekt einzuholen. Das heißt aber nicht, dass sich (religions-)pädagogische Bemühungen vorschnell einem Praxisdruck beugen sollten, der in jüngster Zeit durch verschiedenste Initiativen gerade auf den Schulen lastet. Denn: Selbst ein scheinbar als gut zu bewertendes reflexives Wertegerüst einer Person garantiert noch nicht, dass die beanspruchten Werte auch in ihren Lebensalltag Eingang finden. Intentional ausgerichtete Wertebildung ist also mit einer *Beschränkung in ihrer Reichweite* hinsichtlich des praktischen Aspekts konfrontiert und sollte dies berücksichtigen.

3.2.4 Kulturenübergreifende Wertüberzeugungen. Shalom Schwartz' Werte-Verständnis

3.2.4.1 Grundlegende Klärungen

Die Wertetheorie, welche gegenwärtig die meisten zu bedenkenden Einflussfaktoren berücksichtigt und empirisch sehr gut abgesichert ist, wurde von Shalom Schwartz entwickelt, der lange Zeit an der Hebrew University in Jerusalem lehrte. Er formuliert seinen Werte-Begriff im Rekurs auf Clyde Kluckhohn und Milton Rokeach folgendermaßen: Werte sind »desirable transsituational goals, varying in importance, that serve as guiding principles in the life of a person or other social entity« (Schwartz 1994, 21), also wünschenswerte, situationsübergreifende, bezüglich ihrer Wichtigkeit variierende Zielsetzungen, die als leitende Prinzipien im Leben der Menschen fungieren. Das Subjekt erwirbt Werte zum einen durch Hineinsozialisation in bestimmte Wert-

---

[146] Vgl. diesbezüglich die Strategie der so genannten »Werterhellung« im Rahmen ethischer Bildungsprozesse unter: 4.2.3.2.

kontexte, zum anderen durch individuelle Erfahrungen, aus denen es lernt. Schwartz ist klar, dass ein Subjekt individuelle Werte hat, die jedoch in einem kulturellen-gesellschaftlichen Kontext situiert sind: So kann es sein, dass persönliche Werteprioritäten und eher normative gesellschaftliche Erwartungen auseinanderfallen (vgl. Schwartz 1992, 50). Werte steuern das Handeln des Subjekts, indem sie dazu auffordern so zu agieren, dass wünschenswerte Zielsetzungen erreicht werden können. Zugleich fundieren sie das individuelle Selbstkonzept: Ausgehend von möglichen Konsequenzen für die bevorzugten Werte entscheidet das Subjekt, was es beispielsweise als gut oder schlecht, erstrebens- oder vermeidenswert erachtet. Jedes Träger-Subjekt orientiert sich dabei an einer relativ stabilen Wertehierarchie, die typisch für es ist. Zueinander stehen die jeweiligen Werte eines Individuums in einem Abhängigkeitsverhältnis, da beispielsweise eine Verhaltensweise Auswirkungen auf mehrere Wertvorstellungen hat (vgl. Schwartz 2008, 3f). Die enge Bindung des Subjekts an seine Werte zeigt sich für Schwartz auch in deren Verknüpfung mit Gefühlszuständen: Wenn Werte aktiviert bzw. umgesetzt werden, gehen bestimmte Gefühle damit einher. Unter anderem reagieren Personen, die Unabhängigkeit sehr hoch einschätzen, sehr aufgebracht, wenn letztere bedroht ist.[147] Viele Werte können – so Schwartz – zwar nur in Kooperation mehrerer Menschen realisiert werden, gleichwohl könne aus individuellen Wertprioritäten nicht auf die normativen Ideale einer Gesellschaft oder Kultur geschlossen werden (vgl. Schwartz 1992, 50f).

Nicht zuletzt in der Art der jeweiligen Zielsetzung unterscheiden sich Werte. Sie wahren – gemäß Schwartz – die Interessen von Individuen sowie von sozialen Gruppen, sind handlungsleitend und stellen Orientierungsgrößen für Entscheidungen dar.[148] Werte repräsentieren letztlich drei übergreifende Anforderungen menschlicher Existenz: biologische Bedürfnisse, Bedürfnisse nach stimmiger sozialer Interaktion sowie Überlebens- und Wohlergehenserfordernisse einer Gemeinschaft (vgl. Schwartz 1992, 4).

Schwartz kann mit seinen Studien für nahezu alle von ihm überprüften Kulturkreise – 2008 konnte er auf Daten aus 81 über alle Kontinente hinweg verteilte Länder zurückgreifen – zehn umfassende Werte nachweisen, die

---

[147] Folgende Schritte der Aktivierung von Werten lassen sich mit Schwartz unterscheiden: (1) Wahrnehmung eines Bedürfnisses – sowohl eines eigenen als auch des von anderen Menschen; (2) Wahrnehmung umsetzbarer Handlungen; (3) Erspüren einer Zuständigkeit (vgl. Schwartz 2008, 12–14).

[148] Schwartz formuliert dies folgendermaßen: »(1) they serve the interests of some social entity, (2) they can motivate action – giving it direction and emotional intensity, (3) they function as standards for judging and justifying action, and (4) they are acquired both through socialization to dominant group values and through the unique learning experiences of individuals.« (Schwartz 1994, 21) Auch verweist er darauf, dass Werte nicht nur kognitive Konzepte darstellen, sondern auch das Vokabular ausmachen, mit welchem die mit Werten verknüpften Zielsetzungen verdeutlicht werden (vgl. Schwartz 2008, 4).

jeweils eine bestimmte Wertegruppe ausmachen. Ausgehend davon setzt er die These, dass es universalisierbare Wertüberzeugungen gibt, die kultur- und epochenübergreifend gelten.[149] Schwartz bezeichnet seine Wertegruppen mit Begriffen, die »von wenigen Ausnahmen abgesehen, in allen Kulturkreisen auf gleiche Weise verstanden« (Krobath 2009, 362) werden.[150] Diese zehn umfassenden Werte charakterisieren eine bestimmte Zielsetzung und Motivation, welche den zentralen Bestandteil des jeweiligen Wertes ausmacht.

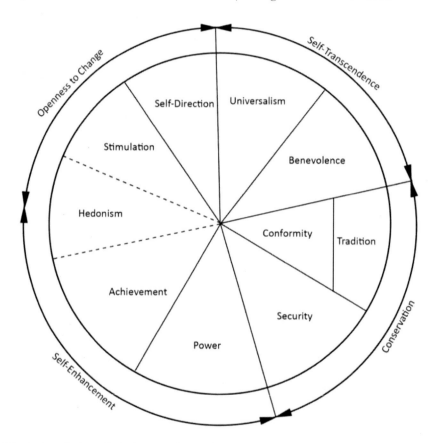

Abb. 4: Wertekreis nach Shalom H. Schwartz (Schwartz 1994, 24)

---

[149] »These values are likely to be universal because they are grounded in universal requirements of human existence: needs of individuals as biological organisms, requisites of coordinated social interaction, and survival and welfare needs of groups.« (Schwartz 2008, 4)

[150] power = Macht; achievement = Erfolg; hedonism = Hedonismus (Genusssucht); stimulation = Ansporn; self-direction = Selbstbestimmung; universalism = Universalismus; benevolence = Nächstenliebe/Güte; tradition = Traditionsliebe; conformity = Anpassung; security = Sicherheit.

Schwartz systematisiert in seiner »Theory of Integrated Value Systems«, in welchen Zusammenhängen die jeweiligen umfassenden Werte stehen. Dabei ordnet er – auf der Grundlage seiner Forschungsergebnisse – die jeweiligen Werte kreisförmig an: Je näher Werte auf der Kreisstruktur beieinander liegen, desto übereinstimmender ist ihre Zielausrichtung. Gegenüberliegende Werte sind diesbezüglich am gegensätzlichsten. Zudem zeigt die Zugehörigkeit zu den Dimensionen, die die jeweiligen Kreissegmente übergreifen, welchen grundlegenden Einstellungen bestimmte Werte zugeordnet werden können, die – wiederum den gegenüberliegenden Grundeinstellungen entgegengesetzte – bestimmte Prämissen verfolgen: Offenheit für Neuerungen gegenüber einer Bewahrung von Bestehendem, Verbesserung der eigenen Situation gegenüber einem Wohlergehen aller. Lediglich Hedonismus kann nicht eindeutig einem Kreissegment zugeordnet werden. Z. B. lässt sich an der Kreisanordnung zeigen, dass Werte, die zum Kontext »Erfolg« gehören, im Konflikt mit Werten stehen, die zum Kontext »Nächstenliebe/Güte« gezählt werden können (vgl. Schwartz 1994, 23). »Erfolgs«-Werte und »Macht«-Werte als relativ kompatible Wertekontexte wiederum führen kaum zu Konfliktsituationen. Dieses Wertekonzept von Schwartz meint jedoch keineswegs, dass Menschen nicht auf verschiedene Werte zurückgreifen können, die – der Schwartz'schen Theorie zufolge – miteinander konfligieren. Sie machen es, jedoch in verschiedenen Handlungen, zu verschiedenen Zeiten und Situationen (vgl. Schwartz 2008, 7).[151]

3.2.4.2 Einordnungen und Perspektivierungen

Beachtenswert ist Schwartz' Leistung, aus den Ergebnissen seiner empirischen Forschung ein *kulturenübergreifendes* Wertemodell zu entfalten, das durch seine Gegensatzstruktur, aber auch durch nachvollziehbare Wertetypen und aufgrund der einsichtigen Einfachheit überzeugt. Wie die Typologie von Klages auch, sensibilisiert das Schwartz'sche Modell dafür, dass Individuen *heterogene Wertkonstruktionen* vornehmen. Die zehn herausgearbeiteten Wertesegmente geben Anhaltspunkte für die Bandbreite.

In (religions-)pädagogischer Hinsicht machen die theoretischen Klärungen von Shalom Schwartz darauf aufmerksam, dass Werte in Abhängigkeit von Gefühlszuständen stehen: Wird ein Individuum in seinen Werthaltungen tangiert, ist zu erwarten, dass es emotional gefärbte Reaktionen zeigt. Dies erscheint hinsichtlich wertebildender Lernarrangements beachtenswert, inso-

---

[151] Margit Stein erläutert diesbezüglich: »In Situationen, in welchen einander gegenüberliegende Werte angesprochen werden, kommt es in einer Person zum Wertekonflikt. Besteht eine starke Präferenz hin zu einem der beiden Werte, dann wird die Situation meist unter Vernachlässigung des als weniger bedeutsam angesehenen Wertes entschieden. […] Zur Entscheidungsfindung tragen auch die sozial-gesellschaftliche Perspektive und der situationale Rahmen bei.« (Stein 2008, 35)

fern der *affektive Aspekt* nicht zugunsten einer Engführung auf kognitive Reflexionsprozesse außen vor gelassen werden sollte. Zudem muss damit gerechnet werden, dass bei gegensätzlichen Positionierungen innerhalb der Lerngruppe emotional geführte Diskurse bezüglich spezifischer Werte anstehen können. Hierbei kann sich hohes bildendes Potential ergeben.

Als bedeutsam stellt Shalom Schwartz auch den Aspekt der Interaktion heraus. Demgemäß sollten im schulischen Rahmen initiierte Wertbildungsprozesse den Lernenden ermöglichen, sich über ihre Werte auszutauschen. Interaktion ist für Schwartz aber nicht lediglich auf *diskursive Kommunikation* beschränkt, sondern insofern bedeutsam, als bestimmte Werte nur im Miteinander realisierbar sind. Dieser Aspekt markiert (religions-)pädagogisches Potential gerade hinsichtlich des praktischen Aspektes von Wertebildung: Es gilt nach Optionen Ausschau zu halten, die Lernenden die Möglichkeit geben, im *aktiven Miteinander* Werte zu gestalten und zu leben.

Bedenkenswert ist zudem der Hinweis von Schwartz, dass Subjekte eine interne Werthierarchie ausprägen, die relativ stabil ist und verschiedene Werte eines Individuums in ein Beziehungsverhältnis setzt. D. h., hinsichtlich der Gestaltung von Wertbildungskontexten ist wahrzunehmen, dass das jeweilige Verhalten eines Menschen nicht lediglich von einem bestimmten Wert her geprägt ist, sondern auf einem *Zusammenspiel mehrerer Werte* beruht. Sicher prägen die drei von Schwartz benannten Zielsetzungsperspektiven, von denen Wertpräferenzen her abhängig sind, auch die interne Werthierarchie eines Subjektes. In (religions-)pädagogischer Hinsicht stellen sie – biologische Bedürfnisse, soziale Interaktionsbedürfnisse, Überlebens-/Wohlfahrtsbedürfnisse – ein Raster bereit, um in den *Austausch über Werthierarchien* zu treten, *Argumentationsmuster* für Wertentscheidungen einzuordnen und diese im Rahmen von Lernprozessen transparent zu machen.

3.2.5 Religionspädagogische Perspektiven

Im Folgenden werden aus der Zusammenschau der oben präsentierten soziologischen Wertetheorien Perspektiven herausgearbeitet, die für die Entfaltung einer religionspädagogischen Wertebildungstheorie beachtenswert sind.

Zunächst belegen die soziologischen Vergewisserungen die bereits in den philosophischen Annäherungen herausgearbeitete (vgl. 3.1.6) Bedeutsamkeit des *Subjektes* im Kontext des Themas Werte. Milton Rokeach und die Vertreter der auf seinen grundlegenden Analysen aufbauenden Werteforschung wissen darum, dass vom einzelnen Individuum her abhängig ist, was zu einem Wert wird und was nicht. Gleichwohl belegen die hinter den empirischen Wertestudien stehenden Werte-Verständnisse, dass jeweilige Wertpräferenzen auch in *Abhängigkeit von kulturellen oder gesellschaftlichen oder ökonomischen Kontexen* entstehen.

Shalom Schwartz' Hinweis, dass das Subjekt immer aus dem *Zusammenspiel mehrerer Werte* heraus agiert, mag auf den ersten Blick banal erscheinen, ist jedoch gerade hinsichtlich wertebildender Kontexte beachtenswert: Zwar ist es möglich, im Rahmen von initiierten Lernprozessen einen ausgewählten Wert – z. B. Gerechtigkeit oder Freiheit – zu thematisieren; seine Realisierung aber wird nicht solipsistisch vonstattengehen, sondern im Zusammenklang mit anderen Werten. (Religions-)Pädagogisch machen die auch in den soziologischen Wert-Verständnissen artikulierten Perspektiven einmal mehr deutlich, dass wertebildende Lernarrangements das Subjekt in seiner Entscheidungshoheit für präferierte Werte ernst nehmen müssen, dass die subjektiven Präferenzen zugleich aber von kulturellen, gesellschaftlichen und ökonomischen Einflüssen abhängig sind. Deshalb gilt es, *die Lernenden in ihren aktuellen Wertepräferenzen und -kontexten wahrzunehmen, diese zur Geltung kommen zu lassen und ausgehend davon zu Selbstvergewisserungs- und Bildungsprozessen zu motivieren.*

Die von Rokeach in die Diskussion eingebrachte, in ähnlicher Weise auch von Klages geteilte Differenzierung von Werten, die in Verhaltensweisen aufgehen (instrumentelle Werte), und Werten, die Zielperspektiven für den jeweiligen Lebensentwurf benennen (Terminalwerte) macht einmal mehr auf die Bandbreite dessen aufmerksam, was unter Werten verstanden werden kann. Gerade die an den Lernkontext Schule von außen herangetragenen Forderungen hinsichtlich eines verstärkten Beitrags zur »Wertevermittlung« beziehen sich nicht selten auf Verhaltensweisen. Diesbezüglich ist nach Erziehungs- und Vermittlungsprozessen zu fragen. Für Wertebildung im Verständnis vorliegender Studie jedoch erweist sich der Kontext der *Terminalwerte* als ertragreicher und passender: Sie ermöglichen ein Initiieren von Bildungsprozessen, die die Subjekte dafür sensibilisieren, von welchen Wertekonstanten her Leben ausgerichtet und gestaltet werden kann. Zudem eröffnen Terminalwerte den Blick auf so genannte »letzte Werte«, worauf unter anderem Ingleharts Forschungen aufmerksam machen: Diese Metadimension offeriert bildungsbedeutsames Potential, insofern sich hier Referenzpunkte zu *religiösen Traditionen* und deren Begründung von Werten ergeben. Sie zeichnet sich gerade dadurch aus, dass der Begründungshorizont nicht innerweltlich und dadurch auf den Menschen selbst begrenzt bleiben muss.

Eine scheinbar alltägliche Erkenntnis bestätigen die Forschungen von Rokeach, Inglehart, Klages und Schwartz: *Werte werden in heterogener Weise antizipiert und gelebt.* Die jeweiligen, aus den Ergebnissen der empirischen Überprüfung herausgearbeiteten Modelle der Wertearten bzw. Wertetypen verbinden verschiedene Werte in unterschiedlicher Gewichtung. Manche Unterschiede resultieren zwar aus dem jeweils zugrunde liegenden Forschungsinteresse, den verwendeten Itembatterien und den Stichproben.[152] Die Typologien insgesamt bieten jedoch hilfreiche Systematisierungen, die es bei der Initiierung wertebildender Optionen zu bedenken gilt: Da die Subjekte Werte individuell aneignen, können die Typologien dazu beitragen, grundlegende Orientierungen auszumachen, und Vorvergewisserungen im Angesicht der Werteheterogenität einer Lerngruppe ermöglichen. Eine eindeutige Zuordnung verschiedener Lernender zu jeweiligen Typen ist damit nicht intendiert. Vielmehr bieten die Wertetypen im Rahmen von Planungsprozessen ein Raster an, das es erleichtert, möglichst viele der pluralen Werthaltungen zu berücksichtigen und somit *für möglichst viele Lernende Anknüpfungspunkte aufzutun*.

Helmut Klages benennt einen wichtigen Aspekt, wenn er darauf hinweist, dass neben der Schule vor allem auch Familie, Freunde und andere soziale Kontexte die Ausprägung des Wertegerüsts eines Individuums beeinflussen. Dies ist beachtenswert, insofern vorliegende Studie vornehmlich den Religionsunterricht als Handlungsfeld in den Blick nimmt: Wenngleich mit Ingleharts Sozialisationshypothese benannt wird, dass Kinder und Heranwachsende auf Wertebildung angewiesen sind, so ist doch zu berücksichtigen, dass die entsprechende Verantwortung *nicht an die Schule oder gar den Religionsunterricht allein* abgegeben werden kann.

Auf eine wichtige Chance des Lernortes Schule wiederum macht die Anmerkung von Helmut Klages aufmerksam, der zu bedenken gibt, dass viele Menschen sich ihrer Werte nicht reflexiv bewusst sind. Gerade aber wenn es darum geht, problematische Werthaltungen zu identifizieren oder das eigene Wertegerüst um positive Werte zu erweitern, erscheinen Wertebildungsprozesse notwendig, die die *Reflexivität*, die *Selbstbewusstmachung*, forcieren. Unter anderem kann den Subjekten ihre persönliche Wertehierarchie (vgl. Schwartz) klar, aber auch die Einsicht in die Relevanz von Werthaltungen für die Lebensgestaltung gefördert werden. Die damit verbundenen Kompetenzen sind gerade in einer Gesellschaft, die immer wieder über Werte und deren Wandel diskutiert, partizipationsbedeutsam. Schule, aber auch Religionsunterricht stellen in dieser Hinsicht »natürliche« Optionen dar, in diese Reflexivität und Diskursivität einzuüben: Heranwachsende verschiedenster Sozialisationskontexte treffen aufeinander und sind gehalten, in den *Austausch* über Werte zu treten. Auch letzterer Aspekt kommt in seiner Relevanz in den soziologischen Wertetheorien zum Tragen: Unter anderem spricht Rokeach dem Austausch über Werte orientierende Funktion zu, Klages thematisiert die Werterwartungen eines Umfeldes an ein Individuum, Schwarz verweist auf die Bedeutung einer angemessenen Artikulation über Ziele, die mit Wertvorstellungen ver-

---

[152] Margit Stein gibt zu bedenken: »Die zehn Werttypen von Schwartz ließen sich auch in die Klassifikation der Pflicht- und Akzeptanzwerte und der Selbstentfaltungswerte nach Klages einordnen, die wiederum in Bezug zu den Dimensionen nach Inglehart steht.« (Stein 2008, 36)

bunden sind. Es zeigt sich, dass gemeinsame Lernprozesse im Kontext von Wertebildung gerade unter dem Gesichtspunkt des intersubjektiven Austausches bedeutsam sind. Nicht zuletzt können hier Begründungszusammenhänge, aber auch Abwägungskriterien für potentielle Wertekonflikte erhellt werden.

Neben dem *kognitiven* Aspekt, der im Rahmen des reflexiv artikulierenden Austauschs zum Tragen kommt, sind sowohl der *emotionale* wie auch der *praktische* Aspekt für eine stimmige Wertebildung unaufgebbar. Shalom Schwartz verweist darauf, dass Werte emotionale Reaktionen binden. Hinsichtlich der Initiierung von Lernprozessen ist dies zu bedenken, aber auch zuzulassen. Gerade in einer emotional gefärbten Auseinandersetzung über den Stellenwert eines Wertes können sich wertvolle Lernchancen auftun – sowohl was das wertebasierte Verhalten dem Gegenüber als auch was ein produktives Vorankommen bei der Vergewisserung über eigene Werte und die affektive Bindung an diese betrifft. Helmut Klages macht darauf aufmerksam, dass es *Anlässe und Situationen* braucht, um Werte zu realisieren. Diese müssen gelebt und können nicht nur reflektiert werden. Ein kognitives Erfassen eines Wertes garantiert schließlich nicht, dass dieser auch so oder überhaupt praktiziert wird.

Am Praxiserweis wird auch die *Reichweite* von Wertebildung im schulischen Zusammenhang deutlich: Wertebildungsprozesse können zwar durch Lernarrangements gefördert werden. Inwiefern aber die Subjekte ihre internalisierten Werte auch realisieren, ob sie ihr meist sehr stabiles Wertegerüst verändern und aktualisieren, entscheidet sich nur zu einem Teil im Kontext Schule.

3.3 »Christliche Werte«? Theologische Vergewisserungen

Der Terminus »christliche Werte« wird vielerorts scheinbar selbstverständlich verwendet und spielt nicht zuletzt im Rahmen der Diskussionen um Wertebildung im Religionsunterricht eine wesentliche Rolle. Doch: Gibt es überhaupt *die* christlichen Werte? Oder: Was macht einen Wert zu einem christlichen? Von der Beantwortung dieses Fragekontextes hängt ab, welche Aufgaben und Intentionen mit wertbildenden Lehr- und Lernarrangements verknüpft werden können, die im christlich-religiösen Zusammenhang situiert sind.

Im Rahmen der folgenden Überlegungen steht es deshalb an, den Begriff »christliche Werte« aus theologischer Perspektive heraus zu befragen. Dabei wird erörtert, inwiefern sich die Bezeichnung »christlich begründete Werte« als stimmiger erweist und welche Anforderungen sich von dieser Formulierung her hinsichtlich zu führender Wertedebatten und zu initiierender Wertebildungsoptionen ergeben (vgl. 3.3.2 mit 3.3.4). Eröffnet werden die Ausführungen mit einer Einordnung des Stellenwerts des Werte-Begriffs im Rahmen theologisch-ethischer Forschung (vgl. 3.3.1).

3.3.1 Der Werte-Begriff innerhalb der Theologie

Gegenwärtig wird der Begriff »Werte« im Kontext theologischer Reflexionen annähernd selbstverständlich gebraucht. Dieser Befund darf jedoch nicht darüber hinweg täuschen, dass dies das Ergebnis eines längeren terminologischen Anfreundungsprozesses darstellt, der als Reaktion auf nachmetaphysische und pluralistische Tendenzen einzuordnen ist: Wie bereits in den philosophischen Verortungen (vgl. 3.1) herausgestellt werden konnte, ist es gegenwärtig notwendig, dass sich Menschen über ihre Wertvorstellungen austauschen und diesbezüglich unter anderem an der Findung verallgemeinerbarer Konsenswerte beteiligt sind. Dabei markieren religiöse Generierungskontexte neben nicht-religiösen Fundierungen mögliche Ankerpunkte oder sie konkurrieren gar mit diesen.

Insbesondere die voranschreitende Konjunktur des Werte-Begriffs hat es mit sich gebracht, dass sich auch theologische Entfaltungen diesem Terminus angenähert haben; im katholisch-theologischen Kontext zunächst sogar mit größerer Offenheit als im evangelisch-theologischen Zusammenhang. Unter anderem die katholischen Moraltheologen Franz Böckle und Bruno Schüller leisten in den 1970er Jahren Pionierarbeit für die theologische Profilierung des Werte-Begriffs – nicht ohne den Rekurs auf diesbezügliche Darlegungen zeitgenössischer Philosophie.[153] Böckle beispielsweise entfaltet Werte in Abgrenzung vom Terminus »Güter«, welcher bis dato das konkretisiert hat, was auf theologischer Seite zunehmend als Wert angesehen wird. Güter sind für ihn »reale Gegebenheiten, die unabhängig vom persönlichen Denken und Wollen existieren, die aber unserem Handeln vorgegeben sind« (Böckle 1977, 259). Werte subsumiert er dagegen unter die so genannten »sittlich relevanten Einsichten« in das Gute als »*Werte-Begriffe*, die sich als stereotype Werthaltungen (Tugenden) auf den wertrealisierenden Akt beziehen und nur als Qualitäten des Willens real existent angesehen werden können, wie beispielsweise Gerechtigkeit, Solidarität, Toleranz etc.« (Böckle 1981, 61; vgl. auch Böckle 1977, 260)[154] Sie liegen dem Werturteil voraus, da sie zum einen Grundhaltungen sind, die sich erst in ihrer Realisierung erweisen, und zum anderen

---

[153] Als Begründung für die Ablehnung des Werte-Begriffs rekurriert unter anderem der katholische Moraltheologie Wilhelm Korff darauf, dass der Aspekt »Wert« »die Dimension des ›Normativen‹ [nicht einbringen könne]. Diese Dimension aber ist für die eigentliche Ethik […] konstitutiv« (Korff 1973, 136, Anm. 6).

[154] Hier zeigt sich einmal mehr, dass die theologische Differenzierung hinsichtlich des Werte-Begriffs erst in den Anfängen ist: Böckle parallelisiert Werte mit Tugenden; eine Gleichsetzung, die spätere theologisch-ethische Präzisierungen nicht mehr teilen (vgl. unten: EXKURS »Tugenden«).

bezüglich einer Handlung kein konkretes sittliches Urteil bereithalten. Vielmehr bringen Werte »ethische Notwendigkeiten menschenwürdigen Lebens zum Ausdruck« (Böckle 1981, 61).

Die zunächst zögerliche Auseinandersetzung mit dem Werte-Begriff auf evangelischer Seite wird unter anderem vom Sozialethiker Martin Honecker diagnostiziert: In einem Kapitel seiner »EINFÜHRUNG IN DIE THEOLOGISCHE ETHIK« (1990) widmet er sich dem Kontext Werte und Normen – nicht zuletzt, um über eine explizite Vergewisserung dieses Desiderat anzugehen. Die Vorbehalte der evangelischen Ethik dem Thema »Werte« gegenüber deutet Honecker folgendermaßen: »Die ›Entscheidung‹ des Glaubens (*Rudolf Bultmann*) oder der ›Gehorsam‹ gegenüber der Autorität des Wortes Gottes, dem Anspruch der Offenbarung (*Karl Barth*) läßt keinen Raum für eine Reflexion auf Werte.« (Honecker 1990, 216)[155] Aufgrund ihres Offenbarungsverständnisses attestiert Honecker der katholischen Theologie eine größere Offenheit dem Werte-Begriff gegenüber. Er selbst unterscheidet nur bedingt zwischen Normen und Werten. Immer wieder vermischt Honecker beide Begriffe und gelangt somit – über ein Nachzeichnen des damit verbundenen Kontextes hinaus – nicht zu einer eigenen begrifflichen Differenzierung oder gar zu einer christlich-theologischen Verortung von Werten. Nach wie vor existiert bisweilen eine leichte Distanz auf Seiten evangelisch-theologischer Verortungen zum Werte-Begriff.[156] Gleichwohl lässt sich eine zunehmende Offenheit konstatieren, inso-

---

[155] Der evangelische Religionspädagoge Günter R. Schmidt identifiziert ähnliche Gründe, warum »der Begriff des Wertes in der evangelischen Theologie nicht übermäßig beliebt« (Schmidt 1987, 75) sei: zum einen die Annahme, der Mensch könnte sich aufgrund eines objektivistischen Wertverständnisses vom Willen Gottes emanzipieren, zum anderen den Verdacht, der Eigenwertcharakter von Werten könne die Rede von Gott in ethischen Auseinandersetzungen überflüssig machen (vgl. ebd.).

Folke Werner führt Beispiele für eine »ausdrückliche Abkehr von der Verwendung des Werte-Begriffs als ethischer Orientierungskategorie« (Werner 2002, 180) in den evangelisch-theologischen Entwürfen von Christofer Frey, Dietz Lange, Falk Werner und Johannes Fischer an: Frey und Lange bevorzugen den Begriff des Gutes/der Güter, Wagner kritisiert den ökonomischen Duktus dieses Terminus und Fischer merkt an, dass Grundorientierungen des christlichen Glaubens nicht von Werten her kontextualisiert werden sollten. Insgesamt arbeitet Werner folgende Gründe für eine Reserviertheit gegenüber dem Werte-Begriff auf Seiten der evangelischen Theologie heraus: die scheinbar unabdingbare Subjektivität der Werte, deren ökonomische Imprägnierung, die naturrechtliche Bezogenheit des Werte-Begriffs, die Infragestellung der Souveränität Gottes bei Reduktion des Orientierungsradius lediglich auf Werte, rechtfertigungstheologische Gründe (vgl. Werner 2002, 192–235). Unter anderem auch Eberhard Jüngel will auf den Terminus »Werte« im theologischen Zusammenhang verzichten, da mit diesem der Ökonomie entlehnten Begriff eine Verrechenbarkeit suggeriert wird, die der christlichen Sicht auf den Menschen als Ebenbild Gottes widerspreche (vgl. Jüngel 1979).

[156] Folke Werner beispielsweise diagnostiziert noch im Jahr 2002 eine Untauglichkeit des Werte-Begriffs für evangelisch-theologische Diskussionen: »Will eine evangelische Ethik etwas wirklich Tragendes und Gültiges zum Ausdruck bringen, das sich gerade nicht den offenen Problemaspekten des Werte-Begriffs ausgesetzt sieht, das vielmehr den Schwankungen subjektiver

fern der Werte-Begriff gesellschaftlich relevante und theologisch bedeutsame Gehalte kommuniziert (vgl. Schweitzer 2007, 36).[157]

Insgesamt zeigt sich, dass die theologisch-ethische Situierung des Werte-Begriffs eine bleibende Aufgabe ist.[158] Zunehmend jedoch wird dieser theologisch-ethisch profiliert und in der Folge selbstverständlich gebraucht (vgl. unter anderem Breitsameter 2009; Hilpert 2009; Mandry 2009; Schmitt 2003; Schockenhoff 2014); gerade im Bereich der theologischen Strebensethik, die Vorstellungen eines guten Lebens ausgehend von christlichen Glaubensüberzeugungen thematisiert.[159] Hier gilt es unter anderem »zu analysieren und zu bewerten, inwiefern gesellschaftlich wirksame Werte und institutionelle Wertarrangements die Entwicklung einer solchen ethisch integrierten Persönlichkeit befördern oder ihr entgegenstehen« (Mandry 2009, 47). Dabei ist immer auch zu berücksichtigen, dass das individuelle Streben nach gutem Leben zugleich mit sollensethischen, von außen her wirkenden Ansprüchen – unter Berücksichtigung von Autonomie und Verantwortung – in Einklang

---

Beliebigkeit und der permanenten Unterminierung durch den Wertewandel entzogen sein soll, dann wird sie aus den dargelegten Gründen kaum mehr auf den Werte-Begriff rekurrieren können.« (Werner 2002, 375f) Im Hintergrund dieser Diagnose steht eine zu wenig geleistete Differenzierung der Begriffe »Wert« und »Norm«. Werner jedoch ist im Sinne seines Verständnisses von Ethik als Begründung eines moralischen Sollens auf der Suche nach normativen Aspekten. Diese aber will und kann der Werte-Begriff in bewusster Abgrenzung zum Norm-Begriff nicht bieten. Auch aufgrund seiner Diagnose, der Terminus Werte diene einer selbstzentrierten Subjektivität, erachtet Werner diesen Begriff für theologisch-ethische Kontexte als untauglich und verweist auf die Bedeutung bereits vorhandener Alternativ-Kategorien wie das Gebot Gottes, Güter und Tugenden, Kriterien und Maximen (vgl. ebd., 261–374). Dennoch gesteht Werner zu, dass Werte menschliches Handeln prägen und »innerweltliche Orientierungsfunktion« (ebd., 378) übernehmen können.

[157] Der evangelische Religionspädagoge Friedrich Schweitzer verweist darauf, »dass der Werte-Begriff heute anders verwendet wird« und sich die Religionspädagogik aus mit dem Begriff »Werte« kontextualisierten Diskussionen »nicht sprachkritisch zurückziehen« sollte. (Schweitzer 2007, 36; vgl. Schweitzer 2012, 12)

[158] Christof Mandry zufolge ist »aus theologisch-ethischer Sicht [...] die Rede von den christlichen Werten nämlich keineswegs selbstverständlich oder eindeutig.« (Mandry 2009, 236) Die Schwierigkeiten einer theologisch-ethischen Fokussierung des Werte-Begriffs siedelt er im »Erbe der philosophischen Wertethik« (ebd., 37) an: Aus der ontologischen Wertethik Max Schelers resultiert z. B. der Extrempunkt, dem Werte-Begriff eine übermächtige Objektivierung vorzuwerfen; zugleich aber findet sich in der Kritik eines Wertsubjektivismus der gegenteilige Extrempunkt.

[159] Eberhard Schockenhoff verwendet für eine ähnliche Zielrichtung den Begriff der »Tugendethik«, die »ein Ideal des Guten [beschreibt], das die sinnlichen Strebungen und persönlichen Handlungsmotive uneingeschränkt bejahen kann. Diese [tugendethischen Konzeptionen] führen die Regie über das moralische Handeln und werden insofern selbst zu einer Quelle vernunftgemäßer Lebensgestaltung« (Schockenhoff 2014, 61). Mit dieser terminologisch begründeten Fokussierung versucht er der Gefahr einer *reinen* Strebensethik vorzubauen, die abseits existierender normativer Ansprüche entfaltet wird. Zugleich gelingt es ihm über seine Explikation des Tugendbegriffs neben dem sinnlichen auch das affektive Streben in Anschauungsformen des Guten zu integrieren (vgl. ebd., 59f).

gebracht werden muss. Die daraus resultierende Kommunikation über Werthaltungen ist in zwei Richtungen anzugehen und erfordert von daher unterschiedliche Sprechweisen: zum einen im Kontext der christlichen Glaubensgemeinschaft. Hier kann theologische Strebensethik »Ideale des ›guten Lebens‹ vertreten mit der ›Verbindlichkeit der Konsequenz‹, insofern sie wirklich zeigen kann, dass sie aus den Glaubensüberzeugungen, aus biblischem Zeugnis und kirchlicher Überlieferung sich nahe legen« (ebd., 44f). Zum anderen gilt es in der Kommunikation auf Nichtchristen hin für das Sinnpotential, das christlicherseits mit den Idealen von gutem Leben verbunden ist, zu sensibilisieren. Im Hintergrund dieser Aufgabenbeschreibung liegt das Wissen um konkurrierende Werte, welche im Diskurs auszuhandeln sind. In entsprechende Zusammenhänge darf und muss nicht zuletzt der christliche Horizont eingebracht und verständlich gemacht werden.[160]

Eine systematische Fundierung des Werte-Begriffs leistet der Moraltheologe Christof Breitsameter in seiner 2009 erschienenen Studie »INDIVIDUALISIERTE PERFEKTION. VOM WERT DER WERTE«. Dabei arbeitet er heraus, »inwiefern ein methodisch begründeter Zugang zu einer Rationalität von Werturteilen existiert« (Breitsameter 2009, 11). Er sieht in Werten Problemindikatoren, die es unter anderem ermöglichen, die normative Grundierung einer Gesellschaft zu erhellen. Da Regeln nicht notwendig richtig sind, besteht unter anderem »der *Wert der Werte im moralischen Zweifel an der Richtigkeit von Normen*« (ebd., 238). Werte können Regeln legitimieren. In dieser Hinsicht zeigt sich – so Breitsameter – aus theologisch-ethischer Sicht das Potential der Werte.[161]

---

[160] Unter anderem Jürgen Habermas verweist darauf, dass es im Interesse einer postsäkularen Gesellschaft liege, »mit allen den kulturellen Quellen schonend umzugehen, aus denen sich das Normbewusstsein und die Solidarität von Bürgern speist« (Habermas 2006, 32f). Es sei »nicht auszuschließen, dass sie [die Religionen; K.L.] semantische Potentiale mit sich führen, die eine inspirierende Kraft für die *ganze* Gesellschaft entfalten, sobald sie ihre profanen Wahrheitsgehalte preisgeben« (Habermas 2005, 149). Religiösen Überzeugungen wird eine Bedeutung für die Gesellschaft zugesprochen, die zu artikulieren nicht verweigert werden darf. Zugleich sind im Umkehrschluss Gläubige aufgefordert, ihre Überzeugungen so zu versprachlichen, dass sie auch für Nicht-Gläubige verstehbar werden.

[161] Breitsameter sieht Potential unter anderem darin, dass die Reflexionen über Werte zu einem Diskurs über Regeln motivieren, so »dass es zu den für alle beteiligten Akteure erwünschten Handlungsergebnissen kommt« (Breitsameter 2009, 239). Religion und Moral können in diesem Zusammenhang »zwar heuristische Qualitäten in der Regulierung menschlichen Verhaltens entwickeln, sie können zur Etablierung oder Reform von Regeln auffordern, sie sind aber nicht in der Lage, Regelsysteme selbst zu ersetzen oder Regeldefekte zu kompensieren« (ebd., 241). Gleichwohl muss »die Regelbedürftigkeit menschlichen Handelns [...] durch die Theologie ebenso ernst genommen werden wie die Begründungsbedürftigkeit gesellschaftlicher Institutionen« (ebd., 243): »Wenn man Werte als Erbe der Theologie in einer säkularen Gesellschaft auffasst, dann weisen sie auf die Irrtumsfähigkeit und Unvollkommenheit gesellschaftlicher Regeln hin.« (Ebd., 246)

3.3.2 Christlicher Glaube. Ein wertekonstitutiver Horizont

Am Beginn dieser Ausführungen sei sogleich die Erkenntnis formuliert, dass es auf einer inhaltlichen Ebene *die* spezifisch-christlichen Werte nicht gibt.[162] Vieles, was landläufig als dezidiert christlicher Wert identifiziert wird, kann nicht lediglich vom Christentum für sich reklamiert werden. Selbst das oftmals als entsprechender Erweis für die Existenz spezifisch-christlicher Werte herangezogene, jesuanisch proklamierte Ideal der Feindesliebe ist auch im Judentum zu finden.[163] Ein derartiger materialer Ausweis eines christlichen Propriums erweist sich letztlich als äußerst begrenzt. Auch lässt sich keine formale Eigenart christlicher Wertegenerierung herausstellen: Es gibt nicht *die* spezifisch christliche Form, zu Werten zu kommen (vgl. Hofheinz 2013, 35f).

Da, wie oben (vgl. 3.1.6) dargelegt, Werte in einem gemeinschaftsbezogenen Begründungsrahmen situiert werden, deutet sich an, was Werte als christliche ausweisen kann: der christliche Sinnzusammenhang als Begründungskontext. Dies impliziert jedoch, dass ein christlich fundierter Wert zugleich auch aus einem anderen weltanschaulichen oder nicht-weltanschaulichen Bezugssystem heraus begründbar ist.[164] Charles Taylors Begriff der »konstitutiven Güter« [engl.: constitutive good] bietet hinsichtlich der Frage nach »christlichen Werten« eine Verstehenshilfe: Mit diesem Terminus verweist der kanadische Philosoph darauf, dass es letzte Quellen moralischer Orientierung gibt. Konstitutive Güter verweisen auf »etwas, was uns, wenn wir es lieben, die Kraft gibt, gut zu handeln und gut zu sein« (Taylor 1994, 178), also auf das, woran sich Individuen ausrichten, um zu entscheiden, was gut ist, und wovon moralisch gutes

---

[162] Günter R. Schmidt identifiziert drei Modelle, um die Frage nach »christlichen Werten« zu beantworten: Das Diastase-Modell, welches hypothetischen Charakter hat, würde darauf verweisen, dass Christen »zwangsläufig stets anders werten müßten als andere Menschen«; das Kongruenz-Modell zeigt, dass »es auch für den ethischen Bereich keine inhaltlich besonderen christlichen Werteinsichten [gibt], die nicht auch Nicht-Christen zugänglich wären; das Teilkongruenz-Modell geht davon aus, dass Christen inhaltlich zwar gleiche Werte wie Nicht-Christen haben, doch zeige sich die »Besonderheit christlichen Wertens [...] an der hierarchischen Stellung eines Wertes«. (Schmidt 1987, 88f) Diese Modell-Unterscheidung ist m. E. nach sehr hinterfragbar, nicht zuletzt die Annahme des Teilkongruenz-Modells, dass von der Wertequalität – z. B. benennt Schmidt die Versöhnung als hohen christlichen Wert – her entscheidbar wäre, was christliche Werte sind.

[163] Vgl. unter anderem Ex 23,4f: »⁴Wenn du dem verirrten Rind oder dem Esel deines Feindes begegnest, sollst du ihm das Tier zurückbringen. ⁵Wenn du siehst, wie der Esel deines Gegners unter der Last zusammenbricht, dann lass ihn nicht im Stich, sondern leiste ihm Hilfe!« Vgl. auch Reiser 2001.

[164] Christof Mandry gibt im Rahmen des Konstatierens, dass sich für Christen Werte letztlich auf Glaubensüberzeugungen gründen, zu bedenken, dass die damit verbundene Identifikation »weitere Identifikationswege zu diesen Werten offenlassen« (Mandry 2009, 234f) muss. In seinen Thesen zum Religionsunterricht verweist der Rat der EKD ebenfalls darauf: »Werte lassen sich auch ohne Bezug auf Religion begründen. Ebenso wichtig bleibt aber, dass Religion in Geschichte und Gegenwart zu den wichtigsten Quellen der ethischen und normativen Orientierung zu zählen ist.« (Kirchenamt der EKD 2006, 3)

Handeln her motiviert wird. Unter anderem sieht Taylor im Platonismus oder im jüdischen und christlichen Theismus oder in der Kant'schen Idee des vernünftigen Handelns konstitutive Güter gegeben (vgl. Taylor 1994, 179f).[165] Da auf derartige Potentiale bisweilen immer weniger rekurriert wird, ist es Taylor ein Anliegen, entsprechende Traditionen wieder verstärkt zu artikulieren; »eine Erinnerung und Revitalisierung von Traditionen [kann] eine[n] Beitrag zu einem adäquateren Selbstverständnis der Moderne« (Joas 2009, 219) leisten – so lässt sich Taylors, auf verschiedenste literarische, philosophische, theologische etc. Erkenntnisse rekurrierende Gedankenführung in seinem Werk »QUELLEN DES SELBST« verstehen.

Konrad Hilpert argumentiert in ähnlicher Weise: Er identifiziert in Religionen historische Quellen für letzte und tragende Sinngründe,[166] um zum einen »nicht den eigenen Vorteil zum Richtmaß des Wollens und Handelns zu machen« und zum anderen dem Handeln eine »innere Schlüssigkeit« zu verleihen. (Hilpert 2009, 205f) Darüber hinaus können diese bisweilen Kraft verleihen, »dem sittlichen Anspruch gerade dann und dort treu zu bleiben, wo er mit persönlichem Nachteil ›bezahlt‹ oder gegen Widerstände durchgesetzt

---

[165] Charles Taylor belegt dies unter anderem am Beispiel der alttestamentlichen Exodus-Überlieferung: »Die Geschichte des Auszugs der Juden aus Ägypten hat über die Jahrhunderte hinweg Reform- und Befreiungsbewegungen inspiriert, darunter auch solche, die die von der ursprünglichen Geschichte verkündete theologische Einstellung abzulehnen behaupten. [...] Die eigene Geschichte in diesem Licht zu sehen, kann anregend sein und Kraft verleihen, obwohl man vielleicht in Verlegenheit gerät, wenn man aufgefordert wird anzugeben, auf welche zugrundeliegende Theorie über den Menschen, Gott oder die Geschichte man sich bei der Deutung der Sache eigentlich stützt.« (Taylor 1994, 184)
   Taylor entfaltet konstitutive Güter als oberste Stufe einer hierarchischen Folge: Eine Stufe darunter ordnet er die so genannten »Hypergüter« ein, welche helfen, die nochmals darunter liegenden »Lebensgüter« zu bewerten. Mit dieser Stufung will er aufzeigen, inwieweit kulturelle Deutungsmuster, die nicht zuletzt über (religiöse) Traditionen zugänglich sind, einen Beitrag dazu leisten können, individuelle Erfahrungen zu situieren und zu deuten. Zu Taylors christlich geprägtem Werte-Begriff vgl. Joas 2009, 195–226. Conrad 2008, 169–208, arbeitet aus Taylors Werk moralphilosophische Grundzüge heraus.
   Mandry rekurriert hinsichtlich der Artikulation von religiös fundierten Werten ebenfalls auf Taylors »konstitutive Güter« (vgl. Mandry 2009, 209).

[166] Martina Aufenanger hat in detaillierter, wenngleich nur bedingt trennscharfer Weise Argumentationsfiguren identifiziert, mit denen das Verhältnis von Moral/Ethik und Religion in der öffentlichen Diskussion definiert wird. Unter anderem kann sie folgende Verhältnisbestimmung ausmachen: »Moral/Ethik sind auf Religion angewiesen« (Aufenanger 2000, 184; vgl. ebd. 184–230) – unter dieser Maßgabe werden Referenzen bedient, wie sie Hilpert und Taylor formulieren oder wie in bildungstheoretischen Zusammenhängen (vgl. 4.1) argumentiert wird, wenn beispielsweise religiöse Kontexte als Basis für Sittlichkeit und sittliches Handeln oder als Optionen der »Letztbegründung der Ethik« (Aufenanger 2000, 204) herausgestellt werden. Als weitere Möglichkeiten der Verhältnisbestimmung identifiziert Aufenanger: »Moral/Ethik und Religion als eigenständige bzw. voneinander unabhängige Dimensionen« (ebd., 231; vgl. ebd., 231–241), »Religion ist für die Moral/Ethik hilfreich bzw. weist über sie hinaus« (ebd., 241; vgl. ebd. 241–255), »Religion erweist sich für die Moral/Ethik als schädlich« (ebd., 255; vgl. ebd., 255–258).

werden muss« (ebd., 206). Auf die Ausgangsfrage hin gewendet lässt sich im Hilpert'schen Sinn mit Taylor formulieren, dass der christliche Glaube für Menschen ein konstitutives Gut sein kann, das ihnen als Quelle moralischer Orientierung dient und somit den Begründungshorizont für Werthaltungen fundiert. Der spezifisch christlichen Idee von der »letzten Wirklichkeit« kommt in diesem Zusammenhang sinnstiftende und begründungsunterscheidende Bedeutung zu.[167] Von diesem Kristallisationspunkt her lässt sich nämlich das konstitutive Gut des christlichen Glaubens im Rekurs auf das Gottesbild und die sich daraus ableitende Anthropologie konkretisieren. Volker Eid zufolge ist aus der christlichen Gewissheit heraus, auf letztendliche Gerechtigkeit hoffen zu können, für den Menschen die Option eröffnet, sich unter dieser Prämisse zum Handeln herausgefordert zu sehen und somit zu sich sowie zur Welt existentiell Stellung zu beziehen und daraus Sinn zu generieren (vgl. Eid 1995, 170). In dieser auf Zukunft hin offenen, vom Sein in Christus (vgl. Gal 2,20) geprägten Lebensform ist es möglich, das eigene Leben im Horizont Gottes wahrzunehmen und zu deuten, »an der *story* Gottes in Jesus Christus« (Hofheinz 2013, 41) teilzuhaben. Ausgehend von dieser Verortung wiederum lassen sich Gründe identifizieren und Argumentationsgänge entfalten, warum Leben überhaupt sittlich, also gut gestaltet werden soll – nicht zuletzt angesichts der Endlich- und Brüchigkeit des menschlichen Daseins eine sinneröffnende und -stiftende Option.

Das konstitutive Gut christlich konturierter Wertvorstellungen wird in theologisch-ethischen Reflexionen zum Werte-Begriff bisweilen auch inhaltlich präzisiert. Dabei fällt auf, dass verschiedenste Ansätze auf einen ähnlichen Grundbestand aus der Tradition zugreifen, um das Spezifikum des christlichen Gottes- und Menschenbildes in seiner Bedeutung hinsichtlich der individuellen Entfaltung von Werthaltungen zu konkretisieren. Dies erfolgt jedoch nicht im Sinne eines Deduzierens beispielsweise aus der biblischen Botschaft, um fertige Antworten auf Wertfragen zu liefern. Vielmehr geht es um die Identifikation von Bezugsgrößen des ethischen Reflektierens aus dem Glauben heraus.[168] Die Darlegungen des katholischen Moraltheologen Alfons

---

[167] Dieser Verweis rekurriert auf die Präzisierung von Klaus von Stosch hinsichtlich der Frage, was religiöse Überzeugungen ausmache: Er sieht in ihnen einen »Ausdruck menschlicher Letztorientierung in Bezug auf die letzte Wirklichkeit. [...] Die Rede von der Bezugnahme *auf die letzte Wirklichkeit* ist deshalb unerlässlich, wie sich religiöse Überzeugungen nicht mit etwas Vorletztem zufrieden geben, sondern allgemein gültige Orientierung in Bezug auf das vermitteln wollen, was die Realität im Letzten ausmacht.« (von Stosch 2003, 104)

[168] Böckle beispielsweise identifiziert Glaube, Hoffnung und Liebe als »Kern des christlichen Ethos« (Böckle 1981, 59). Aus diesem Kern heraus könne »für bestimmte Werte optiert« (Böckle 1976, 91) werden, die aus diesem Offenbarungsglauben heraus eine »eine besondere Begründung und Sicherung« (Böckle 1981, 64f) erfahren. Mandry wiederum bleibt allgemeiner, wenn er den christlichen Glauben an Gott, seine Offenbarung in Jesus Christus

Auer zur so genannten »autonomen Moral« sensibilisieren in dieser Hinsicht für die Leistungen des christlichen Glaubens im Rahmen ethischer Zusammenhänge. Seine Ausführungen zur Findung sittlicher Normen lassen sich auch unter der Prämisse »Werte« lesen und zwar dahingehend, dass Werte und Verhaltensmaßstäbe nicht direkt aus Religion und Glaube abgeleitet werden können: »Das christliche Proprium des Sittlichen liegt nicht in konkreten weltethischen Weisungen, die aus dem Glaubensverständnis heraus entwickelt werden und zu denen der Christ [...] verpflichtet wird. [...] Aber der Christ steht aufgrund seines Glaubens in einem neuen Sinnhorizont, und aus diesem Sinnhorizont ergeben sich neue Motivationen für sein Handeln in der Welt.« (Auer 1995, 211f)[169]

Im Folgenden werden zentrale Referenzpunkte in Auswahl präsentiert. Dabei darf – und dies sei vorangestellt – nicht vergessen werden, dass im Verlauf der Geschichte unter dem Deckmantel des Christentums auch viele Verhaltensweisen und Handlungsformen, die sich nicht selten auf das Evangelium berufen haben, in der Rückschau keinesfalls als orientierenswert zu charakterisieren sind: Vielmehr fügten sie Menschen Leid zu und können gegenwärtig maximal eine Orientierung aus der Distanzierung bieten. Unter anderem Johann Baptist Metz' Kategorie der »gefährlichen Erinnerung« (vgl. Metz 1973, 77–86) verweist auf diesen Stachel des Christentums. Von Auschwitz bewegt fordert er eine Erinnerungssolidarität mit den Leidenden und Toten, die auch von der Kirche zu verantworten sind. Aus dieser Erinnerung heraus werde es möglich, neue Praxis zu entfalten, weshalb Metz in ihr – der in Anlehnung an Herbert Marcuse so titulierten »gefährlichen Erinnerung« – eine »in ihrer geschichtlichen und gesellschaftlichen Vermittlung ausgearbeitete Gestalt von eschatologischer Hoffnung« (ebd., 161) sieht.

Eine zentrale Sinnspitze hinsichtlich der christlichen Begründung von Werten markiert die in der jesuanischen Botschaft verheißene Vollendung des *Reiches Gottes*: Darin konkretisiert sich ein Menschenbild, das geprägt ist von einer Hoffnung, die von Gott her Gerechtigkeit verheißt. Im Lichte dieses Glaubensgutes können Wertentscheidungen christlich situiert werden, insofern das glaubende Wissen um eine bessere Gerechtigkeit »Hoffnung und Annahme und Vertrauen darauf, von der Güte Gottes getragen zu sein« (Hilpert 2009, 41), ermöglicht und damit quasi »vorbildhaft« Orientierung bietet, wie das bereits angebrochene Gottesreich im Hier und Jetzt auf jedes Gegen-

---

und an die Gegenwart des Heiligen Geistes als konstitutive Güter für die Ausprägung von Werthaltungen benennt (vgl. Mandry 2009, 215).

[169] Dieser Sinnhorizont birgt »*einen integrierenden, kritisierenden und stimulierenden Effekt*« (Auer 1995, 239): *integrierend*, insofern sittliche Vorstellungen auch in den Horizont des von Gott her in Jesus Christus eröffneten Sinnzusammenhangs gestellt werden können; *kritisierend*, weil die jüdisch-christliche Botschaft ermöglicht, »Verzerrungen des Humanen« (ebd.) zu identifizieren; *stimulierend*, indem die Botschaft Jesu zu Veränderung herausfordert.

über hin verwirklicht werden kann. Volker Eid verweist darauf, dass diese Botschaft die Herausforderung impliziert, mit gegenwärtigen Verhältnissen nicht vorschnell zufrieden zu sein, sondern »mit kritischer sozialer Sensibilität, alternativer Phantasie zur ›besseren Gerechtigkeit‹ beizutragen« (Eid 1995, 173). Eine entsprechende christliche Fundierung von Werthaltungen lässt sich praxelogisch explizieren: Die vom hoffenden Wissen um die Güte Gottes ausgehende Vergewisserung kann für Gläubige[170] den Grund darstellen, sich in je individueller Weise auszurichten und zu engagieren. Dabei spielt die Orientierung an Jesu liebender und handelnder Nähe zu Ausgegrenzten und Bedürftigen – im Sinne eines christlichen Propriums – sicher eine maßgebliche Rolle hinsichtlich einer entschiedenen Parteilichkeit im Interesse am Guten für alle Menschen.[171] Letzteres wird durch die Aufforderung zu Nächsten- und Feindesliebe konkretisiert und kann als Maßgabe gedeutet werden, Toleranz zu pflegen, Anerkennung zu schenken, respektvolle Auseinandersetzung zu kultivieren und dabei – ganz im Sinne der Habermas'schen Diskurstheorie – darauf zu achten, dass jede Stimme zu Wort kommt.[172] Letztlich bietet die christliche Hoffnung auf Gerechtigkeit für alle einen tragenden »Sinngrund dafür, nicht den eigenen Vorteil zum Richtmaß des Wollens und Handelns zu machen« (Hilpert 2009, 205). Zugleich erwächst aus dem Vertrauen in Gottes umfassende Güte eine Option, mit Kontingenz und Scheitern umgehen zu können; mit Situationen, die nicht von Werthaltungen her lösbar sind. Ausgehend von dieser Hoffnung ist es möglich, auch ein als problematisch zu wertendes Agieren zu integrieren (vgl. Aufenanger 2000, 248–250).

Ein weiteres Reservoir des jüdisch-christlichen Glaubens, auf das theologisch-ethische Ansätze hinsichtlich einer christlichen Begründung von Wert-

---

[170] Böckle spricht davon, dass die Grundentscheidung für den christlichen Glauben »als transzendental sittlicher Akt das ganze Leben« (Böckle 1981, 67) umspanne. Vgl. auch Jürgen Werbicks Ausführungen zum so genannten Glaubenswissen: »Die Glaubensvoraussetzung erschließt mir neue, verheißungsvolle Dimensionen der Wirklichkeit, die mich herausfordern und ermutigen, das Gutsein bzw. Gutwerden des mir Gegebenen handelnd mit zu verantworten.« (Werbick 2010, 59)

[171] Schockenhoff gibt zu bedenken, dass es nicht darum gehe, jesuanische Weisungen wortwörtlich zu befolgen. Vom Liebesgebot her, das »zum ungeteilten Dienst für Gott und den Nächsten« (Schockenhoff 2014, 697) auffordere, eröffne sich eine Verständnisbrücke. In dieser Hinsicht ist jedoch eine je aktualisierende schöpferische Übersetzung dahingehend gefordert, was es gegenwärtig bedeuten kann, das Liebesgebot zu realisieren. Biblizistischer dagegen formuliert noch Böckle: »Es geht darum, an der Existenzform Jesu abzulesen, welches die letzte, das Menschenleben bestimmende Wirklichkeit sei und wie man sich zu ihr verhalte.« (Böckle 1977, 295)

[172] »Toleranz und Anerkennung sowie […] Verständigungsorientierung im Diskurs« (Mandry 2009, 235) bezeichnet Mandry als Metawerte, deren Berücksichtigung er unter anderem in die Verantwortung der Kirchen und theologischen Ethik gibt. Metawerte sind – Mandry zufolge – für das Führen von Wertdebatten bedeutsame Werte, die »andere fundamentale Grundsätze und Haltungen voraus[setzen], wie die Bindung an die Menschenwürde, die Gleichheit der Personen, Solidarität und Gerechtigkeit« (Mandry 2012, 235).

haltungen verweisen, markiert die biblisch situierte Idee des Individuums als ein *von Gott her freies Wesen*. Die Deutung des Menschen als von Gott geschaffenes Wesen und der dem Menschen über die Gottebenbildlichkeit[173] zugleich zugesprochene Schöpfungsauftrag verweisen auf das Subjektsein und die Autonomie der Person: Der Mensch besitzt von da her »eine unverlierbare Würde und darf deshalb nicht zum Objekt von Manipulationen gemacht werden« (Hilpert 2009, 240; vgl. Schockenhoff 2013, 189–209). Zugleich ist er zu verantwortlichem Weltauftrag hinsichtlich des Lebens berufen, der ihn in die Pflicht nimmt, für es zu sorgen. Diese jüdisch-christliche Verortung eröffnet einen Horizont, aus dem heraus Situationen und Handlungen spezifisch beurteilt werden können bzw. gar müssen: Sie »erlaubt es nämlich, den Erkenntnisprozess des Subjektes so auf seinen göttlichen Ursprung zu beziehen, dass er *ganz* als Tätigsein des menschlichen Geistes und *ganz* als Teilnahme am Licht der ewigen Wahrheit Gottes gedacht werden kann, ohne dass darüber seine Eigenständigkeit oder sein ›autonomer‹ Vernunftcharakter in Gefahr gerieten« (Schockenhoff 2014, 727). Der Mensch sieht sich somit herausgefordert, in Freiheit lebensgestaltend zu agieren: bezogen auf sich, bezogen auf das menschliche Gegenüber, bezogen auf seine Umwelt, bezogen auf Gott. In diesem Zusammenhang ist auch die jedem Individuum zugesprochene Autonomie in sittlichen Fragen zu situieren.[174] Der Freiheitsvollzug macht den Menschen dabei zugleich zu einem verantwortlichen Wesen, das für seine Entscheidungen einstehen muss. Angesichts dieser Herausforderung wiederum erweisen sich Orientierungskontexte als hilfreich – unter anderem eine gläubige Selbstverortung, aber auch theologisch-ethisch oder kirchlich entfaltete Weisungen können diese bieten. Gleichwohl zieht, insofern die sittliche Freiheit des Menschen in Gott gesetzt ist, auch eine beispielsweise »theologische[] Legitimation des Sollens im ganzen keine Absolutsetzung kategorialer sittlicher Urteile« (Böckle 1981, 55) nach sich. Dies zeigt den Vorteil der theonomen Begründung des Individuums als sittliches Wesen, die darauf verweist, dass ein Subjekt nicht lediglich durch sich selbst oder durch

---

[173] Christoph Dohmen verweist darauf, dass im Sinne von Gen 1,26 die Bezeichnung »Gottesbildlichkeit« stimmiger sei, womit eine Aussage über die Funktion des Menschen als Repräsentant Gottes getroffen und ein relationales Verweisverhältnis begründet werde, von dem her sich eine theologische Anthropologie ableitet: Gott – selbst bildlos – verweist auf sein Geschöpf, der Mensch auf seinen Schöpfer. Mit der Gottesbildlichkeitsaussage werde eher ein funktionales Verhältnis definiert und weniger eine Wesensaussage (vgl. Dohmen 2008, 29).

[174] In »der Betonung des Subjektseins des Menschen« macht Böckle auch die entscheidende Neuerung Thomas von Aquins gegenüber Plato oder Augustinus aus: »Des Menschen einzigartige Würde liegt in seiner aktiven Teilnahme an der göttlichen Weltlenkung. Er ist im Rahmen seiner kreatürlichen Vernunft sich selbst zugelastet.« (Böckle 1981, 55f) Während Augustinus auf die Einstrahlung und Erleuchtung des Individuums durch göttliche Ideen verweist, erkennt Thomas »die Teilnahme des Menschen an der göttlichen Vorsehung […] in der natürlichen Neigung der praktischen Vernunft zu normsetzender Aktivität« (Böckle 1981, 56).

andere Subjekte beansprucht gedacht werden kann. Gerade die mit dem Ge-
schöpf-Sein verbundene Endlichkeits- bzw. Kontingenzerfahrung veranlasse
– so Böckle – den Menschen dazu, »seinen Freiheitsvollzug zu verwirklichen«
(ebd.) und beeinflusse dessen Werturteile. Christlich konturiert wird diese im
Schöpfungsgedanken situierte und durch viele weitere biblische Zeugnisse –
z. B. die Exoduserzählung – bestätigte Freiheitsidee durch Gottes Heilshandeln in Jesus Christus: Das Christusereignis stellt eine Potenzierung dar, insofern Jesus in Wort und Tat darauf verweist, dass Gott das Gute für den Menschen und keinen bloßen Regelgehorsam will. In seiner Auferstehung wird
dieses Anliegen bestätigt. Paulus deutet in seinem Brief an die Galater das
Wesen christlicher Existenz von dieser Freiheit vom Gesetz, von Sünde und
vom Tod her: Es gelte, »diese geschenkte Freiheit nicht durch Toraobservanz
in ihr Gegenteil zu verkehren und zu verlieren, sondern positiv in der Liebe
zu gestalten« (Schnelle 2003, 322). Von daher ergeht an Gläubige die Aufforderung, im Geist Gottes Leben liebend zu verantworten. Gerade diese von
Gott her zugesprochene Freiheit ist zugleich aber ein Grund, weshalb verschiedene Werthaltungen in Konkurrenz treten können. Hinsichtlich der
sodann anzugehenden Konsensfindung zeigt der Horizont einer die bzw. den
andere(n) ernst- und annehmenden Liebe auf, von welchem Geist her diese
Konsensfindung getragen sein kann.

Im Vergleich zu vielen alltagsgebräuchlichen Begründungsmodi halten sich
theologisch-ethische Verortungen von Werten mit einem deduzierenden
Rekurs auf den *Dekalog* oder die jesuanische *Bergpredigt* zurück. Zwar rekurrieren sie immer wieder darauf, dass mit diesen biblischen Weisungen elementare Grundlagen für ein menschliches Miteinander im Geiste des jüdisch-
christlichen Glaubens gegeben sind. Gleichwohl kritisieren sie, dass diese
biblisch benannten moralischen Normen (!) nicht selten »versachlicht und wie
Gesetze gehandhabt« (Hilpert 2009, 88) werden: »Der Mensch, um dessen
willen die moralischen Normen da sind, kann dann aus dem Blick geraten«
(ebd.) und schnell wird auf diese Weise die Idee von Gott darauf fokussiert,
über die Beachtung dieser Normen zu wachen. Wird diese potentielle Verzer-
rung vermieden, ist es nichtsdestotrotz möglich, Werte im Rekurs auf diese
biblischen Weisungen zu begründen.

3.3.3 Werte im Kontext des christlichen Glaubens. Beachtenswertes

Oftmals scheint es so, als diente der christliche Glaube primär zur Wertorientierung hinsichtlich eines guten Lebens: Aus der jesuanischen Botschaft lasse
sich ableiten wie man sich zu verhalten hätte, die Gebote und Verbote der

jüdisch-christlichen Bibel zeigten, was erlaubt und was verboten ist, usw.[175] Nicht zuletzt Wertedebatten, in denen auf die »christlichen Werte« rekurriert wird, zeugen von dieser Wahrnehmungsweise, welche den christlichen Glauben – und im Speziellen biblische Schriften – auf ein Wertereservoir reduziert. Gegen dieses primär funktionalistische Verständnis ist unter anderem einzuwenden, dass der christliche Glaube weit *mehr* umfasst als ableitbare Leistungen für die Gläubigen hinsichtlich deren Lebensgestaltung. Sein Zentrum markiert der unverfügbare, trinitarische Gott, der für alle menschlichen Kontexte und Erfahrungen – auch für die des Scheiterns oder für negativ bewertbare Werte – den entscheidenden, letzten Daseins- und Wirklichkeitsbezug darstellt und von daher ganzheitlich angelegte Deutungsoptionen bietet. Eine Reduzierung auf Werte dagegen »kann in eine ethische Substantialisierung des christlichen Glaubens umschlagen, so dass das Anliegen von Christen auf die Realisierung bestimmter, feststehender ›Gehalte‹ reduziert würde« (Mandry 2009, 237).[176] Weiter ist gegen die Idee von deduzierbaren »christlichen Werten« einzuwenden, dass Werte aus einem bestimmten Horizont heraus immer wieder aktualisiert und im Interesse an Selbstvergewisserung – sowohl von Individuen als auch von Gemeinschaften – im Rahmen eines eigenen Urteils je »neu« gebildet werden müssen.[177] Als Unterstützung dieser Argumentation lässt sich unter anderem der im Neuen Testament fußende Aufruf an die Christen deuten, »sich selber ein ethisches Urteil zu bilden. Diese Aufforderung setzt voraus, dass das, was Gottes Wille ist, nämlich das Gute, Wohlgefällige und Vollkommene (vgl. Röm 12,2), nicht schon klar definiert vor ihnen liegt« (Hilpert 2009, 39).

Für konkrete Wertekontexte hält der christliche Glaube zunächst keine konkreten Anweisungen parat, wie unter anderem die angesichts voranschrei-

---

[175] Volker Eid verweist darauf, dass die »Moralisierung christlichen Glaubens« zur Annahme führe »als sei christlicher Glaube eigens zur Etablierung einer Moral und zur Gewährleistung moralischen Wohlverhaltens ›eingeführt‹ worden«. (Eid 2004, 236)

[176] Unter anderem Friedrich Schleiermacher argumentiert gegen eine Vorrangstellung von Religion hinsichtlich ethischer Fragen. In seinen Reden über die Religion gibt er zu bedenken, dass Handeln immer gut, immer moralisch sein sollte und kann, »aber die religiösen Gefühle sollen wie eine heilige Musik alles Thun des Menschen begleiten; er soll alles mit Religion thun, nichts aus Religion« (Schleiermacher [1799] 1984, 219). In der »Gesinnungsbildung«, die insbesondere im Erleben zu Moral führe, sieht er einen zentralen Aspekt von Erziehung. Zu Schleiermachers »ethischer Idee« vgl. Conrad 2008, 108–163. Rudolf Englert stellt Reflexionen von Paul Tillich, Immanuel Kant, Friedrich Schleiermacher und Edward Schillebeeckx zusammen, um der Unterscheidbarkeit von Religion und Ethik auf den Grund zu gehen (vgl. Englert 2013b, 109–120).

[177] Mandry sieht dies ähnlich: »Die Vorstellungen des – mit Taylor gesprochen – konstitutiven Gutes wirken sich aus auf die christliche Identität als eine Lebensform mit bestimmten Werthaltungen [...]. Diese Auffassungen sind wandelbar und sie sind keineswegs eindeutig, sie geben vielmehr Orientierung, indem sie zum Sich-Orientieren herausfordern, widerständig und verheißungsvoll zugleich.« (Mandry 2009, 236)

tender medizinischer Möglichkeiten virulent werdenden Wertefragen zeigen. Vielmehr sehen sich Christen immer neu aufgerufen, auf der Basis ihres Glaubensfundamentes zu Werthaltungen zu kommen. Dabei setzt die »Vision einer dem Evangelium entsprechenden Lebensordnung, die in der Tat für eine christliche Ethik unverzichtbar ist, [...] ein normatives Kontrastmoment gegenüber der bestehenden Wirklichkeit, das aus dieser nicht ableitbar ist« (Schockenhoff 2014, 473f). In Letzterem liegt das *kritische Potential* einer Werterekonstruktion im Horizont des christlichen Glaubens: Der prophetisch-jesuanisch perspektivierte Blick auf gesellschaftliche Realitäten lädt ein, zu hinterfragen, anders zu denken, für gelingendes sowie menschenwürdiges Menschsein einzustehen und von daher Werthaltungen auszubilden, die in je spezifischen Situationen praktiziert werden. Von daher können sie zur Realisierung der Reich-Gottes-Botschaft beitragen. Zugleich jedoch müssen sich christlich-religiös begründete Werthaltungen einer diskursiven Überprüfung aussetzen und in ihrer Überzeugungskraft erweisen.[178]

Eine weitere Herausforderung hinsichtlich christlich begründeter Werte stellt deren *Kommunikation* dar: In klärender Absicht lässt sich hier einmal mehr auf Charles Taylors Darlegungen rekurrieren. Er verweist darauf, dass konstitutive Güter auf Versprachlichung angewiesen sind, damit sie begriffen werden können. Dies erfordere »nicht unbedingt ihre formale Definition in doktrinären Theorien, sondern [...] [lasse] auch mythische und narrative Artikulationen zu, aber ohne explizite Formulierung in irgendeiner Form [...] stellen diese Güter nicht einmal Optionen dar« (Rosa 1998, 158f; vgl. Taylor 1994, 176). Nicht zuletzt angesichts der diagnostizierbaren Konkurrenz zwischen unterschiedlichen Werten und der in diesem Zusammenhang eingeforderten Begründungsleistung ist es daher erforderlich, den christlichen Kontext der daraus begründeten Werthaltungen zu kommunizieren. Der Habermas'sche Hinweis, dass Religionen ein gesellschaftlich relevantes Vernunftpotential bergen, das versprachlicht werden muss und dem Gehör geschenkt werden sollte, unterstützt diese Diagnose (vgl. 3.1.4). Dabei ist es erforderlich, die christliche Begründung von Werten auch für Nichtgläubige verstehbar zu machen. Zunächst sind hier die Gläubigen aufgefordert, sich zu vergewissern, worin die Verknüpfung ihrer Werte mit dem christlichen Glauben besteht. Dies erfordert Anstrengungen hinsichtlich Reflexion und Verstehen: Scheinbar selbstverständliche Werte in ihrer christlichen Ladung zu identifi-

---

[178] Jürgen Werbick verweist auf die diskursive Überprüfungsnotwendigkeit religiöser Überzeugungen folgendermaßen: Wo die rational begründete Kritik an diesen als triftig anzuerkennen ist, gilt es, »die problematisierte Überzeugung entsprechend zu modifizieren oder sie aufzugeben oder einzuräumen, dass man an ihr nicht länger rational gerechtfertigterweise festhalten kann. Das also ist der Sinn der Hypothetisierung religiöser Geltungsansprüche in Diskursen, in denen Geltungsansprüche der Kritik an ihnen ausgesetzt und gerade so in ihrer Überzeugungskraft ›evaluiert‹ werden sollen« (Werbick 2010, 57).

zieren und den zugrundeliegenden Zusammenhang abseits platter Deduktionen einzuordnen, fällt nicht immer leicht und erweist sich als bisweilen überfordernde Aufgabe. Bleibende Herausforderung ist es dennoch, die christliche Botschaft als Wertehorizont nicht sektiererisch zu verengen, sondern allen Menschen gegenüber (selbst-)verständlich zu kommunizieren (vgl. Böckle 1981, 59f; Eid 1995, 172). Dabei gerät zum einen die Kommunikation über Werte innerhalb der eigenen Glaubensgemeinschaft in den Blick, deren konsensuelle Begründung aus dem christlichen Glauben heraus nicht vorschnell vorausgesetzt werden darf. Der Rekurs auf gleiche Begründungsfiguren muss nicht zwangsläufig zur Ausprägung einer identischen Werthaltung führen. Herausfordernder ist gleichwohl die Wertkommunikation mit nicht christlich Gläubigen und Nichtgläubigen. Mandry hält in diesem Zusammenhang eine Übersetzungsleistung für elementar, insofern »Werterfahrungen, die ihre volle Bedeutung sowohl hinsichtlich ihres Gehalts als auch hinsichtlich ihrer existenziellen Relevanz für eine Gruppe nur im religiösen Deutungshorizont haben, auch jenen verständlich werden müssen, die diesen nicht teilen« (Mandry 2009, 209; vgl. zudem ebd., 208–215). Religiöse Sondersprache gilt es in letzterem Zusammenhang zu vermeiden. Zum einen um der Verständlichkeit willen, zum anderen aber auch, um bewusste Ausgrenzung, die sich auf scheinbares Herrschaftswissen zurückzieht, zu verhindern.[179] Aus der Übersetzung christlich-religiöser Konnotationen in allgemein nachvollziehbare Aussagen ergibt sich die Chance, dass christliche Begründungen von Werten in postsäkularen Gesellschaften mit Anerkennung rechnen dürfen. Im Rahmen eines auf Konsens angelegten Wertediskurses ist es diesbezüglich eine wesentliche Bedingung, dass die nichtchristlichen Diskursteilnehmerinnen und -teilnehmer unter anderem »zugestehen, dass die (gemeinsam proklamierte) Verbindlichkeit der Werte auch aus den jeweils anderen, inhaltlich nicht geteilten, aber grundsätzlich als legitim akzeptierten, religiösen Prämissen geschöpft werden kann« (ebd., 208f). Hinsichtlich der Übersetzung religiöser Sprache nimmt Habermas nicht nur die Gläubigen, sondern auch die Gesellschaft in die Pflicht: »Eine liberale politische Kultur kann sogar von den säkularisierten Bürgern erwarten, dass sie sich an Anstrengungen beteiligen, relevante Beiträge aus der religiösen in eine öffentlich zugängliche Sprache zu übersetzen.« (Habermas 2006, 36) Nicht zuletzt liegt

---

[179] Böckle sieht einen Grund für die Anforderung einer verständlichen Kommunikation allen Menschen gegenüber darin, dass vom Glauben her geprägte »Normen« als solche »im Blick auf eine heilsgeschichtlich verstandene Natur im Prinzip konsensfähig sind« (Böckle 1981, 60). Beispielhaft für eine entsprechende Übersetzungsleistung verweist er darauf, dass die christliche Idee der Menschenliebe Gottes als Fundament der Menschenwürde nur dann verständlich wird, wenn es gelingt, den »Würdebegriff in ein eindeutiges und allgemein verständliches Wertprädikat, wie z. B. ›Leben‹, ›leibliche Integrität‹ usw., [zu] übertragen und operational« (ebd., 65) zu machen.

im verständlichen Kommunizieren der christlichen Begründung für Werthaltungen die Chance, dass entsprechende religiöse Überzeugungen von einer breiteren Öffentlichkeit verstanden und in ihrer Bedeutung nachvollzogen werden können.[180]

Ein Weiteres ist beachtenswert: Da Werte von ihrer *Realisierung* leben, kommt auch dem handelnden Vollzug eine wichtige Rolle zu. Volker Eid bringt dies programmatisch auf den Punkt: »Es geht um die Ausgestaltung des Christlichen mit seinen moralischen Optionen und Perspektiven mitten in unserer ›Welt‹« (Eid 1995, 172; Kursivs. rückg., K.L.). Sein Appell lässt sich dahingehend verstehen, dass eine christliche Fundierung der Werte so kommuniziert und praktiziert werden muss, dass die daraus abgeleiteten Haltungen in der Gesellschaft wahrgenommen werden können. Hier kommt die Nähe zum Begriff »Tugend« zum Tragen, der nicht selten aus Werthaltungen abgeleitete Operationalisierungen umfasst (vgl. dazu den Exkurs im Folgenden). Sicherlich ist das wahrnehmbare Resultat dieser im christlichen Glauben begründeten Wertrealisierung von außen nicht von einer nicht-christlich fundierten unterscheidbar und muss es auch nicht sein. Christen leben in der Gesellschaft, im Alltag ihre Werte und treffen dabei auf Menschen, die gleiche Werte als Handlungsmaßstäbe identifizieren, gleichwohl anders begründen. Dennoch stellt die Bindung an ein bestimmtes konstitutives Gut einen wesentlichen Beitrag zur einem jeden Individuum im Angesicht eines Gegenübers abverlangten Selbstvergewisserung und -verortung dar.

Mit Hilperts Hinweis, der »theologische Beitrag […] [zur ethischen Urteilsfindung wirke] sich nicht in der Weise aus, dass es ganz bestimmte christliche Sondernormen für das konkrete Handeln gibt« (Hilpert 2009, 41), bleibt einmal mehr festzuhalten, dass es *die* »christlichen Werte« oder auch *nur* aus dem christlichen Glauben heraus begründbare Werte nicht gibt.[181] Deshalb er-

---

[180] Christof Mandry spricht in diesem Zusammenhang von der »Öffentlichkeitsfähigkeit der religiösen Glaubenssprache in der Wertediskussion« (Mandry 2009, 220), wobei diese Formulierung seiner Forderung nach Übersetzung nur bedingt nachkommt, insofern ja genau die »religiöse Glaubenssprache« – mit Habermas – nachweislich in allgemein verständliche Aussagen zu transformieren ist.

[181] Stephan Ernst pointiert diese Feststellung: »Die eigentliche Bedeutung des christlichen Glaubens für das ethische Handeln besteht mithin nicht darin, das Spektrum sittlicher Werte zu erweitern, ihre objektive Gültigkeit durch die Autorität Gottes zu garantieren oder gar ihren Anspruch zu verschärfen, sondern darin, Menschen von der Angst geleiteten Fixierung auf sich selbst zu befreien und sie so zu wahrhaft selbstlosem und mitmenschlichem Handeln zu befähigen.« (Ernst 2013, 64)

Interessanterweise gehen auch religionspädagogisch-empirische Studien jüngeren Datums terminologisch wenig differenziert mit der Attribuierung »christlich« und/oder »religiös« bezüglich des Kontextes Werte um. Die Forschungsgruppe »Religion und Gesellschaft« beispielsweise sieht »christlich-religiöse Werte« als »eine Dimension des Werteraums [an] – allerdings eine von zentraler Bedeutung mit dem Einfluss auf idealistische und traditionelle Werte. Religiöse Werte können als ein Indikator von Religiosität verstanden werden« (For-

scheint es – wie oben bereits praktiziert – sinnvoller, von »christlich begründeten Werten« zu sprechen. Dabei bietet der christliche Glaube für die Begründung von Werten Kriterien, insofern er bestimmte anthropologische Positionen setzt. Gerade hinsichtlich solcher Werte, die den Einzelnen in seiner Einzigartigkeit erweisen, kann die christliche Fundierung bedeutsam ins Spiel kommen. Hinzu kommt die Option, dass aus der christlichen Offenbarungsbotschaft heraus die wertfundierende Frage: »Warum soll ich moralisch, soll ich gut handeln?«, im Blick auf einen begründenden Sinnhorizont, der in Gott gesetzt ist, beantwortet werden kann (vgl. auch 4.1.2.7).[182]

Exkurs: »Tugenden«. Warum nicht dieser Begriff?

Konrad Hilpert konstatiert im Jahr 2009, dass das Thema Werte »vor ein bis zwei Generationen […] stark mit dem Begriff der ›Tugend‹ verknüpft« (Hilpert 2009, 198) wurde. Dies korreliert mit der Wahrnehmung, dass der Tugendbegriff in der Vergangenheit wenig Popularität für sich beanspruchen konnte.[183] Im Jahr 1990 stellt beispielsweise Martin Honecker fest: »Von Ausnahmen abgesehen […] gehört das Wort ›Tugend‹ der Vergangenheit an.« (Honecker 1990, 165) Gegenwärtig aber wird der so genannten Tugendethik wieder mehr Aufmerksamkeit geschenkt. Unter anderem der katholische Moraltheologe Eberhard Schockenhoff widmet in seiner 2007 erschienenen und 2014 überarbeitet vorgelegten »Grundlegung der Ethik« der Tugendlehre wieder breiten Raum, um den Tugendbegriff als zentrale ethische Reflexionsgröße zu rehabilitieren, nachdem dieser »in der akademischen Moralphilosophie und im öffentlichen Moraldiskurs der Gesellschaft auf lange Sicht in Misskredit« (Schockenhoff 2014, 58) geraten war. Schockenhoff bewegt sich mit seiner Rehabilitierung des Tugendbegriffs auf einem im Aufschwung befindlichen Terrain: Galt ein Rekurs auf den Begriff ›Tugend‹ bis vor wenigen Jahren eher als antiquiert, so lässt sich gegenwärtig eine – insbesondere durch die Forschungen von Philippa Foot, Alasdair MacIntyre sowie Martha Nussbaum (vgl. alle u. a. 1998) eingeleitete – Renaissance, eine »Wende zur

---

schungsgruppe 2015, 42). Die in diesem Sinne angestellten empirischen Forschungen werden von letzterem, nicht näher erläuterten, Postulat geleitet.

[182] Unter anderem Hilpert verweist darauf im Rahmen der von ihm identifizierten Spezifika theologischer Ethik. Der sich aus dieser »letzten Wirklichkeit« speisende Sinnzusammenhang motiviere zu moralischem Handeln und erweist dieses als notwendig. Auch die Option, fehlerhaftes menschliches Verhalten unter christlicher Perspektive in der Hoffnung auf Versöhnung und Neuanfang zu integrieren, zeichnet – Hilpert zufolge – das christliche Proprium im moralischen Kontext aus (vgl. Hilpert 1980, 546–550).

Auch der Pädagoge Jürgen Rekus sieht in der Antwort auf die Frage nach dem Warum eines Gutseins den spezifischen »Beitrag der Kirchen zur Wertbildung« (Rekus 2009, 33).

[183] Insbesondere in praktisch-theologischer Hinsicht kann nach wie vor mit Mirjam Schambeck konstatiert werden, dass Tugenden »eine untergeordnete Rolle« (Schambeck 2001, 300) spielen.

Tugend« (Porter 2002, 193) konstatieren, vor allem in philosophischen und katholisch-theologischen Kontexten. Auch in alltäglichen Diskursein hallen immer wieder Rufe durch, die im Zusammenhang mit der Einforderung von mehr Wertebewusstsein das Berücksichtigen von Sekundärtugenden einfordern.[184] Jean Porter verweist auf mehrere Aspekte, die zu dieser neuen Hinwendung zum Begriff »Tugend« geführt haben (vgl. ebd., 193ff). Unter anderem erwähnt er die auf der thomistischen Annahme, dass in Tugenden die Gnade wirksam ist, basierende, intendierte Befreiung von einem Legalismus, der die katholische Moraltheologie prägte: Christlich verstandenes sittliches Handeln müsse mehr sein als die Einhaltung von Geboten. Besonders Alasdair MacIntyres Bestreben, durch den Rekurs auf die aristotelische Tugendlehre im philosophisch-ethischen Diskurs eine Kohärenz zu erreichen (vgl. MacIntyre 1998), welche bis dato aufgrund vieler fragmentarisch rezipierter Traditionen rational nicht einholbar schien, leitete die Renaissance dieses Terminus ein.

Zwar zeigt sich immer wieder, dass Tugenden inhaltlich Ähnliches umschreiben wie Werte – wenn z. B. Wahrhaftigkeit sowohl als Tugend als auch als Wert bezeichnet wird –, gleichwohl lassen sich beide Termini in Nuancen differenzieren. Eine klassische Definition etablierte Aristoteles mit seiner Tugendlehre, insofern er in der ἠθικὰ Νικομάχεια Tugend (ἀρετή) als »Habitus« bezeichnet, aufgrund dessen Ausprägung der davon geprägte Mensch »selbst gut ist und sein Werk gut verrichtet«; sie macht den Handelnden »vollkommen« und verleiht der korrespondierenden »Leistung die Vollkommenheit«. (Aristoteles, NIKOMACHISCHE ETHIK II, 5, 1106a) Die mit Aristoteles fokussierte Grundeinstellung, die sich im praktischen Handeln äußert, markiert einen charakteristischen Aspekt von Tugend, der auch die kleine, aber feine Differenz zum Terminus »sittlicher Wert« ausmacht: Eine deutlichere Einbindung des operationalen Elements hinsichtlich der individuellen Disposition. »Tugend im Sinne einer verbindlichen Grundhaltung ist nur dort gegeben und wird von uns nur dort Menschen zugestanden, wo durch *Handlungen* der Erweis dieser Fähigkeit angetreten wird.« (Wils/Mieth 1992, 196) Schockenhoff verortet Tugend in der »innere[n] Verschränkung der kognitiven, volitiven und affektiven Dimensionen des Handelns. Die Tugenden bewirken insofern immer ein Zweifaches: die habituelle Ausrichtung der Erkenntniskräfte auf das Vernunftgemäße und die affektive Bereitschaft des Handlungssubjektes, das als vernunftgemäß Erkannte unter der Beteiligung

---

[184] Schockenhoff versteht unter Sekundärtugenden – im Gegensatz zu den Primärtugenden, den so genannten moralischen Tugenden – Haltungen, die dem Erreichen klar definierter, externer Ziele und nicht dem Selbstzweck dienen, wie z. B. Sparsamkeit oder Fleiß. Sekundärtugenden würden nicht um ihrer selbst willen oder gar aufgrund eines im moralischen Sinn wertvollen Aspektes geschätzt. Gleichwohl können sie »sich mit moralischen Einstellungen verbinden« (Schockenhoff 2014, 110).

aller Handlungspotentiale auch zu vollbringen.« (Schockenhoff 2014, 84)
Zentral ist dabei auch, das Tugendhafte ohne Berechnung und abseits eigen-
nütziger Interessen als Grundhaltung freiwillig zu wählen sowie zu realisieren.
Diese Grundhaltung ist unter christlich-theologischen Vorzeichen von
Gott her durch seine Gnade ermöglicht (vgl. ebd., 176), muss aber eingeübt
werden. Ein tugendhaftes Subjekt lässt sich dadurch charakterisieren, dass es
»eine vernunftbestimmte Mitte zwischen entgegengesetzten Fehlhaltungen
sucht und [...] dazu befähigt [ist], entsprechend seinem jeweiligen Vermögen
die bestmögliche Leistung hervorzubringen« (ebd., 89). Tugenden wird zugesprochen, »die Tauglichkeit des Individuums, sein Leben gut führen zu können, [zu] erhöhen« (Höhn 2014, 115), indem sie Kriterien und Maßstäbe für
das Gute vorgeben. Die Stärke der Tugendethik liege – so Schockenhoff –
letztlich »in ihrer Verankerung in einem hinreichend flexiblen Strukturgitter
anthropologischer Grunderfahrungen« (Schockenhoff 2014, 126), das individuellen Besonderheiten Raum lasse.

In der Stoßrichtung der Frage nach dem sittlich Guten lässt sich schließlich
auch eine Differenzierung zwischen den Begriffen »Tugenden« und »Werte«
ausmachen: Tugenden fokussieren das Subjekt und seine Grunddisposition,
freiwillig, im Einklang mit der Vernunft sowie ohne Eigennutz, moralisch gut
zu handeln; sie sind von daher primär auf die Individualperspektive gerichtet.[185] Werte dagegen bieten einen Begründungshorizont für als gut quali-
fizierbare Einstellungen und sind somit sowohl vom Individuum wie auch –
und hier eröffnet sich ein entscheidend differenzierender Aspekt – von kol-
lektiver Perspektive her referenziert.[186] Während Tugenden aus der Frage
hervorgehen: »Wie will ich sein, um eine gute Person zu sein?« (Hilpert 2009,
233)[187], sind Werte im Kontext der Frage anzusiedeln: »Welche individuell
und kollektiv verankerten Überzeugungen bewegen mich, eine gute Person zu
sein?«

Ein weiteres Unterscheidungsmoment lässt sich in hierarchischer Hinsicht
ausmachen: Sittliche Werte und Werthaltungen liegen vielen Tugenden gewissermaßen voraus. Insbesondere durch wiederholte Realisierung sowie Einübung und die sich dadurch einstellende selbstverständliche Praxis können

---

[185] Obwohl Eberhard Schockenhoff die Stärke eines auf den vier Haupttugenden gegründeten
Ansatzes »in der Verschränkung von Individualmoral, Sozialethik und politischer Ethik«
(Schockenhoff 2014, 148) erkennt, lässt sich diese Stärke – wie Schockenhoff auch aufzeigt
– vor allem hinsichtlich des Gerechtigkeitsaspektes ausweisen. Abgesehen davon fokussieren tugendethische Kontexte jedoch zunächst primär die Individualperspektive.

[186] Georg Beirer präzisiert in ähnlicher Weise Tugenden als »konkrete Inkarnation von Werten
und Ausdruck bestimmter Wertpräferenzen« (Beirer 1995, 86).

[187] Eberhard Schockenhoff formuliert folgende tugendethische Leitfrage: »Was für ein Mensch
soll ich sein?« (Schockenhoff 2014, 88) Damit wird »die eigentliche Stärke der Tugendethik«
im Gefolge von Aristoteles unterstrichen, deren Vorzug es ist – so Schockenhoff –, »dass
sie Raum für individuelle Besonderheiten [...] lässt«. (Ebd., 126)

Werthaltungen in den Rang von Tugenden übergehen (vgl. Höhn 2014, 117; Lindner 2015, 132; Mieth 1984, 61). Hinzu kommt, dass Tugenden meist viel definitorischer konkretisiert werden – vgl. die vielfältigen Tugendkataloge – als Werte, welche der Kontextgebundenheit der Subjekte und der daraus resultierenden Relativität entspringen und insofern weiter sowie flexibler fundiert sind.[188]

Vorliegende Studie ist an dem Beitrag des christlichen Glaubens zur Wertebildung interessiert, also stärker an den Überzeugungen, die als Begründungsmodi für Werte fungieren können. Die Beschäftigung mit Werten speist sich dabei nicht zuletzt aus dem Interesse einer Anschlussfähigkeit religionspädagogischer Fragen für Diskurse, die auch außerhalb der Theologie[189] gerade in Bildungszusammenhängen anstehen. Hier erweist sich der Begriff Tugend aufgrund seiner starken Fokussierung auf die Individualperspektive als weniger kompatibel.

3.3.4 Religionspädagogische Perspektiven

Die vorangestellten Darlegungen zum Verhältnis von christlicher Religion und Werte bieten wichtige Ankerpunkte hinsichtlich des in vorliegender Studie verfolgten Anliegens, eine Wertebildungstheorie aus religionspädagogischer Perspektive zu entfalten.[190] Deutlich geworden ist, dass – allein aus

---

[188] An diesen Unterscheidungen wird deutlich, dass eine »Tugenderziehung« wie sie Siegbert Peetz anstrebt, schulischen Unterricht überfordern würde. Siegbert Peetz plädiert für »Moralerziehung als Tugenderziehung«, für eine Ersetzung des Begriffs »Werte« durch den Terminus »Tugend« im Rahmen von ethischen Lernprozessen und differenziert folgendermaßen: »Werte werden geschätzt, Tugenden werden geübt; Werte werden deklariert, Tugenden werden inkorporiert.« (Peetz 2007, 61) Diese Unterscheidung jedoch basiert auf einem sehr reduzierten Werte-Begriff, insofern Peetz diesen – im Gegensatz zu Tugend – als »ichfremd« (ebd., 45) bezeichnet. Zum einen sind Werte keineswegs abseits von der Entscheidung eines Individuums für diese hinsichtlich einer persönlich präferierten Haltung zu denken: Insofern werden sie nicht lediglich deklariert, sondern auch realisiert. Zum anderen aber überfordert eine Einübung in moralische Tugenden den schulischen Unterricht hinsichtlich seiner Reichweite: Es bleibt fraglich, ob über Sekundärtugenden hinausgehend, moralische Tugenden – in der Folge von Thomas von Aquin wären dies: Gerechtigkeit, Weisheit, Tapferkeit/Beständigkeit, Maß sowie Glaube, Hoffnung, Liebe – im Kontext Schule wirklich dergestalt »einübbar« sind, dass sie ins alltägliche Handeln der Schülerinnen und Schüler eingehen.

[189] Hinzu kommt in ökumenischer Perspektive – und auch in dieser Hinsicht ist vorliegende Studie um Anschlussfähigkeit bemüht –, dass der Tugendbegriff in der evangelischen Theologie nur bedingt auf Akzeptanz trifft (vgl. Hailer 2014, 71–74). Eberhard Schockenhoff sieht dies vor allem in der Kritik Martin Luthers am aristotelischen Tugendverständnis begründet. Zwar kann Schockenhoff nachweisen, dass Aristoteles' Konzeption von Tugend nicht in der Lutherischen Interpretation aufgeht, doch findet sich bis in die Gegenwart – trotz mancher Integrationsversuche – auf evangelisch-theologischer Seite eher eine Skepsis der Tugendethik gegenüber (vgl. Schockenhoff 2014, 196–227).

[190] Wolfgang Michalke-Leicht diagnostiziert – m. E. nach wenig präzise und auch nicht korrekt – »konfessionelle Akzentuierungen«: »Die Religionspädagogik evangelischer Provenienz hat

Mangel an Erweisen, dass es sie im spezifischen Alleinstellungskontext gibt – eine *»Vermittlung christlicher Werte« keine Zielperspektive religionspädagogischen Agierens* sein kann; auch wenn verschiedenste Akteure und Interessensgruppen (vgl. 4.2.1) dies unter anderem dem schulischen Religionsunterricht als Hauptaufgabe zuschreiben.

Das religionspädagogische Potential im Rahmen der Wertebildung stellt vielmehr *der christliche Glaube als fundierender Sinngrund* – wie unter anderem Konrad Hilpert dies präzisiert – und damit als Option der Begründung von Werten dar. Letztere können zwar auch im Horizont anderer Weltanschauungen gedeutet werden.[191] Mit Charles Taylor gesprochen bietet der christliche Gottesglaube – und die damit verbundene Sicht auf den Menschen – jedoch eine vernünftige Option zu entscheiden, was gut ist. Die davon ausgehende Motivationskraft zum Guten kann auch für Nicht-Christen und für Nicht-Gläubige einsichtig werden und Relevanz erlangen. Insofern sollten es religiöse Lern- und Bildungsprozesse nicht versäumen, die christliche Konturierung in den Diskurs einzubringen: Die mit dem christlichen Glauben tradierte letzte Wirklichkeit stellt ein Vernunft- und Sinnpotential dar und eröffnet einen Möglichkeits- oder gar Hoffnungsraum; auch um Werte zu reflektieren und zu begründen.

Eine religionspädagogische Herausforderung dabei ist es, mehrere *Referenzkontexte*, die sowohl die Begründung als auch die Verwirklichung von Werten tangieren, in den Blick zu nehmen: das *Subjekt* selbst im Rahmen von Selbstvergewisserungsprozessen, das *Gegenüber* durch das Initiieren intersubjektiver Lern- und Begegnungsoptionen und die *Umwelt*. Auch gilt es, einen Rekurs auf das *Transzendente* herzustellen. Bezüglich letzterem Referenzzusammenhang kann sich – im Sinne von Alfons Auer – der integrierende Effekt des christlichen Glaubens erweisen.

In religionspädagogischem Interesse initiierte Wertebildungsprozesse, die auf den christlichen Sinnhorizont rekurrieren, müssen insbesondere folgende Aspekte bedenken:

- Die Lernenden sollten den christlichen Glauben als Sinnzusammenhang für das Ideal eines guten Lebens (wieder) *kennenlernen* sowie *wahrnehmen* und *identifizieren* können. Gerade in dieser Hinsicht tut sich gegenwärtig eine Lücke auf, insofern die Inanspruchnahme des christlichen Glaubens durch Schülerinnen und Schüler momentan nicht als selbstverständlich vorausgesetzt werden kann. Diese hohe Anforderung, die auch im Re-

---

bisweilen eine ausgeprägte Affinität zur Werteerziehung. Auf Seiten der katholischen Religionspädagogik fällt der Befund anders aus. Hier werden primär religiös-existenzielle sowie kirchliche Fragen und Aspekte thematisiert.« (Michalke-Leicht 2009, 84)

[191] Bernhard Grümme betont in ähnlicher Weise: »In Fragen der Begründung von Normen, Werten und Tugenden verfügt der Christliche Glaube nicht über Einsichten, die über das Potenzial der säkularen Vernunft hinausgehen.« (Grümme 2015, 25)

kurs auf Selbstreflexionsprozesse zu leisten ist, kann unter anderem darüber angegangen werden, dass Lernende im Rahmen religionsunterrichtlicher Lernprozesse *Personen begegnen* – sei es durch mediale Vermittlung oder durch direkten Kontakt –, an deren Lebensweise ersichtlich wird, inwiefern der christliche Glaube als Sinnkontext ihr individuelles Wertegerüst prägt (personal-biographische Dimension).

–   Zugleich gilt es, die Lernenden zu befähigen, den christlichen Sinnzusammenhang in seiner Wirkung auf Werte bzw. seine Verknüpfung mit Werthaltungen zu *deuten*. Dabei ist es naheliegend, unter anderem nach Prägungen durch die jüdisch-christliche Bibel oder durch Lehrtraditionen zu fragen. Zu vermeiden sind jedoch funktionalisierende Deduktionsprozesse, die beispielsweise aus direkt biblischen Weisungen – die nicht zuletzt im Großteil eher Normen darstellen – bestimmte Werte ableiten; entsprechende Weisungen können auch außerhalb der Bibel identifiziert werden. Vielmehr geht es darum, die Subjekte religiöser Lern- und Bildungsprozesse zu befähigen, auf den werteprägenden christlichen Glauben, der durch biblische Erzählungen und Lehrtraditionen fundiert ist, als Deutungshorizont rekurrieren zu können.

–   Zentral ist auch die *Kommunikation* über christliche Wertekontextualisierungen – unter anderem, weil die Befähigung dazu es ermöglicht, den christlichen Glauben als Vernunftpotential für die Gesellschaft allgemein zugänglich zu machen; und zwar im diakonischen Sinne als Dienst an den Menschen. Wichtig erscheint dabei – wie unter anderem Franz Böckle, Volker Eid oder Christof Mandry zu bedenken geben – eine *verständliche Artikulation* abseits religiöser Sondersprache. Diese Forderung ist insbesondere im Rahmen des schulischen Religionsunterrichts, der nicht mehr davon ausgehen kann, dass alle teilnehmenden Schülerinnen und Schüler das religiöse Sprachspiel beherrschen, ernst zu nehmen. In wertebildenden Lern- und Bildungsprozessen muss der religiöse Sinnzusammenhang so zugänglich gemacht werden, dass er zum einen verständlich ist. Zum anderen gilt es die Lernenden zu befähigen, sich über religiös grundierte Sinnwirklichkeiten selbst artikulierend austauschen zu können.[192] Wenn beispielsweise spezifisch-religiöse bzw. spezifisch religiös gesättigte Vokabeln im wertebildenden Zusammenhang bedient werden – wie z. B. »Gott« oder die bisweilen inflationär artikulierte »Nächstenliebe« – geht es darum, diese Worte in ihrer religiös-semantischen Ladung verstehen und gebrauchen zu können. Erweismomente einer verständlichen, religiös grundierten Artikulation stellen – abgesehen von den Subjekten des

---

[192] Voraussetzung dafür ist, dass die Initiatorinnen und Initiatoren religiöser Lern- und Bildungsprozesse – z. B. die Religionslehrerinnen und -lehrer – diese Übersetzungs- und Sprachbefähigungsleistung aufbringen.

Wertebildungsprozesses selbst – Kommunikationspartner dar, die nicht selbst an entsprechenden Lern- und Bildungsprozessen beteiligt sind und eventuell das religiöse Sprachspiel nicht beherrschen oder nicht aufnehmen wollen, da sie sich entweder als nicht-christlich oder gar als nicht religiös identifizieren.

– Auch gilt es in religionspädagogischer Perspektive, den *praktischen* Aspekt von Wertebildung zu berücksichtigen: Lernende müssen sich zur Relevanz des christlichen Sinnzusammenhangs für die Verortung von Werten *positionieren* dürfen. Hierbei kann sich der *stimulierende Effekt* (vgl. Alfons Auer) des christlichen Glaubens im Rahmen von Wertebildung zeigen, insofern die Integration dieses Sinngrundes eine Motivationskraft zu neuer Weltsicht und Praxis sowie eine Hilfe für die angesichts konkurrierender Werte zu leistenden Abwägungs- und Entscheidungsprozesse darstellt. Im Rekurs auf Volker Eids Situierung ist es zudem bedeutsam, die den Werten inhärente Aufforderung zum Handeln auch in religiösen Wertebildungsprozessen zur Geltung zu bringen.

Insgesamt sollte religionspädagogisch konturierte Wertebildung den christlichen Sinnzusammenhang nicht nur als möglichen Deutehorizont integrieren, sondern – einmal mehr mit Alfons Auer gesprochen – auch in seinem *kritisierenden Effekt* zum Tragen bringen: Vom christlichen Glauben aus können unter anderem Regeln in ihrem Richtigkeitsanspruch dahingehend überprüft werden, inwiefern sie einen Beitrag zum Guten und zur Realisierung der individuellen Freiheit – die als Grundkonstante christlicher Anthropologie und der damit verknüpften Würde und Verantwortlichkeit des Menschen gilt (vgl. unter anderem Grümme 2012) – leisten; selbiges gilt auch für Werte.

3.4 Basis: Werte im Horizont einer Orientierung am Subjekt

Von welchen Konstanten aus und mit welchen Perspektiven lässt sich der Kontext »Wertebildung« religionspädagogisch reflektieren? Die oben herausgearbeiteten Erkenntnisse der philosophischen Annäherungen, soziologischen Konnotationen und theologischen Vergewisserungen bieten entsprechende Referenzpunkte – unter anderem wurde deutlich, dass Werte vom Subjekt her zu denken sind. Diese Perspektive markiert die unhintergehbare Basis, wenn im Folgenden Zusammenhänge dargelegt werden, die es hinsichtlich einer *am Subjekt orientierten, religionspädagogischen Wertebildungstheorie* zu beachten gilt.[193] Abbildung 5 stellt eine Erweiterung von Abbildung 2 dar,

---

[193] Gleichwohl fokussiert diese Zentrierung keinen relativistischen Duktus, wie es beispielsweise Folke Werner unterstellt. Ihm fehlt die Sollensperspektive, die eher im Normbegriff beheimatetet ist, weshalb er die Beliebigkeit und die damit verknüpfte scheinbare Unverbindlichkeit der Werte als »subjektive Präferenzen« (Werner 2002, 246) kritisiert (vgl. ebd., 93–95 und 145–156).

welche das Subjekt im Horizont einer (werte-)pluralen Gesellschaft angesiedelt hatte. Im Folgenden werden der *christliche Glaube* als Option eines Sinn- und Begründungszusammenhangs für Werte ergänzt sowie zentrale *Dimensionen* und *Aspekte* von *Wertebildung*, die sich an der Schnittstelle der verschiedenen Konstituenten verorten lassen.

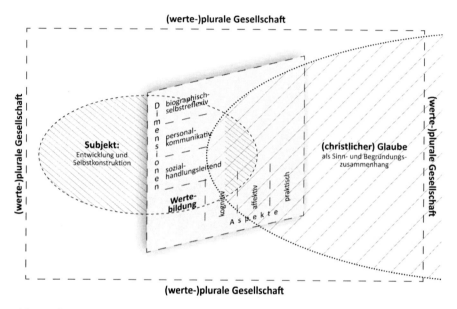

Abb. 5: Schema einer am Subjekt orientierten Theorie von Wertebildung

Alle Bereiche, die in wertebildungstheoretischer Hinsicht zu bedenken sind, erweisen sich als von der *postmodernen, pluralen Gesellschaft* geprägt. Unter religionspädagogischem Fokus erscheinen besonders folgende gesellschaftlich konnotierten Zusammenhänge beachtenswert, die bereits oben (vgl. 2.2.4) präzisiert wurden. Die Werte-Träger-Subjekte entfalten ihr individuelles Wertegerüst im Austausch mit ihrem Umfeld: (1) Familie und Peers, alle intersubjektiven Begegnungen sind von der postmodernen Gesellschaft her zu denken und wirken auf die Wertebildung eines Individuums ein. (2) Institutionalisierte Kontexte wie Schule, Vereine, politische oder religiös motivierte Zusammenschlüsse wie auch die Bandbreite an Medien bringen das Subjekt ebenso in Austausch mit pluralen Vorstellungen von dem, was Werte sind. Insbesondere die philosophischen Annäherungen haben immer wieder darauf abgehoben, dass Werte (3) kulturspezifisch sein können; auch Kulturen aktualisieren sich gegenwärtig vor dem pluralen, gesellschaftlichen Hintergrund. Durch diese drei »Umfeld-Fenster« fällt Licht in den Raum des Wertebildungsgeschehens. Dieses Licht beleuchtet Bildungszusammenhänge, die sowohl das Subjekt wie auch die Dimensionen und Aspekte der Wertebildung und den christlichen Glaubenskontext mit je spezifischen Herausforderungen, Intentionen und Angeboten tangieren. All diese Referenzpunkte gilt es im Rahmen einer religionspädagogischen Wertebildungstheorie, die den schulischen Religionsunterricht fokussiert, in ihren Potentialen auszuloten.

Das *Subjekt* selbst muss in wertebildender Hinsicht als eigenständiger Akteur ernst genommen werden (vgl. 2.2.4). Werte dienen ihm zum Orientierungsgewinn, tragen zu dessen persönlicher Selbstvergewisserung (Joas: »Bei-sich-sein«) bei, stiften individuellen Sinn und prägen auch sein Agieren. Das Subjekt hat ein je eigenständiges Wertegerüst, das es im Austausch mit seiner Umwelt – hier: die (werte-)plurale Gesellschaft – konstruiert bzw. generiert und das sich entwicklungsbedingt ausprägt. Diese subjektorientierte Perspektive ist ernst zu nehmen.

In religionspädagogische m Interesse wird der *christliche Glaube* in dieses Austauschgeschehen eingebracht. Dabei ist es nicht zwingend, dass das Subjekt sich als christlich-religiös bekennt. Auch für Menschen, die sich als nicht-christlich oder nicht-religiös bezeichnen oder die einer anderen Religion angehören, kann eine Referenz bezüglich christlicher Glaubenszusammenhänge wertevergewissernde oder -prägende Optionen bereithalten. In letzterer Hinsicht zeigt sich das Potential des christlichen Glaubens: Er eröffnet aus seinem Gottesbild und der daraus abgeleiteten Idee vom (guten) Menschen heraus einen Sinnzusammenhang, in den sich das Subjekt stellen kann. Dieser Zusammenhang wird einerseits unter dem Blickwinkel der postmodernen, pluralen Gesellschaft wahrgenommen und ist insofern auch von dieser Deutungsperspektive abhängig. Andererseits greift der christliche Glaube über den postmodernen gesellschaftlichen Rahmen hinaus – in temporaler Rückschau, da er die über 2000 Jahre alte jüdisch-christliche Tradition birgt; in eschatologischer Vorausschau, weil er mit der Hoffnung auf die Erfüllung des Reiches Gottes eine Verheißung birgt, die unter Vorbehalt steht. Ein – eventuell probehalber initiiertes – Aufgreifen dieses Sinnzusammenhangs kann das Subjekt in wertebildender Hinsicht voranbringen: sei es in der Abgrenzung oder in der Akzeptanz dieser Offerte. Der christliche Glaube bietet ein beachtenswertes Vernunftpotential und eröffnet somit die Chance, Werte und davon abhängiges Verhalten rational zu begründen, zu kritisieren und letztlich zu stimulieren, insofern er auffordert, bestehende Werthaltungen zu modifizieren, neue zu integrieren und daraus Praxis zu gestalten.

Ein religionspädagogisch grundierter *Wertebildungsprozess* findet auf der Schnittstelle zwischen Werte-Träger-Subjekt und christlichem Glauben statt. Wie insbesondere die oben präsentierten philosophischen Annäherungen und die soziologischen Konnotationen gezeigt haben, bedürfen stimmige, dem Subjekt gerecht werdende Wertebildungsprozesse sowohl kognitiver wie auch affektiver und praktischer Aspekte. Diese sind nicht immer eindeutig voneinander zu trennen.[194] In (1) *kognitiver* Hinsicht ist (religions-)pädagogisch zu berücksichtigen, dass die bzw. der Lernende Wissen über Werte und wertgenerierende Sinnzusammenhänge (hier unter anderem über den christlichen Glauben) benötigt. Diese Aneignung soll zudem zu einem Identifizieren und Deuten von Werten und wertebasiertem Handeln befähigen. Mit dem (2) *affektiven* Aspekt wird die religionspädagogische Aufmerksamkeit auf ein Grundmoment der Wertegewinnung gelenkt: das von Scheler als Fühlen, von Joas als Ergriffen-Sein bezeichnete Gefühl. Von emotional gefärbten – und freilich auch kognitiv fundierten – Präferenzen her entscheidet das Subjekt, was es als Wert ergreift oder nicht (vgl. auch 2.2.2). Deshalb kann ein im wertebildendenden Interesse initiierter Lernprozess auch nicht darauf verzichten, den affektiven Aspekt zur Geltung kommen zu lassen. Mit Shalom Schwartz ist zudem davon auszugehen, dass im Diskurs über Werte die Gefühlswelten der Subjekte tangiert werden – unter anderem wenn es den Anschein hat, als würden die eigenen Werte in Frage gestellt. Hinsichtlich des (3) *praktischen* Aspekts von Wertebildung ist zu gewährleisten, dass Werte nicht nur theoretisch verhandelt werden, sondern auch im Horizont von Praxis zur Geltung kommen können. Dieser Appell fordert insbesondere den Religionsunterricht als religionspädagogisches Handlungsfeld heraus: Wie lassen sich Praxiszusammenhänge integrieren, aus denen hervorgeht, wie christlicher Glaube zu wertgeprägtem Agieren beiträgt? Inwiefern kann den Subjekten im schulischen Zusammenhang Gelegenheit gegeben werden, Werte zu realisieren und dies im Horizont des christlichen Glaubens zu reflektieren? Die Befähigungsperspektive dieses wertebildenden Aspekts motiviert Schülerinnen und Schüler zu einer Positionierung gegenüber Werten und Werthaltungen heraus. Der Bewertungsakt selbst fußt auf kognitiven Erfordernissen und affektiven Situierungen. In dieser Hinsicht lassen sich – wie aus den philosophischen, soziologischen und theologischen Verortungen ableitbar – unter anderem folgende Prüfinstanzen benennen: persönliche Strebungen bzw. Bedürfnisse, Gerechtigkeitsvorstellungen, Pflichtvorstellungen, Gutes/Böses im christlichen Sinn etc.

Diese drei grundlegenden Aspekte von Wertebildung stehen in wechselseitigem Zusammenhang mit drei wertebildungsbezogenen Hauptdimensionen, die sowohl Referenzkontexte als auch Zielperspektiven darstellen. Den Referenzkontext der (1) *biographisch-selbstreflexiven* Dimension stellt das Subjekt selbst dar. Wertebildende Lernprozesse müssen die Chance eröffnen, dass sich Lernende ihrer eigenen, biographieprägenden Werte selbstreflexiv bewusst werden, dass sie identifizieren können, welche Werte sie präferieren,

---

[194] In der graphischen Darstellung symbolisieren die gestrichelten Linien bzgl. des Kontextes Wertebildung zum einen, dass sowohl die Aspekte als auch die Dimensionen nicht trennscharf voneinander unterschieden werden können, da es zum Teil auch Überlappungen geben kann. Zum anderen lässt sich der Wertebildungsprozess nie abschließen.

wie diese Werte im Verbund ihr Handeln prägen und wie sie diese begründen. Unter anderem kann in religionspädagogischer Hinsicht die Frage angestoßen werden, inwiefern der christliche Glaube einen passenden Sinn- und Begründungszusammenhang für die eigenen Werte und die damit verknüpfte individuell-interne Wertehierarchie (vgl. Schwartz) ist. Eine Erkenntnis wird sein, dass sich Werte nicht so leicht aus zugehörigen Kontexten herausisolieren lassen, zumal die Bandbreite dessen, was unter Werten verstanden wird, von Verhaltenswerten – wie Höflichkeit, Pünktlichkeit – bis hin zu Lebenszielen reicht. Mit der (2) *personal-kommunikativen* Dimension wird der Referenzrahmen auf andere Personen – die wiederum Subjekte ihrer individuellen Wertebildung sind – hin geweitet. Wertebildung braucht das intersubjektive Moment: Im Diskurs mit dem Gegenüber, im gemeinsamen Agieren zeigt sich die Relevanz von Werten, tun sich Abgleichungs-, Aushandlungs- und Vergewisserungsoptionen auf. Nicht zuletzt Wertedifferenzen erweisen sich als bildungsbedeutsam: So kann es sein, dass ein Mensch, der den christlichen Glauben als Sinn- und Begründungszusammenhang seiner Werte identifiziert, auf einen anderen Menschen trifft, der diesen Kontext gar nicht kennt. Elementar ist daher die Kommunikationsfähigkeit über Werte. Sie lebt – gemäß Habermas – von den Prinzipien eines gleichberechtigten Diskurses, soweit diese realisierbar sind. Wichtig dabei ist unter anderem, dass sich die Kommunikationspartner verstehen. Im Diskurs gilt es, dem Gegenüber seinen persönlichen Wertehorizont darlegen zu können. Gerade auch der christliche Sinn- und Begründungszusammenhang muss dabei so artikuliert werden, dass unter Verzicht auf oder durch eine verständliche Präzisierung von Sondervokabular die Kommunikation über Werte möglich ist. In religionspädagogischer Hinsicht gilt es, Optionen zu eröffnen, um im Rahmen des Religionsunterrichts die personale Dimension über den intersubjektiven Austausch zwischen Schülerinnen, Schülern und der Lehrkraft hinausgehend zu integrieren. Die Begegnung mit Menschen aus nicht-schulischem Zusammenhang bietet entsprechendes Potential. In letzterer Hinsicht weitet sich der Fokus auf die (3) *sozial-handlungsleitende* Dimension von Wertebildung. Referenzkontext ist dabei unter Einschluss des Kontaktes zu einem personalen Gegenüber das gesellschaftliche Kollektiv. Wie die (werte-)plurale Gesellschaft als Rahmen anzeigt, bleiben Werte nicht auf Individuen beschränkt, sondern werden eventuell von Gemeinschaften geteilt – was nicht zuletzt Identifikations- und Verortungsoptionen eröffnet. Handlungsleitend ist diese Dimension, weil Werte im sozialen Zusammenhang auf Realisierung drängen: Sie prägen Entscheidungen des Individuums, müssen gelebt werden und zeigen sich in Handlungen und Verhaltensweisen. Nicht zuletzt hier kommt einmal mehr die soziale Dimension zum Tragen, insofern manche Werte lediglich in Kooperation realisiert werden können (vgl. z. B. Wohlergehen für die Natur, Frieden oder Stabilität von Gesellschaft). Unter anderem ist hinsichtlich dieser Dimension zu berücksichtigen, dass Wertebildung im schulischen Kontext unter den Vorzeichen institutionell-intentionaler Rahmenbedingungen erfolgt: Nicht selten hat das Institutionen stützende, gesellschaftliche Kollektiv eine Vorstellung eines guten Wertegerüstes. Zu diskutieren wird sein, inwiefern letzteres mit intentionaler Absicht weitergegeben werden kann.

Realisierungsrelevantes

Wertebildungsprozesse sind nicht auf bestimmte *Lernwege* festgelegt. Im Rahmen der obigen philosophischen, soziologischen und theologischen Verortungen haben sich jedoch folgende Zugänge als religionspädagogisch berücksichtigenswert herausgestellt: die reale Begegnung mit Personen, das Thematisieren von Vorbildern, der Diskurs über Wertedifferenzen, das Erzählen sowie das Aufgreifen werthaltiger Anlässe und Situationen. Diese Lernwege sind daraufhin zu befragen, unter welchen Vorzeichen und ob sie sich für das Anliegen einer am Subjekt orientierten Wertebildung in religionspädagogischem Interesse als passend erweisen. Zudem ist nach weiteren wertebildenden Optionen Ausschau zu halten.

Auch die *Reichweite* im Sinne von Grenzen muss im Rahmen von Wertebildung bedacht werden: Benannt wurde bereits die Frage nach adäquaten Realisierungsoptionen. Begrenzungen finden sich abgesehen von der kognitiven Entwicklung (vgl. 2.2.2) auch von Seiten der Gesellschaft und Sozialisationskontexte. Bei Wertebildungsprozessen im Rahmen des Religionsunterrichts an öffentlichen Schulen ist zudem darauf zu achten, die Schülerinnen und Schüler als Akteure und Konstrukteure ihres individuellen Wertekosmos ernst zu nehmen: Der christliche Sinn- und Begründungszusammenhang kann nicht oktroyiert und sollte vielmehr als Angebot diskursiv zugänglich gemacht werden.[195] Das Wissen um die individuelle Werte-Vorgeprägtheit eines jeden Subjekts und darum, dass Wertegerüste relativ stabil sind, stellt – in Kombination mit dem Vorgenannten – einmal mehr die Frage, inwiefern eine Vermittlung vorgegebener Werte wertebildungsadäquat ist. Unter anderem die Mangelhypothese von Inglehart zeigt, dass das Wissen um Werte noch nicht dafür garantiert, dass diese auch gelebt werden. Und gerade hinsichtlich einer Integration des praktischen Aspekts von Wertebildung ergeben sich angesichts der institutionellen Regulierung des Religionsunterrichts zunächst Grenzen. Letztere jedoch in fundierter Weise etwas zu weiten, stellt ein Interesse vorliegender Studie dar.

---

[195] Auch Hans Joas fordert, darauf zu achten, im Rahmen des Gesprächs über religiös begründete Werte Nicht-Gläubigen aufrichtig zu begegnen: »Gläubige Menschen können ihre Werte gewiss nicht ohne Bezug auf ihren Glauben artikulieren; aber diese Glaubensartikulation soll ja auch Nicht-Gläubige zumindest zu ihren Werten, wenn schon nicht zu ihrem Glauben, einladen und ihnen nicht absprechen, den Weg zu diesen Werten auch anders finden zu können als über diesen Glauben.« (Joas 2012, 64)

4 Wertebildung!
Relevante Referenzen (religions-)pädagogischer Reflexion

Die folgenden Ausführungen fokussieren den Kontext Wertebildung aus (religions-)pädagogischen Blickwinkeln. Zum einen wird danach gefragt, wie Werte in bildungstheoretischer Hinsicht verortet werden können: wie sich die Bereiche Werte und Bildung gegenseitig bedingen und welche Aspekte beachtenswert sind, wenn es darum geht, Werte in Bildungszusammenhängen zu thematisieren bzw. Subjekte in ihrer Wertebildung zu unterstützen (vgl. 4.1). Die dabei gewonnenen Erkenntnisse helfen, das in Teil 3 vorliegender Studie erarbeitete Verständnis von Wertebildung zu überprüfen und bildungstheoretisch zu perspektivieren (vgl. 4.1.3). Sodann gilt es, die Thematik Werte im Hinblick auf den Kontext Schule zu vermessen und damit verknüpfte Aufgaben sowie Handlungsmöglichkeiten und -strategien genauer in den Blick zu nehmen (vgl. 4.2). Auch die Ergebnisse dieser Zusammenschau stellen einen wichtigen Beitrag zur Anreicherung der in den bisherigen Untersuchungen herausgearbeiteten religionspädagogischen Konturierung religionsunterrichtlich unterstützter Wertebildung dar (vgl. 4.2.5). Finalisierend rückt der religionspädagogische Forschungszusammenhang in das Zentrum der Darlegungen (vgl. 4.3): Das erkenntnisleitende Interesse ist dabei, anknüpfenswerte Diskurse für die in dieser Studie zu entfaltende, religionspädagogisch konturierte Wertebildungstheorie zu identifizieren sowie religionsdidaktische Intentionen und Desiderate auszumachen. Ausgehend davon wird das Wertebildungsmodell religionspädagogisch zugespitzt (vgl. 4.3.5) und finalisierend fokussiert (vgl. 4.4). Die Ergebnisse aus Teil 4 stellen den Ausgangspunkt für Teil 5 bereit, in welchem es darum geht, Wertebildung auf den schulischen Religionsunterricht hin zu profilieren, indem diesbezügliche Referenz- und Realisierungskontexte gebündelt und insbesondere in lehrkräftebezogener Hinsicht pointiert werden.

4.1 Werte und Bildung. Bildungstheoretische Verortungen

In den letzten Jahren kann der Bildungsbegriff in der pädagogischen, aber auch in der gesellschaftlichen Diskussion einen wahren Popularitätsschub verzeichnen. Zahlreiche, politisch goutierte Bildungsinitiativen, die Entwicklung von Bildungsstandards (vgl. Lindner/Simojoki 2014) für schulische Unterrichtsfächer wie auch philosophisch-theologische Diskurse um Bildungsgerechtigkeit zeugen davon.[196] Infolge dessen werden von pädagogischer Seite her wieder verstärkt bildungstheoretische Entfaltungen vorgenommen.[197]

Wenngleich sich Bildungstheorien selten explizit *nur* mit Werten befassen, so lässt sich an ihren unterschiedlichsten Konturierungen gleichwohl aufzeigen, dass sie kaum ohne Rekurse auf Werte auskommen und ohne diese unvollständig blieben. Bereits Wolfgang Klafki vermerkt beispielsweise, dass die moralische eine von drei Hauptdimensionen klassischer Bildungstheorien[198] darstellt – neben der Dimension des Erkennens und der ästhetischen. Moralische »Verantwortlichkeit, […] Handlungsbereitschaft und Handlungsfähigkeit« (Klafki 2007, 30f) markieren dabei ein zentrales, mit Bildung verknüpftes Ziel. In prominenter Weise rekurriert unter anderem das Deutsche PISA-Konsortium in seinem Grundbildungskonzept darauf, dass es zur Allgemeinbildung gehöre, sich reflexiv mit dem moralisch-evaluativen Modus von Welterfahrung auseinanderzusetzen (vgl. Baumert/Stanat/Demmrich 2001, 21).[199] Diese Weise des Weltzugangs ist nicht durch andere Modi substituier-

---

[196] Vgl. unter anderem die von Marianne Heimbach-Steins, Gerhard Kruip und Axel Bernd Kunze seit 2007 herausgegebene sozialethische Schriftenreihe »FORUM BILDUNGSETHIK«. Aus religionspädagogischer Perspektive befasst sich Bernhard Grümme seit längerem mit der Frage nach Bildungsgerechtigkeit (vgl. Grümme 2014a und 2014b; vgl. auch Blasberg-Kuhnke/Könemann 2013).

[197] In Auswahl sei in dieser Hinsicht verwiesen auf: Benner 2008; Dörpinghaus/Poenitsch/Wigger 2006; Koller 2012; Poenitsch 2004; Preul 2013; Rittelmeyer 2012. Insbesondere Wolfgang Klafki aber ist es zu verdanken, dass die »Idee Bildung« als Kontext pädagogischer und didaktischer Theorie auch in den Jahren vor dem durch den »PISA-Schock« ausgelösten »Bildungs-Boom« prägend geblieben ist (vgl. Klafki [1985] 2007).

[198] Volker Ladenthin versteht unter Bildungstheorie eine »Theorie der Menschwerdung des Menschen«, die unverzichtbar sei, »weil die Menschen erfahren wollen, wer sie sind, was sie können, was sie sollen und was sie lernen müssen, um richtig zu leben.« (Ladenthin 2012, 12) Bildungstheorie befasst sich also mit den Fragen danach, wie »eine Bildung« zu denken und zu ermöglichen ist, die den Menschen befähigt, sich selbstreflexiv zu verorten und dadurch immer mehr zu seiner individuellen Bestimmung zu gelangen. Nicht zuletzt deshalb gilt es Bildungstheorien daran zu messen, inwiefern sie gegenwärtig »bedrängende Fragen und Probleme« reflektieren und die Postulate von Autonomie, Bildsamkeit und eines nicht-hierarchischen Verhältnisses der Einzelpraxen so darauf hin transformieren, dass sich »neue Wechselwirkungen von Mensch und Welt« ergeben können. (Benner 2012a, 169) Ursula Frost formuliert dementsprechend: »Theorie der Bildung darf […] nicht nur beschreiben, was ist, sondern muss auch darüber nachdenken, was sein kann. Sie muss Räume von Möglichkeiten eröffnen, die noch nicht besetzt sind.« (Frost 2008, 299)

[199] Daneben benennt das PISA-Konsortium noch die »vermittelnde Begegnung mit kognitiver, […] ästhetisch-expressiver und religiös-konstitutiver Rationalität« als eigenständige, »nicht wechselseitig substituierbare[] Modi der Welterfahrung«, die es in Bildungsprozessen zu bedenken gilt. (Baumert/Stanat/Demmrich 2001, 21) Damit greift es auf die von Jürgen Baumert entfalteten »Modi der Weltbegegnung« zurück: die »kognitiv-instrumentelle Modellierung der Welt«, die »ästhetisch-expressive Begegnung und Gestaltung«, die »normativ-evaluative Auseinandersetzung mit Wirtschaft und Gesellschaft«, die »Probleme konstitutiver Rationalität«. (Baumert 2002, 113) Diese Differenzierung verschiedener Rationalitätsformen orientiert sich an Humboldts neuhumanistischer Bildungsidee. Unter anderem

bar. Als Optionen, sich zur Welt und zu den damit verknüpften Erfahrungen in Beziehung zu setzen, stellen – so das PISA-Konsortium – Werte im Sinne dieses Weltzugangs einen bildungsbedeutsamen Zusammenhang dar, insbesondere auch, weil sie einen Beitrag zum Aufbau von Orientierungswissen (vgl. 2.3) leisten: Sie helfen, »neue Anforderungen situationsadäquat [...] zu interpretieren« (Baumert/Stanat/Demmrich 2001, 30).

Um die Relevanz von Werten in (religions-)pädagogischer Hinsicht herausstellen zu können, ist eine bildungstheoretische Verortung notwendig (vgl. 4.1.2). Über die bereits herausgearbeiteten Folgerungen aus der Einordnung des Wertekontextes in philosophische, soziologische und theologische Horizonte (vgl. 3.4) hinausgehend, verspricht der bildungstheoretische Diskurs insbesondere in operationalisierend-praktischer Hinsicht Zugewinne: Es gilt daher, weitere Aspekte zu identifizieren, die sich als bedeutsame Referenzpunkte für die Entfaltung einer religionspädagogischen Wertebildungstheorie erweisen (vgl. 4.1.3). Diesen Ausführungen werden grundlegende Verortungen zu einer Verhältnisbestimmung der Kontexte Werte und Bildung vorangestellt (vgl. 4.1.1).

4.1.1 Werte und Bildung. Interdependenzen

Wie die beiden Bereiche Bildung und Werte genauer zueinander in Beziehung stehen, ist bis dato kaum geklärt. Abgesehen von rudimentären Versuchen stellt diese Verhältnisbestimmung ein Desiderat dar, das im Folgenden angegangen wird.[200] In (religions-)pädagogischem Interesse wird dabei aufge-

---

Wolfgang Welsch verweist bereits in seinem 1987 erschienenen Standardwerk »UNSERE POSTMODERNE MODERNE« auf verschiedene Formen von Rationalität hin, indem er »von kognitiver, ethischer, ästhetischer, religiöser, technischer etc. Rationalität« (Welsch 2002, 295) spricht. Alle diese Modi der Weltbegegnung können in sich als vernünftig angesehen werden.

Für die Reflexion von Bildungsanlässen erweist sich Baumerts Systematisierung aufgrund ihrer über inhaltlich-material fokussierte Teilbereiche hinweg zum Tragen kommenden Dimensionen geeigneter als die von Dietrich Benner teilbereichsspezifisch entfalteten Einzelpraxen von Bildung, die er auf Politik, Ökonomie, Pädagogik, Ethik, Ästhetik und Religion begrenzt (vgl. Benner 2012a, 173). Letztere könnten um weitere Einzelpraxen erweitert werden, z. B. um Technik oder Sexualität.

[200] Marian Heitger ist einer der wenigen, der aus bildungstheoretischer Perspektive explizite Reflexionen zum Zusammenhang von Bildung und Werten bietet. Er spricht bezüglich des Verhältnisses von Bildung und Moralität – nicht von Werten, welche philosophisch gesehen gleichwohl eine Quelle der Moral darstellen (vgl. diesbezüglich unter anderem Joas 2012, 63) – von einem »korrelative[n] Zusammenhang« (Heitger 2004, 176). Bei seinen Ausführungen fokussiert er Aspekte, die – in der Terminologie vorliegender Studie – der so genannten operationalen und der korrigierenden Ebene des Interdependenzgeschehens von Bildung und Werten entsprechen (vgl. Heitger 2004, 175–178).

Jutta Standops Darlegungen zum Kontext »Bildung und Werte« bleiben beim Konstatieren stehen, dass es zwischen beiden Bezugsgrößen einen Zusammenhang gebe. Wie genau dieser konturiert ist, wird nicht genauer geklärt (vgl. Standop 2005, 65–68).

schlüsselt, inwiefern Werte im Bildungszusammenhang in den Blick kommen, wie beide Bereiche wechselseitig aufeinander verwiesen sind und dass Werte einen unabdingbaren Gesichtspunkt der Bildung des Subjekts darstellen. Im Folgenden wird sich zeigen, dass beide Bereiche auf drei Ebenen interagieren: auf einer grundlagentheoretischen, auf einer operationalisierenden und einer korrigierenden.

4.1.1.1 Bildung: grundlegende Vergewisserungen

Die subjektorientierte Idee von Werten (vgl. 3.4) hat im gegenwärtigen Bildungsverständnis einen wesentlichen Referenzpunkt. Im Folgenden wird daher zumindest in Grundzügen im Rekurs auf seine Entfaltungsgeschichte herausgestellt, wie der Bildungsbegriff aktuell »gelesen« werden kann. Die entsprechenden Klärungen stellen die verstehensnotwendige Basis der Interdependenzstruktur dar, die dem Verhältnis »Bildung – Werte« eigen ist.

Wenn Goethes Wilhelm Meister in einem Brief an seinen Schwager Werner »mit einem Worte« gesteht, »mich selbst, ganz wie ich da bin, auszubilden, das war dunkel von Jugend auf mein Wunsch und meine Absicht« (Goethe [1795/96] 1994, 311), dann scheinen in diesem Ideal wesentliche Aspekte auf, die den Terminus »Bildung« konturieren. Im Zentrum des Bildungsgeschehens steht das Subjekt mit seinem ganzen Personsein. Es selbst bildet sich und ist für seine Bildung verantwortlich. Diese wiederum stellt einen Prozess dar, der nicht definitiv abschließbar erscheint. Wilhelm Meisters Idee formuliert demgemäß ein kritisches Korrektiv gegenüber Vereinnahmungstendenzen, die Bildung beispielsweise auf für eine Gesellschaft nützliche Zwecke reduzieren. Bildung ist mehr, und zwar »der Begriff, der das Menschliche am Menschen zu bestimmen, der zu klären sucht, wie man zu dem wird, der man sein sollte – oder sogar schon ist« (Ladenthin 2012, 15).

Nicht erst im Horizont des althochdeutschen Wortes »bilidunga« bzw. »bildunga«, das so viel wie Bild, Abbild oder Vorstellung bedeuten kann und das die lexikalische Grundlage des heutigen Begriffs – für den es in anderen Sprachen nur selten eigene Entsprechungen gibt – darstellt, finden sich Darlegungen zum Kontext Bildung. Schon aus der Antike sind Reflexionen überkommen, in denen z. B. Demokrit, Platon, Aristoteles oder auch Augustinus entsprechende Klärungen vornehmen.[201] Meister Eckhart (um 1260–1328) hat den Begriff »Bildung« semantisch vorgeprägt:[202] Um die Verortung des Menschen im Horizont Gottes zu erläutern, bedient sich der Dominikanermönch

---

[201] Im Zuge der aufkeimenden Wieder-Konjunktur des Bildungsbegriffs Ende des 20. Jahrhunderts sind viele Publikationen erschienen, die die geschichtliche Entwicklung des Bildungsgedankens nachzeichnen. Vgl. unter anderem: Bernhard 2007, 51–72; Ladenthin 2012; Reichenbach 2007; Rittelmeyer 2012; Witte 2010. Etwas älter, aber dennoch einen informativen Überblick bietet Lichtenstein 1966.

[202] Vgl. diesbezüglich die aufschlussreichen Darlegungen bei Kunstmann 2002, 134–146.

Eckhart verschiedener Ableitungen des Lexems »bild«. Er fragt danach, wie der Mensch seine Entfremdung von Gott überwinden könne, die daraus resultiere, dass er der Welt und sich selbst verfallen sei. Dieser Selbstverfallenheit – Eckhart bezeichnet dies im Rekurs auf Augustinus als »incurvatio in se«, als Einkrümmung in sich selbst – könne der Mensch nur entkommen, wenn er sich von sich selbst, den Kreaturen und den Dingen freimache; auch von seinem bisherigen Bild von Gott »entbilde«: Er müsse seine bildgebundene Vorstellung aufgeben, um wieder dem nahe zu kommen, was in ihm bezüglich Gott durch diesen von Geburt an längst in der Seele grundgelegt sei. Diese (Wieder-)Annäherung ist möglich »über den Mittler Christus, der [...] als ›Erstgeborener vor aller Zeit‹ alle Bilder der Schöpfung gleichsam in sich trägt« (Kunstmann 2002, 138). Dazu bedarf es einer Abgeschiedenheit, die »nicht Zurückgezogenheit, sondern etwas meint, was man mit ›ganz/bewusst und ungehindert bei sich sein‹ wiedergeben könnte« (ebd., 136). In diesem Zusammenhang wird deutlich, was dann Bildung bedeutet: Sich von »Gottesbildern«, die Gott nicht entsprechen können, »entbilden« und so das in der eigenen Seele grundgelegte Bild Gottes »einzubilden«: »wîder îngebildet werden in die hôhi« (Meister Eckhart, zit. n. Lichtenstein 1966, 5). »Die Einbildung in das Bild Gottes *ist* die Selbstbildung des Menschen.« (Kunstmann 2002, 145) Es geht um das Selbstbewusstmachen der eigenen Bestimmung und damit der eigentlichen Existenz des Individuums, die Meister Eckhart im Horizont Gottes denkt und von woher er einen religiös aufgeladenen Bildungsbegriff prägt:[203] Der Mensch wird »offen für die ›Inbildung‹ Gottes, also für die ›Einbildung‹ des Göttlichen in die eigene geistig-seelische Konfiguration« (Rittelmeyer 2012, 22). Er gewinnt (wieder neu) Anteil am Wesen Gottes, an der Gottebenbildlichkeit. Dies verhilft dem Individuum, zu sich selbst zu kommen und »Einheit des Vielen (in bezug auf die Schöpfung) und reine Einheit in bezug auf Gott als Form der Seele« (Lichtenstein 1966, 6) zu erlangen.[204]

Abgesehen von der christlich-religiösen, transzendenzbezogenen Konnotation hat sich die durch Meister Eckhart angebahnte Idee von *Bildung als Selbstbildung des Individuums* bis in die Gegenwart durchgesetzt und im Lauf der Zeit weiter entfaltet. Insbesondere im Gefolge von Humanismus und Aufklärung

---

[203] Mirjam Schambeck arbeitet heraus, dass Bildung im Sinne von Meister Eckhart ein theologischer, christologischer und anthropologischer Prozess ist, der »mitten in der Schöpfung und für sie geschieht« und »ein passiv-aktives Geschehen meint, in dem Wirken Gottes und Antwort des Menschen einander prägen, in dem die Selbsttätigkeit des Menschen gefordert wird, verstanden als Antwort auf das Ausgreifen Gottes auf den Menschen«. (Schambeck 2005, 46)

[204] Meister Eckart charakterisiert seinen Ansatz folgendermaßen: »Swenne ich predige, sô pflige ich ze sprechenne von abegescheidenheit und daz der mensche ledic werde sîn selbes und aller dinge. Ze dem andern mâle, daz man wider îngebildet werde in das einvaltige gout, daz got ist.« (zit. n. Kunstmann 2002, 135)

wird allen Subjekten Mündigkeit durch Vernunftgebrauch zugestanden und von daher der Bildungsgedanke profiliert. Ganz im Sinne des Kant'schen Diktums: »Sapere aude! Habe Mut, dich deines eigenen Verstandes zu bedienen!«, wird allen Menschen die Fähigkeit attestiert, sich selbst zu gestalten und damit zu bilden. Wilhelm von Humboldt (1767–1835) fasst den entsprechenden Kernpunkt seiner Bildungsidee folgendermaßen: »Der wahre Zwek des Menschen – nicht der, welchen die wechselnde Neigung, sondern welche die ewig unveränderliche Vernunft ihm vorschreibt – ist die höchste und proportionirlichste Bildung seiner Kräfte zu einem Ganzen. Zu dieser Bildung ist Freiheit die erste, und unerlassliche Bedingung.« (Humboldt [1792] 1960a, 64) Der noch immer von Standesdenken umgebene, aber durch neuzeitliche Arbeitsteilung zunehmend auf sich gestellte Mensch ist für Humboldt mehr als die Summe individueller oder gesellschaftlicher Vorgaben. Er ist sich selbst »Zweck« und dahingehend gefordert, sich in seiner *Bestimmung* voranzubringen, zu bilden, »ohne alle, auf irgend etwas Einzelnes gerichtete Absicht, nur die Kräfte seiner Natur [zu] stärken und erhöhen, seinem Wesen Werth und Dauer [zu] verschaffen« (Humboldt [ca. 1794/95][205] 1960b, 235). Humboldt formuliert damit eine wichtige Grundlage des Bildungsgedankens, nämlich, dass der Mensch sowohl in transzendenter[206] als auch in sozialer Hinsicht frei ist.[207]

Mit dieser *Autonomie*idee wird jedoch kein Subjektivismus propagiert, von welchem aus der Mensch lediglich selbstreferentiell gedacht werden würde. Vielmehr ist Bildung in dreierlei Hinsicht zu verorten. Das Subjekt sieht sich in Wechselwirkungsbeziehungen gesetzt und bildet sich daran: zum einen hinsichtlich des eigenen Selbst, zum anderen hinsichtlich anderer Subjekte[208] und darüber hinausgehend in Auseinandersetzung mit der Welt[209]. Zentrale

---

[205] Datierung gemäß Benner 1990, 79.

[206] Wilhelm von Humboldt emanzipiert den Menschen in gewisser Weise vom religiösen Kontext. Er sieht in Religion ein »Medium der Bildung neben anderen Phänomenen der ›Welt‹; sie bestimmt aber nicht mehr die Signatur des Bildungsdenkens insgesamt« (Kunstmann 2002, 163). Weitere Darlegungen zu Humboldts Idee von Religion finden sich ebd., 163–167.

[207] Dietrich Benner präzisiert die Herausforderung, die in Humboldts Bildungsgedanken grundgelegt ist, folgendermaßen: »Original sein und werden zu sollen, ohne ein Vorbild für die eigene Originalität zu besitzen, stellt die neuzeitliche Aufgabe und zugleich die neuzeitliche Grundaporie einer Bildung dar, in der der Mensch seine Bestimmung gerade nicht mehr aus der Zugehörigkeit zu einem bestimmten Stand bezieht« (Benner 1990, 53).

[208] Im Rahmen seiner Staatstheorie erläutert Humboldt die bildende Bedeutung der Wechselwirkung der Individuen untereinander damit, dass jeder einzelne Mensch nur (s)eine Bestimmung vervollkommnen kann und somit »zur Einseitigkeit bestimmt« wäre. Dem entgeht er – weil es »dem Innren der Wesen« der Menschen entspringt – durch die Verbindung mit dem »Reichthum des andren«. (Humboldt [1792] 1960a, 64f)

[209] Wilhelm von Humboldt betont die Bedeutung der Wechselwirkung für die Bildung des Menschen: »Bloss weil beides, sein Denken und sein Handeln nicht anders, als nur vermöge eines Dritten, nur vermöge des Vorstellens und des Bearbeitens von etwas möglich ist, des-

Kategorie von Bildung ist somit die *kritische Reflexivität* im Sinne einer »differenzierte[n], gedanklich und sprachlich vermittelte[n] Auseinandersetzung von Menschen mit sich, mit anderen und mit der Welt« (Dörpinghaus/Poenitsch/Wigger 2006, 10). Es geht um eine *selbstbestimmte, vernunftgemäß reflektierte Verhältnisgewinnung des Subjekts zu(r) Welt* im kritischen, nicht-affirmativen Sinne – unter anderem auf der Basis eines Prozesses »der Provokation, der Irritation unserer bisherigen Erfahrungen«, um »die subjektiv begrenzten Bewusstseinshorizonte grundlegend zu erweitern« und in (Selbst-)Erkenntnis zu überführen. (Bernhard 2007, 76) Bildung bedeutet angesichts dieser Prämissen die Befähigung des Subjekts, sich selbst, aber auch andere und gesellschaftliche Verhältnisse zu hinterfragen und so immer mehr an seiner Bestimmung zu arbeiten.[210] Dietrich Benner postuliert in dieser Hinsicht das Prinzip der individuellen Bildsamkeit als konstitutiv und sieht im Prinzip »eines nicht-hierarchischen Verhältnisses der Einzelpraxen ausdifferenzierter Humanität« (Benner 2012a, 155) ein regulatives Moment gegeben, wodurch sich das Subjekt in einer wechselseitigen und gleichberechtigten Auseinandersetzung mit der Welt konstituiert. Bildsamkeit bedeutet für Benner im Anschluss an Johann F. Herbart (1776–1841), dass Subjekte aufgrund ihrer Individualität und Einzigartigkeit in ihrer Bestimmung nicht von außen her festgelegt werden können und demgemäß selbst an der pädagogischen Interaktion und damit »an ihrer eigenen Menschwerdung mitwirken« (Benner 2012a, 153).[211] Das nicht-hierarchische Regulativ wiederum verweist darauf, »dass letztlich kein einziges Problem und keine einzige Frage nur ökonomisch,

---

sen eigentlich unterscheidendes Merkmal es ist, NichtMensch, d. i. Welt zu seyn, sucht er, soviel Welt, als möglich zu ergreifen, und so eng, als er nur kann, mit sich zu verbinden.« (Humboldt [ca. 1794/95] 1960b, 235)

[210] Unter anderem der Bildungstheoretiker Heinz-Joachim Heydorn verweist darauf, dass Bildung in emanzipatorischer Hinsicht zu verstehen ist und auf Selbstbewusstsein des Menschen zielt, das ihn »im Sinne einer eigenen, kritischen Artikulation handlungsfähig« (Heydorn 1995, 13) macht.

[211] Benner stützt sich dabei auf die Setzung Jean-Jacques Rousseaus (1712–1778), dass der Mensch perfektibel sei. Mit diesem »Begriff der Perfektibilität« werde »dem Menschen eine natürlich und teleologisch unbestimmte, lern- und geschichtsoffene Natur« zugesprochen. (Benner 2012a, 158) Der Mensch ist von daher aufgefordert, »in ›Unkenntnis‹ seiner Natur an seiner Bestimmung zu arbeiten« (ebd., 156). Benner entfaltet seine nicht-affirmative Idee einer Bildungstheorie in Abgrenzung zu so genannten formalen und materialen Bildungstheorien, die Bildung von vornherein dadurch verkürzen, dass der Mensch unter dem Prädikat eines von außen gesetzten Bestimmtseins gedacht wird. »Nicht-affirmative Bildungstheorie bejaht weder die Subjektivität neuzeitlicher Subjekte [dies entspricht der formalen Idee; K.L.] noch die gesellschaftlichen Anforderungen [dies entspricht der materialen Idee; K.L.] an deren Bildung. [...] Sie gründet Bildung auf ein Mensch-Welt-Verhältnis, in dem nicht formale Kräfte der Einzelnen und objektive Anforderungen der Gesellschaft unvermittelt einander gegenüberstehen, sondern Bildung als eine Wechselwirkung von Mensch und Welt gedacht und konzipiert wird, in der Mensch sich in Auseinandersetzung mit der Welt selbst bestimmt« (ebd., 155f).

ethisch, politisch, ästhetisch oder religiös und ebenso wenig nur pädagogisch zu interpretieren ist« (ebd., 180). Dies sensibilisiert für unterschiedliche »Praxishorizonte und Bildungsbereiche«, wobei »wechselseitige Thematisierungen und Kritiken nicht unterbunden, sondern ausdrücklich zugelassen werden«. (Ebd., 163) Bedenkenswert ist, dass all diese Horizonte und Aspekte auf die konkret vorfindliche Welt bezogen gedacht werden müssen, »insofern die Formbarkeit des Menschen durch seine natürliche Herkunft und seine geschichtliche Situation begrenzt ist« (Kunze 2012, 129). Hier erweist sich die Abhängigkeit des Bildungsgedankens von der *prozesshaft-zeitlichen* Dimension. Zugleich wird daran die Bedeutung von *geschichtlicher* Verortung deutlich: »Indem Bildung Erinnerung schafft und in die kulturelle Tradition einführt, schafft sie Zugehörigkeit – kulturelle Identität –, ermöglicht sie ein reflektiertes Wissen und Urteilen über die Gegenwart und eröffnet sie Zukunft« (ebd., 146).[212]

Ein das Subjekt ernst nehmender Bildungsgedanke lässt sich letztlich unter anderem auf der Basis folgender Merkmale konstituieren: Selbstbildung in Autonomie und Vernunftgemäßheit; Bewusstmachung und Voranbringen der eigenen Bestimmung in wechselseitig-kritischer Referenz zum eigenen Selbst, zu anderen Subjekten und zur Welt; prozesshaft-zeitliche und geschichtliche Geprägtheit.

4.1.1.2 Bildung – Werte: drei Ebenen der Verhältnisbestimmung

Ausgehend von dieser Konturierung des Bildungsgedankens lassen sich drei Ebenen herausarbeiten, die dafür sensibilisieren, dass Werte eine zentrale Kategorie von Bildung darstellen: eine grundlagentheoretische, eine operationalisierende und eine korrigierende Ebene.

Zunächst sind die Kontexte Bildung und Werte *auf einer grundlagentheoretischen Ebene* miteinander verknüpft. Den Referenzpunkt dieses Befundes markiert das auf Humboldt gründende Postulat, dass der Mensch ein zur Selbstbestimmung befähigtes Individuum ist, das sich aufgefordert sieht, sich selbst zu bilden. Mit dieser Verortung geht zugleich eine Wert-Setzung einher: Ohne den Rekurs auf Autonomie wäre die Humboldt'sche Idee von Bildung nicht zu denken. Das Subjekt lässt sich erst vom Wert der individuellen Freiheit her als bildungsbefähigt charakterisieren. Bliebe diese Zuschreibung aus, machte der eben gebündelt dargelegte (vgl. 4.1.1.1) Bildungsbegriff an sich keinen Sinn. Das gegenwärtige Verständnis von Bildung fußt also auf einem intersubjektiv geteilten Wert bzw. einem davon abgeleiteten Wertesystem, welcher bzw. welches die Autonomiezuschreibung ermöglicht. Deutlich wird dies insbesondere am Aspekt der Selbstbestimmtheit – unter anderem bereits

---

[212] Vgl. diesbezüglich auch Heitger 2004, 174f: »Bildung definiert die Aufgabe des Menschen in seiner Zeithaftigkeit. Alfred Petzelt meint damit [...] die Möglichkeit, daß der Mensch sich Vergangenes in Erinnerung und Zukünftiges im Vorsatz vergegenwärtigen kann.«

in terminologischer Hinsicht: Erst die Autonomiezuschreibung garantiert das »Selbst«, die Selbstzweckhaftigkeit des Subjekts, welche den Bildungsgedanken prägt. Ohne die damit verbürgte, auf grundlagentheoretischer Ebene angesiedelte Freiheits-Garantie würde das Individuum auf eine (externe oder intern-triebverhaftete) Determiniertheit reduziert, welche das Moment einer Selbstbildsamkeit ausschließt. Ohne dieses Werte-Postulat wäre es nicht möglich, dem Subjekt im Humboldt'schen Sinne Bildungsbefähigung zuzugestehen. Werte stellen somit einen Ermöglichungsgrund des skizzierten Bildungsverständnisses und damit die Fundierung von Bildung dar.

Neben der grundlagentheoretischen Ebene lässt sich die Bedeutung von Werten im Bildungszusammenhang auch auf einer gestaltend-handlungsleitenden, auf einer *operationalisierenden Ebene* charakterisieren. Ausgehend von der bildungstheoretischen Feststellung, dass der Mensch sich in Wechselbeziehung mit allem, was »Welt« ausmacht, bilden kann und muss, ist Bildung als beständige Arbeit des Subjekts am Verhältnis zu sich selbst, zu anderen und zur Welt verstehbar.[213] Um dieses Verhältnis gewinnen zu können, erscheint das Individuum – abgesehen von selbstreferentiellen Bezugsgrößen – insbesondere auf externe Maßgaben angewiesen. Werte stellen solche Maßgaben dar, weil sie dazu beitragen, dass das Subjekt sein Weltverhältnis orientierend reflektieren sowie gestalten und so Bildung handlungsleitend konstituieren kann. Dafür bieten sie Bewertungsoptionen, denn »mit Hilfe von Werten ordnen wir die Welt für unser Bewusstsein, d. h., wir weisen den vielfältigen Erfahrungen, Eindrücken, Erkenntnissen und Einsichten mit Hilfe von Werten eine Bedeutung für unsere Lebensführung zu.« (Rekus 2009b, 31) Deshalb gehört die in Werten offerierte Orientierung strukturell und unaufgebbar zur Bildung, und zwar »als Lebensform […] [, die] Welt in sich zieht und Welt durch sich selbst ausdrückt, orientierenden Ausdruck verleiht« (Mittelstraß 2002, 156). Zwar könnten auch von außen an das Subjekt herangetragene Normen bzw. Vorschriften Kriterien für das Ins-Verhältnis-Setzen liefern. Im Sinne der Idee von Bildung als selbstgeschuldeter und verantwortlicher Selbstbestimmung jedoch ist es unverzichtbar, dass das sich bildende Individuum im Abgleich mit dem Umfeld selbstverantwortet Bewertungsgrundlagen generiert und für das eigene Agieren fruchtbar macht. An der Verantwortungsdimension im Bildungszusammenhang lässt sich die operationalisierende Relevanz von Werten verdeutlichen: Insofern dem Subjekt Entscheidungen abverlangt werden, die es verantwortlich zu fällen hat, zeigt sich einmal mehr die Bedeutung von Beurteilungs- bzw. Wertungskriterien (vgl. auch Middendorf 2008, 38). Erst dadurch, dass das Individuum aufgrund eigener Werte

---

[213] Axel Bernd Kunze formuliert in dieser Hinsicht mit pädagogischer Intention: »Der Einzelne muss im Bildungsprozess herausgefordert werden, nach dem Wert einer Handlung oder eines Inhalts – innerhalb des kulturellen Ganzen, nicht zuletzt aber auch für seine eigene Existenz – zu fragen.« (Kunze 2012, 145)

entscheidet und agiert, kann es zur Verantwortung gezogen werden. Dieser Aspekt entfiele, wenn das Agieren lediglich ein Reiz-Reaktionsmechanismus auf der Basis vorgegebener Normen wäre. Hieran erweist sich einmal mehr die Bedeutung der Verzahnung der Kontexte Bildung und Werte auf operationalisierender Ebene: Eine Ausklammerung des Aspekts »Werte« aus bildungstheoretischen Verortungen wäre insofern als defizitär anzusehen, weil das den permanenten Bildungsakt fundierende »Ins-Verhältnis-zur-Welt-Setzen« auf orientierende Werte angewiesen ist, die sich das Subjekt individuell zu Eigen gemacht hat.

Eine dritte *Ebene* des Verhältnisses von Bildung und Werten lässt sich in *korrigierender* Hinsicht identifizieren: Den Ausgangspunkt dieser Feststellung markiert der Befund, dass das Subjekt – den Explikationen der Aufklärung entsprechend – ein vernünftiges Wesen ist, das zum Sittlichen, zum Guten strebt. Deshalb ist »Bildung im Kern […] moralische Bildung und Veredelung des Menschen, die mit einer angestrebten Versittlichung aller menschlichen Verhältnisse Hand in Hand geht« (Preul 2013, 176). Was unter dieser Prämisse letztlich wiederum als »gut« angesehen wird, ist von der Würde des Menschen und von lebensförderlichen Kriterien her zu entscheiden. Dabei kommt insbesondere auch der intersubjektiven Perspektive Bedeutung zu. Zwar könnte theoretisch angenommen werden, dass ein Subjekt seine Selbstbestimmung als Bestimmung zum Bösen identifiziert und von daher Bildung zu einem – von außen so be*wert*baren – negativen Ergebnis führt. Grundsätzlich sind jedoch mit dem Bildungsbegriff die Vernunftperspektive und daraus resultierend die Gerichtetheit von Bildung auf das Gute hin verknüpft. Unter dieser Maßgabe zeigt sich ferner die Relevanz von Werten, die das Subjekt im Sinne des moralisch Guten prägen: Sie bieten Korrektive an – unter anderem in ideologiekritischer Hinsicht – und garantieren dadurch, dass Bildung »nicht zur beliebigen Selbstverwirklichung entartet, daß sie nicht im orientierungslosen Relativismus verkommt, daß sie nicht rücksichtslos dem Willen zur Macht verfällt« (Heitger 2004, 176). Werte können also in bildungstheoretischer Sicht auch auf einer *korrigierenden* Ebene hinsichtlich des Kontextes »Bildung« angesiedelt werden. Sie markieren somit nicht nur grundlagentheoretische und operationalisierende Referenzen, sondern eröffnen einen als Korrektiv fungierenden Vergewisserungshorizont, der Bildung gegenüber einem selbstversessenen Egozentrismus[214] profiliert.

---

[214] Dietrich Benner verweist darauf, dass Bildung nicht mit Subjektivismus gleichzusetzen ist: »Darum gehört es zum Interesse an Bildung, dem Irrtum vorzubeugen, als könnten wir uns, sofern wir dies nur wollten, von unseren Emanzipationen beliebig und stets von neuem emanzipieren. Eine der kritischen Einsichten der negativen Theorie Horkheimers und Adornos scheint mir die zu sein, dass eine Emanzipation von der Emanzipation weder sinnvoll noch möglich ist.« (Benner 2008, 26)

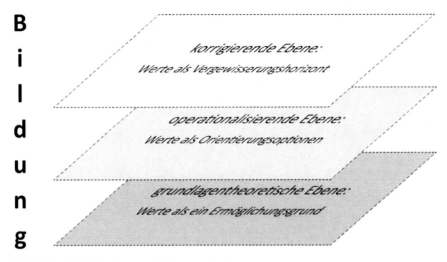

Abb. 6: Verhältnisbestimmung Bildung – Werte

Bildung ohne Werte zu denken, geht – wie oben nachgezeichnet werden konnte – nicht. Letztlich zeigt sich, dass Bildung und Werte sogar ein interdependentes Verhältnis begründen, also dass der Bildungskontext nicht ohne Werte und *umgekehrt* der Wertekontext auch nicht ohne den Bildungsgedanken reflektierbar ist. Auf grundlagentheoretischer Ebene erweist sich diese Interdependenz, insofern der Bildungsbegriff nicht nur von Werten wie Autonomie abhängig ist, sondern weil auch das, was unter Werten verstanden wird, sich *erst* ergibt, wenn dem Individuum mit der Bildungsidee zugesprochen wird, sich selbstbestimmt entscheiden zu können; unter anderem für Werte. Sie stellen eine Grunddimension jeglicher Bildungsanstrengungen des Subjektes dar.

Diese Setzung prägt zugleich die Interdependenz von Werten und Bildung auf operationalisierender Ebene: Hier wiederum zeigt sich, dass nicht nur die Orientierung an Werten im Rahmen des Sich-Bildens an der Welt bedeutsam ist. Die Idee einer individuellen Wertegenerierung und -realisierung lebt zugleich davon, dass das Subjekt seine Werte permanent justieren und ganz im Sinne des Postulats von Bildung selbst gestalten und herauskristallisieren kann. Insbesondere auf der operationalisierenden Ebene konkretisiert sich dies: »Handeln ohne Werte ist deshalb nicht möglich, weil der Mensch zur Bewältigung des Alltags der Wertsetzungen bedarf« (Fees 2000, 270).

In korrigierender Hinsicht kann zudem danach gefragt werden, inwiefern dem Aspekt Bildung selbst ein Eigenwert zugesprochen wird.[215] Im Sinne einer am Subjekt orientierten Pädagogik muss genau dies eingefordert wer-

---

[215] Christof Mandry geht dieser Frage aus Sicht der Ethik nach, indem er im Interesse des Rechts auf Bildung »Strukturen, Zugänge und Abgänge des Bildungssystems« (Mandry 2008, 76) in den Blick nimmt.

den, denn das Individuum ist entsprechend seiner, ihm als Grundkonstitution zugesprochenen Bildsamkeit darauf angewiesen, dass es sich bilden darf.[216]

4.1.2 Werte als bildungsrelevante Größe. Beachtenswerte Kontexte

Werte tangieren in ihrer Reichweite verschiedenste Lebenszusammenhänge eines Menschen und erweisen sich von daher als konstitutiv für die Bildung eines Individuums. Im Gefolge des »Booms der Bildungsidee« finden sich in den letzten Jahren zwar vermehrt Verortungen zu Fragen der Wertebildung, aber es gibt keine ausdifferenzierte bildungstheoretische Systematisierung hinsichtlich diesbezüglich beachtenswerter Kontexte. Eine im Rahmen der Forschungen zu vorliegender Studie vorgenommene, synchrone Zusammenschau verschiedenster wertebildungstheoretischer Ausführungen jedoch zeigt, dass insbesondere folgende Gesichtspunkte immer wieder bearbeitet und reflektiert werden: (1) Referenzkontexte sittlicher Wertungen, (2) die Befähigung zu reflektiertem Werturteil, (3) Aspekte eines Werturteils, (4) Kriterien für den Geltungsanspruch von Werturteilen, (5) die Ermöglichung wertebasierter Handlungsreflexion, (6) die Abgrenzung von einem Wertvermittlungs-Duktus sowie (7) die wertebildende Relevanz eines Ausgriffs auf Transzendenz. Im Folgenden werden diese sieben Kontexte – die zum Teil bereits im Rahmen der oben (vgl. 4.1.1) vorgenommenen Verhältnisbestimmung »Werte – Bildung« in inhaltlicher Hinsicht tangiert wurden – bündelnd charakterisiert, da sie die Bildungsrelevanz von Werten erweisen und zugleich markante Referenzpunkte für die Anreicherung der bisher entfalteten Wertebildungstheorie darstellen (vgl. 3.4).

4.1.2.1 Referenzkontexte sittlicher Wertungen

Bildungstheoretische Reflexionen geben zu bedenken, dass jeder Zusammenhang, in welchen sich ein Individuum gesetzt sieht, eine Wertung herausfordert. Erst wenn das Subjekt sich wertend in Relation zu einem Gegenüber verhält, wird Bildung angebahnt. Ansonsten bliebe es bei einer bloßen An-

---

[216] Heinz-Elmar Tenorth konstatiert, dass sich im 20. Jahrhundert gesellschaftsweit Bildung selbst »als ein zentraler Wert, individuell wie kollektiv« (Tenorth 2008, 56) herauskristallisiert hat.

Sabine Andresen verweist über die pädagogische Konturierung dieses Interdependenzverhältnisses hinausgehend auch auf gesellschaftlich-ökonomische Kontexte: »Bildung als Wert an sich, mit dem Potenzial des sozialen Aufstiegs und der Überwindung von Grenzen hat in der modernen Gesellschaft auch die Funktion, die Leistungsbereitschaft des Individuums zu aktivieren.« (Andresen 2010, 29) Diese m. E. nach sehr ökonomie-zentrierte Perspektive Andresens wird dem Bildungsgedanken an sich nicht gerecht. Denn hier wird Bildung funktionalisiert, insofern die Bildung eines Subjekts vornehmlich von seinem sozialen und leistungsmäßigen Aufstieg her betrachtet wird. Dabei bleibt die Perspektive der Selbstbestimmtheit außen vor. Unter anderem jedoch muss angenommen werden, dass ein Mensch trotz »sozial schwächerer« Kontexte durchaus sehr gebildet sein kann.

häufung von Wissen, das zwar Voraussetzung für den bildenden Prozess ist, aber in seiner Relevanz und Bedeutung nicht charakterisier- und greifbar würde. Für die (selbst-)bildendende Auseinandersetzung mit »Welt« auf der Basis von Werten lassen sich – der oben vorgelegten Verortung des Bildungsgedankens entsprechend – *drei Referenzkontexte* identifizieren: *das Subjekt selbst, das Gegenüber eines »Du« und die Gesellschaft bzw. (Um-)Welt an sich.*[217] Grundsätzlich ist es charakteristisch für den menschlichen Umgang mit diesen Referenzkontexten, nach dem Schritt des (Kennen-)Lernens nach deren Bedeutsamkeit zu fragen und eine diesbezügliche Haltung einzunehmen. Dabei muss nicht jede geäußerte Haltung einem Gegenstand gegenüber das Ergebnis eines eigenständigen, begründeten und reflexiven Wertungsprozesses darstellen – z. B. wenn die Meinung eines anderen unhinterfragt übernommen wird. Kommt es jedoch zu einer individuell wertenden Verortung, kann diese aus verschiedenen Perspektiven erfolgen: zum einen ausschließlich in sachlich-objektiver, zum anderen in sittlicher bzw. moralischer Hinsicht.[218] Letzterer Blickwinkel impliziert eine unabhängig von den bewerteten Gegenständen gesetzte Verhältnisbestimmung, die sich aus Orientierungsmaßstäben ableitet, die in Referenz zu einer Idee des Guten entfaltet werden. *Sittliche bzw. moralische Wertungen* stellen ein zentrales Bildungserfordernis dar, insofern »das Werten als Aufgabe so zum Menschen gehört, daß damit seine Humanität zum Ausdruck kommt« (Fees 2000, 280).

Im Interesse an einer religionspädagogischen Konturierung von Wertebildung sind die benannten drei Referenzkontexte wie auch die Bedeutung sittlicher Wertungen zu bedenken. Sie eröffnen Anknüpfungspunkte für praktische Entfaltungen und bieten nicht zuletzt wichtige Perspektiven, um das Potential einer christlich-religiösen Begründung von Werten im Rahmen von wertebildenden Lernprozessen zu integrieren.

4.1.2.2 Befähigung zu reflektiertem Werturteil

Angesichts dessen, dass Werte subjektspezifisch sind und in einem Austausch mit »Welt« generiert werden, ist als wertebildendes Erfordernis die Unterstützung des Individuums in seiner *Werturteilsfähigkeit* auszumachen. Als selbstbestimmtes und nicht determiniertes Wesen ist der Mensch gefordert, ein Wertegerüst aufzubauen, das ihm hilft, sich zu orientieren und seine Entschei-

---

[217] Diese drei Kontexte korrespondieren mit den unter 3.4 in vorliegender Studie herausgearbeiteten Hauptdimensionen von Wertebildung: Der Subjekt-/Ich-Bezug entspricht der »biographisch-selbstreflexiven«, der Du-Bezug der »personal-kommunikativen« und der Gesellschafts-/Welt-Bezug der »sozial-handlungsleitenden« Dimension.

[218] Volker Ladenthin unterscheidet in dieser Hinsicht moralische und außermoralische Werte. Außermoralische »betreffen die Lebensbedingungen, die Qualität der Lebensumstände«, moralische Werte »dagegen die Würde des Menschen, seine körperliche und geistige Integrität«. (Ladenthin 2008, 20)

dungen sowie sein Agieren zu begründen. Bei dieser Bildungsanforderung unterstützen ihn Werte, indem sie eine »Aufklärung über die Motive des eigenen Handelns« ermöglichen. Damit sind sie einem klassischerweise definierten Erfordernis von Bildung behilflich: »Verantwortung für das eigene Handeln zu übernehmen und es vor der eigenen Vernunft zu rechtfertigen«. (Ladenthin 2008, 29) In bildungstheoretischer Hinsicht wird deshalb insbesondere die operationalisierende Ebene des Verhältnisses von Bildung und Werten in den Blick genommen und damit die Frage danach, wie der Umgang mit Werten im Sinne eines Beitrags zur Bildung des Individuums pädagogisch verortet und vorangebracht werden kann.

Im Interesse an einer Befähigung zum Werturteil kann Wertebildung nicht meinen, eine Übernahme vorgegebener Werte zu forcieren. Vielmehr geht es zum einen um ein reflexives Verhältnis zu einzelnen Werten, zum anderen um eine begründende Auskunftsfähigkeit des Subjekts bezüglich der von ihm als bedeutsam erkannten Werte. *Reflexivität* meint dabei die Fähigkeit, Zusammenhänge auf die individuelle Bedeutsamkeit von sittlichen Werten hin analysieren zu können, d. h., »die Werthaltigkeit von Situationen und Entscheidungen zu erkennen« (Ladenthin 2013, 35), und ausgehend davon das eigene Wertegerüst zu erhellen.[219] Dies fordert das Subjekt heraus, über seine vorhandenen Werte Klarheit zu gewinnen, die die eigene Weltsicht, das eigene Werten und Handeln prägen. Durch eine derartige Vergewisserung wird es in seiner Selbstbestimmung, in seiner Bildung unterstützt und für einen offenen Austausch auf Basis eines Diskurses über unterschiedliche Werte befähigt. Hierbei ist das Subjekt aber nicht seinen individuellen, schon vorhandenen Werten überlassen. Vielmehr begegnen dabei auch neue, eventuell gar konkurrierende Werte, »mit denen es in Gestalt von Tradition, Meinungen, Vorschriften, Behauptungen etc. ständig in Berührung kommt« (Fees 2000, 286). Das eigene Werturteil wird dadurch zum einen angefragt, zum anderen aber auch angereichert. Insbesondere im intersubjektiven, diskursiven Austausch über unterschiedliche sittliche Werte, die von verschiedenen Subjekten in Verbindung mit einem bestimmten Anlass gebracht werden, liegt bildendes Potential. Im Diskurs sieht sich die bzw. der Einzelne gefordert, ihre bzw. seine Werte zu begründen. Der dabei (ständig neu) eingeforderte »Wertungsakt stellt eine eigenständige Leistung der betreffenden Person dar« (Fees 2010, 98) und verhilft dieser dazu, sich der eigenen Bestimmung reflexiv zu vergewissern. Letztlich ist dieser, Begründungen einfordernde Austausch unter bildungstheoretischem Gesichtspunkt sogar unabkömmlich für eine Wertebildung, denn dadurch »entstehen in unserem Bewusstsein erst die

---

[219] Mit Jürgen Rekus kann das Erkennen werthaltiger Anlässe als »Wertsichtigkeit« (Rekus 2008, 10) bezeichnet werden.

Werte« (Rekus 2008, 9), an die sich das Subjekt – ganz im Sinne Hans Joas' Ausführungen – gebunden fühlt.

Die Aufforderung zu einem reflektierten Werturteil stellt einen unbedingt berücksichtigenswerten Kontext von Wertebildung dar – auch unter religionspädagogischen Vorzeichen: Durch die damit verbundene Befähigung, Werte in ihrer Bedeutung für die individuelle Haltung in Bezug auf einen Anlass intersubjektiv zu begründen, kann das Subjekt auch in seiner von Werten geprägten Bildung allgemein voranschreiten.

4.1.2.3 Aspekte eines Werturteils

In bildungstheoretischer Hinsicht lässt sich ein Werturteil folgendermaßen systematisieren: in einen Anlass sowie in drei aufeinanderfolgende Aspekte, nämlich Aneignung von wahrheitsgemäßem Wissen, Auslotung teleologischer Einschätzungen und Fällung des sittlichen Urteils.

Diese Systematisierung sei kurz erläutert: Werte und damit Werturteile bedürfen zunächst eines *Anlasses*, der ihre Geltung einfordert. Unabhängig von konkreten Situationen erscheint es kaum möglich, sich eines Wertes in seiner persönlichen Bedeutung reflexiv bewusst zu werden. So ist es unter anderem nur schwer verständlich, was der Wert »Menschenwürde« wirklich bedeutet, wenn dieser nicht an einem Beispiel anschaulich gemacht und expliziert wird.

Sodann bedarf es im Interesse an einem reflexiven und begründeten Beurteilen einer *Aneignung* fundierten, *wahrheitsgemäßen Wissens*, um dem jeweiligen Anlass und der spezifischen Situation gerecht zu werden: Es geht »um ein sachangemessenes, am Regulativ der Wahrheit ausgerichtetes Urteil« (Ladenthin 2013, 12). Dafür sind wertebezogene Grundkenntnisse in Bezug »auf elementare Unterscheidungen und begriffliche Abgrenzungen« (Benner 2016, 33) eine zentrale Voraussetzung. Gleichwohl reicht aber eine unkritische Anhäufung aller auffindbaren Daten und Fakten nicht aus. Das Wahrheitskriterium ist deshalb als Forderung an das Subjekt zu interpretieren, hinsichtlich des spezifischen Wert-Anlasses das Richtige zu erkennen[220] sowie anzuerkennen und bei der davon abhängigen, folgenden wertebasierten Entscheidung nicht bewusst etwas zu forcieren, das als »nicht wahr« identifiziert wurde.[221]

Bevor das sittliche Werturteil gefällt wird, sind sodann *teleologische Einschätzungen* bezüglich der dabei zu gewinnenden Erkenntnis vorzunehmen: »nach der Legitimation, nach dem ›Wozu‹ und vor allem danach, welche Folgen […]

---

[220] Unter »Erkennen« versteht Konrad Fees »das objektive, d. h. ichunabhängige Ergründen eines Gegenstandes« (Fees 2000, 283). In dieser Hinsicht jedoch ist aus logischer Perspektive anzumerken, dass ein vom Ich unabhängiges Erkennen nicht möglich ist. Hier erweist sich die Einschätzung von Jürgen Rekus anschlussfähiger, der zu bedenken gibt, dass reflektiertes Wissen personen- und methodenabhängig ist (vgl. Rekus 2008, 12).

[221] Eine ähnliche Prämisse prägt auch Habermas' Idee des gleichberechtigten Diskurses (vgl. 3.1.4).

[diese] für das Subjekt selbst wie für andere nach sich ziehen könnte« (Fees 2000, 284).[222] Dabei wird zwischen potentiell Zulässigem und Nichtzulässigem *ausgelotet* und – zusammen mit dem wahrheitsgemäßen Wissen – die Grundlage für ein reflektiertes, individuelles Werturteil gelegt. Bei letzterem verbindet sich das Subjekt mit dem Anlass auf persönlicher Ebene, indem es das individuelle Wertegerüst zur Geltung bringt.

Von den eigenen Werten her wird im Rahmen eines Werturteilsbildungsprozesses das abschließend *sittlich beurteilt*, was in Form des Anlasses als »Welt« entgegenkommt und bereits sachangemessen sowie teleologisch verortet ist. Diese vier Aspekte der Generierung eines sittlichen Werturteils erscheinen auch in religionspädagogischer Hinsicht bedenkenswert.

4.1.2.4 Kriterien für den Geltungsanspruch von Werturteilen

An der Unabdingbarkeit des intersubjektiven Diskurses zeigt sich, dass ein Werturteil in seinem Geltungsanspruch nicht beliebig ist und Kriterien erfordert. Jürgen Rekus benennt in dieser Hinsicht eine von der Diskursethik inspirierte Leitlinie: Im »Prinzip muss jeder den Begründungsargumenten zustimmen können, wenn die Wertäußerungen Geltung beanspruchen sollen« (Rekus 2008, 12f; vgl. auch Fees 2000, 281f). Damit das Wort »jeder« in diesem Zusammenhang nicht missverstanden wird, genügt das Kriterium einer *universalen* Geltung für sich alleine jedoch nicht. Zu schnell könnten die Wertvorstellungen und davon abgeleitete Haltungen einer größeren und mächtigen Gruppe sich zuungunsten anderer auswirken.

Deshalb bedarf es in wertebildender Hinsicht einer Berücksichtigung des – oben bereits mehrfach konturierten – Sittlichkeitsaspekts, der auf die rational begründete Perspektive des »für alle Guten« in universaler Hinsicht rekurriert. Volker Ladenthin präzisiert das Kriterium der *Sittlichkeit* als »Conditio Humana einerseits und die menschliche Würde andererseits« (Ladenthin 2007, 11;

---

[222] Konrad Fees nimmt – im Gegensatz zur in vorliegender Studie vorgenommenen Aufschlüsselung – eine etwas andere Differenzierung der Schritte auf dem Weg zum Werturteil vor: Neben das von ihm als »ichunabhängig« deklarierte »Erkennen« stellt er die subjektkonnotierte »Besinnung«, welche sowohl die sittliche Dimension als auch die damit verbundene persönliche Verknüpfung einbringt. »Das abschließende Urteil, die Synthese aus Erkennen und Besinnen, wird unter dem dritten Aspekt des Urteilens gefunden« (Fees 2000, 284); das Individuum definiert somit in sich den Anlass.

Volker Ladenthin wiederum unterteilt etwas anders gelagert und der in vorliegender Studie fokussierten Differenzierung näherstehend: Wie Fees stellt er sein Modell auf die Grundlage »Erkenntnis«. Sein zweiter Aspekt jedoch liegt in der Frage nach den Zwecken des Anlasses, der Situation; hier geht er von einer außermoralischen Bewertung aus. Das sittliche Urteil erst bringt die sittliche Dimension ein, indem es »bemisst, ob ein Zweck auch wertvoll (also ein zu akzeptierender Wert ist) ist« (Ladenthin 2013, 13). Axel Bernd Kunze konzipiert in Analogie dazu sein Bildungsverständnis, indem er »die Ganzheit eines Bildungsprozesses« in Abhängigkeit von den Bildungsakten »Wissen, Werten und Entscheiden« bestimmt. (Kunze 2012, 137)

vgl. Ladenthin 2013, 13). Diese Zusammenhänge erweisen einmal mehr, dass es eines intersubjektiven Austauschs über Werte bedarf, denn die Vorstellungen davon, was mit Conditio Humana – den Bedingungen, Begrenzungen und Notwendigkeiten des Menschseins – verbunden wird, müssen nicht zwangsläufig synchron sein.[223] Auch kann es durchaus unterschiedliche Verstehensweisen von menschlicher Würde geben. Die Idee einer universalen Geltung als inter- wie auch intrasubjektiv beachtenswerte Maßgabe eines reflexiv geführten Diskurses und der Sittlichkeitsaspekt als Horizont des für alle Guten stellen letztlich Kriterien dar, um das bildungstheoretisch formulierte Ziel der Werturteilsfähigkeit abseits eines Beliebigkeits- oder gar Relativismusvorwurfs anzusiedeln.

Hinzu kommt das oben benannte Kriterium der *Wahrhaftigkeit* im Sinne einer sachangemessenen Betrachtung des Anlasses. Hinsichtlich einer religionspädagogisch verorteten Idee von Wertebildung erweisen sich diese Kriterien – die in sich zugleich Werte bzw. Wertvorstellungen manifestieren – als beachtenswert, insbesondere wenn es darum geht, werturteilsermöglichende Lernarrangements zu planen und zu gestalten.

4.1.2.5 Ermöglichung wertebasierter Handlungsreflexion

Werte orientieren das Subjekt in seinem Handeln – sei es handlungsleitend oder handlungsbewertend. Angesichts dieser, den praktischen Aspekt von Wertebildung fokussierenden Perspektive gilt es in bildungstheoretischer Hinsicht zu bedenken, dass Werturteilsfähigkeit nicht zugleich dazu befähigt, Werte auch zu leben bzw. gar in einer einzigen, ganz spezifischen Weise zu realisieren.[224]

---

[223] Vgl. dazu unter anderem die von Reimer Gronemeyer, Jonas Metzger und Andrea Newerla ab 2014 sukzessive aufgebaute Schriftenreihe »CONDITIO HUMANA. BEITRÄGE ZUM VERLUST VON LEIB UND WELT«. Klaus Zierer nähert sich unter diesem Begriff pädagogischen Fragestellungen (vgl. Zierer 2007).

[224] Im Rekurs auf Immanuel Kant, der attestiert, dass Sittlichkeit letztlich neben der Verstandestätigkeit auch darauf angewiesen sei, dass sie handelnd vollzogen wird, formuliert Volker Ladenthin: »Lernen von Sittlichkeit und sittliches Handeln können nicht identisch sein, weil man nicht schon sittlich handeln kann, wenn man es erst durch dieses Handeln lernen soll.« (Ladenthin 2002, 71)
Im Rahmen des DFG-geförderten Projekts ETiK (= Entwicklung eines Test*i*nstruments zu einer didaktisch und bildungstheoretisch ausgewiesenen Erfassung moralischer Kompetenzen), welches moralische Kompetenzen 15-Jähriger empirisch überprüft hat, wird zwischen Urteils- und Handlungskompetenz folgendermaßen unterschieden: »Moralische Urteilskompetenz bezieht sich auf moralische Orientierungen, die man […] in aporetische, teleologische, kategorische und problematisierende differenzieren kann. […] Moralische Handlungskompetenz meint die Fähigkeit, moralische Probleme nicht nur zu beurteilen, sondern auch zu ihnen Stellung nehmen und sie planend angemessen bearbeiten zu können.« (Benner 2012b, 163) Vgl. auch Benner 2016, 32–34.

Im Rahmen von intentionalen, absichtsvoll initiierten[225] Wertebildungsprozessen ist es – abgesehen von der Befähigung zu einem reflexiven Werturteil
– auch bedeutsam, »die Bereitschaft zu ethisch verantwortbaren Handlungs-
entscheidungen [zu] fördern« (Rekus 2008, 13). Vornehmlich im hypothetischen (vgl. Ladenthin 2013, 36; Rekus 2010, 172) bzw. fiktionalen (vgl. Fees
2000, 291) Modus wird in schulischen, wertebildenden Lernarrangements der
Handlungszusammenhang zugänglich: Anhand von veranschaulichenden,
semirealen Situationen, können einzelne Individuen oder eine Gruppe in
vorbereiteten Wertebildungslernoptionen motiviert werden, werthaltige Anlässe zu identifizieren und die sich dabei eröffnenden Wertefragen quasiagie-
rend angehen, »ohne daß sie selbst bzw. die Mitmenschen die Folgen dieser
Urteile tatsächlich zu ertragen hätten« (ebd.).

Religionspädagogisch beachtenswert ist somit: Wertebildungsarrangements
holen die Realität zwar nicht im Vorab ein, doch bieten sie Subjekten die
Chance, die Bedeutung ihres individuellen Wertegerüstes auf Praxis hin aus-
zutarieren, indem sie »über den Zusammenhang von Argumentation und
Handlung« (Wiater 2010b, 159) reflektieren. Sie tragen damit zur Förderung
der Bereitschaft zu wertebasiertem, sittlichem Handeln bei, im Sinne der
»durch Bildung zu erlangende[n] Fähigkeit, angesichts realer Herausforderungen handelnd jenen Wert zu bevorzugen, der sittlich zu vertreten ist und das
Leben gelingen lässt« (Ladenthin 2010, 45).[226]

Nicht unterschätzt werden sollte jedoch, dass bereits im Rahmen von absichtsvoll initiierten Werturteilsdiskursen auf intersubjektiver Ebene wertebildende Praxis stattfindet, insofern das Gelingen des Dialogs davon abhängt,
dass die Beteiligten einander »wertschätzend« gegenüber treten. Gerade letzterer Aspekt wird in bildungstheoretischen Forschungen vor allem auf der
Ebene des Verhältnisses zwischen Lehrperson und Lernenden (vgl. Fees
2000, 326; Ladenthin 2013, 45) oder hinsichtlich der von John Dewey vorge-
dachten und von Lawrence Kohlberg breitenwirksam etablierten Idee von
Schule als »Just Community« (vgl. 2.2.3.2) berücksichtigt. Dabei kommt dem
wertebasierten Interagieren zwischen den Lernenden selbst eine besondere
Bedeutung zu.

4.1.2.6 Abgrenzung von einem Wertvermittlungs-Duktus

Insgesamt gilt es – wie bereits mehrmals angeklungen ist – die Fehlfolgerung
zu vermeiden, bildungstheoretische Forschungen müssten oder könnten vor-

---

[225] Die Formulierung »absichtsvoll initiiert« trägt dem Sachverhalt Rechnung, dass die Realisierung von Werten in faktischen (Alltags-)Situationen – informelles Lernen! – ebenfalls einen
Wertebildungsprozess des Individuums forcieren kann; eventuell einen viel nachhaltiger
bildenden.

[226] William Middendorf präzisiert: »Erst die reflektierte Bindung des eigenen Handelns an Werte
als Maßstäbe des Handelns legitimiert dieses als verantwortlich.« (Middendorf 2008, 37)

geben, *welche* Werte hinsichtlich der Gestaltung eines gerechten, sittlichen und sinnvollen Lebens wichtig sind und *wie* sich diese bestmöglichst vermitteln lassen. Nicht selten wird genau dies von staatlich-politischen und gesellschaftlichen Initiativen eingefordert, die ein scheinbares Defizit hinsichtlich der Werthaltungen der Staatsbürgerinnen und -bürger – primär auf Seiten der Heranwachsenden – wahrnehmen. Wie die philosophischen und soziologischen (vgl. 3.1 und 3.2), aber auch die bildungstheoretischen Vergewisserungen gezeigt haben, sind Werte anlass- und subjektabhängig sowie einem beständigen Wandel unterworfen. Damit sie zu anerkannten und realisierten Werten werden, müssen sie – ganz der Idee der Bildsamkeit des Menschen entsprechend – vom jeweiligen Subjekt »selbst erlebt, selbst geprüft, selbst eingesehen und […] selbst anerkannt« (Rekus 2008, 9) sowie freiwillig in den individuellen Wertekosmos integriert werden. Von daher wäre es ein Trugschluss anzunehmen, Werte könnten dem Subjekt von außen lediglich vorgesetzt und in Lernprozessen vermittelt[227] werden.

Diese Erkenntnis stellt entscheidende bildungstheoretische Weichen, von denen her jeder Versuch zu hinterfragen ist, bei Menschen nur über kognitiv-intentionale Lernprozesse bestimmte Werthaltungen aufzubauen. Vielmehr sind in wertebildender Hinsicht Lernoptionen nötig, die dem Subjekt die Chance auf Werturteilsbildung eröffnen, d. h. Werte in ihrer persönlichen Bedeutsamkeit zu erspüren, abzuwägen und sich dazu zu positionieren.[228] Dass Lernenden dabei zur hypothetischen Bearbeitung einer semirealen Anforderungssituation durch Lehrende geeignete Werte – beispielsweise in Form einer zu diskutierenden literarischen Passage – angeboten werden, ist durchaus möglich.[229] Darauf zu achten ist jedoch, die Subjekte nicht in ihrer

---

[227] Auch Graham Haydon zeigt, dass es zu Problemen führt, von einer »transmission of values« zu sprechen: »Even apart from moral values, can a love of science or enthusiasm for history be transmitted? Possibly, but certainly not just by telling people that science and history are good (interesting, exciting, important) things. […] But once we begin to talk about the teacher's example we are speaking of something that will by no means have the same, or any, predictable effect on each pupil. For this reason too, the terminology of transmission begins to look out of place.« (Haydon 2006, 167)

[228] Entsprechend grenzt sich auch Helmut Heid von Wertevermittlungsidee ab: »Es sind keine Werte, die Heranwachsenden ›vermittelt‹ werden können, sondern es kann und sollte jene Urteilskraft sein, die sie befähigt zu durchschauen, welche Funktion die Bezugnahme auf Werte in den Auseinandersetzungen um die Rechtfertigung oder Kritik strittiger Sachverhalte unter den jeweiligen Bedingungen ihrer Realisierung erfüllt.« (Heid 2013, 253)

[229] Hermann Giesecke spricht in diesem Zusammenhang von »Konfrontation« als didaktischem Grundmuster: »Die bisherige Wertbildung der Schüler – wodurch immer sie erfolgt ist – wird konfrontiert mit solchen Werten und Normen, die im sachorientierten Unterricht – etwa in einem literarischen Text – zum Vorschein kommen. Die Konfrontation schafft die nötige Distanz, um Auseinandersetzungen über Wertfragen führen zu können« (Giesecke 2005, 135). Ob der Begriff »Konfrontation« wirklich geeignet ist, lässt sich anfragen. Denn jeder Lernprozess lebt von der Begegnung mit Neuem, das eventuell konfrontiert – auch bezüglich dessen, was Giesecke meint –, im Idealfall aber hoffentlich eher motiviert.

Deutungs- und Entscheidungshoheit einzuschränken: Sie können vorgestellte Werthaltungen für sich als attraktiv und übernehmenswert identifizieren; sie müssen sich auch gegen die angebotenen Werte entscheiden dürfen. D. h., »Werte werden nicht als solche gelehrt [...], sondern [...] zum Vorschein gebracht und erörtert.« (Giesecke 2005, 135; vgl. Haydon 2006, 165–181; Ladenthin 2013, 37) Dies birgt zwar – von außen betrachtet – das scheinbare Risiko in sich, dass sich Individuen ebenso für so genannte »problematische Werte« entscheiden können (vgl. Rekus 2008, 15). Dieses Risiko aber kann aufgrund der Selbstbestimmtheit des Subjekts auch mit der scheinbar besten Vermittlungstechnik nicht umgangen werden, da Situationen und Anlässe, in denen Werte zur Geltung gebracht werden müssen, nicht gänzlich kontrollierbar sind. Georg Lind verweist gar auf einen problematischen Aspekt der Vorstellung, Werte sollten bzw. könnten vermittelt werden: Sie kann »eine Gefahr darstellen, dann nämlich, wenn sie [...] in [...] Urteilen bestärkt« (Lind 2003, 32), die sich nicht im Sinne des Guten[230] für alle auswirken.

Aufgrund der gegenwärtigen, pluralen Verfasstheit von »Welt« (vgl. 2.1) ist das Subjekt im Rahmen seines Bildungsprozesses zu befähigen, mit zum Teil unvorhersehbaren Herausforderungen umzugehen. Unter anderem in dieser Hinsicht wäre eine rigide Vorgabe von zu adaptierenden Werten kontraproduktiv. Dies würde das Individuum zum einen nicht in seiner Selbstbildsamkeit ernst nehmen und somit gleichsam entmündigen. Zum anderen würden derartige Vorgaben zu wenig auf die Zukunft hin vorbereiten, welche dem Individuum eigene, verantwortliche Entscheidungen, Haltungen und Handlungen in wertkonstitutiven Zusammenhängen abverlangt. Bezüglich des Umgangs mit (bio-)technischen Neuerungen zeigt sich beispielsweise, dass es das Subjekt fähig sein muss, sich ein eigenes Werturteil zu bilden, da die sich durch den Fortschritt stellenden Herausforderungen nicht lediglich im Rekurs

---

[230] In diesem Zusammenhang stellt sich unausweichlich die Frage, ob in intentionalen Lernprozessen vermittelt und gelernt werden kann, was *sittlich* ist. Volker Ladenthin rekurriert auf die menschliche Vernunft und ist von daher der Meinung: »Sittlichkeit kann gelehrt, sie muss gelernt werden« (Ladenthin 2013, 21), was aber noch nicht garantiert, dass entsprechendes Verhalten determinierbar ist (vgl. ebd., 37).

Marian Heitger gibt zu bedenken: »Wenn es der Erziehung um Moralität, d. h. um Selbstbestimmung in Ansehen von Pflicht geht, dann muß aus dem ihr gewidmeten Handeln alles ausgeschieden werden, was der Freiheit des Subjekts widerspricht: Sanktionen und Privilegien, instrumentell verstandene Beeinflussungsstrategien können keine erzieherische Valenz beanspruchen.« (Heitger 2004, 179) Letztlich ist dem Menschen zuzugestehen, dass er aus sich heraus zunächst das Gute will, auch wenn dies nie in allen Zusammenhängen vervollkommenbar scheint.

Schon Wilhelm von Humboldt verweist darauf, wenn er zum Schluss kommt, »dass der Staat sich schlechterdings alles Bestrebens, direkt oder indirekt auf die Sitten und den Charakter der Nation anders zu wirken, als insofern diess als eine natürliche, von selbst entstehende Folge seiner übrigen schlechterdings nothwendigen Maassregeln unvermeidlich ist, gänzlich enthalten müsse« (Humboldt [1792] 1960a, 144f).

auf vorhandene Werturteile angegangen werden können. Da eine unreflektierte Übernahme vorgegebener Werte bisweilen auch zu problematischen Konstellationen führen kann – vgl. die unhinterfragte Adaption der Ideale von faschistischen Bewegungen im 20. Jahrhundert –, ist es einmal mehr unabdingbar, dass die Subjekte ihr Werturteil als rational ausweisen und begründen können.

Diese Abgrenzung von einer Wertvermittlungsidee erweist sich auch mit Blick auf die zu entfaltende religionspädagogische Wertebildungstheorie als relevant. Abgesehen davon ist jedoch auch zu berücksichtigen, dass das Einfordern eines vollständigen Offenlegens individueller, wertebasierter Entscheidungen in der Autonomie der Subjekte eine ernst zu nehmende Beschränkung erfährt: »Kein Mensch darf sich nämlich [...] anmaßen, die Lebensumstände und Argumentationen eines anderen Menschen je so vollständig einsehen zu können, wie dieser selbst.« (Ladenthin 2002, 76)

4.1.2.7 Wertebildende Relevanz eines Ausgriffs auf Transzendenz

Verschiedenste bildungstheoretische Darlegungen rekurrieren auf die Dimension »Sinn«, wenn es darum geht, die Frage danach zu beantworten, *warum* sich das Subjekt an die Werte binden soll bzw. bindet, die es im Rahmen von rational fundierten Werturteilsprozessen erkannt hat. Im Hintergrund dieser Frage steht zweierlei: zum einen das Wissen um die Dauerhaftigkeit von Wertbindungen, die ein Individuum auf Basis der Annahme, dass die gewählten Werte Sinn stiften, eingegangen ist; zum anderen die Suche nach Begründungen für das Realisieren des als gut erkannten Wertes. Sittliche Werte und die damit korrespondierenden Werturteile sind also an die Sinnfrage gekoppelt, da sie sich in ihrer Sinnhaftigkeit ausweisen können müssen, wenn es zu bekunden gilt, warum das Subjekt sich abseits eines egoistischen Relativierens für diese entschieden hat (vgl. Ladenthin 2007, 8). In Anbetracht der Komplexität, die mit den pluralen Möglichkeiten einhergeht, ist das Individuum gefordert, einen bestimmten Sinn für sich zu definieren: Der Rekurs auf vorgegebene Sinn-Systeme unterstützt dabei (vgl. Schäfers 2010, 41).[231]

Angesichts dessen sieht sich die bildungstheoretische Reflexion zu Werten auf das Feld philosophischer Verortungen verwiesen: Pädagogische Kontexte können die Frage nach dem Sinn, nach einem »letzten Grund« für gutes Agieren nur bedingt innerweltlich beantworten (vgl. Middendorf 2008, 43).[232] Denn dass ein Subjekt sich selbst an individuell erkannte, sittliche Werte bin-

---

[231] Niklas Luhmann beispielsweise identifiziert »Sinn als Grundbegriff der Soziologie« und sieht darin »die Ordnungsform menschlichen Erlebens«. (Luhmann 1971, 31)

[232] Gemäß Marian Heitger ist bezüglich der Idee von Bildung insgesamt eine entsprechende Setzung nötig: »Bildung ist nur möglich, wenn der Mensch in seinem Personsein durch ein transzendentales Apriori bestimmt ist und nicht in der Geschichtlichkeit oder im kulturellen Relativismus untergeht.« (Heitger 2004, 185)

det, eröffnet zunächst nämlich einen nicht abschließend beantwortbaren, unendlichen Begründungsraum. Ein Hinweis auf den »kategorischen Imperativ« z. B. beantwortet die Sinnfrage nur bedingt; ein weiterfragendes »Warum?« lässt sich problemlos anschließen. Zwar wäre es möglich, die begründende Wertbindung im Subjekt selbst anzusiedeln. Aber auch in dieser Hinsicht ergeben sich Schwierigkeiten, wenn »dabei [...] die systemimmanent nicht zu beantwortende Frage [aufkommt], warum sich der Mensch Zwecke setzen soll« (Ladenthin 2010, 42).[233] Als vorläufig[234] endlich kann der sinnstiftende Begründungsraum erst in einer auf Transzendenz ausgreifenden Setzung konstruiert werden – sei es durch eine normativ spezifizierte Anthropologie oder mit Hilfe einer im Horizont von Religion gedeuteten Anthropologie. Mittels beider Varianten wird Sinnstiftung vollzogen. Die Bevorzugung bestimmter Werte lässt sich dadurch begründen: »Werturteile [gewinnen] in der Bindung an die als unbedingt vorausgesetzte Maßgabe Geltung« (Mikhail 2009, 103; vgl. Ladenthin 2007, 10). Eine abseits normativer Setzungen angesiedelte, religiös konnotierte Sinnstiftung kann dabei einen entscheidenden Vorteil in Anspruch nehmen: Im Rekurs auf Transzendentes ist es möglich, Menschen der »Beherrschung« durch Menschen zu entziehen, sofern dieser Transzendenzbezug nicht in menschlichem Machtinteresse missbraucht wird.

Die auf Transzendenz ausgreifende Verortung von Werten ermöglicht in pädagogischen Zusammenhängen Bezugnahmen zur religiösen Dimension; ein Aspekt, der nicht nur hinsichtlich einer religionspädagogisch grundierten Initiierung von Wertebildungsprozessen beachtenswert ist.[235] Im Rekurs auf

---

[233] Ladenthin führt neben dieser Beantwortungsoption und dem »Verweis auf eine zwar uneinsehbare aber zugleich tatsächliche Transzendenz« als Antwortmuster an, »alles menschliche Handeln [stehe] schon immer unter der Maßgabe eines gar nicht letztlich zu bestimmenden Sinns«. (Ladenthin 2010, 42) Auch wenn er bemerkt, dass der Rekurs auf eine transzendenzbezogene Lösung des Sinnproblems »den Modus vernünftiger Begründung« (ebd.) verlässt, sieht Ladenthin »alle Konzepte von Werterziehung an die Anthropologie [...] und an die Theologie gebunden – Letzteres, wenn man Religion als Frage nach dem Grund für das ›Fragen nach Sinn‹ versteht.« (Ebd.)

[234] Das Begriffspaar »vorläufig endlich« will dafür sensibilisieren, dass der menschliche Ausgriff auf Transzendenz – christlich gesprochen – immer unter einem »eschatologischen Vorbehalt« steht und nicht finalisierend gedacht werden kann.

[235] Volker Ladenthin ist gar davon überzeugt, dass »erst die Religion [...] an die eigenen Wertungen [bindet]. Sie sagt, dass es Sinn macht, das, was wir eingesehen haben, auch zu praktizieren.« (Ladenthin 2007, 13) Hartmut von Hentig dagegen, der unter anderem einer staatlichen Mitwirkung am Religionsunterricht skeptisch gegenübersteht (vgl. Hentig 1999a, 142), berücksichtigt den religiösen Begründungs- und Sinnzusammenhang von Werten weniger und folgert – insofern er vor allem den praktisch-ethischen Aspekt im Blick hat – im Rekurs auf die aristotelische, in Vernunft und Erfahrung angesiedelte Ethik, »daß Ethik auch ohne Religion auskommt« (Hentig 1999b, 10). Friedrich Schweitzer wiederum gibt zu bedenken: »Werte und Normen kann es auch ohne Religion geben, aber der prinzipielle Verzicht auf eine religiöse Grundlegung von Werteerziehung wäre absurd. Pädagogik ohne Religion geht nicht nur an den Bedürfnissen des Kindes vorbei, sondern verliert auch den

die jüdisch-christliche Glaubensüberzeugung vom gottebenbildlichen Menschen beispielsweise lassen sich sittliche Werte außerhalb diesseitiger Begrenzung begründen: Die christliche Religion kann die Frage nach dem Sinn von Werten und daraus ableitbaren Werthaltungen im Horizont des trinitarischen Gottes beantworten (vgl. Middendorf 2008, 46–49; vgl. Rekus 2009, 33). Entsprechende transzendenzoffene Verortungen können nicht nur Anhängern der christlichen Glaubensgemeinschaft, sondern auch Nicht-(Christlich-)Gläubigen ein Sinnreservoir für die Begründung ihrer Werte bieten – zumindest indem sie zum Nachdenken und Positionieren herausfordern, unabhängig davon, ob dieses in Zustimmung oder Abgrenzung mündet. Hinsichtlich religionspädagogisch-wertebildender Lernarrangements wird darauf zu achten sein, inwiefern die auf Transzendenz ausgreifende Perspektive abseits einer Funktionalisierung eingebracht werden kann. Bedeutsam ist dabei, dass der wertebegründende, religiöse Sinnzusammenhang für alle Subjekte rational nachvollziehbar und zugänglich wird und dass die Lernenden sich nicht Vereinnahmungstendenzen ausgesetzt sehen.

4.1.3 Religionspädagogische Perspektiven

Werte stellen einen wichtigen Aspekt von Bildung dar – unter anderem, wenn es darum geht, Orientierungswissen aufzubauen, das im Gegensatz zu reinem Verfügungswissen ein »handlungsorientierendes Wissen« (Mittelstraß 1989, 19) ist. Diese Perspektive markiert eine Herausforderung für Wertebildung – auch in religionspädagogischer Hinsicht. Deshalb gilt es im Folgenden, die in Teil 3 vorliegender Studie grundlegend erarbeitete Wertebildungstheorie auf Basis der bildungstheoretischen Verortungen in den Blick zu nehmen und zu ergänzen (vgl. Abbildung 7): Dabei ergeben sich zum einen parallele Bezugspunkte, die die vorliegende Theorie angesichts bildungsrelevanter Erkenntnisse zuspitzen. Zum anderen lassen sich neue Perspektiven erschließen, insbesondere hinsichtlich beachtenswerter Kriterien für Wertebildungsprozesse und bezüglich deren Reichweite.

Bildungstheoretische Überlegungen sensibilisieren – wie die philosophischen, soziologischen und theologischen Verortungen auch – dafür, dass das *Subjekt* im Zentrum von Wertebildung steht. Ausgehend vom humanistisch geprägten Bildungsgedanken ist es der jeweilige Mensch, der sich selbst bildet und auf dem Weg seiner beständigen »Aufgabe Selbstbestimmung« den Kontext Werte nicht nur gestalten, sondern von diesem her auch die eigene Bestimmung orientierend fundieren muss.

Zugang zu Überzeugungen, die ein Leben tragen können.« (Schweitzer 2006a, 78; Kursivs. rückg. – K.L.)

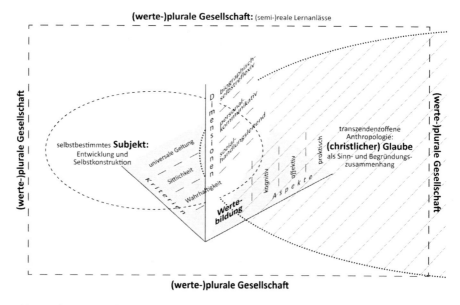

Abb. 7: Schema einer bildungstheoretisch perspektivierten Theorie von Wertebildung

Unter der Prämisse der jedem Subjekt zuzugestehenden Autonomie, die im Horizont von Verantwortung angesiedelt ist, verweist der Bildungsdiskurs auf drei prägende Referenzkontexte: Wertebildung basiert auf Wechselwirkungen des Subjektes, die zum einen selbstbezüglich, zum anderen im Du des Gegenübers sowie im Welt-Zusammenhang angesiedelt sind. Somit lassen sich auch unter bildungstheoretischen Vorzeichen die bereits aus der philosophischen, soziologischen und theologischen Verortung des Werte-Begriffs abgeleiteten (vgl. 3.4) *Dimensionen – biographisch-selbstreflexive, personal-kommunikative, sozial-handlungsleitende –* ausmachen.[236] Das »Plus« der *bildungstheoretischen Aufladung dieser Dimensionen* – im Vergleich mit den grundlegenden Klärungen – liegt in der pädagogischen Zuspitzung. Es ist deutlich geworden, dass

-   in der Befähigung zu einem sittlichen Werturteil eine zentrale Intention von Lernarrangements liegen muss, die das Subjekt in seiner Wertebildung unterstützen wollen. Die Perspektive des *Guten* zeigt dabei an, dass es nicht um das (Be-)Werten allgemein geht. Sie stellt ein wertegesättigtes Korrektiv dar, das einer relativistischen Subjektivierung vorbeugt. In wertebildender Hinsicht ist zugleich zu fragen, inwiefern sich Kriterien für »das Gute« ausmachen lassen und wie diese in Lernprozessen zur Geltung gebracht werden können. Die drei Dimensionen der Verhältnisge-

---

[236] Diese Kongruenz ergibt sich nicht zuletzt auch deshalb, weil bildungstheoretische Überlegungen auf philosophischen, soziologischen und zum Teil theologischen Vorklärungen fußen.

winnung – Selbst, Du, Welt – eröffnen auch diesbezüglich den Referenzkontext.

– das Subjekt in seinen Rollen als Akteur und Konstrukteur individueller
Wertebildung auf Unterstützung angewiesen ist, insbesondere was die
Selbstbewusstmachung der eigenen Werte betrifft. Religiös konturierte,
wertebildend ausgerichtete *Lernprozesse* können in dieser Hinsicht Gelegenheiten offerieren, die eigenen Werte vernunftgemäß und im Verhältnis zur Welt zu reflektieren. Lernanlässe sollten daher die Subjekte herausfordern und befähigen, über den Kontext »Werte« *begründet und selbstreflexiv Auskunft* zu geben und Position beziehen zu können. Die wertebildenden Dimensionen des »Selbst«, des »Du« und der »Welt« machen darauf aufmerksam, welche Referenzkontexte dabei tangiert werden können, um das individuelle Wertegerüst voranzubringen, indem sie es entweder bestätigen oder um neue Aspekte erweitern. Sie begründen das so
genannte »dialogische Prinzip« von Wertebildung: Im intrasubjektiven
Wertungsprozess führt das Individuum zum einen »gleichsam einen Dialog mit sich selbst« (Fees 2000, 281), im intersubjektiven Austausch über
Werte und Werturteile werden zusätzliche Perspektiven zugänglich, die
auch handlungsleitend sein können (vgl. ebd., 325f; Fees 2010, 99; Rekus
2008, 12; Rekus 2009a, 73).

– vornehmlich *semi-reale Anlässe* den Ausgangspunkt absichtsvoll initiierter,
wertebildender Lernarrangements darstellen. Sie können insbesondere zu
wertebasierter Handlungsreflexion beitragen, aber nur im Rahmen dieser
Grenze tatsächliches Handeln vorbereiten. Es geht also nicht um ein
»Herbeilernen« von sittlichen Reaktions- und Handlungsmustern, sondern um die Förderung der Bereitschaft, zu wertebasiertem sittlichen
Handeln.

Die bildungstheoretische Verortung tangiert ebenso die drei *Aspekte* von
Wertebildungsprozessen, welche in vorliegender Studie bereits herausgearbeitet werden konnten (vgl. 3.4): In *kognitiver* Hinsicht ist zu bedenken, dass ein
sittliches Werturteil einer Wissensgrundlage bedarf. Ohne diese ist eine verantwortete, wahrheitsgemäße Urteilsbildung nicht möglich. Wertebildende
(religiöse) Lernprozesse müssen daher so gestaltet werden, dass sie den Subjekten ermöglichen, *Wissen anzueigen* – und zwar über den sittlich zu bewer-
tenden Lernanlass, aber auch über die zur Geltung kommenden Werte selbst.
Der *affektive* Aspekt von Wertebildung erweist sich als bedeutsam, insofern in
bildungstheoretischer Hinsicht die Frage danach auftaucht, warum sich ein
Mensch an das eigene sittliche Werturteil gebunden fühlen soll. Das Individuum realisiert und reflektiert seine Werte unter anderem in affektiver Referenz. In diesem Zusammenhang begründet die Autonomie des Subjekts, welche dem (religions-)pädagogischen Zugriff entzogen ist, eine bildungstheoretische Ankerstelle: Insbesondere im wertebasierten Agieren zeigt sich, dass zu

einer kognitiven Verortung von Werten auch ein emotional-situatives Moment hinzutritt, das handlungsproduktiv wirkt. Lernprozesse, die das Subjekt in seiner Wertebildung unterstützen wollen, müssen also dem affektiven Aspekt Raum geben, jedoch berücksichtigen, dass dieser nicht forciert oder gar in eine bestimmte Richtung gelenkt werden sollte. Pädagogisierungen, die z. B. Betroffenheit auslösen und von daher Werthaltungen prägen wollen, sind zu vermeiden, da sie die Subjekte in ihrer Selbstbestimmtheit nicht ernst nehmen und von daher gar Gegenreaktionen hervorrufen können. Dem *praktischen* Aspekt von Wertebildung tragen verschiedenste Optionen Rechnung, die es in ihrem Potential, aber auch in ihrer Begrenztheit angesichts von Semi-Realitäten der absichtsvoll initiierten Wertebildungsprozesse in (religions-) pädagogischer Hinsicht zu berücksichtigen gilt. Das von Werten geprägte Interagieren zwischen den Subjekten, die mit einer werthaltigen Situation konfrontiert sind, ist dabei ebenso bedeutsam wie die Verortung von Werten im Rekurs auf individuelle, real erlebte Handlungssituationen.

Die bildungstheoretischen Überlegungen unterstreichen auch die *Bedeutung von weltanschaulichen Positionierungen* für das mit der »Herausforderung Werte« konfrontierte Subjekt. Eine *transzendenzoffene Anthropologie* beispielsweise kann dem Individuum auf die mit Werten verknüpfte Sinnfrage einen Antworthorizont bieten, der nicht im menschlich-begrenzten Modus verbleiben muss und von daher hinterfragbar ist. Der Transzendenzaspekt stellt eine Option bereit, die *Geltung von Werten im Rekurs auf einen vorläufig letzten Grund* im Sinne einer Maßgabe zu situieren. Hier manifestiert sich beispielsweise das wertebildende Potential des christlichen Glaubens, der ausgehend von seiner im trinitarischen Gottesbild verankerten Anthropologie eine dem religiösen Weltzugang entsprechende, vernünftige Antwort auf die Frage nach dem Sinn geben kann. Auf religiöse Lernprozesse hin weitergedacht, die die Subjekte in ihrer Wertebildungsaufgabe unterstützen wollen, gilt es dabei Folgendes zu beachten: Die im christlichen Glaubenszusammenhang eröffnete, transzendenzbezogene verankerte Sinn- und Begründungsperspektive von Werten kann Lernende anregen, ihr vorhandenes Werturteil zu befragen und vor dem Hintergrund der *Sinnfrage* zu reflektieren. Da christliche Referenzkontexte nicht als selbstverständlich vorausgesetzt werden können, müssen diese bewusst im Rahmen von Lernarrangements zur Geltung kommen. Wichtig ist dabei, die Subjekte in ihrer Autonomie und *Deutungshoheit* ernst zu nehmen, was bedeutet, den *Angebotscharakter* im Sinne eines erweiterten Möglichkeitsraumes zu wahren und die christliche Verortung von Werten nicht aufzuoktroyieren. Eine zusätzliche Herausforderung stellt die verständliche und auch für Nicht-Christen nachvollziehbare Artikulation dieses religiösen Sinn- und Begründungszusammenhangs dar – einmal mehr eine bildungstheoretische Forderung, die mit der philosophischen Verortung von Wertebildung korrespondiert.

Die bildungstheoretischen Erkenntnisse haben auch ein Weiteres deutlich gemacht: Auf der einen Seite ist klar geworden, *dass eine Wertvermittlung im Sinne einer Übertragung von vorgegebenen Werten nicht der Idee vom selbstbestimmten, sich bildenden, autonomen Subjekt entspricht.* Sicherlich können sittliche Werte, zu ihnen passende Begründungsstrategien und auch mögliche Realisierungssituationen auswendig gelernt werden, ein nennenswerter Beitrag zu individueller, verantworteter Wertebildung abseits der Anhäufung von trägem Wissen wird dadurch jedoch kaum geleistet. Auf der anderen Seite jedoch sensibilisieren die bildungstheoretischen Perspektiven dafür, dass die *Subjekte zudem auf bewusst initiierte Lernarrangements angewiesen sind, um in ihrer Wertebildung voranzukommen.*[237] Insbesondere Werturteilsfähigkeit und die Motivation zu wertebasiertem Handeln können – auch unter religionspädagogischem Vorzeichen – gefördert werden.

Eine markante Erweiterung der bisher entfalteten Wertebildungstheorie stellen die bildungstheoretisch, aber auch philosophisch begründeten *Kriterien* dar (vgl. 4.1.2.4; 3.1.4.2; 3.1.5.2): Wahrhaftigkeit, Sittlichkeit und universale Geltung ergänzen die Dimensionen und Aspekte von religionspädagogisch verantworteter Wertebildung um eine weitere Ebene hin zu einer Matrix (vgl. Abbildung 7). Wertebildend angelegte Lernprozesse sind auch von diesen Kriterien her zu reflektieren. Zum einen sollten sie so angelegt sein, dass sie den Lernenden ermöglichen, sachangemessenes Wissen als Voraussetzung für eine *wahrhaftige* Werturteilsbildung aufzubauen, was auch einschließt, dass das Gegenüber im Rahmen wertebasierten Reflektierens und Handelns nicht bewusst getäuscht wird. Das *Sittlichkeits*kriterium verweist zum anderen auf den Horizont des »Guten« im Rahmen von Wertebildung und sensibilisiert dafür, dass mit dem Rekurs auf Werte immer auch Haltungen und Handlungen begründbar sind, die von einem Gegenüber mit Rekurs auf eine andere Definition des Sittlichkeitsaspekts negativ bewertet werden können. Eine mit dem »Vorzeichen des Guten« versehene Theorie von Wertebildung trägt der Erkenntnis Rechnung, dass die Konstruktion eines individuellen Wertegerüstes sich nicht in egozentrierten Vorteilsnahmen erschöpfen kann, sondern in intersubjektiver Hinsicht Welt als Ganze in den Blick nehmen muss: Damit wird vorliegender Idee von Wertebildung ein auf Diskursivität hin angelegter

---

[237] Prominent positioniert sich in dieser Hinsicht immer wieder Georg Lind, der zwar nicht von Werten spricht, aber Moral als Aufgabenfeld von Bildung ansieht (vgl. Lind 2000, 20) und dies unter anderem im Titel seiner Monographie »MORAL IST LEHRBAR« (2003) herausstellt. Axel Bernd Kunze sieht darin eine Aufgabe für die Pädagogik begründet: »Denn als moralisches Subjekt ist der Mensch zwar grundsätzlich zu moralischem Handeln befähigt, er muss seine moralische Urteilskompetenz aber ausbilden, entwickeln und pflegen. Pädagogik ist daher aber auch mehr als nur ein Anwendungsfall von Ethik. Indem sie zur moralischen Urteilskompetenz hinführt, schafft sie die Grundlage für Werteinsichten und Wertentscheidungen, ermöglicht sie dem Handelnden, zu einer Verantwortungshaltung zu kommen und ein Ethos auszubilden.« (Kunze 2012, 130)

Zug eingeschrieben, insofern diese unter dem Aspekt der »Sittlichkeit« auf das Aushandeln eines intersubjektiv als »gut« Anerkennbaren hin justiert ist. Die Berücksichtigung dieses Kriteriums im Lerngeschehen meint gleichwohl nicht, ein »bestimmtes Gutes« normierend vorzugeben, sondern garantiert die Aktivierung entsprechender Diskursräume hinsichtlich der individuellen Wertebildung. Gerade im Horizont der weltanschaulich- und wertpluralen Gesellschaft werden die in vorliegender Theorie konturierten Dimensionen und Aspekte von Wertebildung durch dieses Kriterium in entscheidender Weise tangiert;[238] aber auch durch die beiden anderen Kriterien der Wahrhaftigkeit und der *universalen Geltung*. Letztgenanntes Kriterium will das Subjekt – zumindest reflexiv – einmal mehr herausfordern, sein Wertegerüst nicht lediglich egozentrisch zu entfalten, sondern auch vom Gegenüber her und von Referenzpunkt Welt aus zu befragen und zu gestalten. Dabei sei vorausgesetzt, dass es nicht darum geht, universale Geltung tatsächlich zu erreichen, sondern die damit verknüpften Blickwinkel im Sinne eines Korrektivs bezüglich des individuellen Wertebildungsprozesses stark zu machen. Mit Habermas und Joas ist hier einmal mehr auf die Bedeutung eines intersubjektiven Geltungserfordernisses zu verweisen, das nicht zuletzt von bestimmten gesellschaftlich-kulturellen Formationen her geprägt ist. Insbesondere die verschiedenen Dimensionen von Wertebildung können durch die diskurs- und reflexionsbezogene Integration des Universalisierungskriteriums auf besondere Weise angespielt und betont werden.

---

[238] Rudolf Englert verweist darauf, dass gerade bezüglich »Einzelfragen sittlicher Urteilsbildung […] in einer weltanschaulich pluralen Gesellschaft der Bestand der von allen Gesellschaftsmitgliedern als verbindlich empfundenen Werte und Normen ziemlich klein ist« (Englert 2015, 116); gerade im medizinisch-ethischen Bereich tun sich hier schwer zu beantwortende Fragen nach dem Guten auf, wenn es z. B. darum geht zu entscheiden, ob bestimmte Gentechniken genutzt werden sollten oder nicht.

4.2 Werte und Schule. Schulkontextuelle Vermessungen

Schule will als staatlich verantwortete Institution alle Heranwachsenden einer Gesellschaft bei deren individueller Bildung unterstützen. Im Zentrum dieser Anforderung steht zum einen die Weitergabe wesentlicher Kulturtechniken sowie die Ermöglichung der Aneignung von Verfügungs- und Orientierungswissen hinsichtlich verschiedener Bereiche von menschlicher Weltwahrnehmung im Modus kognitiv-instrumenteller, ästhetisch-expressiver, normativ-evaluativer, religiös-konstitutiver Zugangsweisen (vgl. Baumert 2002, 113). Diese konkretisieren sich in unterschiedlichen Unterrichtsfächern sowie im Schulleben und werden in Abhängigkeit von der Schulart profiliert. Zum anderen nimmt Schule einen Erziehungsauftrag wahr, um die Schülerinnen und Schüler zu befähigen, als verantwortungsbewusste und mündige Mitglieder der Gesellschaft zu agieren.[239] In beiden benannten Anforderungszusammenhängen lassen sich Momente identifizieren, die Aspekte von Wertebildung in unterschiedlicher Intensität tangieren. Im Folgenden gilt es, ausgewählte Blickwinkel davon näher zu erschließen. Dabei kann es nicht um Vollständigkeit im Sinne einer grundlegenden schulkontextuellen Verortung der Thematik gehen. Vielmehr sollen zentrale Aspekte in überblicksartiger Weise benannt werden, die für jeden Kontext von schulischer Wertebildung relevant sind – auch für den Religionsunterricht: die generelle Frage, inwiefern Werte ein schulisches Aufgabenfeldes darstellen (vgl. 4.2.1), elementare Aktionsbereiche, in denen Wertebildung in indirekter Weise zum Tragen kommt (vgl. 4.2.2), Strategien direkt arrangierter Wertebildung (vgl. 4.2.3) sowie die Rolle der Lehrerinnen und Lehrer in diesem Zusammenhang (vgl. 4.2.4). Den entsprechenden Darlegungen schließt sich eine erneute Erweiterung der bisher entfalteten Wertebildungstheorie um relevante Aspekte an (vgl. 4.2.5).

4.2.1 Werte als schulisches Aufgabenfeld. Grundlegende Vergewisserungen

4.2.1.1 Orientierung am Subjekt

Die Schülerinnen und Schüler kommen bereits mit Werten in den Unterricht und agieren auch von ihren – ihnen bisweilen nicht reflexiv bewussten – Werthaltungen her. Da die plurale Gesellschaft sie mit verschiedenen wertekonnotierten Herausforderungen konfrontiert, sehen sie sich dazu aufgefor-

---

[239] In schulpädagogischen Diskussionen wird die Idee, dass neben der Wissenskomponente auch der wertebildende Aspekt eine zentrale Dimension von Schule darstellt, im Anschluss an erste Entfaltungen durch Johann Friedrich Herbart (1776–1841) und Weiterführungen durch Tuiskon Ziller (1817–1882) seit langem unter dem Begriff »erziehender Unterricht« verhandelt; ein Terminus, der jedoch gegenwärtig nicht unumstritten ist und neu definiert wird (vgl. Koch 2004; Ladenthin 2013, 42; Tosch 2012; Uhl 1998, 150–153).

dert, individuelle Umgangsweisen damit auszuprägen. Freilich könnte dies alles auch ohne schulische Unterstützung erfolgen, insofern sich die Heranwachsenden ebenso in ihrer Familie oder in der Peergroup über Werte und Werthaltungen verständigen (vgl. 2.2.3). Schule jedoch bietet den Lernenden eigene Räume der Wertereflexion und -realisierung an, die mit alternativen Denk- und Handlungsoptionen vertraut machen. Dadurch werden die Schülerinnen und Schüler in ihren pluralitätsgeprägten Anforderungssituationen ernst genommen und können in einem gewissermaßen »geschützten« – weil größtenteils semi-realen – Lernsetting erprobend an ihrer Wertebildung arbeiten. Dies kann sie unter anderem in ihren »künftigen gesellschaftlichen Partizipationschancen« (Giesecke 2005, 168) und interindividuellen Gestaltungsräumen bereichern.

Wertebildung zählt, da sie eine elementare Aufgabe eines jeden Subjektes ist, somit unabdingbar zum schulischen Bildungsauftrag.[240] Schulkontextuelle Darlegungen verorten deshalb Wertorientierung als Prinzip, das »gerade nicht nur den gegenwärtigen Schüler, sondern den künftig selbstbestimmt sowie verantwortlich agierenden Menschen im Blick hat« (Fees 2000, 337), und das nicht lediglich für einzelne Unterrichtsfächer, sondern für den Gesamtzusammenhang Schule relevant ist.[241] Damit wird pointiert, dass die Subjekte in schulischen Kontexten befähigt werden müssen, Werte und Werthaltungen zu reflektieren, wo möglich damit Erfahrungen zu machen und ihre eigenen diesbezüglichen Positionen rational nachvollziehbar zu kommunizieren. Gerade in einer pluralen Gesellschaft, die nur noch bedingt einen unbegründeten Rekurs auf Vorgegebenes zulässt (vgl. 2.1.2), erweist sich dies als ein bedeutsames Bildungserfordernis.

4.2.1.2 Interessen der jeweiligen Gesellschaft

Eine weitere Größe prägt die Vergewisserungen hinsichtlich schulischer Wertebildung: Die jeweilige Gesellschaft als sozialer, sich »von einer nicht dazugehörigen Umwelt« (Luhmann 2002, 13) unterscheidender Zusammenschluss, der es den ihn konstituierenden Individuen ermöglicht, im Kollektiv »Probleme der Reproduktion, Steuerung und Sozialisation« (Zapf 2010, 258) zu bearbeiten, ist an schulischer Wertebildung interessiert. Ein entsprechender Niederschlag diesbezüglicher Interessen findet sich in den staatlichen Lehr-

---

[240] Dass im schulischen Zusammenhang die Reflexion und nicht die »Vermittlung« im Zentrum steht, darauf verweist Heinz-Elmar Tenorth: »Die Schule ist für mich nicht der Ort, an dem Werte primär normativ verinnerlicht [...] werden, sondern sie lehrt Möglichkeiten der begründeten und begründenden Bewertung« (Tenorth 2005, 42).

[241] Mit dem Begriff »Minimalkonzept« verweist Marcus Dietenberger darauf, dass Schule als sozialer Raum, in dem Menschen zusammen Leben gestalten, bereits im Kontext des Unterrichtens »Räume für moralische Bildungs- und Erziehungsprozesse« (Dietenberger 2002, 236) eröffnet, ohne diese speziell zu initiieren.

und Bildungsplänen, die zum einen ganz allgemein einfordern, dass Schule die Schülerinnen und Schüler in ihrer Werteorientierung unterstützt. Zum anderen werden darin nicht selten explizit Werte – so genannte »oberste Bildungsziele« – ausgewiesen, die in der Bundesrepublik Deutschland in Rückbindung an die im Grundgesetz niedergelegten Grundrechte (vgl. Art. 1 mit 19 GG) und insbesondere in Bezug auf Länderverfassungen formuliert werden. So rekurrieren beispielsweise bayerische Lehrpläne und Schulgesetze (vgl. z. B. das BayEUG) auf die in der Bayerischen Verfassung benannten Werte »Ehrfurcht vor Gott, Achtung vor religiöser Überzeugung und vor der Würde des Menschen, Selbstbeherrschung, Verantwortungsgefühl und Verantwortungsfreudigkeit, Hilfsbereitschaft, Aufgeschlossenheit für alles Wahre, Gute und Schöne und Verantwortungsbewusstsein für Natur und Umwelt. Die Schüler sind im Geiste der Demokratie, in der Liebe zur bayerischen Heimat und zum deutschen Volk und im Sinn der Völkerverständigung zu erziehen.« (Art. 131 Abs. 2 mit 3 BayVerf) Die sächsische Landesverfassung wiederum formuliert unter anderem in schulrelevanter Hinsicht: »Die Jugend ist zur Ehrfurcht vor allem Lebendigen, zur Nächstenliebe, zum Frieden und zur Erhaltung der Umwelt, zur Heimatliebe, zu sittlichem und politischem Verantwortungsbewußtsein, zu Gerechtigkeit und zur Achtung vor der Überzeugung des anderen, zu beruflichem Können, zu sozialem Handeln und zu freiheitlicher demokratischer Haltung zu erziehen.« (Art. 101 Abs. 1 SächsVerf) Ähnliche Ausführungen finden sich in vielen deutschen Landesverfassungen. Ausgehend davon werden bestimmte Werte, die eine Gesellschaft als wichtig erachtet, auf Schulgesetze und Lehr- bzw. Bildungspläne hin appliziert.[242] D. h., Schule unterliegt hinsichtlich wertebildender Zusammenhänge bestimmten gesellschaftlichen Erwartungshaltungen, die von Seiten des Staates und der Politik vertreten und bildungs- bzw. schulpolitisch umgesetzt werden.

In den letzten zehn Jahren lassen sich überdies immer wieder politische Initiativen beobachten, um Schülerinnen und Schüler beim Aufbau ihres Wertegerüstes im schulischen Zusammenhang nachhaltig zu fördern – nicht selten aus einer Defizitdiagnose heraus, die attestiert, dass es zu wenig opti-

---

[242] Dadurch wird zugleich der Rechtsrahmen für das Agieren in der Schule aufgetan: Den »gesetzlichen Bestimmungen für die Schule in Deutschland [liegt] ein Wertekanon zugrunde, der Lehrer wie Schüler auf bestimmte Verhaltensweisen verpflichtet; diese entsprechen den Vorgaben eines ›demokratischen Ethos‹. […] Bei ihrer Nichtbeachtung kommt es zu Sanktionen und zu schulrechtlichen Konsequenzen für die Beteiligten.« (Wiater/Wiater 2010, 88)

Eine Zusammenstellung von Bezugnahmen auf den Kontext Bildung und die damit in Verbindung gesetzten Werte bietet Gauger 2009, 112–122: Er listet entsprechende Referenzen der Landesverfassungen der deutschen Bundesländer, aus Partei-Grundsatzprogrammen sowie aus ausgewählten Schulgesetzen auf.

male Bedingungen für eine angemessene Wertebildung gebe (vgl. Schneider 2008, 11).[243]

4.2.1.3 »Werte-neutrale« Schule?

Im Folgenden sei eine kritische Vergewisserung angebracht: Angesichts der Wertepluralität und der Verantwortung des Subjektes selbst für seine Werte-bildung wird bisweilen angefragt, inwieweit Schule in diesem Feld überhaupt aktiv sein darf. Schließlich könnte bestimmten Lerninhalten oder Lehrerinnen und Lehrern unterstellt werden, sie würden die Schülerinnen und Schüler in eine bestimmte Werte-Richtung lenken und damit die Freiheit des Subjektes missachten. Die Forderung nach Werte-Neutralität ist eine mögliche Reaktion darauf und wird immer wieder in den Diskurs eingebracht. Ist aber so etwas wie »Werte-Neutralität« eine Option, um potentiellen Formen von Werte-Indoktrination zu entgehen? Derartiges erscheint als ein nicht realisierbares Ansinnen. Schule ist ein Bildungsgeschehen, das von menschlicher Interakti-on lebt. Menschen wiederum können und sollen sich in bestimmten Zusam-menhängen nicht neutral verhalten – auch und gerade nicht in demokrati-schen Gesellschaften, die von geteilten Werten abhängig sind. Angesichts von Wertefragen müssen sie Position beziehen und diese vertreten können, da davon die Gestaltung des individuellen Lebens aber auch sozial-gesellschaft-licher Zusammenhänge abhängt.

Eine »farblose« Vermittlung von Verfügungswissen bliebe zu kurzsichtig und übersähe den schulischen Bildungsauftrag, der zudem auf das Orientie-rungswissen der Lernenden ausgerichtet ist. Zugleich wäre eine lediglich auf die Weitergabe von Wissen fokussierte Schule in gewisser Weise auch werte-bildend aufgeladen, »indem sie die wissenschaftliche Weltsicht als die einzig legitime Umgangsweise« (Adam/Schweitzer 1996, 20) erscheinen ließe. »Ein Wertvakuum ist in der Schule einerseits nicht möglich, andererseits auch nicht wünschenswert« (Standop 2005, 69; vgl. Stein 2008, 151; Schubarth 2013,

---

[243] So initiierte beispielweise die Bayerische Staatsregierung im Jahr 2007 das Projekt »Werte machen stark«, um an den Schulen entsprechende Maßnahmen zu forcieren: Verschiedens-te Initiativen, Kongresse und Praxismaterialien bieten einen Einblick in das auf Breiten-wirksamkeit angelegte politische Interesse an einer Intensivierung wertebildender Prozesse in Schulen (vgl. z. B. Bayerisches Staatsministerium für Unterricht und Kultus 2008). Mitt-lerweile wird dieses Projekt gerahmt durch das »WERTEBÜNDNIS BAYERN«. Beispiele für weitere politisch unterstützte Wertebildungs-Initiativen in Deutschland: »ALLE ACHTUNG« – initiiert von der Peter Maffey Stiftung in Kooperation mit bayerischen Staatsministerien und auf Grundschulkinder ausgerichtet (vgl. www.alle-achtung.net; Abruf: 08.04.2015); »RESPEKT & CO« – initiiert vom Bildungsministerium des Saarlandes, um vor allem Werte wie Rücksichtnahme, Toleranz und Respekt zu fördern (vgl. www.aktion-respekt.saarland.de; Abruf: 30.08.2014); »BÜNDNIS FÜR WERTE« des Landes Brandenburg, das neben Schule auch andere Kontexte hinsichtlich der Wertebildung von Heranwachsen-den in den Blick nimmt.

31f), da gerade in erzieherischen Kontexten eine Diffusität hinsichtlich verschiedener Werthaltungen notwendige Orientierungsmomente vorenthält.[244]

Insbesondere Lehrerinnen und Lehrer (vgl. 4.2.4) wirken in wertebildenden Zusammenhängen sowohl durch ihre persönlichen Einschätzungen als auch durch ihr Verhalten auf die Lernenden. Dieser Verantwortung müssen sich die Lehrenden bewusst sein. Dabei stehen sie nicht auf einem der Beliebigkeit ausgesetzten Fundament, das im Extremfall sogar eine Konfrontation der Schülerinnen und Schüler – sowie auch der Lehrerinnen und Lehrer selbst – mit menschenunwürdigen Werthaltungen zuließe. Demokratisch definierte, als grundlegend identifizierte Werte einer Gesellschaft, die – wie oben dargelegt – oftmals verfassungsspezifisch garantiert und auf schulische Kontexte appliziert werden, bilden einen die Subjekte vor Indoktrination und vor als problematisch einzustufenden Werthaltungen schützenden Rahmen.[245] Welche Werte genau wiederum als »Grundwerte« gelten können, lässt sich nicht abschließend definieren und muss von den die jeweilige Schule konstituierenden Partnern – Schülerinnen und Schülern, Lehrerinnen und Lehrern, Schulleitung, Eltern, Staat etc. – immer neu ausgehandelt werden.[246]

4.2.1.4 Unterricht und Schulkultur als Realisierungszusammenhänge

Wenn es um schulische Wertebildung geht, erweisen sich zwei Realisierungszusammenhänge als beachtenswert: die eine Schule prägende Schulkultur[247]

---

[244] Amitai Etzioni gibt in dieser Hinsicht zu bedenken: »Jedenfalls lautet die Frage nicht, ob Schulen überhaupt Werterziehung betreiben sollen. Jede Schule beeinflußt auf die eine oder andere Weise die moralischen Überzeugungen ihrer Schüler. Schließlich kann das meiste Lehrmaterial nicht moralisch gesäubert oder neutralisiert werden, selbst wenn man das wünschte.« (Etzioni 1996, 243)

[245] Vgl. auch das so genannte »Überwältigungsverbot«, das im so genannten »Beutelsbacher Konsens« (1976) als ein Grundsatz politischer Bildung definiert wurde: Lehrerinnen und Lehrer dürfen Schülerinnen und Schülern nicht ihre eigene Meinung aufoktroyieren, sondern sollen sie zu Mündigkeit und selbständiger Urteilsbildung befähigen (vgl. u. a. www.lpb-bw.de/beutelsbacher-konsens.html; Abruf: 08.04.2017).

[246] Einen Überblick zur bisweilen eher unergiebig geführten Diskussion, welche Werte Schule thematisieren soll, bietet Stein 2008, 152–156; vgl. auch Middendorf 2008, 44–46. Mokorosch/Regenbogen 2009 bieten in ihrer Herausgeberschrift unter anderem Beiträge zu folgenden »Grundwerten«, die in allen Unterrichtsfächern zum Tragen kommen sollten: Recht und Gerechtigkeit, Frieden und Gewaltvermeidung, Nachhaltigkeit (vgl. ebd. 189ff). Zudem stellen Fellsches/Regenbogen 2009 ein schulbezogenes »Lexikon der Werte« zur Verfügung.

[247] Die Verwendung der üblichen Singular-Formulierung »Schulkultur« bedeutet keinesfalls die Nivellierung der in einer Schule existierenden verschiedenen Schulkulturen. Wolfgang Welsch diagnostiziert, dass die von Johann Gottfried Herder inspirierten »Annahmen des traditionellen Kulturkonzepts […] unhaltbar geworden« (Welsch 1995, 39) sind. Die Kohärenzidee, die »durch die ethnische Fundierung, die soziale Homogenisierung und durch die Abgrenzung nach außen« (ebd.) geprägt ist, kann der gegenwärtigen Pluralitätsdiagnose nicht gerecht werden. Appliziert auf den Kontext Schule gilt es, diesen Befund ernst zu nehmen, insofern sich beispielsweise in einer Schule verschiedene, diese prägende Jugendkulturen versammeln; in einer Grundschulklasse wiederum finden sich etwa unterschiedliche Spielkulturen etc.

sowie der Unterricht. Ein unterrichtliches Setting, das den Schülerinnen und Schülern Räume anbietet, anhand semi-realer und realer Ausgangspunkte Werte-Fragen zu diskutieren, leitet – expliziter als nicht institutionalisierte Kontexte von Wertebildung – die Lernenden insbesondere an, Werte und Werthaltungen reflexiv anzugehen. Dadurch werden die Heranwachsenden in ihrer Werturteilsfähigkeit vorangebracht, nicht zuletzt indem auch ihre eigenen wertehaltigen Erfahrungen in entsprechende Lernprozesse integriert werden. Dieses wertebildende Potential kommt *allen Unterrichtsfächern* zu, insofern darin zum einen die sittlich konnotierte »Wozu-Frage« bezüglich des angeeigneten Verfügungswissens gestellt wird, zum anderen mit bestimmten, für den interpersonalen Umgang bedeutsamen Werthaltungen vertraut gemacht wird (vgl. Matthes/Menzel 2010, 195) und insgesamt kein unterrichtliches Agieren wertfrei bleiben kann.[248] Nicht selten wird Wertorientierung daher als *grundlegendes Prinzip* schulischen Agierens eingefordert, das Schülerinnen und Schüler in ihrer Subjektwerdung unterstützt (vgl. Fees 2010, 99; Fees 2000, 335; Standop 2005, 91). Zu berücksichtigen ist aber, dass nicht jedes Unterrichtsthema sofort Wertebildung nach sich ziehen kann und muss: Lernarrangements in Bereichen der Rechtschreibung, des Spracherwerbs oder der mathematischen Grundrechenarten etc., deren »wesentliches Ziel in der Vermittlung von pragmatischen Kenntnissen und Fertigkeiten liegt«, tangieren Werte nur bedingt, im Gegensatz zu Thematiken, bei denen »es um die Aufklärung des Verhältnisses von Mensch und Welt sowie Mensch und Mensch geht«. (Rekus 2010, 173)

Zudem lässt sich in wertebildender Hinsicht ein Unterschied definieren: Obgleich in keinem Fach darauf verzichtet werden kann, Werte zu thematisieren und im unterrichtlichen Miteinander zu leben, so gibt es doch *spezifische Unterrichtsfächer*, deren Inhalte eine explizite und intensive Auseinandersetzung mit Werten und wertehaltigen Inhalten vorsehen: Dazu zählen insbesondere der Religionsunterricht (vgl. unter anderem 4.3) und der Ethikunterricht bzw. diesem ähnliche Fächer wie z. B. »Lebensgestaltung – Ethik – Religionskunde« in Brandenburg. Die in diesen Unterrichtsfächern eröffneten Lernsituationen stellen den Lernenden Werte-Begründungsfiguren und -Positionen aus philosophischen und religiösen Zusammenhängen vor, thematisieren vorhandene Werthaltungen der Schülerinnen und Schüler selbst und ermöglichen im Licht dieser Vergewisserungen die Reflexion von wertebasierten Erfahrungen, Handlungsfeldern und Gegenwartsherausforderungen unter den Aspekten von Sittlichkeit und Sinnstiftung (vgl. Gieseke 2005, 137; Ladenthin 2013, 18; Wiater 2010a, 20f; Uhl 1998, 153; vgl. auch 4.1.2). Allen anderen

---

[248] Bezüglich überblicksartiger Darlegungen zu Wertebildung in verschiedenen Fächern vgl. Ladenthin/Rekus 2008, 66–206; Matthes 2004; Matthes/Menzel 2010; Mokrosch/Regenbogen 2009, 247–334.

Fächern ist Derartiges selbstverständlich im Horizont der pädagogischen Freiheit bei der Realisierung lehrplanmäßiger Vorgaben auch möglich, meist jedoch in weniger intensiver Weise. Von Vorteil ist es, wenn diese Fächer dabei auf Kompetenzen zurückgreifen können, die die Lernenden in religiösen und ethischen Lern- und Bildungsarrangements erworben haben: Werden z. B. im Rahmen von Lektürearbeit im Deutsch- oder Sprachunterricht wertebezogene Themen wie Klontechniken oder Mobbing virulent, benötigen Schülerinnen und Schüler Werturteilskompetenzen, aber auch inhaltliche Referenzen, die helfen, Argumente für die eigene Positionierung zu gewinnen. Wenn sie dabei *fächerübergreifend* agieren, kann den Lernenden klar werden, dass sich Wertefragen nicht nur auf ein Unterrichtsfach beziehen. Zudem bewirkt ein fächerübergreifendes Denken »in diesem Sinne die Rückführung des Fachunterrichts in lebensweltliche Zusammenhänge. Denn in der sozialen Realität existieren keine Fächer« (Fees 2010, 100).

Auch die *Schulkultur*, die das gesamte Beziehungsgeschehen am institutionalisierten Lernort Schule ausmacht, ist hinsichtlich wertebildender Darlegungen zu berücksichtigen. Schule gestaltet sich als Handlungs- und Erfahrungsraum verschiedener Akteure, der »durch ein spezifisches Wert- und Normengefüge geprägt und durch historisch gewachsene Interaktionsformen gekennzeichnet ist« (Diedrich 2008, 58; vgl. Giesecke 2005, 158f; Uhl 1998, 168). Die dadurch für jede Schule eigens realisierte Schulkultur wird insbesondere von Schülerinnen und Schülern, Lehrerinnen und Lehrern, durch weiteres pädagogisches und administratives Personal sowie durch die Erziehungsberechtigten gestaltet. Diese realisieren speziell im Beziehungsgeschehen[249] auf je individuelle Weise Werthaltungen, die auch thematisiert und gar durch pädagogisch-disziplinarische Maßnahmen sanktioniert werden. Nicht selten wird das sich in der jeweiligen Schulkultur ausdrückende geteilte Ethos[250] in einer so genannten, von allen Beteiligten erarbeiteten »Schulcharta« fixiert. Darin werden unter anderem Werte benannt, von denen her das

---

[249] Noch immer ist die von Fend etablierte Differenzierung schulischer Umwelten, die das Schulklima – und damit die Schulkultur – prägen, beachtenswert, die unter anderem hinsichtlich Wertebildung appliziert werden kann: der *Inhaltsaspekt* als Fokus auf Wertsysteme und damit verbundene normative Erwartungen, auf die Schülerinnen und Schüler in der Schule treffen; der *Interaktionsaspekt* als Marker für die Gestaltung des Schüler-Lehrer-Verhältnisses, disziplinarische Mittel und Mitbestimmungsoptionen für die Schülerinnen und Schüler; der *Beziehungsaspekt* als Maßstab für das sozial-emotionale Klima zwischen Lernenden und Lehrenden sowie innerhalb der Gruppe der Lernenden und der Lehrenden (vgl. Fend 1977, 74–114).

[250] Zu verschiedenen Facetten des Kontextes »Schulethos« bietet Friedrich Schweitzer einen informativen Überblick. Unter anderem konstatiert er resümierend: »Eine Schule, die ihrem Erziehungsauftrag gerecht werden soll, braucht ein Ethos. Ein Ethos aber – ein *starkes Ethos* – ist ohne gemeinsame Überzeugungen, Wertbindungen und Orientierungen nicht denkbar. Insofern schließt die Suche nach einem Schulethos die Frage nach weltanschaulichen und religiösen Grundlagen für ein solches Ethos ein.« (Schweitzer 2006b, 28)

gemeinschaftliche Leben im Lernzusammenhang Schule gestaltet werden soll. Im Hintergrund derartiger Verortungen steht das Wissen darum, dass »Schule selbst eine wertebesetzte Erfahrung repräsentieren [...], sinnerfülltes, verständnisintensives Lernen ermöglichen und eine durch erlebte Interaktionen positiv besetzte Lebenswelt darstellen« (Edelstein 2001b, 8) muss, wenn Wertebildung nicht in einem bloßen Theoretisieren aufgehen soll. Dazu ist es erforderlich, dass Schülerinnen und Schüler über Formen des gegenseitigen Umgangs hinausgehend selbst mitgestalten dürfen, indem sie unter anderem ihnen als relevant erscheinende wertehaltige Kontexte ausmachen und im Rahmen schulischen Handelns so mit Leben füllen, dass sie für sich Selbstwirksamkeitserfahrungen sowie einen Zugewinn an Sinn ausmachen können (vgl. ebd., 9). Dadurch, dass sich die Lernenden mit ihrer Schule und der dazu gehörigen Schulkultur identifizieren, binden sie sich an die dort verhandelten und realisierten Werthaltungen. Besondere Formen schulischer Praxis wie Projekte, Sport- und Musikveranstaltungen, Ausflüge, Schüleraustauschprogramme, Streitschlichterprogramme oder auch Schulgottesdienste eröffnen werterealisierende Erfahrungsräume, die einen nachhaltigen Beitrag zur Wertebildung der Lernenden leisten können.[251] Hier ist es Schülerinnen und Schülern möglich, im gemeinsamen Miteinander und Engagement zum einen Werte zu gestalten und sich zum anderen auf verschiedene Weisen als Rezipienten von Werthaltungen wahrzunehmen, die durch das Gegenüber auf sie zukommen. Im Idealfall tragen diese Momente impliziter Wertebildung zu einer positiven Bestärkung und Erweiterung ihres individuellen Wertegerüstes bei.

4.2.2 Indirekte Wertebildung. Elementare Handlungskontexte

Bezüglich Wertebildung in der Schule spielen neben der direkten Thematisierung von wertebezogenen Fragen und Verhaltensweisen auch indirekt beeinflussende Aktionsbereiche eine wichtige Rolle.[252] Mit dem Adjektiv »indirekt« sind zum einen (inter-)personale Erfahrungszusammenhänge gemeint, da Wertebildung »in einem hohen Maße mit der Qualität erlebter personaler Beziehungen zu tun« (Giesecke 2005, 160) hat. Zum anderen gilt es, das Augenmerk auf ein wertebildungsförderliches Arrangement von Lerngelegenhei-

---

[251] Dass schulische Projekte und Aktionen sich auf die Werthaltungen der Lernenden auswirken, kann Margit Stein mit einer empirischen Studie nachweisen. Unter anderem geht »ein positiv erlebtes Schulklima mit einer hohen Identifikation mit Konservativismuswerten und Werten des Universalismus« (Stein 2010, 134) – gemäß der Schwartz'schen Wertesystematisierung – einher.

[252] Margit Stein differenziert beispielsweise: »Die indirekte Werteerziehung bei Schülerinnen und Schülern baut primär auf das Einüben demokratischer Mitbestimmungs- und Interaktionsmöglichkeiten im Rahmen der Schule auf.« (Stein 2008, 157) Unter direkter Werteerziehung subsumiert sie die inhaltlich-reflexive Thematisierung von Werten. Diese terminologische Präzisierung erscheint jedoch zu statisch und nicht zuletzt aufgrund der sehr stark von einem Wertvermittlungsduktus geprägten Grundidee als eher ungeeignet.

ten zu richten. Beide Aktionsbereiche sind auch in religionsunterrichtlicher Hinsicht beachtenswert und werden daher im Folgenden überblicksartig charakterisiert.

4.2.2.1 (Inter-)Personale Erfahrungszusammenhänge

Im Rahmen des von der UNESCO unterstützten, gegenwärtig in über 80 Ländern der Erde in je eigner Weise realisierten »LIVING VALUES PROJECT« wurde unter anderem in Australien in den Jahren 2005–2009 ein weltweit beachtetes Werteforschungsprogramm mit knapp 30 Millionen Australischen Dollar finanziert, in das insgesamt über 100.000 Schülerinnen und Schüler sowie über 10.000 Lehrerinnen und Lehrer involviert waren (vgl. Lovat 2010, 6; Lovat u. a. 2011, 11).[253] Das entsprechende Grundsatzpapier des »NATIONAL FRAMEWORK FOR VALUES EDUCATION IN AUSTRALIAN SCHOOLS« benennt neun (inter-)personale Werteerfahrungskontexte, die bei dem durch empirische Forschungen begleiteten Projekt evaluiert worden sind und hinsichtlich schulischer Wertebildung allgemein beachtenswert erscheinen: Sorge und Mitgefühl; sein Bestes geben; faires Verhalten; Freiheit; Vertrauenswürdigkeit und Ehrlichkeit; Integrität; Respekt; Verantwortungsgefühl; Verständnis, Toleranz und Aufgeschlossenheit gegenüber Fremdem (vgl. Toomey 2010, 21). Ähnliche Zusammenstellungen finden sich auch in Schulgesetzen oder in von Schulen selbst erarbeiteten Chartas. Die aufgelisteten Werterfahrungskontexte geben Hinweise darauf, wovon interpersonale Beziehungen – sowohl zwischen den Lernenden selbst, zwischen Lernenden und Lehrenden, aber auch unter den Lehrenden – getragen sein sollten, um wertebildungsförderlich zu wirken.

Für das Gelingen von Wertebildung in der Schule erscheint es unerlässlich, diese Werterfahrungskontexte zu realisieren. Sie erweisen sich gewissermaßen als Korrektiv: Würden Werte im Unterricht lediglich kognitiv verhandelt, im schulisch-unterrichtlichen Alltagshandeln jedoch durch kontraproduktive Verhaltensweisen konterkariert, führte dies schulische Wertebildung ad absurdum. Schülerinnen und Schüler haben für derartige Diskrepanzen zwischen Theorie und Praxis feine Antennen, weshalb Schule gerade auch in wertebildendem Interesse eine adäquate, positive Lernatmosphäre schaffen und es ermöglichen muss, dass sich alle am Lernprozess Beteiligten gegenseitig anerkennend achten.[254] Umfragen unter Schülerinnen und Schülern bestä-

---

[253] Insbesondere ist das australische Werteforschungsprogramm an grundsätzlicher Realisierung von Werten im schulischen Zusammenhang interessiert; vor allem also an Kontexten indirekter Wertebildung. Nachweislich ändert sich durch eine Sensibilisierung für wertebasiertes Verhalten die Schul- und Unterrichtsatmosphäre, das Selbstmanagement und die Lernhaltung der Schülerinnen und Schüler zum Positiven (vgl. Lovat u. a. 2011, 95–98).

[254] In aufschlussreicher Weise präzisiert Otto Speck den Begriff »Achtung«: »Achtung zeigt sich in einem Wahrnehmen des Anderen als Menschen mit gleicher Unverfügbarkeit, Un-

tigen vor allem die Erfahrung von Zuwendung und Vertrauen – insbesondere von Seiten der Lehrinnen und Lehrer ausgehend – als elementare wertebasierte Indikatoren für eine Bildungserfolg ermöglichende, positiv wahrgenommene Lernatmosphäre (vgl. Lovat/Clement 2008, 276; Lovat u. a. 2011, 5 und 12). Eine grundlegende Voraussetzung dafür ist, dass sich alle am schulischen Wertebildungsgeschehen Beteiligten trotz Differenzerfahrungen gegenseitig die Würde zusprechen und diese durch anerkennend-umsichtiges Handeln einholen, »da alle moralischen Gefühle letztlich auf der Achtung beruhen, die Individuen einander entgegenbringen« (Standop 2010, 139; vgl. Tenorth 2008, 62). Die so fundierte Selbstachtung wiederum ermöglicht den Schülerinnen und Schülern eine ehrliche, öffentliche Reflexion und Kommunikation über (ihre) verschiedene(n) Wertkonzepte, insofern sie sich nicht vor beleidigender Kritik scheuen müssen. Dadurch ist den Lernenden ein aufrichtiges Ausprägen und Realisieren sittlicher Werthaltungen möglich, das sie in ihrer Subjektwerdung fördert.

4.2.2.2 Wertebildungsförderliche Lernarrangements

Neben der Gestaltung der (inter-)personalen Ebene stellt auch das Arrangement der Lerngelegenheiten einen nicht zu vernachlässigenden Kontext impliziter Wertebildung dar. Ergebnisse empirischer Studien bestätigen dies: Die Forschungen von Terence Lovat und seinen Kolleginnen sowie Kollegen zeigen, dass gelingende Wertebildung grundsätzlich abhängig ist von vertiefter intellektuell-inhaltlicher Auseinandersetzung, Reflexivität, Kommunikationskompetenz der Beteiligten, Ermöglichung von Eigenaktivität und Selbstreflexion (vgl. Lovat/Clement 2008, 280).[255] D. h., Schülerinnen und Schüler

---

verletzlichkeit und Menschenwürde […]. Im Unterschied zu Respekt, Verehrung oder Bewunderung, die sich an bestimmte Personen auf Grund besonderer herausragender Begabungen oder Verdienste richten, gilt Achtung jedem in gleicher Wertigkeit« (Speck; zit. n. Standop 2010, 139).

Laut Jutta Standop erweisen sich folgende Parameter als ausschlaggebend für die Realisierung einer gelingenden schulischen Wertatmosphäre: »Sozial-integrativer Führungs- und Unterrichtsstil der Lehrkräfte, Grundkonsens bezüglich der Ordnungsregeln und der Disziplinierungsmethoden, Einbeziehung der Heranwachsenden in Mitverantwortung, ausreichend Zeit für persönliche Gespräche, Rückhalt der einzelnen Kinder in ihrer Klasse, gemeinsame Aktivitäten von Heranwachsenden und Lehrenden, kontinuierliche Lehrer-Eltern-Gruppen, Schüler-Instanzen zur Streitschlichtung, Vorbild- und Führungsfunktion der Lehrkräfte« (Standop 2013, 48).

[255] Die Rahmenvorgaben der australischen Wertestudie benennen neun Prinzipien, die bei der Implementierung einer effektiven Wertebildung beachtenswert sind: Schülerzentrierung und Lebensweltorientierung; Ermöglichung einer geschützten Lernumgebung; Ermöglichung von Werterealisierung; Ganzheitlichkeit; Bezogenheit auf alle Lehr-Lernprozesse; explizite Thematisierung von Werten; Entwicklung einer gemeinsamen Sprachbasis bzgl. Werten; einheitliches und übereinstimmendes Umsetzen der Werte; Zusammenarbeit mit den Eltern und der gesamten Schulfamilie (vgl. Lovat u. a. 2011, 66f).

müssen sich zum einen in *qualitativ anspruchsvoller Weise und direkt* mit Werten und Werthaltungen auseinandersetzen können. Trotz aller Handlungsorientierung spielt die Wissensebene (vgl. Benner 2016, 32f) in Kombination mit immer wieder eingeforderten Momenten der (Selbst-)Reflexion und Urteilsbildung eine wichtige Rolle, wenn schulische Wertebildung nachhaltig wirken soll. Zum anderen erweist sich das *Freiheitsmoment* als ausschlaggebend: Die Lernenden benötigen Lerngelegenheiten, die ihnen die Freiheit zugestehen, ihre eigenen Werte zu identifizieren und auch zu gestalten – in kommunikativ-diskursiver Hinsicht wie auch in Handlungszusammenhängen. Wird Schülerinnen und Schülern z. B. »über alltägliche Aufgaben Verantwortung für das eigene[] Handeln« (Tenorth 2008, 62) zugeschrieben, kann sich das produktiv hinsichtlich eigener Werteerfahrungen auswirken.

Auch auf einen weiteren Aspekt indirekter Wertebildung, der bei der Gestaltung von entsprechenden Lernumgebungen relevant werden kann, sei verwiesen: den *Umgang mit Fehlern*. Fehlermachen gehört unweigerlich zum menschlichen Handeln. Dürfen Schülerinnen und Schüler etwas falsch machen, ohne emotionale Konsequenzen fürchten zu müssen, und wird ihnen im Anschluss daran eine konstruktive Fehlerbearbeitung ermöglicht, können sie in ihrer Verantwortlichkeit wachsen (vgl. Oser/Spychiger 2005, 168f; Etzioni 1996, 244f). Dies sollten Lehrende berücksichtigen und den Lernenden zugestehen.[256]

Auch der Faktor »zeitliche Freiräume« (Lind 2003, 66; vgl. Standop 2005, 94) ist nicht unerheblich: Wertebildung kann nur bedingt lehrgangsmäßig finalisiert werden. Sie ist vielmehr als Prozess ernst zu nehmen, der individuell unterschiedlicher *Zeiträume* bedarf. Dies bedeutet, dass kurzzeitige Angebote in schulisch-wertebildender Hinsicht weniger nachhaltig sind als beispielsweise Unterrichtseinheiten oder Projekte, die sich über eine größere Zeitspanne erstrecken, oder gar als eine kontinuierliche Umsetzung von Werteorientierung im Sinne eines grundlegenden Prinzips schulischen Agierens.

Was die von der Europäischen Union im Rahmen des Lissabon-Prozesses definierten Leitwerte Menschenrechte, Demokratie, Nachhaltigkeit und soziale Inklusion für schulisches Agieren bedeuten können, dazu finden sich Hinweise bei Edelstein 2010, 327f.

Jürgen Rekus identifiziert vier vorrangige Gestaltungsprinzipien wertebildender Unterrichtszusammenhänge: Anschaulichkeit; Selbsttätigkeit; Konzentration als die Ermöglichung vielfältiger Werte-Perspektiven an einem Unterrichtsthema; Synthese als »wertende Zusammenfassung der verschiedenen thematischen Aspekte« (Rekus 2010, 176; vgl. ebd., 174–176).

[256] Folgende Leitlinien sind für einen guten Umgang mit Fehlern hilfreich: nicht bloßstellen, ermutigen und fürsorglich sein, nicht unkontrolliert reagieren, positive Mitschülerinnen- und Mitschülerreaktionen fördern, zur Auseinandersetzung mit Fehlern ermutigen und hilfreiche Strategien aufzeigen, hemmende Emotionen identifizieren, Einschätzung der Bedeutsamkeit von Fehlern fördern, eigene Fehlerbereitschaft und -toleranz überprüfen, eigene Fehler zu- und eingestehen, Korrekturen und Repetitionsmöglichkeiten anbieten (vgl. Oser/Spychiger 2005, 168–170).

Einen interessanten, jegliche Bereiche schulischen Lernens betreffenden Aspekt, der indirekt zur Wertebildung beiträgt, benennen schließlich Jürgen Baumert und andere in ihrem »MANIFEST« zur Zukunft der Bildung: »Schon die Verwahrlosung eines Gebäudes kann hinsichtlich der Werte mehr kommunizieren als jeder Lehrplan. [...] In verrotteten Räumen, in einer nicht bewusst gelebten Lebensform [...] [tritt] anstelle der Erfahrung von Werten [...] die von Unwerten« (Baumert u. a. 2002, 190). Also auch die *Gestaltung des Lern-Raumes* sollte hinsichtlich schulischer Wertebildung nicht in ihrer Relevanz unterschätzt und entsprechend kultiviert werden.

4.2.3 Direkte Wertebildung. Zentrale Strategien

Die überblicksartig dargelegten Kontexte indirekter Wertebildung verweisen auf Aspekte, die grundlegend hinsichtlich wertebildender Lernprozesse – auch bezüglich direkter – zu bedenken sind. »Während indirekte Formen davon ausgehen, dass die Schule als Institution, vor allem als sozial-kommunikativer Erfahrungsraum, wertebildend wirkt, sind direkte Formen darauf angelegt, durch gezielte Maßnahmen die Wertebildung zu beeinflussen.« (Schubarth 2013, 32) Das Hauptaugenmerk vorliegender Studie gilt der direkten Wertebildung im Rahmen des Religionsunterrichts. Unter diesem Vorzeichen wird im Folgenden danach gefragt, welche Strategien dabei von Seite der Lehrenden her bedient werden können und wo deren Stärken sowie Problematiken liegen. Durch eine diesbezügliche Vergewisserung ist es möglich, Einsichten zu gewinnen, inwiefern Wertebildung in subjektorientierter und nachhaltiger Weise initiierbar ist.

In der pädagogischen wie auch in der religionspädagogischen Forschung werden seit Jahren verschiedenste Strategien direkter Wertebildung diskutiert, die sich sowohl hinsichtlich der ausgewiesenen Anzahl an unterschiedlichen Optionen als auch in der spezifischen Profilierung unterscheiden. Während insbesondere Fritz Oser und Wolfgang Althof auf pädagogischer Seite »stilbildende« Differenzierungen geprägt haben (vgl. vor allem Oser/Althof 2001b; Oser 2001), verantworten dies auf religionspädagogischer Seite Johannes A. van der Ven, Hans-Georg Ziebertz und Bert Roebben (vgl. Roebben 1995; Roebben 2011, 22–29; van der Ven 1985, 38–51; van der Ven 1998; Ziebertz 1990; Ziebertz 2013). Die folgenden Darlegungen präsentieren fünf zentrale Strategien von Wertebildung, die hinsichtlich schulischer Lehr-Lernbemühungen bedenkenswert sind:[257] Wertvermittlung, Werterhellung,

---

[257] In der (religions-)pädagogischen Forschung finden sich verschiedenste Auflistungen werte-bildender Strategien. Eine Auflistung gibt z. B. Johannes van der Ven 1998, 35, Anm. 28. Er selbst definiert sieben Modi von Wertebildung, wobei er nicht nur schulische Zusammenhänge im Blick hat und daher in informeller und formeller Hinsicht unterscheidet: Zu den informellen Weisen zählt er Disziplin und Sozialisation, zu den formellen dagegen

Wertentwicklung, Wertkommunikation, Wertprimärerfahrung (vgl. 4.2.3.1 mit 4.2.3.5) sowie das Zusammenwirken dieser (vgl. 4.2.3.6). Bei den diesbezüglichen Ausführungen wird nach Kontexten und Grundintentionen der jeweiligen Strategie sowie – im Rahmen einer kritischen Würdigung – nach dem damit verknüpften Stellenwert des Subjekts und nach beachtenswerten Chancen sowie Grenzen gefragt.

4.2.3.1 Wertvermittlung

In vielerlei Hinsicht ist es selbstverständlich, dass Erwachsene ihr Wissen an nachfolgende Generationen weitergeben. Nur so kann vieles erhalten bleiben, was eine Kultur, eine Gesellschaft, ein Wissenschaftszweig etc. erarbeitet haben, und für Weiterentwicklungen zur Verfügung stehen. Die Idee der Vermittlung, dass das für weitergebenswert befundene Wissen – wozu neben Kenntnissen unter anderem auch Kulturtechniken und Sozialformen gehören – so von den Lernenden ohne Abstriche übernommen wird, ist wahrscheinlich so alt wie das Menschengedenken. In mehrerlei Hinsicht ist diese Strategie auch erfolgreich. Vor allem dann, wenn den lernenden Subjekten zugestanden wird, damit in ihrer eigenen Weise umzugehen und das Vermittelte neuen Herausforderungen entsprechend anzupassen.

Auch im Bereich der Wertebildung erscheint vielen Menschen die Strategie einer »Wertvermittlung«[258] plausibel: Werte, die für eine konkrete Gesellschaft oder soziale Gruppierungen wichtig sind, werden ausgewählt und in Lernprozessen weitergegeben.[259] Die Selektion bestimmter Werte wird dabei den älte-

---

Vermittlung, Entwicklung, Erhellung und emotionales Lernen. Als übergreifenden Modus bezeichnet van der Ven die Charakterbildung (vgl. van der Ven 1998).

Fritz Oser wiederum unterscheidet acht Strategien: Ablehnung von Moralerziehung, öffentliches Wertklima, Wertklärung, Wertvermittlung, Wertanalyse, Wertentwicklung, Lernen am außergewöhnlichen Modell und den realistischen Diskurs (vgl. Oser 2001).

Bereits im Jahr 1982 identifizierte Lutz Mauermann fünf typische Ansätze: Wertevermittlung, Wertklärung, Wertanalyse, Moralerziehung durch Rücksichtnahme, entwicklungsorientierte Moralerziehung (vgl. Mauermann 2004, 27).

Reinhold Mokrosch differenziert sechs Modelle: Wertvermittlung, Wertklärung, Wertentwicklung, Wertfühlung, Wertanalyse und Sensibilisierung für Überlebensverantwortung (vgl. Mokrosch 2009).

[258] In der Forschungsliteratur finden sich folgende alternative Bezeichnungen dieser Strategie: Wertübertragung (vgl. z. B. Ziebertz 2013, 439), Wertübermittlung (vgl. z. B. Oser/Althof 2001b, 96).

[259] Wenn Reinhold Mokrosch annimmt, dass dieser Strategie eine materiale Ethik zugrunde liegt, die objektive Werte voraussetzt, »die sich von einem objektiven Kosmos bzw. Himmel materialer Werte-Ideen herleiten ließen« (Mokrosch 2009, 35), hat er nur bedingt Recht. Die materiale Werteidee von Scheler (vgl. 3.1.3) blickt genau von diesen Annahmen her auf den Lernprozess und neigt der Wertvermittlung zu. Gleichwohl trifft letztgenannte Strategie auch dann zu, wenn kein objektiver Wertekosmos vorausgesetzt wird, sondern eine soziale Gruppierung beispielsweise aufgrund von Erfahrung oder diktatorischen Vorgaben festlegt, welche Werte weitergegeben werden sollen.

ren Generationen zugestanden. Sie haben sich – so die stillschweigende Annahme – über eigene Erfahrungszusammenhänge und sozial-kulturell getragene Entscheidungen die Kompetenz angeeignet, zu wissen, welche Werthaltungen »als Spielregeln und Bindemittel« (Roebben 2011, 23) für die jeweilige
Gruppierung zentral sind. Auf dieser Grundlage geben sie Werte zum einen
eher unbewusst und ungeplant durch ihr alltägliches erzieherisches Verhalten
weiter. Zum anderen werden bewusst Werte und entsprechende Gepflogen-
heiten zum Inhalt und Zielpunkt beabsichtigter Vermittlungsprozesse.[260] Im
Hintergrund steht dabei die Mutmaßung, dass ohne intentionale Lernprozesse Wichtiges verloren ginge. Deshalb spielen vor allem instruktivistische Methoden eine zentrale Rolle: Belehrung als Weitergabe der Werte, ohne dass
diese kritisch hinterfragt werden; Vorbildlernen unter der Annahme, dass
Personen in ihrem werteaffinen Agieren vorgestellt und dabei identifizierte
Werte von den Lernenden übernommen werden; Verstärkung von gewünschten Werten durch ein System aus Übung sowie Belohnung und Bestrafung
(vgl. Oser/Gmünder 2001, 97). Die Intention der Wertvermittlungsstrategie
ist letztlich, dass die von der Gesellschaft und von den Lehrenden als weitergebenswert erachteten und daher in den Lernprozess eingebrachten Werte
und Werthaltungen so von den Lernenden übernommen werden, wie von
den älteren Generationen gedacht. Ob dies funktioniert hat, lässt sich im Anschluss überprüfen – so eine zumindest theoretisch implizierte Konsequenz –
und bei Misserfolg durch weitere erzieherische Maßnahmen korrigieren.

Kritische Würdigung

Die Anhänger der Wertvermittlungsstrategie nehmen die davon tangierten
Lernenden nur bedingt in ihrem Subjekt-Sein wahr. Insbesondere, weil diesen
kaum Möglichkeiten zur kritischen Auseinandersetzung mit den weitergegebenen Werten offeriert werden: Wie ein »Nürnberger Trichter« – so die Annahme – greifen die Heranwachsenden die weitergegebenen Werte auf.
Streng genommen sind Fragen der Lernenden nach Sinn und Aktualisierung
des zu Lernenden nicht vorgesehen. Vielmehr liegt das Hauptaugenmerk
darauf, dass »das Kind die Disziplin der sozialen Ordnung lernen genauer:
internalisieren müsse« (Oser/Gmünder 2001, 97). Es ist Objekt der Adaption, Zustimmung und des dafür nötigen Einübens von Vorgegebenen – eigentlich ein »pessimistisches Bild des Kindes bzw. des kindlichen oder jugendlichen Entwicklungsprozesses […], denn die Notwendigkeit der ›Moralisierung‹ wird mit der andernfalls drohenden Gefahr des Unterschreitens
menschlicher Möglichkeiten« (Terhart 1989, 382) begründet. Zentral hinge-

---

[260] Im Rekurs auf die prä-postmoderne Idee von Narrativen verweist Bert Roebben darauf,
dass der »Inhalt der Werte […] durch die Legitimierungskraft der fundierenden Erzählung,
in der sie weitergegeben werden, bestimmt« (Roebben 2011, 23) wird.

gen ist die positive Annahme, dass den Lernenden zumindest zugestanden wird, dass sie das erarbeitete Wissen in ihr Handeln umsetzen können; in den Worten von Johannes van der Ven: »The characteristic aim of transmission is to transform this know-how into know-that.« (van der Ven 1998, 126)

An letzterem Punkt lässt sich eine erste kritische Marke setzen: Dass Heranwachsende ihr wertehaltiges Wissen genauso umsetzen, wie es ihnen vorgegeben wurde, darf bezweifelt werden. Sie brauchen (re-)konstruktive und kritische Auseinandersetzungsoptionen, um Werte internalisierend anzueignen. Verschiedene Erkenntnisse psychologischer Forschung belegen dies; nicht zuletzt, dass wertebasierte Tiefenstrukturen und Einstellungen aus mehreren Aspekten resultieren und nicht lediglich auf Wissen über Werte zurückgeführt werden können (vgl. 2.2.2; Oser 2001, 71). Die Strategie der Wertvermittlung jedoch ermöglicht zu wenig Momente einer derartigen vertiefenden und aneignenden Auseinandersetzung. Eine weitere kritische Anfrage ergibt sich aus einer an Ideologiekritik interessierten Perspektive: Inwiefern ist die Wertvermittlungsstrategie nicht auch anfällig für undemokratische oder menschenverachtende Strukturen, wenn die von einer dominierenden Gruppe selektierten Werte ohne hinterfragende Diskursoptionen weitergegeben werden? Eventuell werden Werte vermittelt, die bestimmte Gruppen von Menschen benachteiligen. Die nationalsozialistische Ideologisierung schulischer Unterrichtsinhalte zu Ungunsten von Juden oder von Menschen mit Behinderungen – indem der Wert des Lebens nicht allen Individuen gleichermaßen zugesprochen worden ist – mag als abschreckender Beleg für diese Problematik der Vermittlungsidee genügen, die Werte einem kritischen Regulativ entzieht.[261] Schließlich muss noch auf die Ungeeignetheit dieser Strategie für die Initiierung von schulischen Lernprozessen hingewiesen werden, insofern die Lernenden im Horizont von Pluralität sozialisiert werden. Es gibt gegenwärtig nicht mehr – und gab es wohl zu keiner Zeit so richtig – den einen Wertekatalog, den die gesamte Gesellschaft teilt (vgl. 2.1). Einen gesellschaftlichen Konsens über wünschenswerte Werte herbeizuführen, erweist sich als schwierig. D. h., Wertvermittlung, die letztlich die Vorstellungen einer dominierenden Gruppierung weitergibt, würde den pluralen Kontext missachten und von daher unter anderem zu Akzeptanzproblemen führen. Zudem befähigt sie die Individuen kaum, flexibel auf sich neu stellende Herausforderungen zu reagieren und ihr Wertegerüst eventuell angleichend auszuprägen zu können. Aus rein praktischer Perspektive lässt sich ein weiterer Kritikpunkt anbringen: Es scheint nicht realisierbar, dass die selektierten Werte auch mit einer einheitlichen Deutungsweise vermittelt werden: Jede Lehrerin

---

[261] Oser/Althof verweisen in dieser Hinsicht darauf, dass Werte »nicht schon dadurch legitim [sind], weil sie in einer gegebenen Kultur gelten. Grundlegende moralische Prinzipien sind kulturübergreifend: Gerechtigkeit ist unteilbar; sie ist in Gefahr, wenn angefangen wird, sie nach den jeweiligen Bedingungen zu modifizieren« (Oser/Althof 2001b, 99).

und jeder Lehrer wird diese sicher – nicht zuletzt aufgrund persönlicher Erfahrungen und Präferenzen – anders begründen und in das Lerngeschehen
integrieren. D. h., spätestens an dieser Stelle ist die Wertvermittlungsstrategie
»anfällig« für Subjektivität.

Gleichwohl ist diese Strategie nicht komplett verurteilbar. Gerade im
Rahmen indirekter Wertebildungskontexte kommt sie zur Geltung und erweist sich auch zum Teil als sinnvoll: »Eltern und Lehrpersonen vermitteln
täglich Werte, und sie werden deshalb [...] von ihren Kindern und Jugendlichen mehr als alle anderen als die eigentlichen Vorbilder angesehen« (Oser
2001, 72; vgl. Uhl 1996, 26). Dadurch eignen sich die Heranwachsenden ein
Wertegerüst an, das ihnen Positionierungen und davon ausgehend eine kritisch-produktive Auseinandersetzung mit Werten in schulischen Lehr-
Lernprozessen ermöglicht. Als unterrichtliche Thematisierungsstrategie jedoch
ist Wertvermittlung nicht empfehlenswert: Abgesehen davon, dass sie über-
sieht, dass Schülerinnen und Schüler ihr Wissen nicht unbedingt in Handeln
umsetzen, nimmt sie die Lernenden nicht als Subjekte ihrer Bildung ernst.

4.2.3.2 Werterhellung

Im Zuge der gesellschaftlichen Veränderungen der 1960er Jahre formierte
sich in den USA von wissenschaftlich-pädagogischer Seite her Widerstand
gegen die Wertvermittlungs-Idee. Die Kinder und Jugendlichen – so die konstatierte Diagnose – seien durch eine komplexer werdende Gesellschaft und
die steigende Zahl an Möglichkeiten, aber auch an Erwartungen hinsichtlich
ihrer Lebensgestaltung überfordert: »Die gemeinsame Störung dieser Kinder
scheint die Verwirrung im Bereich der Werte zu sein« (Raths/Harmin/Simon
1976, 22). Es existiere ein Überangebot, das keine zusätzliche Vermittlung
von »neuen« Werten erfordert, sondern vielmehr »Hilfen zur persönlichen
Klärung dessen [...], was sie eigentlich wertschätzen, nach welchen Maßstäben und auf welche Ziele hin sie leben wollen« (Oser/Althof 2001b, 475).

Aus dieser Wahrnehmung heraus entsteht Ende der 1960er Jahre ein neuer
Ansatz: Values Clarification. Die damit verfolgten Absichten beziehen sich
auf die bereits für die Lernenden aus eigener Erfahrung zugänglichen Werte
und nicht auf von außen zusätzlich vorgestellte. Es gilt, die Heranwachsenden
bei der »Erhellung« ihrer Werte zu unterstützen. Entsprechend zielen Lernprozesse zum einen darauf, vorhandene Werte zu identifizieren, und zum
anderen auf die Bereitstellung von Kriterien, um diese Werte zu befragen,
besser zu verstehen und schließlich hinsichtlich ihrer Orientierungstauglich-
keit zu beurteilen. Unter anderem sollen die Lernenden befähigt werden,
innerhalb der sie eventuell verwirrenden Wertevielfalt ihre persönliche Rangordnung zu etablieren, um dadurch in handlungsleitender Hinsicht klarere
Perspektiven zu bekommen. Auch gilt es, ungeeignete Werte als solche zu
identifizieren und zu verwerfen. Im Zentrum der von Raths/Harmin/Simon

etablierten Variante von Werterhellung[262] steht daher der Prozess des Bewertens der eigenen Werte anhand einer siebenteiligen Kriteriologie, die insgesamt erfüllt sein muss, um einen Wert als solchen bezeichnen zu können. Diese Kriterien können den drei zentralen Prozessen der Werterhellungsstrategie zugeordnet werden: Im Bereich des ›Wählens‹ (choosing) geht es um die freie Wahl (1) aus mehreren Möglichkeiten (2) nach Abwägung der Konsequenzen der verschiedenen Wert-Alternativen (3). Der Prozess des ›Einschätzens‹ (prizing) garantiert eine gern getroffene Werte-Wahl (4), eine Wahl, für die man überzeugt einsteht und sich nicht schämt (5) und die auch im Handeln realisiert wird (6). Unter dem Blickwinkel des ›Umsetzens‹ (acting) wird überprüft, ob der gewählte Wert eine dauerhafte Relevanz hat und wiederholt herangezogen werden würde (7) (vgl. Raths/Harmin/Simon 1976, 44f). Werte müssen sich im unterrichtlichen oder auch familiär, kirchengemeindlich und erziehungsberaterisch begleiteten »Erhellungsprozess« als frei gewählt und dauerhaft bedeutsam erweisen. Louis Raths, Sidney B. Simon und ihre Mitstreiter legen zur Idee der »Values Clarification« viele Methoden und Vorschläge vor, die unter anderem ein Grund für die breitenwirksame Rezeption dieses Vorgehens im Rahmen wertebildend ausgerichteter Unterrichtseinheiten waren.[263] Manche Varianten[264] der Werterhellungsstrategie sind nicht so streng hinsichtlich dessen, dass alle sieben Kriterien für einen »geeigneten« Wert zugleich erfüllt sein müssen. Sie rezipieren bisweilen lediglich die Grundidee der reflexiven Bewusstmachung der eigenen Werte eines Subjektes. In seiner religionspädagogischen Darstellung veranschaulicht Hans-Georg Ziebertz – im Rückgriff auf Kurt Lewins Phasen-Modell zur Darstel-

---

[262] Die alternative, vor allem in der pädagogischen Forschungsliteratur verwendete Übersetzung von »Values Clarification« lautet »Wertklärung« (vgl. z. B. Oser/Althof 2001b, 475; Terhart 1989, 383). Einen sehr detaillierten Einblick in den Ansatz der »Values Clarification« und die entsprechenden Diskussionen bietet van der Ven 1998, 235–282.

[263] Das 1972 von Sidney B. Simon, Leland W. Howe und Howard Kirschenbaum veröffentlichte Arbeitsbuch »VALUES CLARIFICATION. A HANDBOOK OF PRACTICAL STRATEGIES FOR TEACHERS AND STUDENTS« mit 79 Unterrichtsoptionen war äußerst erfolgreich, was sich unter anderem daran zeigen lässt, dass es mehrfach übersetzt und über 600.000 mal verkauft wurde (vgl. Roebben 2011, 25). Oser/Althof bieten interessante Einblicke in wichtige Grundoptionen dieses Unterrichtkonzepts: z. B. in die Technik der »clarifing response«, womit die Lernenden durch präzise, nicht-wertende, wenige Klärungsfragen zum vertieften Nachdenken über ihre Wertvorstellungen motiviert werden sollen, oder in die Grundidee des »value sheet«, einem Arbeitsblatt in verschiedenen inhaltlich-methodischen Variationen, das die Schülerinnen und Schüler entsprechend der sieben Kriterien zur Reflexion ihrer Werte auffordert (vgl. Oser/Althof 2001b, 478–482).

[264] Lutz Mauermann und Fritz Oser stellen beispielsweise als separate wertebildungsrelevante Strategie den von Jack Fraenkel, Robert Hall, Lawrence Metcalf und anderen entwickelten Ansatz »moralische Wertanalyse« vor, der sich als Verbindung von Wertvermittlung und Werterhellung versteht und anhand von Konfliktsituationen über Werte spricht, die aber nicht unbedingt zugleich aus dem Erfahrungszusammenhang der Schülerinnen und Schüler selbst stammen müssen (vgl. Mauermann 2004, 29f; Oser 2001, 72f).

lung von Veränderungen in gesellschaftlichen Gruppen (vgl. Lewin 1947) – den methodischen Gang der Erhellungsstrategie folgendermaßen: Es geht »um den Prozess des ›unfreezing‹, ›involvement‹ und ›freezing‹, also [...] [das] ›Auftauen‹ erworbener Werte, [...] [das] ›Sich-Einlassen‹ auf eine neue Wahl- und Entscheidungssituation und schließlich [...] [das] ›Einfrieren‹ der neuen Haltung« (Ziebertz 2013, 442).

Kritische Würdigung

Im Gegensatz zur Strategie der Wertvermittlung kommt dem Subjekt bei der Werterhellung der zentrale Stellenwert zu. Es geht um seine Werte, seine diesbezügliche persönliche Auswahl, seine reflektierende Beurteilung und die daraus gezogenen (Handlungs-)Konsequenzen. Die Kinder und Jugendlichen sollen mittels verschiedener methodischer Optionen zu diesbezüglicher Selbstvergewisserung und -verwirklichung geführt werden. Im Gegensatz zur Wertvermittlung traut ihnen die Erhellungsstrategie diese Fähigkeit auch zu. Ganz im Sinne einer – von Kohlberg so titulierten – »romantischen Erziehungsideologie« betrachtet sie die Werterhellungsidee nicht als per Wissenstrichter anfüllbare leere Gefäße, sondern als Menschen, deren Inneres »sich entelechisch wie bei einer Pflanze von einem inneren Bauplan her« entfalte und die einen die »Gärtnerfunktion« ausübenden Erzieher benötigen. (Oser 2001, 68) In unterrichtlichen Zusammenhängen müssen die Lehrenden also den Lernenden ermöglichen, ihre schon vorhandenen Werthaltungen reflexiv zu thematisieren, und sollen ihnen keine ungeprüft zu adaptierenden Werte vorlegen. Auch wenn Schülerinnen und Schüler eventuell sittlich anfragenswerte Wertentscheidungen fällen, gilt es, ihre im Erhellungsprozess getroffene Wahl zu respektieren – sogar dann, wenn »Kinder sich dafür entscheiden, keine Werte zu entwickeln« (Raths/Harmin/Simon 1976, 64).

Der Hauptvorwurf der Werterhellungsstrategie gegenüber lautet: Werterelativismus. Dadurch, dass die Heranwachsenden sich lediglich mit ihren eigenen Werten befassen und jede ihrer diesbezüglich gefällten Entscheidungen zu akzeptieren ist, unterbleibe ein wichtiger Aspekt, nämlich die Befähigung zum Reflektieren und Agieren im Horizont eines Sittlichkeitsverständnisses, das nicht im Egozentrismus aufgeht. Dieser Ansatz impliziere – so Fritz Oser und Wolfgang Althof – »eine Ignoranz gegenüber allen Fragen intra- und interpersoneller Wertkonflikte, in denen Kriterien der Konfliktlösung nur gefunden werden können, wenn die gegensätzlichen Standpunkte auf ihre Gültigkeit (moralische Rechtfertigung und Verallgemeinerbarkeit) hin überprüft werden« (Oser/Althof 2001b, 515; vgl. in ähnlicher Weise Roebben 2011, 26; van der Ven 1998, 245 und 255). Wertebildung muss im Interesse an allen Subjekten also mehr sein als eine Gleichgültigkeit gegenüber Werten. Sie sollte die Befähigung zu sittlicher Einsicht ermöglichen, die Werte wie

Gerechtigkeit nicht der Subjektivität anheimstellt. Kritisierbar an der Werterhellungsstrategie ist auch die verpflichtend-enge Orientierung an den sieben Kriterien, da beispielsweise die Frage nach einer öffentlichen Verteidigung der gewählten Werte nur bedingt aussagekräftig ist bzw. eine übertriebene Forderung darstellt. Ebenso ist zu fragen, inwiefern in Lernprozessen schon soweit Praxis fokussiert werden kann, dass sich darüber urteilen ließe, ob der Wert auch handelnd realisiert würde (vgl. van der Ven 1998, 248–251).

Positiv ist an dieser Strategie hervorzuheben, dass sie das Subjekt als solches in seiner Einzigartigkeit und damit in der eigenen Werteentwicklung ernst nimmt. Bis auf manche skurrile[265] Methoden kann rückblickend auch gesagt werden, dass die Vorschläge zur Umsetzung von »Values Clarification« die Wertebildungsarrangements an Schulen sehr bereichert haben und die Unterrichtpraxis zum Teil noch immer prägen. Nicht zuletzt erweist sich die Grundidee, den Lernenden angesichts pluraler Optionen zur Selbsteinschätzung zu verhelfen, als plausibel und gegenwartsrelevant. Sie markiert einen Meilenstein, der für eine als positiv einzuschätzende Strategie von Wertebildung unhintergehbar ist.

4.2.3.3 Wertentwicklung

Bis in die Gegenwart prägen die Forschungen von Lawrence Kohlberg (1927–1987) verschiedenste Reflexionen zum Thema Wertebildung sowie die sich daran anschließende unterrichtliche Praxis. Seine empirischen Forschungen der 1970er Jahre zur Entwicklung des moralischen Urteils bei Heranwachsenden, denen eine strukturgenetische Theorie entwächst (vgl. 2.2.2.1), bilden eine solide Basis für die Entfaltung verschiedener wertebildender Ideen: Nachhaltig rezipiert werden bis heute Kohlbergs progressiver Ansatz von Moralentwicklung, welcher im Rahmen der Wertentwicklungsstrategie rezipiert wird, und sein in die Praxis umgesetzter Vorschlag einer Just-Community-School.

Die Forschungen zu den Stufen der moralischen Entwicklung belegen, dass Menschen zum einen ohne pädagogische Anreize auf niedrigen Stufen verharren und zum anderen auf höheren Stufen sittlich angemessenere und

---

[265] Kritisiert werden beispielsweise Ideen, die Schülerinnen und Schüler durch bisweilen lebensferne Beispiele zur Erhellung und in diesem Zusammenhang zum Ranking ihrer Werte bewegen wollen. Z. B. sollen die Lernenden im Rahmen der »überfülltes-Boot-Methode« zunächst wichtige Werte notieren und in eine Hierarchie bringen. Um die Präferenzen jedoch genauer zu klären, sollten diese angesichts einer hypothetischen Situation überdacht werden: Die Schülerinnen und Schüler müssen entscheiden, welche Werte angesichts eines überfüllten Bootes wichtig wären, dessen Insassen gezwungen sind, zugunsten des Überlebens der anderen, eine Person über Bord gehen zu lassen. Fast ironischerweise werden dabei verschiedene Werte an die Berufe der Bootsinsassen gekoppelt: Ästhetik/Kunst an einen Maler, Wissen an einen Lehrer etc. (vgl. die Ausführungen von Amitai Etzioni, zit. bei van der Ven 1998, 239).

autonomere Werturteile fällen. Aus diesem Grund erachtet es Kohlberg als wichtig, Heranwachsende in ihrer Wertentwicklung zu fördern: zum einen hinsichtlich der Sensibilität für sittlich-werthaltige Kontexte und zum anderen bezüglich der Verbesserung ihrer Werturteilsfähigkeit (vgl. Oser 2001, 76). Ins Zentrum der deshalb entfalteten Strategie stellt er die Entwicklung auf der Basis einer Auseinandersetzung mit Konflikten in schulischen Lernprozessen. Schülerinnen und Schüler sollen sich mit fiktiven, dem eigenen Lebenskontext oder gegenwärtigen sozialen und politischen Zusammenhängen entspringenden Dilemmasituationen diskursiv befassen. Durch die Konfrontation mit werthaltigen Argumenten, die der nächsthöheren Stufe moralischer Urteilsfähigkeit zugerechnet werden können (die so genannte +1-Konvention), werden sie in unterrichtlichen Lernzusammenhängen herausgefordert, ihre Werthaltung zu hinterfragen, in den Diskurs begründend einzubringen und im Idealfall weiterzuentwickeln (vgl. 5.1.3). Die höherstufige Urteilsfähigkeit hinsichtlich der jeweiligen Dilemmasituation wird entweder durch Mitschülerinnen und -schüler oder durch die Lehrkräfte eingebracht. Dabei sollen die Heranwachsenden selbst registrieren, dass ihre Denkweise eventuell ungenügend ist. Diese Verunsicherung wiederum veranlasst sie – so die Annahme –, ihre Wertvorstellungen zu überdenken und zu entwickeln.

Insgesamt ist diese Strategie dann erfolgreich, wenn die Lernenden immer wieder mit neuen Dilemmasituationen konfrontiert werden, die ihnen »reichhaltige Handlungserfahrungen« (Oser 2001, 75) eröffnen, sie aber zugleich »immer wieder unter den Druck des Gegenarguments bringen« (ebd., 77). Dabei geht es nicht um ein »korrektes« Lösen des Dilemmas, das beispielsweise durch einen Konsensbeschluss der Klassengemeinschaft herbeigeführt wird. Der »Streit« zwischen den Lernenden um verschiedene Positionen ist dabei als produktiv zu erachten. Ein gut gewähltes Dilemma forciert diese Auseinandersetzung und zeichnet sich gerade durch eine gewisse Adäquanz der zwei zur Disposition stehenden Reaktionsoptionen aus. Im Zentrum steht immer die Weiterentwicklung des Wertegerüsts der einzelnen Schülerin und des einzelnen Schülers. Dennoch bedeutet dies keinen Wertrelativismus.

Kohlberg verfolgt mit der Wertentwicklungsstrategie einen klaren Zielpunkt: Im Gegensatz zu wertungsfreien Ansätzen benennt er als »Hauptprinzip [...] für diese Theorie das Prinzip der Gerechtigkeit. Gerechtigkeit (und mit ihr die Ideen der Freiheit, Gleichheit, Menschenwürde etc.) wird von Stufe zu Stufe umfassender verstanden« (Oser/Althof 2001b, 104; vgl. Roebben 2011, 27). Sie soll das Urteilen in entwicklungsentsprechender Weise prägen. Ein Oktroyieren bestimmter, von außen vorgegebener Werte verfolgt diese Strategie dennoch nicht; das käme für Kohlberg einer Indoktrination gleich. Die zusätzlich eingebrachten Werte dienen vielmehr dem Voranbringen des Subjekts unter dem Anspruch der Gerechtigkeit.

Kritische Würdigung

Daran, dass Kohlbergs »stages of moral development« die Basis der Wertentwicklungsstrategie bilden, zeigt sich bereits der hohe Stellenwert, der den Subjekten zukommt. Sie werden als Gestalter ihres individuellen Wertegerüstes und sogar in ihrer jeweiligen Entwicklungsphase ernst genommen. Die Wertentwicklungsstrategie zielt auf die Denkweisen der Lernenden und gesteht ihnen die Fähigkeit zu, sich mittels entsprechender Anreize selbst kognitiv weiter zu entfalten (vgl. Lind 2000, 27).[266] Es geht um ihre Weiterentwicklung in wertebildender Hinsicht, indem auf der Ausprägung ihrer Werturteilsfähigkeit das Hauptaugenmerk liegt. Lehrende sind daher nachhaltig aufgefordert, die Schülerinnen und Schüler mit den thematisierten Dilemmata nicht zu über-, aber auch nicht zu unterfordern.

Letztgenannter Aspekt markiert einen immer wieder formulierten Kritikpunkt an der Strategie der Wertentwicklung, gerade dann, wenn diese so interpretiert wird, dass für ihr Gelingen die Hauptvoraussetzung sei, dass die Lehrerinnen und Lehrer »ermitteln, auf welcher Stufe sich Jugendliche befinden […], um einen Stufenwechsel vorzubereiten« (Ziebertz 2013, 442). Dies wiederum überfordere die Lehrenden, gerade angesichts der Heterogenität der Lerngruppe. Zudem müsse in Betracht gezogen werden, dass in Sekundarstufe-II-Klassen Lernende eventuell sogar höhere Niveaus als ihre Lehrerinnen und Lehrer einnehmen (vgl. Oser/Althof 2001b, 114–116). Die mit der Kritik an der Stufeneinschätzung verknüpfte Idee eines Stufenwechsels stellt jedoch nicht die Hauptintention der Realisierung der Wertentwicklungsstrategie im Unterricht dar. Zwar ist die +1-Konvention – bzw. eher eine +½-Konvention – ein hilfreicher Orientierungspunkt hinsichtlich der Gestaltung entsprechender Lernarrangements. Mit ihrer »korrekten« Einhaltung steht und fällt die Wertentwicklung aber nur bedingt.[267] Vielmehr geht es um die dadurch ausgelösten Denkanstöße. Zudem zeigen Studien, dass es Lehrenden durchaus gelingt, »mit ausreichender Sicherheit einzuschätzen, welchen Charakter die von den Schülern verwendeten Urteile haben« (ebd., 116).

Der Hauptkritikpunkt bezieht sich auf die kognitive Schlagseite dieser Strategie, insofern die Arbeit an – bisweilen hypothetischen und nur bedingt alltagsrelevanten Dilemmata – vor allem den Reflexionsmodus des Werturteils tangiert. Zum einen ist dieser Einwand korrekt, da eine fehlende Kopplung des Urteilens mit emotionalen Komponenten und mit der Handlungsdimen-

---

[266] Unter anderem Kohlbergs Titulierung verschiedener Aufsätze und Forschungspapiere belegt diese Wertschätzung der kognitiven Fähigkeiten der Heranwachsenden (vgl. Oser 2001, 74): »THE CHILD AS MORAL PHILOSOPHER« (1968), »THE YOUNG ADULT AS MORAL PHILOSOPHER« (1981), »THE AGING PERSON AS MORAL PHILOSOPHER« (1981).

[267] Lawrence Walker verweist aufgrund seiner Forschungen darauf, dass auch das Einbringen von Gegenargumenten die Progression der Wertentwicklung fördern kann – nicht nur das Integrieren von +1-Argumentationen (vgl. Walker 1983).

sion kaum zu nachhaltiger Wertbindung führt. Zum anderen aber reagiert Lawrence Kohlberg darauf und entwickelt als notwendiges Pendant die Idee der »Just-Community-School«, wodurch das Prinzip der Gerechtigkeit auch grundsätzlich das Lernen atmosphärisch und handlungsrelevant prägt (vgl. Kohlberg/Levine/Hewer 1984, 263–270; Power/Higgins/Kohlberg 1989, 7–32; Bucher 1995, 69f; Oser 2001, 82; vgl. 2.2.3.2).[268]

Insgesamt stellt die Wertentwicklungsstrategie eine wichtige Option dar, Heranwachsende bei ihrer Wertebildung voranbringend zu unterstützen. Bis in die Gegenwart zählt das Arbeiten an Dilemmata zu einer elementaren und unterrichtlich gut praktizierbaren Option, die Schülerinnen und Schüler hinsichtlich ihres Werturteilsvermögens zu fördern; unter anderem im Rahmen der von Georg Lind entwickelten und patentierten »KONSTANZER METHODE DER DILEMMADISKUSSION (KMDD)« (vgl. Lind 2003). Verschiedenste empirische Studien belegen, dass die Intentionen der Kohlberg'schen Wertentwicklungsstrategie realisierbar sind (vgl. Power/Higgins/Kohlberg 1989, 13; Lind 2000, 208–214; Lind 2003, 53–55; Schmid 2015; vgl. 2.2.3). Bedenkenswert ist dabei zugleich, dass die Entwicklung von Moral »durch einen relativ langsamen Aufbau von Fähigkeiten (statt einer schnellen Änderung von Einstellungen) infolge von Bildungsprozessen« (Lind 2000, 29) gekennzeichnet ist.

4.2.3.4 Wertkommunikation

In unmittelbarer Nähe zur Wertentwicklung lässt sich die Strategie der Wertkommunikation ansiedeln. Sie findet sich als Grundidee der in den 1970ern in England entwickelten Programme »LIFELINE« und »STARTLINE«, welche Schülerinnen und Schüler für einen rücksichtsvollen Lebensstil sensibilisieren wollen: Die Basis bilden dabei Diskussionen von Situationsbeschreibungen unter der Maßgabe, »Bedürfnisse, Gefühle und Interessen anderer genauso […] [zu berücksichtigen] wie die eigenen« (Mauermann 2004, 30). Vor allem im religionspädagogischen Kontext wird diese Strategie unter dem Begriff »Wertkommunikation« rezipiert: Johannes van der Ven hat diese Idee entfaltet, Hans-Georg Ziebertz und Bert Roebben haben sie weitergeführt (vgl. van der Ven 1985; Ziebertz 1990 und 2013; Roebben 1995 und 2011). Wie die Wertentwicklung zielt auch die Wertkommunikation auf die Ausprägung der Werturteilsfähigkeit. Beide Strategien nehmen ihren Ausgangspunkt am Diskurs über Situationen, in denen konfligierende Kontexte zu verhandeln sind: Während die Wertentwicklung auf Dilemmata setzt, greift die Wertkommunikation auf konkrete Fragestellungen zu, die strittige Werthal-

---

[268] Zudem betont Kohlberg bereits 1978 selbst, dass »das Modell, Moralerziehung per ›Science-Fiction-Dilemma-Diskussion‹ zu betreiben, seit Jahren das Zeitliche gesegnet habe« (Oser/Althof 2001b, 118).

tungen tangieren. Beide Strategien gestehen dem Subjekt zu, selbst zu einer Position zu gelangen, und oktroyieren daher keine vorgegebenen Werte. Und beide Strategien sind dennoch nicht relativistisch: Während die Wertentwicklung im Gerechtigkeitsaspekt ihren Zielpunkt anvisiert, orientiert sich die Wertkommunikation »am allgemeinen Willen, wie er in der Goldenen Regel oder dem Kategorischen Imperativ formuliert ist« (Ziebertz 2013, 443). Letzterer Aspekt verweist auf die Wurzeln dieser Wertebildungsstrategie, und zwar auf Jürgen Habermas' Theorie kommunikativen Handelns (vgl. 3.1.4): In der – idealtypischerweise gleichberechtigten[269] – vernünftigen sprachlichen Kommunikation über Werte ist ihr Zentrum angesiedelt. Schülerinnen und Schüler sollen im realen Dialog innerhalb der Lerngruppe ihre Argumentations- und Begründungsfähigkeit bezüglich sittlicher Werte verbessern, um »zu einer eigenen reflektierten Werthaltung zu finden« (Ziebertz 1990, 68). Im Hintergrund dieser Strategie steht das Wissen um die Pluralität von Werten und um den bisweilen damit verbundenen Widerstreit zwischen Werten. Dabei geht es der Wertkommunikation nicht um ein Metareflektieren, vielmehr müssen die Lernenden auch mit ihrer Person einstehen: Hans-Georg Ziebertz verweist deshalb auf die Bedeutung der so genannten Dezentrierung. In der Kommunikationssituation sind die Schülerinnen und Schüler gefordert, »Ich-, Du- und Sie-Perspektive« (Ziebertz 2013, 442; vgl. Ziebertz 1990, 70–72) einzunehmen. D. h., neben dem Diskurs aus der eigenen Sichtweise heraus sollen sie sich auch in die Perspektive des Gegenübers oder auch an der Kommunikation nicht beteiligter, von der Realisierung der diskutierten Werte jedoch eventuell betroffener Dritter hineinversetzen. Dadurch wird es möglich – abseits eines egozentrischen Relativismus –, einem übergeordneten, allgemeinen Wohl (vgl. das Habermas'sche Universalisierungsprinzip) näher zu kommen und von daher zu einer begründeten Wertentscheidung zu gelangen, an der sich eine zukünftige Lebensgestaltung orientieren kann. Vorhandene Werte – unter anderem die bis dato selbst angeeigneten – stehen dabei zur Disposition, »ob sie es verdienen, durch die heutige Generation weitergegeben und durch die folgende fortgesetzt zu werden« (van der Ven 1985, 38, zit. n. Roebben 2011, 28). Voraussetzung für das Führen einer entsprechenden Kommunikation ist das Fachwissen hinsichtlich zugehöriger Werte-Kontexte.

---

[269] Getrud Nunner-Winkler verweist auf die motivationale Dimension, die von einer gleichberechtigten Beteiligung der Schülerinnen und Schüler »an der Setzung und Kontrolle der Regeln des Zusammenlebens und fairer Konfliktschlichtung« (Nunner-Winkler 2003, 115) ausgehe: Die Lernenden würden sich in der Folge stärker verantwortlich fühlen und entsprechend handeln. Gleichwohl muss klar sein, dass die Gleichberechtigungsidee in pädagogischen Zusammenhängen nur bedingt eingeholt werden kann. Das Verhältnis von Lehrenden zu den Lernenden weist immer ein – zumindest von den Lernenden wahrgenommenes – Gefälle auf.

Kritische Würdigung

Die Subjekte markieren das Zentrum der Wertkommunikation. Ihnen werden keine Werte vorgesetzt, sondern sie sollen über das Kommunizieren zu eigener Wertentscheidung befähigt werden. Dabei kann die kommunikative Situation selbst bereits als Werterfahrungskontext gelten: zum einen, indem die Heranwachsenden im sprachlichen Kommunizieren »aneinander« ethisch werden« (Roebben 2011, 28), also sittlich-wertbegründetes Agieren einüben; zum anderen dahingehend, dass den Schülerinnen und Schülern eine »noch fehlende Kompetenz« (Ziebertz 2013, 443) hinsichtlich der Werturteilsbildung im Vorgriff ihrer volleren Ausprägung zugestanden wird.[270]

Kritisierbar ist an der Wertkommunikationsstrategie die schwerpunktmäßige Fokussierung auf die sprachliche Reflexion über Werte, Werthaltungen und deren Folgen. Ob dies Auswirkungen auf das Handeln hat, bleibt anzufragen und ist nicht empirisch überprüft. Gleichwohl fordert die ideale Kommunikationssituation eine grundsätzliche Wertschätzung des Gegenübers ein und bietet dadurch bereits Praxisoptionen für wertebasiertes Agieren. Und doch ist zugleich anzufragen, inwiefern in einer Klassensituation ein Vertrauen in das kommunikative Gegenüber sowie »eine Gemeinschaft, die vom Wert der gemeinsamen Suche nach Wahrheit überzeugt ist« (Roebben 2011, 28) möglich sind, wie es das Habermas'sche Ideal voraussetzt.

Insgesamt kann die Strategie der Wertkommunikation als positive Erweiterung der Wertentwicklungsidee gesehen werden. Sie emanzipiert letztere von einer Beschränkung auf Dilemmasituationen und eröffnet explizit Raum für zusätzliche inhaltliche Wertekontextualisierungen. Um das Universalisierungsprinzip einholbar zu machen, integriert sie die Perspektive »Dritter« und fördert die Lernenden bei ihrer positionierenden Wertebildung.

4.2.3.5 Wertprimärerfahrung

Die bisher vorgestellten Strategien, die im Dienst an der Wertebildung der Lernenden zur Geltung gebracht werden können, haben einen Kritikpunkt gemeinsam: Allen wird unterstellt, dass sie Werte primär im kognitiv-reflektierenden Modus thematisieren und eventuell keine Auswirkungen auf das Handeln der lernenden Subjekte haben. Lawrence Kohlbergs Just-Community-Idee reagiert beispielsweise auf dieses Defizit. Auch andere Ideen versuchen, die praktische Dimension von Wertebildung in schulische Lern-

---

[270] Fritz Oser und Wolfgang Althof formulieren »Grundgedanken einer Diskurspädagogik« und verweisen auch auf den »So-tun-als-ob«-Modus, insofern Lehrende in Orientierung am Habermas'schen Diskursprinzip so agieren, »als ob das Kind wirklich an einer gerechten, objektiven, für alle geltenden Lösung voll beteiligt sein könne; er tut so, als ob die ideale Form des methodisch-moralischen Lösungsprozesses im Sinne des Gebrauchs von Prinzipien schon vorhanden sei.« (Oser/Althof 2001b, 119)

kontexte einzubinden, etwa das Compassion-Projekt bzw. das Sozialpraktikum, bei dem Schülerinnen und Schüler während der Schulzeit über einen
abgesteckten Zeitraum in einer sozialen Einrichtung arbeiten und Werte im
intersubjektiven Austausch und in der Fürsorge für andere zu realisieren (vgl.
2.2.3.2).

Eine weitere Variante, in der Schule handelnd wertebildend zu agieren,
stellen so genannte »STUDENT ACTION TEAMS« (SAT) dar – eine mehrstufig
angelegte Idee, die auf ein australisches Förderprogramm der Jahre 1999–
2000 zurückgeht:[271] Dabei widmet sich eine Gruppe von Schülerinnen und
Schülern einem Thema, das von den Gruppenmitgliedern als wertehaltig
identifiziert wird und für das Zusammenleben wichtig ist (Stufe 1). Sie informieren sich über damit verbundene Werte genauer und werten die daraus
resultierenden Ergebnisse hinsichtlich ihrer Ausgangsfrage aus (Stufe 2). Sodann entscheiden die Gruppenmitglieder, was ihrer Meinung nach verändert
werden muss, um die erarbeiteten Wertvorstellungen einzuholen. Dazu erstellen sie Pläne, wie man mit der sich stellenden Herausforderung umgehen
könnte, und setzen diese um (Stufe 3). Dies alles erfolgt entweder in speziellen Neigungsgruppen in außerunterrichtlichen Zeiten oder in ausgewählten
Klassen sogar während des Unterrichts – auch die praktische Umsetzung,
welche angesichts der erarbeiteten Vorschlägen für nötig befunden wird, um
die gesteckten Ziele zu realisieren (vgl. Chapman/Cahill/Holdsworth 2009,
27f und 32; Lovat u. a. 2011, 99). Ein wichtiges Merkmal des SAT-Projekts
ist, dass den Lernenden zielgerichtetes und produktives werthaltiges, eigen-
verantwortliches Entscheiden und Handeln ermöglicht wird, das Wertebildung nicht auf den Klassenraum beschränkt.

All diesen Optionen ist eine wichtige Grundstrategie gemeinsam: Werte bzw.
Werthaltungen werden im Rahmen des schulischen Settings realisiert und reflektiert. Bisweilen gilt es dabei sogar, bestimmte Werte bewusst und selbständig auszuwählen und eigenverantwortlich in den Blick zu nehmen. Die hierbei
leitende Idee lautet, wertehaltige Kontexte mit den Schülerinnen und Schülern
nicht nur kognitiv anzugehen, sondern in einer Kombination aus handelnden

---

[271] Chapman/Cahill/Holdsworth identifizieren fünf Phasen des Ablaufs eines SAT-Projekts:
Eröffnet wird es durch das *Schülerforum I* (1), bei dem sich die Lernenden ihrer Werte und
deren Realisierungskontexte bewusst werden. In der *Forschungsphase* (2) befassen sich die
Schülerinnen und Schüler genauer mit den Kontexten und Bedeutungszusammenhängen
eines ausgewählten Wertes; mit letzterer Phase verschränkt läuft der *Forschungsworkshop*, der
die Lernenden anleitet, wie sie ihre Forschungsfragen angehen können. Im *Schülerforum II*
(3) stellen sich die einzelnen SATs ihre bisherigen Ergebnisse gegenseitig vor und haben
dadurch die Gelegenheit, von den Arbeiten anderer zu profitieren. Mit einem *Planungs-
workshop* beginnt die eigentliche *Aktionsphase* (4), in der die identifizierten Erfordernisse umgesetzt werden. Beim *Schülerforum III* (5) werden die werden die Ergebnisse vorgestellt, die
während des Projektes tangierten Werte reflektiert und neue Möglichkeiten für SAT-
Projekte ins Auge gefasst (vgl. Chapman/Cahill/Holdsworth 2009, 33f).

und diskursiven Momenten in das schulische Lerngeschehen zu integrieren.[272] Aus diesem Grund wird die damit einhergehende, als eigenständig identifizierbare Strategie in einem neuen Begriff gebündelt: »*Wertprimärerfahrung*«.

Den Lernenden wird durch ihr selbstverantwortliches, aktives Tun die *Erlebens*dimension eröffnet. Wissenschaftstheoretisch davon zu unterscheiden ist der Terminus »Erfahrung«. Durch das *Reflektieren* des Erlebten können sich *Erfahrungen* einstellen: Erfahrung[273] resultiert aus einem Akt der Interpretation, der in realen Zusammenhängen freilich nur bedingt vom Erlebenskontext getrennt werden kann (vgl. Schwöbel 2007, 62). Das Erlebte wird unterschwellig immer schon vom erlebenden Subjekt gedeutet. Damit es aber über

---

[272] Auch Hartmut von Hentig diagnostiziert in seinem populärwissenschaftlichen Buch »ACH, DIE WERTE!«: »Die Reden und Ausrufe zur Werteerziehung bauen auf drei Mittel des Bewußtseinswandels, der das Ethos in Geltung setzt: sich etwas vorstellen, sich auf etwas besinnen, sich zu etwas verpflichten. [...] Aber für sich ohne die Fülle der anderen [Verben]: erleben, erfahren, erproben, erfinden, mitmachen, selbermachen [...] und so fort, sind sie pädagogisch ohnmächtig.« (Hentig 1999a, 81)

[273] Schon vom ursprünglichen Wortsinn her ist Erfahrung auf eine aktive Komponente verwiesen. Im GRIMM'SCHEN WÖRTERBUCH (vgl. Bd. 3, Sp. 793) wird das Wort unter anderem über lat. peragratio (dt. Durchwanderung) hergeleitet; es geht um das »er-fahren« der Welt.

Scott Lash beispielsweise unterscheidet »*Erlebnis*, das subjektiver Natur ist, und *Erfahrung*, die eher öffentlich ist« (Lash 1996, 278).

Der Erfahrungsbegriff wird in der Religionspädagogik in vielfältiger Weise konturiert (vgl. Käbisch 2009, 1–25). Werner H. Ritter beispielsweise hat bereits 1989 eine fundierende, eindrucksvolle Studie zum Erfahrungsbegriff und seiner Verwendung im religionspädagogischen Zusammenhang vorgelegt. Er versteht eine »erfahrungsorientierte Religionspädagogik [...] als das geordnete Bemühen um sachgerechte Erschließung und Zuordnung (Austausch) von ›Welt‹-Erfahrung und ›Glaube‹(nserfahrung)« (Ritter 1989, 291). Ihm geht es jedoch nur bedingt um ein aktives Ermöglichen von Primärerfahrungen. Vielmehr werden diese durch Rekurs auf die Erfahrungen der Subjekte auf der einen Seite und durch Bezüge auf die in der biblischen Botschaft und christlichen Überlieferung zugänglichen Erfahrungskontexte auf der anderen Seite eingeholt. Ritter verweist auf vier Aspekte, die hinsichtlich einer angemessen Berücksichtigung der Erfahrungsgehalte im religionspädagogischen Agieren beachtenswert sind: (1) Teilhabe an Erfahrungszusammenhängen ermöglichen; (2) Kommunizieren und Vorstellen von Erfahrungen; (3) kritische Bearbeitung der Erfahrungen; (4) Austausch über Erfahrungen, wodurch Mehrperspektivität zugänglich wird (vgl. ebd.).

Bernhard Grümme macht sich seit längerem für einen alteritätstheoretischen Erfahrungsbegriff stark, der abseits einer Verfügbarkeitsmachung von Erfahrung deren Unverfügbarkeit gerecht werden will (vgl. Grümme 2007).

Eine der jüngeren Studien zum Erfahrungskontext hat David Käbisch vorgelegt (vgl. Käbisch 2009). Er bietet eine gelungene Zusammenschau vorliegender religionspädagogischer Konturierungen des Erfahrungsbegriffs. Auf dieser Basis plädiert er dafür, »aufgrund der Mehrdimensionalität von Religion [...] [den] Begriff der religiösen Erfahrung in Teilbegriffe zu differenzieren« (ebd., 308) – unter anderem konstatiert er eine ethische und eine ideologische Dimension; letztere bezieht sich auf das Erleben von Werten. Durch diese Differenzierung des Erfahrungsbegriffs, der nicht in einem einmaligen Erlebnis aufgeht, sondern von Käbisch als »Modus der Lebenserfahrung« gedacht wird, kann es gelingen, »die Alltagsbedeutung des christlichen Glaubens in seinen vielfältigen Facetten zu erfassen« (ebd., 325).

ein gefühlsmäßiges Erleben hinausgehend aktualisiert werden kann, bedarf es der Reflexion, wodurch es zu einer denkerisch verfügbaren Erfahrung wird. Aus dieser Erkenntnis resultiert das Insistieren auf der notwendigen Verschränkung von Handeln und Reflexion in wertebildenden Kontexten: Erst dadurch können im Tun und Kommunizieren gemachte Erlebnisse in den Rang von (Primär-)Erfahrungen kommen und die dabei tangierten Werte bewusst werden.

Insofern auch die anderen wertebildenden Strategien Werterfahrungsmomente tangieren können, erweist sich hinsichtlich der Titulierung vorliegender Strategie die in pädagogischen Zusammenhängen gebräuchliche *Unterscheidung zwischen Primär- und Sekundärerfahrungen* als hilfreich. Zum Beispiel kann über die im kommunikativen Geschehen zugänglichen Erfahrungen verschiedener Personen Wertebildung unterstützt werden, wenn im Rahmen der Wertkommunikation über einen Sachverhalt diskutiert wird und die am Diskurs beteiligten Subjekte ihre eigenen Erfahrungen einbringen, Erfahrungsbereiche »Dritter« versuchen zu antizipieren oder auf tradierte wertebasierte Erfahrungen Bezug nehmen. Dadurch werden ihnen Werte über Sekundärerfahrungen zugänglich, insofern Erfahrung den Modus beschreibt »in, mit und unter‹ dem sich dem/den Menschen Wirklichkeit zeigt, ›erschlossen‹ und ›entschlüsselt‹ wird« (Ritter 1989, 141).

Dass Wertprimärerfahrung als eigenständige Strategie bezeichnet werden muss, liegt also darin begründet, dass darunter Praxisoptionen subsumiert werden, die Lernenden im Lernprozess selbst durch aktives Handeln in wertehaltigen Kontexten und durch sich darauf beziehendes Reflektieren eigene wertebasierte Erfahrungen ermöglichen.[274] Dieser Strategie ist große Bedeutung zuzusprechen, insbesondere weil sie – und darauf verweisen sowohl empirische als auch philosophische und bildungstheoretische Befunde (vgl. 2.2.2, 3.1, 3.2 und 4.1) – Wertbindungen ermöglicht: Letztere nämlich – obgleich deren Etablierung durch das jeweilige Subjekt nicht planbar ist – leben von Primärerfahrungen, die einen handelnden und fühlenden Zugang zu Werten ermöglichen. Ganz der pragmatistischen Sichtweise auf »Erfahrung als ›erinnerte Praxis‹« (Herms 1982, 102) entsprechend werden durch die Verschränkung von Reflexion und Handeln im Rahmen wertebildend angelegter Lernprozesse Optionen aufgetan, damit die Schülerinnen und Schüler selbst erfahrene Werte bzw. Werthaltungen als solche identifizieren und nachhaltig »er-innern« können.

---

[274] Die Werterhellungsstrategie ermöglicht durch die Vergewisserung über eigene Werte zwar auch einen Bezug auf damit verknüpfte Primärerfahrungen. Sie sieht jedoch keine explizite Möglichkeit vor, diese im unterrichtlichen Zusammenhang zu erlangen.

Kritische Einordnung

Die Wertprimärerfahrungsstrategie rückt die Subjekte ins Zentrum des Lerngeschehens: Im Idealfall – vgl. Just Community School oder Student Action Team – identifizieren diese selbst Wertekontexte, die zum Handeln auffordern. Dadurch, dass die Erlebensdimension als Voraussetzung für die auf Erfahrung zielende Reflexion explizit notwendig ist, zeigt sich einmal mehr die subjektbezogene Ausrichtung dieser Strategie. Sie will keine Werte oktroyieren, lässt das Subjekt aber nicht in seinem bisher angereicherten Wertegerüst verharren. Vielmehr ermöglicht die Wertprimärerfahrung es, neue wertbasierte Zusammenhänge im eigenen Agieren aufzutun, zu hinterfragen und von daher für sich zu integrieren oder sich davon zu distanzieren.

Was auch diese Strategie nicht kann und will, ist, den Ausgang wertehaltigen Lernens exakt zu planen. Erfahrungen können lediglich vom Subjekt als solche in seiner eigenen Weise identifiziert werden, verschiedene Individuen können aus einem gleichen Erlebnis verschiedene Erfahrungen ableiten. In der Folge bedeutet das: Nur weil sie Werte praktizieren oder gar im Erfahrungsduktus reflektieren, heißt das nicht, dass alle Schülerinnen und Schüler zu gleichen Werten und Werthaltungen gelangen. Noch weniger ist planbar, dass sich die Lernenden auch dauerhaft an diese Werte gebunden fühlen. Gleichwohl belegen Studien zum Compassion-Projekt eine nachhaltige soziale Handlungsbereitschaft der Teilnehmenden (vgl. 2.2.3.2). Eine weitere Grenze der Wertprimärerfahrungsstrategie markiert der höhere Planungs- und Umsetzungsaufwand, der mit entsprechenden Realisierungsoptionen verbunden ist: Unterricht braucht dazu eine Flexibilisierung, um beispielsweise außerschulische Wertekontexte nicht lediglich als zusätzliche Nachmittagsaufgaben zugänglich zu machen und um Projekte mit der dafür nötigen Zeit abseits des Stundentaktes anzugehen. Angesichts einer weit verbreiteten fachspezifisch separierenden und auf Leistungstestorganisation fixierten Schulidee erscheint dies nach wie vor schwer realisierbar. Nicht von ungefähr finden an den meisten Schulen Sozialpraktika erst am Ende des Schuljahres statt.

Auf eine weitere Schwierigkeit verweist der Aktionismus-Vorwurf, der gelegentlich sowohl dem australischen SAT-Programm, aber auch den Sozialpraktika gemacht wird: Derartige Projekte wären vor allem medienwirksame Beschäftigungsmaßnahmen, hätten zu wenig Nachhaltigkeit und seien aufgrund des damit verbundenen Organisationsaufwands für Schule eher eine Belastung. Diese Kritik ist zutreffend, wenn es an folgenden Aspekten hinsichtlich der Umsetzung der Wertprimärerfahrungsidee mangelt: einem im Vorfeld umschriebenen Kriterienraster[275] hinsichtlich der damit verfolgten

---

[275] Damit nicht jede Art von schulischer Aktivität unter das Label »Student Action Teams« subsumiert werden kann, entfaltete das Australische Jugendforschungsinstitut Kriterien, von denen die Zuerkennung dieser Bezeichnung abhängig gemacht wird: explizite Bildung

wertebildenden Intentionen, guter Anleitung und Begleitung durch Lehrerinnen und Lehrer sowie der ernsthaften und inhaltlich fundierten reflexiven Auseinandersetzung hinsichtlich der erfahrenen Erlebnisse.

Die große Chance liegt darin, dass Schule den Schülerinnen und Schülern über Wertprimärerfahrung ermöglichende Lernarrangements Wege offenlegt, welche die Bedeutung des Reflektierens über Werte aufscheinen lassen, gerade weil sich offenkundigerweise aus den Praxiskontexten entsprechende Fragen und Herausforderungen ergeben. Nicht zuletzt wird den Lernenden dadurch ein Anreiz geboten, Wertebildung als ihre ureigene Aufgabe zu identifizieren, die nicht nur deshalb anzugehen ist, weil es das Schulcurriculum einfordert.

4.2.3.6 Dynamisch-integrativer Umgang mit den Strategien. Zusammenschau

Jede der oben vorgestellten Strategien direkter Wertebildung hat – das wurde bereits deutlich – positive, aber auch defizitäre Aspekte. Insbesondere unter den Vorzeichen einer wertepluralen Gesellschaft, der Autonomie der lernenden Subjekte und der wertebildend beachtenswerten Verschränkung von kognitiven, affektiven wie auch praktischen Momenten erweisen sich insbesondere die Strategien der Wertentwicklung, der Wertkommunikation und der Wertprimärerfahrung als bedeutsam. Insgesamt bedarf schulisch initiierte Wertebildung eines Rekurses auf verschiedene Strategien und kann nicht permanent nur *einem* Duktus entsprechend angelegt werden. Würde beispielsweise nur im Sinne der Wertentwicklung an Dilemmata gearbeitet, könnte dies schnell in statisch gleich ablaufende Lernprozesse münden. Letztere könnten den Schülerinnen und Schülern zwar Argumentations- und Reflexionsstärke abverlangen, würden diese aber aufgrund einer immer gleichförmigen Grundstruktur eventuell nur bedingt persönlicher tangieren als die Lösung einer Mathematikaufgabe gemäß einfacher Additionsregeln.

Ein bloßes Kommunizieren über Werte im Interesse an einem universalisierbaren und gleichberechtigten Diskurs würde die Lernenden zwar hinsichtlich ihrer Reflexionsfähigkeit über (ihre) Werte, Werthaltungen und damit einhergehenden potentiellen Realisierungsoptionen voranbringen. Werte aber bedürfen auch des praktisch-handelnden Aspekts. Letzterer wird zwar von der Wertprimärerfahrungsstrategie eingeholt. Ein permanenter Rekurs darauf könnte aber ebenso zu Abstumpfungserscheinungen bei den Schülerinnen und Schülern führen. Schließlich wird Schule in gewissem Grad auch nicht auf wertvermittelnde Maßnahmen verzichten können, wenn erzieherisches Handeln dies erfordert. Ebenfalls bedeutsam sind werterhellende Momente.

---

von SATs; durchgängige(s) Schülerengagement und -beteiligung – auch bereits bei der Identifikation des angezielten Schwerpunktes, bei Entscheidungen und bei der Realisierung; Situierung des identifizierten Aspekts im Lebenszusammenhang der Lernenden – auch außerhalb des Schulalltags; verpflichtendes Erarbeiten und Handeln durch das SAT selbst (vgl. Chapman/Cahill/Holdsworth 2009, 30).

Ohne sie gelängen zum Beispiel weder die Wertkommunikations-, noch die Wertprimärerfahrungsstrategie, die von einer positionierenden Selbstvergewisserung der Lernenden bezüglich ihrer eigenen Werthaltungen leben. Allein im werteerhellenden Modus zu unterrichten wiederum würde die Schülerinnen und Schüler zu wenig in ihrer Subjektwerdung unterstützen. Dies brächte sie kaum in ihrer Wertentwicklung – welche wiederum auch ein Ziel der Wertkommunikation und -primärerfahrung ist – voran.

Sinnvoll ist also ein stimmiger, situationsangemessener Rekurs auf verschiedene Strategien, wenn es darum geht, Wertebildung in Lernprozessen direkt zu forcieren. Abgesehen von leichten Einschränkungen hinsichtlich der Wertvermittlungs- und der Werterhellungsstrategie, die nur in geringem Grad bedeutsam sind, bietet sich ein *dynamisch-integrativer* (vgl. Roebben 1995, 255f) *Umgang mit Wertvermittlung, -erhellung, -entwicklung, -kommunikation und -primärerfahrung* an. Dabei geht es nicht um ein vertikal-additives[276] Zueinander, das auf die verschiedenen Strategien entsprechend dem Altersfortschritt der Lernenden rekurriert. Vielmehr sollten die Lehrerinnen und Lehrer um die Vor- und Nachteile all dieser fünf Strategien wissen und sich in Abhängigkeit von Inhalten und Situation für eine passende entscheiden und diese ins Lerngeschehen *integrieren*. Eventuell erfordern es spezielle Konstellationen, zwischen mehreren Strategien *dynamisch* zu changieren. Zum Beispiel könnte ein wertentwickelndes Vorgehen auf der Basis einer Dilemmadiskussion über Stammzellenforschung den Ausgangpunkt für die Kommunikation über verschiedene Vorstellungen hinsichtlich des Wertes »Leben« bilden oder aber den Anstoß für ein Sozialpraktikum in einer Klinik bieten, in der Menschen mit Herzschäden – die eventuell durch Stammzelltherapien korrigierbar wären – behandelt werden. Die Wertprimärerfahrungsstrategie wiederum kann auch Wertentwicklungsprozesse vorbereiten, wenn sich ausgehend von besagtem Klinikpraktikum beispielsweise im Rahmen des unterrichtlichen Reflektierens Dilemmadiskussionen ergeben.

Wichtig bleibt letztlich, dass die Schülerinnen und Schüler weder genötigt werden, bestimmte Werte zu adaptieren, noch mit relativistischen Auffassun-

---

[276] Agnes Tellings und Klaus Zierer postulieren vier Grundbedingungen. Nur unter deren Berücksichtigung sei es möglich, verschiedene Wertebildungsstrategien zu integrieren: kompatible Grundlagen, gleiche Auffassung hinsichtlich entwicklungspsychologischer Erkenntnisse, gleiche inhärente Ethik, offene und tolerante Haltung Neuem gegenüber (vgl. Tellings/Zierer 2010, 122). Dieses Postulat ist zum einen sehr theoretisch und hinsichtlich schulischer Unterrichtsrealität nur wenig hilfreich. Zum anderen fixiert es durch die Fokussierung auf die gleiche Auffassung in entwicklungspsychologischer Hinsicht die Wertentwicklungsstrategie als unhintergehbare Leitlinie: Elementarbereich – Wertvermittlung; Primarbereich – Werterhellung bzw. -erklärung; Sekundarbereich – Wertkommunikation bzw. -diskussion (vgl. ebd., 123). Damit ist der vertikal-additive Integrationsversuch, den Tellings/Zierer vorlegen, zwar in sich stimmig, angesichts der verengenden Entwicklungsstufenzuordnung aber hinterfragbar und keinesfalls – was pädagogisches Handeln nicht selten erfordert – dynamisch.

gen – gerade hinsichtlich des Guten – zurückbleiben oder sich fernab aller praktischen Dimensionen lediglich kognitiv mit Werten auseinandersetzen müssen (vgl. Ziebertz 2013, 444). Diese Schieflagen kann ein dynamisch-integrativer Rekurs auf die verschiedenen Strategien direkter Wertebildung verhindern.

4.2.4 Lehrerinnen und Lehrer.
Ihr Einfluss in wertebildenden Zusammenhängen

Schule gewinnt durch ihre Schülerinnen und Schüler, aber auch maßgeblich durch ihre Lehrerinnen und Lehrer an Kontur. Abhängig davon, wie sie ihren pädagogischen Auftrag umsetzen oder wie groß ihr Engagement ist, werden Unterricht und Schulkultur und insbesondere die Lernenden geprägt. So sind fast alle Bereiche schulischen Handelns auch von den Lehrerinnen und Lehrern her zu betrachten. Schulpädagogische und didaktische Vergewisserungen hinsichtlich verschiedenster Lern- und Bildungszusammenhänge setzen dies meist als selbstverständlich voraus und thematisieren die Lehrenden größtenteils in zurückhaltender Weise. Dagegen belegen jüngste Forschungen von John Hattie nachdrücklich, dass Lehrpersonen dann »überdurchschnittliche Effekte auf die Schülerleistungen« bewirken, wenn sie unter anderem »hohe Erwartungen an alle Lehrenden stellen und positive Lehrer-Schüler-Beziehungen aufbauen«. (Hattie 2014, 151; Kursivs. rückg. – K.L.) Letztere leben von einem aufrichtigen Interesse der Lehrerinnen und Lehrer an ihren Lernenden sowie von einem wertschätzenden Feedback.

Bezüglich Fragen schulischer Wertebildung gilt es, Lehrerinnen und Lehrern unter einer doppelten Perspektive zu betrachten: Zum einen sind sie für eine möglichst erfolgreiche Befähigung der Lernenden verantwortlich, mit spezifischen Werte-Kontexten angemessen umgehen zu können. Zum anderen realisieren sie durch ihr (inter-)personales Agieren auf ihre eigene Weise Werthaltungen und werden diesbezüglich besonders wahrgenommen. Schülerinnen und Schüler richten ein großes Augenmerk auf die Person der Lehrenden: Welchen Umgangsstil und -ton legen sie an den Tag? Wie ernst nehmen sie ihr Gegenüber und damit ihren pädagogischen Auftrag? Wofür, für welche Ideen stehen sie? Inwieweit realisieren sie das von Schülerinnen und Schülern geforderte sittliche Verhalten selbst? Stimmt das, was sie als wichtige Werte im unterrichtlichen Zusammenhang inhaltlich vertreten, mit ihrem eigenen Handeln überein? Diese und weitere Fragen verweisen auf die Bedeutung der Lehrerinnen- und Lehrerpersönlichkeit hinsichtlich schulisch initiierter Wertebildungsgelegenheiten. Dabei wird von Lehrenden mehr Kohärenz zwischen ihrem persönlichem Auftreten auf der einen Seite und den thematisierten, wertehaltigen Inhalten sowie den Verhaltensanforderungen an die Lernenden auf der anderen Seite gefordert, als beispielsweise im Rahmen der Behandlung von weniger persönlichkeitsbezogenen Unterrichtsinhalten.

Was der eben konstatierte Befund konkret erfordert, wird im Folgenden überblicksartig dargelegt. Gerade in indirekt wertebildender Hinsicht ist die Rolle der Lehrerinnen und Lehrer nicht zu unterschätzen: Sie steuern das interpersonale Geschehen im Unterricht und im Schulgesamt aber auch die wertebildungsförderliche Ausrichtung von Lernarrangements in grundlegender Weise (vgl. 4.2.2).[277] Das Fundament bilden dabei zwar die im Rahmen von Schulgesetzgebung und jeweiligem Schulethos forcierten Werte und die daraus resultierenden Werthaltungen – die sowohl für Lernende als auch für Lehrende gelten. Zudem aber benötigen die Lehrerinnen und Lehrer *professionelles Wissen* und *pädagogisches Geschick*, wenn es darum geht, Wertebildungsprozesse der Schülerinnen und Schüler produktiv zu begleiten: Dem Anliegen einer Fundierung dieses »Wertebildung«-Professionswissens hat sich nicht zuletzt vorliegende Studie verschrieben. Dazu gehört neben der Sensibilität für unterschiedliche Kontexte indirekter schulischer Wertebildung auch das Wissen über Werte, über deren Bedeutung für Lernende (vgl. 2.1 mit 2.3),[278] über Sinn- und Begründungsoptionen von Werten (vgl. z. B. 3.3.2), eine fundierte Kenntnis von verschiedenen Strategien (vgl. 4.2.3) und Zielperspektiven (vgl. 4.3.2) direkter Wertebildung etc.

Auf interpersonaler Ebene müssen sich Lehrende ihrer *Modell*-Funktion klar sein. Ganz im Sinne von Albert Banduras Forschungen ist es möglich, dass Schülerinnen und Schüler das Verhalten ihrer Lehrerinnen und Lehrer beobachten und versuchen, bestimmte, ihre Aufmerksamkeit weckende Charakteristika hinsichtlich des eigenen Verhaltens zu integrieren (vgl. Bandura 1976, 28). D. h., nicht jedes Verhalten wird von den Lernenden einfach kopiert; vielmehr können daraus Anlässe entstehen, dieses zu kritisieren oder gar abzulehnen. In wertebildend-produktiver Hinsicht ist es daher vor allem wichtig, dass Lehrerinnen und Lehrer ihren *persönlichen sittlichen Standpunkt authentisch vertreten und auch leben.* Dies bedeutet, sie sollten von den als positiv thematisierten Werten überzeugt sein und ihre eigenen Werturteile im Diskurs nachvollziehbar begründen können. Denn: In wertebildend angelegten Lernprozessen »ist es für die Unterrichtenden nicht möglich, sich herauszuhalten und eine Beobachterperspektive einnehmen zu wollen. Unweigerlich

---

[277] Siegfried Uhl sieht in klassischen Merkmalen eines guten Lehrers auch zentrale Voraussetzungen für ein stimmiges Agieren in wertebildenden Situationen: »1. die Verbindung von Zuneigung und Festigkeit; 2. das Eintreten für den Standpunkt, den man für richtig hält; 3. das Bemühen, ein gutes Beispiel zu geben; und 4. das Übertragen von Aufgaben und die Ermutigung zum Handeln.« (Uhl 1998, 165)

[278] Carsten Gennerich, Ulrich Riegel und Hans-Georg Ziebertz verweisen auf die grundlegende Bedeutsamkeit einer Berücksichtigung der Werthaltungen von Schülerinnen und Schülern hinsichtlich der Konzeption von Religionsunterricht (vgl. Gennerich/Riegel/Ziebertz 2008, 184).
Britta Klose siedelt neben den Einstellungen Heranwachsender zu »Naturwissenschaft und Theologie« die Werthaltungen Jugendlicher als zentralen Aspekt der religionspädagogischen Wahrnehmungskompetenz von Religionslehrkräften an (vgl. Klose 2014, 60f).

kommen sie auch mit ihren Emotionen und Sichtweisen ins Spiel« (Mette 1996, 378; vgl. Middendorf 2008, 53). Dadurch wiederum stellen sie zwischen Lernenden und den thematisierten Werten »eine mehrdimensionale Beziehung« (Standop 2005, 84) her und eröffnen Möglichkeiten der orientierenden Auseinandersetzung, die aufgrund des personalen Gegenübers eindrücklicher als lediglich medial transportierte Meinungen sein können. Geht es darum, Schülerinnen und Schülern durch gelebte Werte Orientierungsoptionen anzubieten – z. B. hinsichtlich eines verantwortungsbewussten und toleranten Verhaltens –, ist der begründende Diskurs von großer Bedeutung, da Heranwachsende nachweislich kaum Verhaltensweisen von Erwachsenen nachahmen, wenn ihnen nicht die zugehörigen Begründungen plausibel erscheinen (vgl. Oser/Althof 2001b, 468). Durch diese Plausibilisierung aber können sich für Lernende lebenspraktische Relevanzen auftun; freilich unter Beachtung ihrer eigenen Entscheidungsfreiheit für oder wider das beobachtete und thematisierte Verhalten der Lehrerinnen und Lehrer im Sinne eines Modells.

Lehrerinnen und Lehrer sehen sich also aufgefordert, ihre eigenen, die unterrichtlich thematisierten und die von Seiten der Lernenden eingeforderten Wertmaßstäbe *handelnd zu erweisen*. Würden sie beispielsweise lediglich über Gerechtigkeit sprechen, aber nachweislich bestimmte Schülerinnen und Schüler bevorzugen, könnte das zu einem Glaubwürdigkeitsverlust führen – sowohl hinsichtlich der Realisierbarkeit dieses Wertes selbst als auch bezüglich ihrer eigenen Person. Grundsätzlich ist dabei wichtig, dass die Lehrenden »eine positive Beziehung zu den Lernenden« (Hattie 2014, 129) aufbauen und diese fördern. Eine wertschätzende Grundhaltung allen Schülerinnen und Schülern gegenüber stellt hierfür ein unverzichtbares Fundament dar (vgl. Naurath 2014a und 2013b) – unter anderem in Zusammenhängen, die gegenüber Lernenden *erzieherisch-disziplinarische Maßnahmen* verlangen. Letztere fordern Lehrerinnen und Lehrer in wertebildender Hinsicht besonders.[279] Hier wird auf ganz spezifische Weise werthaltiges Agieren deutlich, dessen Akzeptanz und Erfolg insbesondere davon lebt, dass den Lernenden das Vorgehen einsichtig begründet wird: Dabei kommen die internalisierten Werthaltungen der Lehrenden zu Tage, auf deren Basis verhandelt, kommuniziert und reagiert wird. Gerade in Situationen, die ein schnelles Eingreifen erfordern, bedarf es hoher Professionalität, um ein werte-nonkonformes Disziplinieren zu vermeiden, das wiederum Auswirkungen auf die persönliche Glaubwürdigkeit der Lehrerinnen und Lehrer haben könnte.

Vor allem müssen sie »drei wesentlich berufsethische Dimensionen miteinander koordinieren, nämlich ›Wahrhaftigkeit‹, ›Gerechtigkeit‹ und ›Fürsorge‹«

---

[279] Die Frage der Disziplin als Aspekt schulisch-wertehaltigen Agierens wird in vorliegender Studie nicht ausführlicher in den Blick genommen. Näher damit befasst sich unter anderem Ladenthin 2013, 67–76.

(Oser/Althof 2001b, 418), denn diese wertehaltigen Größen sind für Schülerinnen und Schüler besonders bedeutsam. Gleichwohl ist es nicht immer einfach, diesen Dimensionen und weiteren Anforderungen indirekter Wertebildung gleichzeitig gerecht zu werden. Hier ist die Fähigkeit des Umgangs mit konkurrierenden Werten gefragt; eine Fähigkeit, die vor allem im praktischen Tun und weniger in der Theorie angeeignet werden kann.[280] Zweifelsohne gehört es aber unter Berücksichtigung der berufsethischen Dimensionen in wertebildender Hinsicht zum Auftrag der Lehrenden, die Lernenden »mit Nachdruck zur Einhaltung einer Vorschrift [zu] bewegen, für die [sie] […] im Augenblick kein Verständnis« (Uhl 1998, 167) haben.

Will Schule einen Beitrag zur Wertebildung der Schülerinnen und Schüler leisten, ist dies letztlich nicht möglich, ohne dass sich die Lehrerinnen und Lehrer ihre eigene, diesbezügliche Bedeutung immer wieder bewusst machen. Die Aneignung eines entsprechenden Professionswissens durch die Lehrenden erscheint daher unverzichtbar, wenn sie ihre Schülerinnen und Schüler hinsichtlich deren individueller Wertebildung in gelingender Weise im (Religions-)Unterricht unterstützen wollen.

4.2.5 Religionspädagogische Perspektiven

Die schulkontextuellen Vermessungen haben wichtige Momente des Beziehungs- und Bedingungsgefüges »Werte und Schule« abgesteckt. Intention der dabei eröffneten Differenzierungen war es, zentrale Aspekte herauszustellen, die auch hinsichtlich religionspädagogischer Entfaltungen zu Wertebildung im Religionsunterricht beachtens- und berücksichtigenswert sind. Ganz in der durch die philosophische Diskussion (vgl. 3.1) vorgezeichneten Linie erweist sich die »Aufgabe Werte« als elementare Bildungsherausforderung (vgl. 2.3), die Schülerinnen und Schüler nicht beim Eintritt ins Schulgebäude an der Türe abgeben können. Sie sind die Subjekte ihrer Wertebildung und zur Bearbeitung dieser Aufgabe muss Schule Angebote bereithalten. Und sie kann es auch, denn – wie gezeigt werden konnte – beschränkt sich schulisches

---

[280] Fritz Oser und Wolfgang Althof identifizieren mehrere Typen, um verschiedene Optionen der Koordinierung der drei berufsethischen Dimensionen Wahrhaftigkeit, Gerechtigkeit und Fürsorge im Lehrerinnen- bzw. Lehrer-Handeln herauszustellen: Der *Vermeidungs*-Typ würde im Konfliktfall versuchen, sich möglichst herauszuhalten und keine Balance zwischen den drei Dimensionen anstreben. Der *Delegierungs*-Typ dagegen ist an der Balance interessiert, lässt diese aber durch andere Instanzen wie Schulleitung oder Eltern herstellen. Der *Alleinentscheidungs*-Typ wiederum löst ein Problem mit Autorität in eigener Regie. Der Typ des ›*unvollständigen Diskurses*‹ übernimmt Verantwortung, koordiniert die Wahrhaftigkeits-, Gerechtigkeits- und Fürsorge-Dimension und begründet seine Entscheidung. Der Typus ›*vollständiger Diskurs*‹ dagegen integriert alle Beteiligten in den Koordinierungsprozess und gibt insbesondere den Schülerinnen und Schülern die Möglichkeit, selbst Verantwortung zu übernehmen und damit Werthaltungen zu praktizieren (vgl. Oser/Althof 2001b, 418–421).

Interagieren nicht auf ein scheinbar wertneutrales, bloßes Vermitteln von Inhalten. Schulische Lern- und Bildungsprozesse basieren auf und leben von interpersonalen Beziehungen, die nie wertfrei sind. Sie müssen die Schülerinnen und Schüler befähigen, sich über ein Vermittlungswissen hinausgehend – bzw. auf diesem aufbauend – so genanntes Orientierungswissen anzueignen; ein Aspekt, der nicht zuletzt auch im Religionsunterricht ernst zu nehmen ist. Schule erweist sich somit als klassischer und zugleich unhintergehbarer Ort von Wertebildung. Die schulpädagogische Rede von Wertorientierung als grundsätzlichem Prinzip schulischen und unterrichtlichen Agierens macht darauf in prägnanter Weise aufmerksam.

Die in vorliegender Studie bisher erarbeitete, eher allgemein gehaltene Theorie von Wertebildung wird daher in der schematischen Darstellung um einen inneren Rahmen erweitert (vgl. Abbildung 8): Dieser soll auf die schulkontextuellen Aspekte aufmerksam machen. Die Innenlage des *Rahmens* *»Schule«* signalisiert, dass auch die darin angesiedelten Perspektiven im Horizont der postmodernen, pluralen Gesellschaft zu denken sind, die nicht zuletzt semi-reale Lernanlässe für schulische Wertebildung bietet.

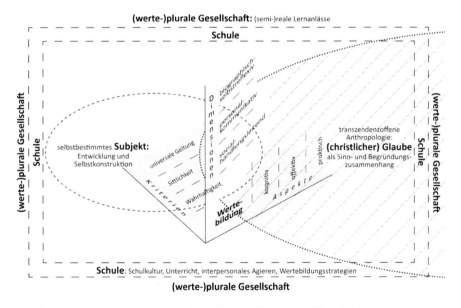

Abb. 8: Schema einer schulkontextuell erweiterten Theorie von Wertebildung

Aus der Vermessung der schulischen Kontexte ergibt sich ein weiterer, unter religionspädagogischen Vorzeichen zu berücksichtigender Punkt: Dass insbesondere Politik und Gesellschaft schulische Wertebildung fokussieren, kann zum einen als bestätigende Unterstützung damit verknüpfter Anstrengungen betrachtet werden. Für Unterricht – und insbesondere für den Religionsunterricht – bedeutet das aber zum anderen, sich angesichts der zunehmend von außen an das schulische Aktionsfeld herangetragenen Forderungen nach einer Intensivierung von »Wertevermittlung« nicht vorschnell vereinnahmen zu lassen. Insbesondere die Orientierung an den demokratisch garantierten Freiheiten des Subjekts – die die Lernenden vor problematischer Wertindoktrination schützen – unterstützt gegen jedwede Vereinnahmungstendenzen die Konstruktion einer wertebildenden Idee, die den Schülerinnen und Schülern auf der Basis vernunftgemäßer Prüfung die Entscheidungsfreiheit zugesteht, vorgegebene Werte abzulehnen, zu denen sie aus guten Gründen eventuell keine Zustimmung geben können. An dieser Stelle tun sich auch Anknüpfungsmöglichkeiten für einen Religionsunterricht auf, dessen inhaltliches Proprium – die biblisch-christliche Botschaft – nicht selten zu ideologiekritischer Selbstvergewisserung anstößt.

Im Vergleich mit anderen Orten von Wertebildung birgt insbesondere das Grundmoment der Reflexion, das schulisches Lernen prägt, eine besondere Option: Schule kann eigene, alternative Räume eröffnen, in denen die Subjekte über Werte und deren Bedeutung nachdenken dürfen und in denen Schülerinnen und Schülern neue, bisher unbekannte wertehaltige Erfahrungszusammenhänge kognitiv-reflexiv oder gar praktisch-reflexiv zugänglich werden.[281] Zu unterscheiden sind hier die Realisierungskontexte *Schulkultur* und *Fachunterricht*. Religionsunterricht zeichnet sich dabei als Unterrichtsfach aus, das von seinen Inhalten her explizit Wertebildungsmomente eröffnet – sowohl dadurch, dass Fragestellungen bezüglich eines guten Lebens genuine Aspekte des christlichen Glaubens darstellen, als auch aus der sich daraus ableitenden Aufgabe, die Schülerinnen und Schüler in ihrer sittlichen Urteilsbildung zu unterstützen. Gleichwohl stellt der Religionsunterricht in letzterer Hinsicht keine Insel in einem Meer aus wertneutralen »Schul-Gewässern« dar. Vielmehr sensibilisiert gerade der Bereich der Schulkultur dafür, dass sich Wertebildung in vielfältiger Weise außerhalb unterrichtlicher Anstrengungen ereignet, die wiederum jedes Unterrichtfach – und damit auch den Religionsunterricht – tangieren.

Dabei stellt das *interpersonale Agieren* einen elementaren Bereich dar, der in seiner wertebildenden Dimension nicht zu unterschätzen ist und daher in vorliegende Wertebildungstheorie explizit aufgenommen wird. Damit Schule als gesellschaftliche Sozialisationsinstanz auch nachhaltig zur Geltung kommen kann, sind Vertrauen, Zuwendung, aber auch gegenseitiges Achten der Würde der bzw. des Anderen grundlegende Voraussetzungen für die Gestal-

---

[281] Die in vorliegender Wertebildungstheorie bereits integrierten Aspekte – kognitiv, affektiv, praktisch – erweisen sich auch in schulkontextueller Hinsicht als unaufgebbar. Hier hat das bisher erarbeitete Schema weiterhin Gültigkeit.

tung des schulischen Beziehungsgeschehens. Einmal mehr scheinen an diesen ausgewählten Momenten zwischenmenschlichen Agierens wertebildende Momente auf, die sich auch hinsichtlich der Einbettung des Religionsunterrichts im Schulganzen wichtig erweisen und zugleich für die Gestaltung der Lehr-/Lernarrangements bedeutsam sind. Letztere müssen neben einer profunden Wissensbasierung auch Gelegenheiten eröffnen, dass sich die Schülerinnen und Schüler mit Werten bzw. den Wertedimensionen der thematisierten Inhalte kommunikativ-diskursiv sowie selbstaktiv und -bestimmt auseinandersetzen dürfen. Abseits eines Notendrucks gilt es, den Lernenden Zeiten und Räume für die Erarbeitung neuer, reiferer Positionen zu bieten – auch und besonders angesichts von begangenen Fehlern.

Insofern Religionsunterricht ein Unterrichtsfach darstellt, das bereits aufgrund seiner inhaltlichen Ausrichtung einen Beitrag zur Wertebildung der Schülerinnen und Schüler leisten kann und will, müssen Religionslehrerinnen und -lehrer, um die Vor- und Nachteile entsprechender Strategien wissen, wie wertebildende Lernprozesse angelegt und ausgerichtet werden können. Die Beschäftigung mit diesen – auch für andere Wertebildungszusammenhänge bedeutsamen – Strategien sensibilisiert dafür, dass es die *eine* richtige Vorgehensweise *nicht* gibt. Wichtig ist ein *dynamisch-integrativer* Umgang damit, der je nach Lernerfordernis und -situation auf eine geeignete Strategie zurückgreift – immer im Wissen darum, dass es die Subjekte selbst sind, die ihre Werte bilden. Egal, ob die jeweilige Strategie bereits integrierte Werte erhellt, zu Weiterentwicklung vorhandener Wertegerüste motiviert, durch Perspektivenwechsel zu gelingender Kommunikation über Werte oder mittels praktischer Erfahrungen zu Wertebildung anleitet. Dazu aber benötigen die Schülerinnen und Schüler Unterstützung, die auch im Rahmen des Religionsunterrichts geboten werden kann. Vor allem das praktische Moment erweist sich in schulischen Zusammenhängen als unterbelichtet: Daher bringt vorliegende Studie die Strategie »Wertprimärerfahrung« in den Diskurs ein; eine Strategie, der an der Ermöglichung praktischer Wertebildungskontexte im (religions-) unterrichtlichen Setting gelegen ist, die jedoch nicht ohne Reflexion auskommt. Um die *Bedeutung der verschiedenen Strategien* und des dynamisch-integrativen Umgangs damit zu dokumentieren, wird bei der Erweiterung der bis dato in vorliegender Studie erarbeiteten Wertebildungstheorie dieser Aspekt in der schematischen Darstellung in den *Innenrahmen* aufgenommen.

Insgesamt zeigen die schulkontextuellen Vermessungen, dass den Lehrerinnen und Lehrern hinsichtlich der Wertebildung der Schülerinnen und Schüler eine große Verantwortung zukommt: Sie müssen nicht nur Lernarrangement-Strategien kennen oder Inhalte qualitativ anspruchsvoll zur Geltung bringen können. Vielmehr müssen sie sich bewusst sein, dass ihr eigenes Verhalten und ihr persönliches Wertegerüst nachhaltig hinsichtlich der Wertebildung der Lernenden wirken. Beide Aspekte stellen in wertebildenden

Zusammenhängen nicht selten einen Indikator dar, an dem Schülerinnen und Schüler auszumachen versuchen, ob das, was Lehrende »über Werte lehren«, auch Lebensrelevanz besitzt, insofern es im Interagieren und Handeln eingelöst wird. Der Bedeutung eines derartigen Authentizitätserweises sollten sich nicht zuletzt – oder sogar besonders – Religionslehrerinnen und -lehrer im Interesse an einer gelingenden Wertebildung ihrer Lernenden bewusst sein.

4.3 Werte und Religionsunterricht. Religionspädagogische Wegmarken

Wertebildung stellt ein wichtiges Feld religionspädagogischer Forschung dar. Zwei vornehmliche Tendenzen lassen sich dabei gegenwärtig ausmachen (vgl. auch Lindner 2012b): Werte werden zum einen im Rahmen der Erhebung und Darlegung empirisch-religionssoziologischer Befunde bezüglich gegenwärtig konstatierbarer Wertegerüste – meist bei Heranwachsenden – thematisiert (vgl. 2.2.1). Zum anderen widmet sich die Religionspädagogik der Frage danach, wie ein theologisch verantworteter Beitrag zur Wertebildung in verschiedenen Handlungsfeldern religiöser Bildung geleistet werden kann. Unter vielfältigen Begrifflichkeiten – z. B. religiös-sittliche Erziehung, Moralerziehung, ethisches Lernen, Wertvermittlung – wurden in den letzten Jahrzehnten verschiedene Perspektiven auf dieses Forschungsfeld in unterschiedlichen Nuancierungen herausgearbeitet; insbesondere hinsichtlich des schulischen Religionsunterrichts.

Abgesehen von einer historisch-terminologischen Einordnung dieses Forschungszusammenhangs (vgl. 4.3.1) und einer Systematisierung der – innerhalb der vorhandenen pluralen Terminologie – mit wertebildenden Kontexten verbundenen religionsdidaktischen Zielperspektiven (vgl. 4.3.2) erscheint es im Folgenden ebenfalls bedeutsam, zwei elementare Fragen eingehender zu klären: Wie kann das entscheidende Proprium von Wertebildung im Religionsunterricht charakterisiert werden (vgl. 4.3.3)? Und: Inwiefern kann religiöse Bildung mit Wertebildung gleichgesetzt werden, worin aber unterscheiden sich diese Aspekte (vgl. 4.3.4)?

Diesen Fragen widmen sich die folgenden Darlegungen im Interesse daran, Wegmarken im Dickicht der vielstimmig vorliegenden religionspädagogischen Reflexionen zum Forschungszusammenhang »Wertebildung« auszuweisen. Dabei wird – dem Anliegen vorliegender Studie entsprechend – der Referenzraum auf Ausführungen zum Religionsunterricht als religionspädagogisches Handlungsfeld begrenzt, wiewohl Wertebildung auch im Rahmen von kirchlicher Jugendarbeit oder Erwachsenenbildung (vgl. unter anderem Bergold 2005) bedeutsam, jedoch von anderen Rahmenbedingungen her geprägt ist. Letztlich gilt es im Folgenden, zentrale Aspekte von Wertebildung im Religionsunterricht zu konturieren und diese sodann hinsichtlich des damit verbundenen produktiven Potentials mit der bisher herausgearbeiteten Wertebildungstheorie zu verknüpfen und eine religionsdidaktische Zuspitzung dieser Theorie (vgl. 4.3.5) vorzunehmen.

4.3.1 Von religiös-sittlicher Unterweisung bis Wertebildung. Historische und terminologische Entwicklungen

Dass Gläubige als Angehörige einer Religionsgemeinschaft ihr Wertegerüst ausgehend von ihrer Religion und dem damit gesetzten Gottes- und Menschenbild begründen können, ist bereits oben (vgl. 3.3.2) belegt worden. Schon früheste religionsgeschichtliche Befunde lassen darauf schließen, dass Fragen nach Werthaltungen eng mit Religion verknüpft werden: Werte und daraus resultierendes sittliches Verhalten korrespondieren dabei mit dem religiösen Selbstverständnis, das aus der Bindung an ein Transzendentes abgeleitet wird (vgl. Bürkle 2006, 900). So ist es nicht verwunderlich, dass auch im Rahmen religionspädagogischer Verortungen die wertebildende Dimension zur Geltung kommt. Insbesondere aus der Geschichte des Religionsunterrichts der letzten hundert Jahre lässt sich ablesen, inwiefern dieser Dimension Bedeutsamkeit zugemessen wurde und wird. Im Folgenden wird dieser Spur ausschnitthaft nachgegangen.[282] Da sich im historischen Verlauf zugleich ein terminologischer Wandel hinsichtlich der Titulierung wertebildender Kontexte nachweisen lässt, nehmen die Darlegungen zugleich die verschiedenen verwendeten Begrifflichkeiten in den Blick und unterziehen diese einer Differenzierung.

In den 1920er Jahren sieht beispielsweise Joseph Göttler (1874–1935) die zentrale Aufgabe der noch jungen Religionspädagogik in der religiös-sittlichen Unterweisung,[283] wobei er darin eine unentbehrliche Grundlage für die Realisierung des Reiches Gottes und nicht zuletzt einen wesentlichen Beitrag zu

---

[282] Lediglich Friedrich Schweitzer bietet einen knappen Überblick »ZUR GESCHICHTE DER WERTE- UND NORMENERZIEHUNG AN SCHULEN« (vgl. Schweitzer 2009), jedoch nicht fokussiert auf den Religionsunterricht. Für den Zeitraum zwischen 2005 und 2015 bietet Monika E. Fuchs einen Überblick zu erschienenen religionsdidaktischen Publikationen (vgl. Fuchs 2015).

[283] Owen Chadwick gibt einen Hinweise darauf, dass diese Ansicht schon seit langem geteilt wurde: Zu Beginn des 19. Jahrhunderts »nearly everyone was persuaded that religion and morality were inseparable; so inseparable that moral education must be religious education« (Chadwick 1975, 229).

Aus philosophischer, psychologischer und pädagogischer Perspektive blickt in den im ersten Drittel des 20. Jahrhunderts insbesondere Friedrich Wilhelm Foerster auf das Potential von Religion für die *Charakterbildung*. Er sieht im bloßen Rekurs auf wissenschaftliche Erkenntnisse zur Gewinnung einer Ethik »eine rationalistische Illusion« (Foerster 1925, 81), insofern er gerade hinsichtlich ethischer Lebensfragen diagnostiziert »wie wenig Brauchbares und Kraftspendendes aus der ganzen Literatur der religionslosen Ethik und Moralpädagogik zu gewinnen ist und wie wenig man anderen geben kann, solange man aus dieser Quelle schöpft« (ebd., 82). Der Religion – so Foerster – komme angesichts dieses Defizits eine zentrale Rolle zu.

einer gelingenden Staatserziehung erkennt. Er setzt religiöse Erziehung mit *religiös-sittlicher Erziehung* gleich, unter anderem weil er in der Kirche, die die religiöse Unterweisung verantwortet, die »gottgesetzte und gottgeleitete Bewahrerin der religiösen und sittlichen Wahrheiten und Formen der Betätigung« (Göttler 1923, 3; vgl. ebd., 42) ausmacht und weil das eschatologische Heil des Menschen von seinem sittlichen Verhalten abhängt. Im Zentrum der Überlegungen Göttlers steht die Sittlichkeit, also das gute Agieren des Individuums, welche um der »Liebe zu Christus und seiner Sache, seiner Kirche und deren Bestand im eigenen Volk« (ebd.) Willen pädagogisch zu fördern sei. In diesem Zusammenhang wird jedoch noch nicht der Werte-Begriff religionsdidaktisch gewendet; die auf Sittlichkeitsaspekte rekurrierende semantische Ladung dieses Terminus ist auf philosophischer Seite erst parallel im Entstehen (vgl. 3.1.3). Zudem liegt das pädagogische Achtergewicht auf dem Aspekt »Erziehung« – zeittypisch wird darin die von außen gesteuerte und kontrollierte »Einübung in Pflichten und Tugenden« gesehen, notfalls sogar mit »Erziehungsmittel[n] wie Mahnung, Drohung und Warnung, Lohn und Strafe und sogar körperliche[r] Züchtigung« (Langer 1995, 310; vgl. Göttler 1923, 45). Die in der Freiheit des Subjekts angesiedelte, bereits im Gefolge der Aufklärung formulierte Bildungsidee ist dabei unterrepräsentiert: D. h., es geht religionspädagogischem Agieren darum, die Schülerinnen und Schüler hinsichtlich vorgegebener Sittlichkeitsideale – und damit in gewisser Weise hinsichtlich normierender Vorgaben – zu prägen.

Erst nach dem Zweiten Weltkrieg lässt sich eine Perspektivenverschiebung feststellen: Über das Rezipieren von Normen hinausgehend sollen im Rahmen religiös-sittlicher Erziehung »Kinder und Jugendliche an Beispielen aus ihrer eigenen Lebenswelt tatsächlich moralisch urteils- und entscheidungsfähig« gemacht werden; den religionspädagogischen Referenzrahmen bildet dabei die »Gottesliebe als Zentralmotiv des Lebens und Handelns aus dem Glauben«. (Langer 1995, 311; vgl. z. B. Jungmann 1953, 187–192) Auch der Bibelunterricht – damals neben der Katechese zweiter Hauptbestandteil des katholischen Religionsunterrichts – ist bis in die 1960er Jahre hinein *moralisierend* aufgeladen: entweder normativ belehrend im Rekurs auf den Dekalog und das jesuanische Doppelgebot der Gottes- und Nächstenliebe oder als Lernen am positiven wie negativen Vorbild biblischer Gestalten. Die einzelnen Gebote des Dekalogs beispielsweise werden dabei in religionspädagogischen Zusammenhängen hinsichtlich einer Sittenlehre ausgerichtet, »gar nicht mehr aus ihrem ursprünglichen atl. Sinngehalt verstanden, sondern mit vielen ›naturrechtlichen‹ Normen aufgefüllt und für den christlichen Gebrauch bzw. für die kindliche Lebenswelt umgedeutet« (Langer 1995, 311).

Im Gefolge der Diskussionen um die Gestalt des Religionsunterrichts in den 1960/70er Jahren kommt die *wertebildende Dimension religiöser Bildung in ihrer Eigenständigkeit* verstärkt zum Tragen, wenn auch noch unter anderen Begrifflichkeiten.[284] Das »Karussell der Konzeptionen« (Erich Feifel) bringt mit dem so genannten »Problemorientierten Religionsunterricht« ein Konzept hervor, das als Reaktion auf einen Religionsunterricht, der zum einen katechetisch-kerygmatisch aufgeladen und zum anderen auf eine existenzielle Auslegung der Bibel fokussiert war, schwerpunktmäßig in den Jahren 1968 bis 1975 diskutiert worden ist und die Lernenden sowie deren Probleme zum Gegenstand bzw. unhintergehbaren Kontext des Unterrichts erhoben hat (vgl. Hilger/Kropač/Leimgruber 2013, 51–53). Die biblisch-christliche Botschaft und kirchliche Lehre stellen für diese, insbesondere von Hans-Bernhard Kaufmann und Karl Ernst Nipkow forcierte Idee von Religionsunterricht ein Antwortreservoir dar, um Probleme im Horizont des christlichen Glaubens zu beleuchten und Handlungsoptionen aufzutun. Albert Biesinger hat unter dem Eindruck des so genannten Kontextmodells der problemorientierten Konzeption und im Rekurs auf die zeitlich parallel von Alfons Auer entfaltete Idee einer »autonomen Moral« religionsdidaktische Überlegungen vorgelegt, indem er fachdidaktische Strukturgitter der *Moralerziehung* im Religionsunterricht entwickelt (vgl. Biesinger 1979, 214–224). Er fordert, moraltheologische Themen im Austausch mit den Problemen und der tatsächlichen Wirklichkeit der Lernenden zur Geltung zu bringen. Christliche Botschaft und kirchliche Lehre sollen so in ihrer kritischen Perspektive und somit als »initiierende und kreative Kraft für sittliches Handeln« (ebd., 184) wahrnehmbar werden. Biesinger bedient dabei die Termini »Moralerziehung« und »*ethisches Lernen*«. Obgleich er noch nicht auf den Bildungsbegriff rekurriert, verfolgt seine Moralerziehungs-Idee Zielperspektiven, die das Subjekt in seiner Eigenständigkeit würdigen. Es geht ihm darum, die Schülerinnen und Schüler zu autonom sittlichem Handeln zu befähigen: »Durch den christlichen Sinnhorizont [sollen sich die Lernenden] motiviert [sehen und] selbständig lernen, sich [...] über das eigene Vorverständnis des Sittlichen Rechenschaft abzulegen, sich sittlich zu entscheiden und [...] in wachsendem Maße selbstverantwortlich sittlich zu handeln.« (Ebd., 266) Von Werten spricht Biesinger nicht, insofern er – ganz in der bisherigen religionspädagogischen Tradition stehend – vornehmlich den Sittlichkeitsaspekt in den Blick nimmt. Im Gegensatz zu vielen anderen Publikationen, die sich zu dieser Zeit dem ethischen Lernen widmen, berücksichtigt er dabei neben der kognitiven auch die für eine sittliche Erziehung unerlässliche praktische Dimension.

Albert Biesingers monographische Betrachtung des ethischen – und damit auch wertebildenden, wenngleich nicht so titulierten – Kontextes steht

---

[284] Vgl. neben den im Folgenden tangierten Publikationen unter anderem Lachmann 1980: »ETHISCHE KRITERIEN IM RELIGIONSUNTERRICHT«; Stachel/Mieth 1978: »ETHISCH HANDELN LERNEN«. Adolf Exeler bedient als einer der ersten Religionspädagogen in einer Monographie den Zusammenhang Werte: »JUNGEN MENSCHEN LEBEN HELFEN. DIE ALTEN UND DIE NEUEN WERTE« (Exeler 1984).

exemplarisch für die mit den 1970er Jahren einhergehende Etablierung dieses religionspädagogischen Forschungszusammenhangs in seiner Eigenständigkeit. Nicht zuletzt von Seiten der Gesellschaft, die sich im Gefolge der 1968er Jahre in einem Wertediskurs befindet, ergehen verstärkt Forderungen an den Religionsunterricht, einen Beitrag zur moralischen Erziehung zu leisten. Karl Ernst Nipkow nimmt evangelischerseits diesen Faden kritisch auf und profiliert das Proprium des Religionsunterrichts darin, dass im Rahmen von *Moralerziehung* als Teil dieses Unterrichtsfaches der Horizont »konkreter Erfahrungen aus dem Überlieferungs- und Lebensraum der christlichen Kirche und ihrer Botschaft« (Nipkow 1981, 182) eingebracht wird. Dabei rekurriert er zwar auch auf den *Werte-Begriff* – insbesondere wenn er auf gesellschaftliche Wertedebatten oder auf das Verfahren der Werteklärung eingeht – erhebt diesen jedoch *noch nicht zu einem leitenden religionsdidaktischen Terminus*. Bewusst grenzt er sich von einem Werteerziehungskonzept ab, insofern er darin die Gefahr sieht, dass die Idee »einer Erziehung zu ›Werten‹ oder ›Normen‹ [...] dazu verführe[], das Gute als einen die Wirklichkeit überspannenden Wertehimmel oder unserem Leben gegenübertretenden Normenhorizont vorzustellen« (ebd., 22); die Scheler'sche Idee von a priori existenten Werten (vgl. 3.1.3) scheint ihm hier noch als Abgrenzungsreferenz zu dienen. Mit seiner Auffassung von Moralerziehung aber kommt Nipkow dem Bildungsgedanken sehr nahe, da er zwar auf Vorgaben und Vorbild-Wirkung setzt, insbesondere aber immer wieder auf die Gewährung von Freiheit und die damit einhergehende, im lernenden Subjekt verankerte Realisierungsleistung verweist: »Das Geheimnis ethischer Erziehung ist dieser Zirkel von Erfahrung, Vertrauen und freier Einsicht.« (Nipkow 1981, 26; Kursivs. rückg. – K. L.)[285]

Ab den 1980er Jahren ist der wertebildende Zusammenhang als elementare Dimension von Religionsunterricht gesetzt.[286] Gleichwohl changieren die religionsdidaktischen Forschungsansätze bis in die Gegenwart hinein zwischen verschiedenen Begrifflichkeiten – z. B. Moralerziehung, Werterziehung,

---

[285] Gerade auch in der gelebten Moral und dem Wissen, dass die Sinnfrage mit moralischen Fragestellungen einhergeht, sieht Karl Ernst Nipkow drängende Herausforderungen (vgl. Nipkow 1981, 114) – für Schule im Allgemeinen und den Religionsunterricht im Speziellen. Einen umfassenden Blick auf »MORALPÄDAGOGIK IM PLURALISMUS« bietet Nipkow in seinem gleichnamigen ersten Band des Doppelwerkes »BILDUNG IN EINER PLURALEN WELT« (vgl. Nipkow 1998).

[286] Gottfried Adam und Friedrich Schweitzer beobachten: »In der Phase der Neuorientierung nach 1968 haben der evangelische und katholische Religionsunterricht sich in dezidierter Weise den ethischen Themen zugewandt. Die ethischen Lernprozesse sind dabei zunächst vor allem argumentativ, diskursiv und reflexiv angelegt worden. Es wurde aber bald gefragt, ob handlungsrelevante Orientierungen, Einstellungen, Haltungen und Motivation allein oder auch nur überwiegend durch kognitive Denkprozesse entstehen und/oder verändert werden. So kam es zur Kritik an einem moralpädagogischen Intellektualismus und zur Entwicklung eines ›ganzheitlichen Konzeptes ethischen Lernens‹.« (Adam/Schweitzer 1996b, 32)

moralisches Lernen, ethisches Lernen –, die zum Teil vermengt verwendet und nur bedingt präzisiert werden. Insbesondere folgende beiden Beobachtungen hinsichtlich der letzten drei Jahrzehnte erweisen sich als bedeutsam:

– Zunehmend kommt der *Werte-Begriff* in das Blickfeld. Dies liegt zum einen daran, dass der öffentliche Wertediskurs verstärkt geführt und angesichts des oftmals als »Verfall« gedeuteten Wertewandels gerade das schulische – und hier verstärkt das religionsunterrichtliche – Handlungsfeld in die Pflicht genommen wird: In diesem institutionalisierten Kontext sollen – so die Meinung gesellschaftlicher und politischer Interessensgruppen – Heranwachsende zu bestimmten Werten erzogen werden. Auf diese Erwartungshaltung reagiert unter anderem die Religionsdidaktik.[287] Nicht zuletzt die entsprechenden Forschungen der allgemeindidaktischen (z. B. Wolfgang Klafkis epochaltypische Schlüsselprobleme, die in mehrerlei Hinsicht Wertfragen tangieren), der allgemeinpädagogischen und der psychologischen Disziplinen bieten in dieser Hinsicht hilfreiche Anknüpfungspunkte, mit dem Erfordernis »Werte« umzugehen. Zum anderen ist zu konstatieren, dass der Werte-Begriff auch deswegen religionsdidaktisch vorbehaltloser rezipiert wird, weil er in der theologisch-ethischen Reflexion immer mehr seinen Platz findet (vgl. 2.3.1).[288]

– Obgleich der Werte-Begriff verstärkt bedient wird, kristallisiert sich als Alternative zu Begrifflichkeiten wie »Moralerziehung« oder »religiös-sittliche Erziehung« ein anderer Terminus als religionsdidaktisch forschungsleitend heraus, der bis in die Gegenwart verwendet wird: *ethisches Lernen* bzw. *ethische Erziehung*.[289] Dass sich diese Formulierungen durchsetzen, liegt an der Nähe zur Referenzwissenschaft Ethik, »die als Reflexionsform bloß gelebter *Moral* oder *Sittlichkeit* immer schon auf das eigene Urteilen« (Adam/Schweitzer 1996b, 19) zielt, und an den daraus abgelei-

---

[287] Vgl. unter anderem die von Reinhold Mokrosch, einem Nestor der religionsdidaktischen Konturierung des Werte-Begriffs, herausgegebene Publikation eines Symposions aus dem Jahr 1987 »Christliche Werterziehung angesichts des Wertwandels«. In seinem eigenen Beitrag verweist Mokrosch darauf, dass es vornehmlich gelte, die Lernenden zu befähigen, eigene Werterfahrungen und christliche Wertkontexte zu reflektieren. Zugleich jedoch ist seinem damaligen Ansatz zum Teil noch die Idee eigen, Schülerinnen und Schülern könnten bestimmte Werte so vermittelt werden, dass sie diese auch für ihr eigenes Agieren übernehmen (vgl. Mokrosch 1987b, 183–190).

[288] Auch Schweitzer/Ruopp/Wagensommer konstatieren, dass in »der älteren theologischen und religionspädagogischen Diskussion [...] zum Teil weitreichende Vorbehalte schon gegen den Begriff ›Werte‹ geltend gemacht« (Schweitzer/Ruopp/Wagensommer 2012b, 7) wurden.

[289] Auf katholisch-religionspädagogischer Seite wird dieser Terminus unter anderem auf der Jahrestagung der Arbeitsgemeinschaft Katholischer Katechetik-Dozenten (AKK) im Jahr 1976 diskutiert (vgl. die 1977 veröffentlichte Tagungsdokumentation in KatBl 102). Hans Grewel bietet 1990 einen Einblick in die Forschungsdiskussionen um ethische Erziehung im Religionsunterricht (vgl. Grewel 1990, 37–42).

teten auf Reflexion bezogenen und urteilsbildenden Intentionen, die sich ebenso hinsichtlich des Religionsunterrichts als realisierenswerte Zielsetzungen erweisen. Ethischem Lernen – und auch dem synonym verwendeten ethischen Erziehen, wenngleich der Begriff »Erziehung« mehr Lenkung suggeriert – geht es primär um die *Reflexions-Komponente* in Auseinandersetzung mit werthaltigen Aspekten menschlichen Denkens und Verhaltens, nicht um »gesellschaftliche Anpassung oder gar Abrichtung« (ebd.). Der christliche Glaube wird dabei als eine Option unter mehreren betrachtet, die Orientierung bietet.[290] Wenn religionsdidaktische Darlegungen ethisches Lernen thematisieren, kommen sie gegenwärtig kaum ohne den Begriff »Werte« aus, insofern sie oftmals Wertorientierungen der Lernenden zum Ausgangspunkt nehmen und zudem darauf verweisen, wie mit den unterschiedlichen Werthaltungen in Lernzusammenhängen umgegangen werden kann.[291]

---

[290] Hans-Georg Ziebertz, der mit seinem Lehrbuch-Artikel »ETHISCHES LERNEN« diesen Begriff für die katholische Religionsdidaktik prägt, formuliert als Ziel ethischen Lernens »die Fähigkeit, praktische Wertdiskurse zu führen und ein Urteilsvermögen zu entwickeln, das zu verantworteten Entscheidungen befähigt [...]. Christen urteilen in ethischer Hinsicht (wie andere auch) unter Zuhilfenahme ihrer Vernunft, aber sie tun dies im Horizont der biblisch-christlichen Überlieferung. [...] Schülerinnen und Schüler sollen ihre ethische Urteilskompetenz entwickeln und Wertentscheidungen im Licht der christlichen Botschaft begründen lernen.« (Ziebertz 2013, 434)
   Rudolf Englert differenziert zwischen moralischer Erziehung und ethischem Lernen als zwei Bereichen der ethischen Dimension religiöser Bildung: »Bei *moralischer Erziehung* geht es wesentlich um die Vermittlung materialer Werte und Tugenden sowie um die Einübung in bestimmte Einstellungen und Haltungen« (Englert 2008b, 817); diesen Bereich ordnet er insbesondere der Familie zu. »Bei *ethischem Lernen* hingegen geht es vor allem um die Ausbildung ethischer Urteilsfähigkeit.« (Ebd.) Diese Aufgabe komme verstärkt der Schule zu; im Religionsunterricht werden dabei »religiöse Überzeugungen« tangiert, die »ein erhebliches ethisches Inspirations- und Motivationspotential« darstellen. (Ebd.) Englerts Differenzierung verweist auf zwei verschiedene Aspekte wertebildender Lernprozesse: das Praktizieren und das Reflektieren. Inwiefern die dafür gewählte begriffliche und lernortspezifizierende Differenzierung Trennschärfe herbeiführt bleibt anzufragen, da es in dieser Hinsicht wohl eher weniger Trennschärfe als viel mehr Überschneidungen gibt.
   Eine theologisch-ethische Verortung dieses Aspekts bietet Stefan Meyer-Ahlen in seiner 2010 erschienenen Monographie »ETHISCHES LERNEN«: »Es geht [...] nicht um ein Lernen auf ethische Weise, sondern um das Lernen des Ethischen selbst. Eine besondere anthropologische Kompetenz steht im Mittelpunkt: das sittliche Urteilen. Gemeint ist der [...] Erwerb von sittlichen Orientierungspunkten und Handlungsmaßstäben für das eigene Leben.« (Meyer-Ahlen 2010, 28)
[291] Die verschiedenen Beiträge zu »ethischem Lernen« operieren interessanterweise meist mit Lern-Strategien, die mit Komposita bezeichnet werden, die den Terminus »Wert« aufgreifen: Wertvermittlung/Wertübertragung, Werterhellung, Wertentwicklung, Wertkommunikation (vgl. unter anderem Kropač 2013a, 336–337; Ziebertz 2013, 439–445; vgl. 4.2.3). Auf diese Strategien wird auch unter anderen Begrifflichkeiten zugegriffen: Bert Roebben fokussiert diese unter dem Label »moralische Bildung« (vgl. Roebben 2011, 22–29); Joachim Ruopp und Georg Wagensommer wiederum unter dem kongruenteren Terminus »Wertebildung« (vgl. Ruopp/Wagensommer 2012b, 160–174).

In jüngster Zeit setzt sich im Zuge der allgemeinen Konjunktur des Bildungsbegriffs verstärkt »*Wertebildung*« als Referenzterminus religionsdidaktischer Überlegungen durch.[292] Unter anderem an den Forschungen von Reinhold Mokrosch und Friedrich Schweitzer lässt sich dies stichhaltig belegen. Während beispielsweise Mokrosch über viele Jahre hinweg den Terminus »Werterziehung« verwendet (vgl. unter anderem Mokrosch 1987a; Mokrosch 2004; Mokrosch 2009) und darunter keinesfalls »eine Vermittlung vorgegebener Werte, sondern Hilfe zu verantwortlicher Wertung« (Mokrosch 2009, 35) versteht, stellt er jüngst seine Forschungen mit dem Begriff »Werte-Bildung« vor (vgl. Mokrosch 2011; Mokrosch 2013). Seine religionsdidaktische Perspektive insgesamt ändert sich dadurch kaum.[293] Auch Friedrich Schweitzer, der sich seit vielen Jahren der wertebildenden Dimension religiöser Lernprozesse widmet, rekurriert neuerdings auf den Terminus »Wertebildung«, nachdem er zuvor vornehmlich von ethischem Lernen, von Moral- oder von Werterziehung gesprochen hat (vgl. unter anderem Schweitzer 1995; Schweitzer 2000; Schweitzer 2006a; Schweitzer 2008). Mit seinem Verweis auf die Notwendigkeit einer »religiös begründete[n] Form der Wertebildung« (Schweitzer 2012, 18) wirbt er dafür, dass der Religionsunterricht einen Beitrag zur Befähigung der Schülerinnen und Schüler leistet, »mit kulturell und religiös differenten Wert- und Lebensorientierungen konstruktiv umgehen zu können« (ebd., 24).

Fazit

Der *Terminus »Wertebildung«* erweist sich für religionspädagogische – bzw. hier spezifisch: religionsdidaktische – Reflexionen als stimmig und tragfähig. Vor allem seine mit der Bildungsidee einhergehende *subjektorientierte inhaltliche Aufladung* spricht für die durchgehende Verwendung dieses Terminus. Zugleich ist dadurch eine bewusste Abgrenzung zum traditionell verwendeten Begriff »Werteerziehung« möglich. Bereits Wolfgang Brezinka hält letzteren »für einen unzulänglichen Namen« (Brezinka 1993, 54), auch wenn dieser lange Zeit Verwendung in der pädagogikaffinen Scientific Community gefunden hat und bisweilen noch findet. Für das Kompositum mit dem Konstituent

---

[292] Belege der Hinwendung zum Terminus »Wertebildung« finden sich unter anderem auch bei Kropač 2013a, 330 oder Naurath 2013b.

[293] Letztlich wertet Mokrosch damit im Rahmen seiner Forschungen den Bildungsgedanken auf und differenziert folgendermaßen: »D. h. religiöse Werte-Erzieher/innen sollen ihre Schüler/innen befähigen, auf der Grundlage ihrer jeweiligen religiösen Vorstellungen, Glaubensaussagen und Symbole Wert-Urteile zu sprechen, ihre Umwelt und ihr Leben zu werten und religiöse Werte zu bilden und sich bewusst zu machen. Solche Werte-Erziehung muss einer religiösen Werte-(Selbst-)Bildung vorangehen.« (Mokrosch 2013, 51) Noch im Jahr 2005 rekurriert er lediglich auf den Erziehungs-Begriff: »Ich habe mich seit langem für das Konzept einer Wert-Erziehung […] entschieden.« (Mokrosch 2005, 362)

»Bildung« spricht, dass damit das Subjekt ins Zentrum der Reflexion von Lern- und Bildungsprozessen rückt – mehr als durch den Begriff »Erziehung«, welcher im pädagogischen Diskurs in starker Abhängigkeit von Intentionen der Lehrenden bzw. von definierten Vorgaben her geprägt ist. Der Terminus »Wertebildung« berücksichtigt in praxeologischem Interesse, dass es das Subjekt selbst ist, das für sich entscheidet, was Wert-Relevanz hat und was nicht.[294] Aufgrund dieser Perspektive wird er insbesondere der im Sinne des christlichen Glaubensverständnisses eingeforderten Subjektwerdung gerecht. Zudem ist er anschlussfähig an parallele Entwicklungen hinsichtlich seiner verstärkten Verwendung in anderen pädagogischen und didaktischen Zusammenhängen (vgl. unter anderem Schubarth/Speck/Lynen von Berg 2010) und eignet sich, um dem *gesamten Komplex gerecht zu werden, der sich im Horizont einer religionsdidaktischen Konturierung des Werteaspekts aufspannt*, da er mehr umfasst als lediglich die Charakterisierung von Strategien (vgl. 4.2.3), wie Werte in Lernarrangements zur Geltung gebracht werden können.

Offen ist noch die Frage, ob die Begriffe »ethisches Lernen« und »ethische Bildung« so einfach durch »Wertebildung« ersetzbar sind oder ob sie nicht doch etwas Spezifisches bezeichnen und von daher im religionspädagogischen respektive -didaktischen Diskurs weiterhin zusätzlich zu verwenden wären. In einer elementarsten Idee zielen *ethisches Lernen* und *ethische Bildung* vornehmlich auf den reflexiven Aspekt der Abwägung verschiedener Argumente angesichts eines sich stellenden ethischen Problems und haben damit eine starke Nähe zum philosophisch-ethischen wissenschaftlichen Diskurs. D. h., entsprechendes Lernen könnte in schulischen Zusammenhängen auch primär im Duktus eines distanzierten Austauschs von stichhaltigeren und weniger überzeugenden Standpunkten ablaufen. Praxiszusammenhänge werden dabei lediglich reflexiv im Interesse an ihrer Durchdringung, Systematisierung und Rechtfertigung in den Blick genommen. Bei Berücksichtigung der schulischen Grenzen hinsichtlich der Realisierung von wertebasierter Praxis könnte eingewendet werden, dass für das, was diesbezüglich in unterrichtlichen Zusammenhängen ohne Zweifel möglich ist, eher die Bezeichnungen »ethisches Lernen« und »ethische Bildung« passend ist. Gleichwohl werden, wenn das kognitiv-reflexive Element dominiert, die Schülerinnen

---

[294] In ähnlicher Weise begründet Elisabeth Naurath den von ihr verwendeten Begriff »ethische Bildung« in Abgrenzung zu »ethischem Lernen« und »ethischer Erziehung«: Wenngleich »Ethik die ›Tendenz zur Erziehung‹ impliziert«, ist ernst zu nehmen, dass wenn »das Subjekt im Mittelpunkt des pädagogischen Geschehens unter der aktiven und selbst bestimmten Aneignung der Welt« steht, »wir es mit Bildung zu tun« haben. (Naurath 2007, 164)

    Godwin Lämmermann leitet aus evangelisch-theologischer Perspektive ab: »Wenn nach rechtfertigungstheologischer Sicht der Mensch durch Gott in Christus zu wahren Freiheit befreit ist, dann ist jede Form neuer Entmündigung und Abhängigkeit obsolet geworden: [...] In diesem Sinne kann es weniger um Werterziehung gehen als vielmehr um Wertebildung, auch wenn das Wort schwerfällig wirkt.« (Lämmermann 2005, 255)

und Schüler eventuell zu wenig als Subjekte in ihren lebenspraktischen Fragen ernst genommen. Rudolf Englert versucht dieser Schieflage entgegenzuarbeiten, indem er den Terminus »ethische Bildung« profiliert. Sein diesbezüglicher Systematisierungsversuch differenziert auf Basis der Unterscheidung von evaluativer und normativer Ethik verschiedene, konstatierte Ansätze ethischen Lernens, die entweder zur »Entwicklung von Tugenden«, zur »Reflexion von Werten« oder zur »Begründung ethischer Urteile« führen. (Englert 2015, 113) Mit dieser nachvollziehbaren, wenngleich sehr einlinearen[295] Systematisierung legt Englert den Fokus primär auf den reflexiven Aspekt ethischer Bildung im Religionsunterricht.

Die in vorliegender Studie geprägte die Idee von »Wertebildung« dagegen will über den reflexiven Diskurs bezüglich ethischer Fragestellungen hinausgreifen. Ihr geht es *sowohl* um die Anbahnung einer individuellen, sittlichen Positionierung zu ethisch relevanten Fragestellungen *als auch* um wertebasierte Handlungsermöglichung im religionsunterrichtlichen Zusammenhang. In beiderlei Hinsicht sind Werte bzw. Werthaltungen unerlässlich. Ohne sie kommen ethische Reflexionsprozesse nicht aus; beispielsweise erübrigten sich abwägende Diskussionen zum Einsatz von Präimplantationsdiagnostik, wenn dabei nicht ein Wert, nämlich der des Lebens, zur Debatte stünde. Zugleich drängen Werte auf Realisierung und stehen in diesem Horizont mitunter zur Debatte – nicht zuletzt in werturteilsbegründender Hinsicht. Um sowohl die grundsätzliche Relevanz von Werten für ethische Fragestellungen zu betonen als auch der praktischen Dimension Rechnung zu tragen, erscheint die Verwendung des Terminus »Wertebildung« folgerichtig und eine zurückhaltende Verwendung der vornehmlich auf den Reflexionskontext fokussierten Begriffe »ethisches Lernen« und »ethische Bildung« sinnvoll.

---

[295] So bleibt unter anderem offen, warum die Frage nach der Begründung für richtiges Verhalten lediglich den Kontext Normen anspielen soll. Nicht selten werden – das zeigen die philosophischen Verortungen – Normen im Rekurs auf geteilte Werte begründet; und sie benötigen auch Werte im Sinne eines Korrektivs. Auch stellt sich die Frage, inwiefern die von Englert konstatierte Komplexitätsentwicklung hinsichtlich der identifizierten, verschiedenen Komponenten ethischen Lernens zutreffend ist, insofern die als hochkomplex eingeschätzte Auseinandersetzung mit Grundfragen ethischer Urteilsbildung nicht immer kognitiv anspruchsvoller sein muss als beispielsweise eine Auseinandersetzung mit konfligierenden Werten. Die benannten Komponenten lauten: »Partizipation an moralsensiblen Gemeinschaften«, »Hilfe zur Ausbildung moralischer Grundhaltungen«, »für moralisches Handeln sensibilisierende Narrationen«, »Auseinandersetzung mit (konfligierenden) Werten«, »Einzelfragen ethischer Urteilsbildung«, »Grundfragen ethischer Urteilsbildung«. (Englert 2015, 114; hinsichtlich der kritischen Anmerkungen vgl. ebd., 112–114.)

4.3.2 Religionsdidaktische Zielperspektiven hinsichtlich Wertebildung. Befunde

Die in den letzten Jahrzehnten veröffentlichten religionsdidaktischen Darlegungen zur wertebildenden Dimension von (religiösen) Lern- und Bildungsprozessen benennen verschiedenste Zielperspektiven. Dabei lassen sich Überschneidungen mit, aber auch Unterschiede zu den Intentionen aufzeigen, die von bildungstheoretischer und schulkontextueller Seite her mit Wertebildung verbunden werden (vgl. 4.1.2). Angesichts der oben bereits konstatierten pluralen und unsystematisierten Begriffsverwendung sind diese Gemeinsamkeiten und Differenzen hinsichtlich der formulierten Ziele unabhängig davon, ob von ethischem Lernen oder Werte-, Moral-, etc.-Erziehung bzw. -Bildung gesprochen wird. Im Folgenden gilt es, die in verschiedenen Publikationen konkretisierten, entsprechenden religionsdidaktischen Zielperspektiven zu systematisieren und durch weitere relevante inhaltliche Konkretisierungen anzureichern, um sie an späterer Stelle (vgl. 4.3.5) mit dem in vorliegender Studie bisher Erarbeiteten abzugleichen.

Um die bisweilen aus sehr unterschiedlichen Interessen heraus und insofern in einer beinah unüberschaubaren Disparatheit entfalteten religionsdidaktischen Zielperspektiven in ihrer Bedeutung zu würdigen und zu systematisieren, eignet sich folgende Differenzierung:

- prozessurale Verankerung: Hierbei handelt es sich um Zielperspektiven, die prozessbezogene Intentionen von Wertebildung im Religionsunterricht beschreiben (vgl. 4.3.2.1).
- materiale Fundierung: Neben den prozessuralen Zielperspektiven lassen sich auch Intentionen identifizieren und definieren, die von einem Bezug auf Religion als Referenzpunkt her entfaltet werden (vgl. 4.3.2.2).

4.3.2.1 Prozessural verankerte Zielperspektiven

Mit dem Begriff Bildung wird ernst genommen, dass das Subjekt lebenslang an seiner Selbstbildung arbeitet und damit verknüpfte Lernkontexte von Unabschließbarkeit und von ihrem Prozesscharakter her zu denken sind. Religionsdidaktische Darlegungen entsprechen dieser Prämisse, insofern sich Rekurse auf folgende Prozesse von Wertebildung im Religionsunterricht nachweisen lassen: wahrnehmen (1), reflektieren (2), beurteilen (3), kommunizieren (4), handeln (5). Die damit verankerten Zielperspektiven werden religionsdidaktischerseits nicht immer in allen fünf Nuancierungen tangiert. Häufig finden sich lediglich Rekurse auf das Beurteilen von Werten und das Handeln im Horizont von Werten.[296] Zugleich bleiben die jeweiligen Darlegungen bis-

---

[296] Auch das Berliner Modell zur Modellierung ethisch-moralischer Kompetenz fokussiert – auf der Basis ethisch-moralischer Grundkenntnisse – die »ethisch-moralische Urteilskompetenz« und die »ethisch-moralische Handlungsentwurfskompetenz«. Die Urteilskompetenz

weilen eher knapp. Für eine gelingende Förderung der Subjekte in ihrer Wertebildung sind jedoch alle fünf prozessualen Zielperspektiven bedeutsam, weshalb im Folgenden eine deutlichere Konturierung dieser Prozesse vorgenommen wird. Anzumerken ist, dass sich diese Intentionen von Wertebildung nicht nur im Rahmen religionsdidaktischer Darlegungen als relevant erweisen. Sie treffen ebenfalls für andere didaktische und pädagogische Zusammenhänge zu und sind damit nicht spezifisch für religionsunterrichtliche Bildungskontexte.

Wahrnehmen

Religiöse Lern- und Bildungsprozesse, die sich der wertebildenden Dimension widmen, sollten Schülerinnen und Schüler befähigen, werthaltige Kontexte und damit verknüpfte Werte wahrzunehmen. Diese scheinbar selbstverständliche[297] Intention ist insofern bedeutsam, als Lernende bisweilen kein reflexives Verständnis davon besitzen, was es bedeutet, auf Werte zu rekurrieren und wann entsprechende Rekurse zur Geltung kommen, obwohl sie ihre Lebenspraxis zweifelsohne an internalisierten Werthaltungen ausrichten. Dass Schülerinnen und Schüler jedoch letztere als solche wahrnehmen und identifizieren können, erweist sich als elementare Voraussetzung für die Anbahnung des reflexiven Werteverständnisses. Die Werte-Wahrnehmungsfähigkeit ist von Lernprozessen abhängig, die freilich nicht nur im unterrichtlichen Zusammenhang, sondern auch in familialen, Peergroup- oder anderen wertebildenden Kontexten stattfinden. (Religions-)Unterricht als Ort intentionalen Lernens leistet allerdings einen Beitrag dazu, »die Wahrnehmungsfähigkeit [zu] fördern, indem die Aufmerksamkeit auf bestimmte Fragen gelenkt und die ethische Dimension von Problemen herausgearbeitet wird« (Adam/ Schweitzer 1996, 36).

Diese ästhetische Komponente sensibilisiert für die Bedeutung eines genaueren und intensiveren Einlassens auf Werte und auf Anlässe, durch welche sie zugänglich werden. Gerade in einer von Alternativenüberflutung geprägten und auf schnelle (wertebasierte) Entscheidungen drängenden Welt stellt das Wahrnehmen-Können ein immer neu zu kultivierendes Grundmo-

---

»meint die Fähigkeit, moralische Probleme nach Maßgabe verschiedener ethischer Urteilsformen analysieren und reflektieren zu können«; die Handlungsentwurfskompetenz fokussiert, »moralische Entscheidungen begründen und moralische Handlungen mit anderen abstimmen zu können«. (Benner 2016, 33).

[297] Vielleicht liegt in der scheinbaren Selbstverständlichkeit ein Grund, weshalb nur sehr wenige religionsdidaktische Publikationen explizit auf die wahrnehmungsbezogene Intention von Wertebildung rekurrieren. Rainer Lachmann z. B. fordert eine »aufmerksame und möglichst sachkundige Wahrnehmung der Situation und des ethischen (Schlüssel-)Problems« als Voraussetzung ein, um »die genuin ethische Fragestellung herauszuarbeiten«. (Lachmann 2006, 17; ähnlich Mendl 2008, 294)

ment[298] von Wertebildung dar; insbesondere auch, um die weiteren prozessuralen Zielperspektiven verantwortet angehen und somit ein selbstbestimmtes Wertegerüst etablieren zu können. Die (religions-)unterrichtliche Realisierung dieser Anforderung lebt letztlich von wahrnehmungsförderlichen Lern-
angeboten, die verlangsamte (vgl. Hilger 2014, 74f) Zugänge anbieten.[299]

Reflektieren

Nur bedingt vom Wahrnehmungsaspekt trennbar ist die Reflexion als wichtiger Gesichtspunkt wertebildender Prozesse. Die lernenden Subjekte beginnen
bereits im Moment des Wahrnehmens abzugleichen, zu klassifizieren, einzuordnen etc. – all diese Momente tangieren den reflektierenden Modus.
Gleichwohl markiert letzterer durchaus eine eigenständig zu thematisierende
prozessbezogene Zielperspektive von Wertebildung, die religionsdidaktisch
zu berücksichtigen ist. Vor allem in zweierlei Hinsicht lässt sich der Reflexions-Modus konturieren: zum einen bezüglich fremder, den Lernenden noch
unbekannter Werthaltungen, zum anderen im Rekurs auf die »Durchdringung
und Aufklärung über das jeweilige eigene Ethos« (Conrad 2008, 305). Bezogen auf beide Zusammenhänge sollten Schülerinnen und Schüler befähigt
werden, werterelevante Erfahrungen und Anlässe analysierend zu durchden-
ken und von daher zu einem »Nachdenken über Werte« (Kuld 2007, 189; vgl.
auch Schröder 2012, 639) zu gelangen.[300] So kann ihnen unter anderem deutlicher bewusst werden, dass sie selbst in wertehaltigen Kontexten agieren, welche dies genauerhin sind und dass diese bisweilen einer größeren Komplexität
(vgl. Mendl 2008, 292; Schoberth W. 2012, 302) unterliegen.

---

[298] Manfred Pirner argumentiert in ähnlichem Duktus: »Weil sich Werte nur vermitteln lassen,
wenn sie als solche wahrgenommen werden, gehört zur Wertebildung eine Wahrneh-
mungsbildung« (Pirner 2008, 100; Kursivs. rückg. – K.L.).

[299] Dass sich die Wahrnehmungskomponente gerade für einen wertebildenden Religionsunterricht als sehr kompatibel erweist, liegt auch daran, dass sie eine grundsätzliche religionsdidaktische Konstante beschreibt. Wahrnehmungsschulung als Kultivierung der Sinne und
der Sinnlichkeit ist für religiöses Lernen elementar – nicht zuletzt, weil Glaube nicht primär
auf immanent greifbare Aspekte rekurriert, sondern erfordert, »Welt und Leben anders
wahrzunehmen und zu gestalten als gewohnt« (Hilger 2014, 72; vgl. auch Schambeck 2011,
134). Joachim Kunstmann diagnostiziert: »Ästhetik öffnet die Wahrnehmung für Religion
und deren spezifische Eigenlogik.« (Kunstmann 2007a, 47) Zum Wahrnehmungsbegriff in
der Religionspädagogik vgl. insbesondere Altmeyer 2006; Gärtner 2009; Kunstmann 2002,
347–410.

[300] In diesem Zusammenhang zeigen sich große Nähen zur Ethik als Wissenschaft, welche die
systematische »Reflexion von moralischer Praxis mit dem Interesse an einer theoretischen
Durchdringung, Systematisierung und Rechtfertigung« (Nipkow 1996, 40) und der diese
fundierenden Werte forciert.

Ausgehend davon wird es den Lernenden möglich, Relevanzen und Anforderungen ihrer individuellen Wertebildung zu erfassen.[301] Die Befähigung zu einer »ethischen Reflexion« (Dressler 2002, 264; vgl. Kropač 2008, 255f) ist auch angesichts letztgenannter Perspektive ein Grunderfordernis von wertebildend ausgerichteten Lernprozessen in (religions-)unterrichtlichen Zusammenhängen. Sie umfasst auch das Abwägenkönnen – was noch nicht mit einem Urteilen gleichzusetzen ist, dieses jedoch vorbereitet – zwischen konkurrierenden Werten und sich daraus ergebenden Konsequenzen hinsichtlich der Bearbeitung eines wertereferenzierenden Anlasses (vgl. Mokrosch 1989, 291). Dafür ist es notwendig, Kriterien zu identifizieren, die das Nachdenken über Werte fundieren: Mit dem im Rahmen der bildungstheoretischen Verortungen benannten Sittlichkeitsaspekt (vgl. 4.1.2) bietet sich unter anderem das »für alle Individuen Gute« als derartige Richtschnur an. Hinsichtlich des Religionsunterrichts wird von religionsdidaktischer Seite insbesondere auf den christlichen Glauben als spezifisches Kriterium im Kontext des Reflexionsaspekts von Wertebildung rekurriert (vgl. Dressler 2002, 264; Lachmann 2006, 16; Pirner 2008, 101). Was damit genauer gemeint sein kann, verdeutlichen die Darlegungen zu den material fundierten Zielperspektiven (vgl. 4.3.2.2).

Durch die mit dem Reflexions-Modus einhergehende »Prüfung von Werten bzw. moralischen Regeln und Handlungsmotiven« (Dressler 2002, 264) kann im (Religions-)Unterricht ein vertieftes Verstehen von Werthaltungen einerseits und ein korrigierendes Aktualisieren eigener Werthaltungen andererseits vorbereitet werden. Gerade auch mit Blick auf Handlungsperspektiven zeigt sich die Bedeutsamkeit des Reflexionsaspektes von Wertebildung: Ohne die Reflexion bliebe beispielsweise die Wirkung von wertebasiertem Agieren weniger nachhaltig, »denn Werthaltungen beruhen auf Einsicht« (Kuld 2007, 209).

Beurteilen

Die sich beim Reflektieren hinsichtlich wertehaltiger Kontexte einstellenden Denkprozesse fordern in vielen Fällen zum Urteil heraus; von gefällten Werturteilen wiederum ist es besonders abhängig, wie das Subjekt sein Leben ausrichtet. So erscheint es nachvollziehbar, dass viele religionsdidaktische Darlegungen das »Urteilen lernen« als Hauptintention wertebildender Lernprozesse deklarieren (vgl. unter anderem Fuchs 2009; Kuld 2007, 189; Lachmann 2006; Rommel/Thaidigsmann 2007b, 226; Schoberth I. 2012; Ziebertz 2013, 445). Die Befähigung zum Werturteil stellt nicht zuletzt eine zentrale Zielperspektive dar, um Wertebildung von einem Impetus abzugrenzen, der das vor

---

[301] Ulrich Kropač verweist auf die Bedeutsamkeit, dass Lernende durch reflektierende Akte befähigt werden, »für schon – möglicherweise eher intuitiv – getroffene Wertentscheidungen Argumentationsfiguren im Sinne einer sekundären Rationalisierung [zu] entwickeln« (Kropač 2008, 255).

nehmliche Ziel in der Vermittlung vorgegebener Werte und der daraus folgenden Akzeptanz dieser Werte durch die Lernenden sieht. In ähnlicher Weise wie bildungstheoretische und schulkontextuelle Darlegungen gilt auch in
religionsdidaktischer Hinsicht, dass Schülerinnen und Schüler lernen sollen,
»sich zu Werthaltungen und Wertvorstellungen zu verhalten« (Kuld 2007,
189; vgl. Englert 2015, 116).[302] Die unter 4.1.2 präzisierten Komponenten
eines Werturteils – Aneignung wahrheitsgemäßen Wissens, Auslotung der mit
dem Werturteil einhergehenden Konsequenzen (teleologische Perspektive)
und Urteilsfällung – gelten dementsprechend.[303]

In diesem Zusammenhang ergeben sich Überschneidungen zu den material
fundierten Zielperspektiven von Wertebildung (vgl. 4.3.2.2), da es für ein
gelingendes Werturteil bedeutsam ist, »verschiedene Standpunkte in ethischen
Fragen kennenlernen, diese beurteilen und dann selbst Position beziehen«
(Kropač 2008, 255; vgl. Ziebertz 2013, 448) zu können. Im Religionsunterricht gilt es daher, alternative und insbesondere auch christliche Wertreferen-
zen in den Prozess der Urteilsfindung zu integrieren; z. B. durch biographisch
verortete Realisierungsbeispiele christlicher Werthaltungen oder durch kirchliche Äußerungen zu wertetangierenden Fragestellungen menschlicher Lebensgestaltung. Dadurch eröffnen sich für die Schülerinnen und Schüler zusätzliche Optionen: Sie können sich daran orientieren oder davon abgrenzen
und sehen sich herausgefordert, »das eigene Meinen und Urteilen immer wie-

---

[302] Oft beziehen sich religionsdidaktische Reflexionen hinsichtlich »ethischer Urteilsbildung«
auf die von Heinz Eduard Tödt entwickelte Schrittfolge, die vor allem die ersten drei Momente der in vorliegender Studie als »prozessural verankert« titulierten Zielperspektiven
tangiert. Tödts erste Entfaltung der Schrittfolge lautet: (1) »Problemfeststellung« – Identifikation des zu beurteilenden ethischen Problems; (2) »Situationsanalyse« – Untersuchung der
mit dem Problem verknüpften gesellschaftlichen etc. Kontexte; (3) »Verhaltensalternativen«
– Identifikation der Folgen möglicher Handlungsalternativen; (4) »Normenprüfung: Sich-
tung und Wahl ethisch relevanter Entscheidungsgrößen«; (5) »Urteilsentscheid« als Ergebnis
der vorab angestellten Reflexionsprozesse; (6) »rückblickende Adäquanzkontrolle« – Abwägung hinsichtlich der Adäquatheit der Entscheidung in der Rückschau. (Tödt 1977, 83)
Tödt entwickelt dieses Modell weiter und differenziert folgende Sachmomente: »1. Wahrnehmung, Annahme und Bestimmung des anfallenden Problems als eines sittlichen. 2. Analyse der Situation, in welcher das Problem die Betroffenen herausfordert. 3. Erwägen von
Verhaltensoptionen, die als Antwort auf ein Problem geeignet und sittlich geboten erscheinen. 4. Auswahl und Prüfung von Normen, Gütern und Perspektiven, die für die Wahl unter möglichen Verhaltensoptionen angesichts eines Problems relevant sind. 5. Prüfung der
sittlich-kommunikativen Verbindlichkeit wählbarer Verhaltensoptionen. 6. Urteilsentscheid
als integraler, das heißt kognitiver, voluntativer und identitätsrelevanter Akt und als in Verhalten umzusetzende Antwort auf das Problem.« (Tödt 1988, 53)

[303] Monika Fuchs kristallisiert aus unterschiedlichen Modellen folgende, ähnliche Schritte
»ethischer Urteilsbildung« heraus: »eine Analyse des Sachverhalts, die Auseinandersetzung
mit Maßstäben des Handelns, eine abwägende Diskussion von Lösungsvarianten und
schließlich die Urteilsfindung« (Fuchs 2010, 200). Zudem erläutert sie gängige Modi der Urteilsfindung wissenschaftlicher Ethik: Deduktivismus, Induktivismus, Kohärentismus, Syl-
logismus und Güterabwägung (vgl. ebd. 184–188).

der zu prüfen« (Rommel/Thaidigsmann 2007b, 223; vgl. auch Lachmann 2006, 18f; Schoberth I. 2012b, 32).

Zugleich kommt in diesem Kontext die Verantwortungskategorie zum Tragen: Lernende benötigen einen Erprobungsraum, um das Werturteilen bewusst anzugehen und von daher selbstverantwortlich zu »lernen«. Diese Gelegenheit vermag der Religionsunterricht zur Verfügung zu stellen. Dabei kann Schülerinnen und Schülern klar werden, dass sie zu ihren gefällten Werturteilen sowie zu den daraus resultierenden Konsequenzen stehen müssen und dass sie im Vertrauen auf die eigene Urteilskompetenz verantwortungsvoll sein können. Insgesamt ist unter dem Vorzeichen »Bildung« zu berücksichtigen, dass die Bereitstellung intentionaler Lernumgebungen im Religionsunterricht nicht auf Abschließbarkeit zielen kann, sondern der Prozesshaftigkeit von Werturteilsbildung gerecht werden muss (vgl. Ziebertz 2013, 445) und insofern auch eine Grenze hat: Inwiefern diese Fähigkeit nämlich Schülerinnen und Schüler dazu führt, das zunächst in semi-realen, vornehmlich kognitiv ausgerichteten Lernarrangements erarbeitete Werturteil auch in konkreten, außerschulisch auf sie zukommenden Situationen fällen und ihr Handeln daran orientieren zu können, entzieht sich dem unterrichtlichen Geschehen.

Kommunizieren

Werte sind »Kommunikationsmedien« (Dressler 2007, 24), die nicht lediglich in selbstreflexiven Aushandlungsprozessen gebildet werden, sondern auf ein Gegenüber angewiesen sind (vgl. auch 4.1.2). Gerade in einer pluralen Gesellschaft zeigt sich dies, insofern Werthaltungen immer das Ergebnis von Aushandlungs- und Diskursprozessen angesichts mehrerer Werte-Alternativen und sogar konkurrierender Werte darstellen (vgl. 2.1). (Religions-)Unterricht ist daher auch auf das kommunikative Moment von Wertebildung hin auszurichten (vgl. insbesondere Ziebertz 2013, 451):[304] Er soll die Schülerinnen und Schüler einladen, »über ihre Werterfahrungen zu sprechen« (Kuld 2007, 189), und sie befähigen, ihre Werthaltungen und ihre Werturteile zu artikulieren sowie im Austausch mit dem Gegenüber kritisch zu diskutieren. Die Lernenden »sollen mit ihren unterschiedlichen Wertpräferenzen selbst ins Gespräch kommen und gegenseitig ihre jeweilige Wertewahl begründen und ggf. verteidigen« (Mokrosch 2005, 366; vgl. Roebben 2011, 34; Schoberth I. 2012, 39;

---

[304] Hans-Georg Ziebertz stärkt in seinem Ansatz den Kommunikationsaspekt, indem er herausstellt: »Ethisches Lernen im Religionsunterricht ist kommunikatives Handeln.« (Ziebertz 2013, 451) Dabei berücksichtigt er unter Kommunikation nicht nur den sprachlich-dialogischen Aspekt, sondern klassifiziert den Austausch verschiedener Argumente oder die Übernahme fremder Perspektiven als kommunikative Form von Handeln, weshalb er als Zielformulierung ethischen Lernens im Religionsunterricht unter anderem die »Fähigkeit, praktische Wertdiskurse zu führen« (ebd., 434; vgl. ebd., 452) benennt.

Schweitzer 2012, 18).[305] Dazu gehört auch, die Schülerinnen und Schüler zu befähigen, über ihre, mit Wertekontexten verknüpften Emotionen zu sprechen und einen integrierten Umgang damit einzuüben (vgl. Malti/Ongley 2014, 178). Darüber hinausgehend gilt es zudem, Wertefragen zu diskutieren, die eventuell (noch) nicht die individuelle Erfahrungsperspektive der Lernenden tangieren, aber Problemkontexte in den Blick nehmen, die zukünftige wertreferenzierende Entscheidungssituationen betreffen (z. B. Fragen nach dem Lebensbeginn und Lebensende). Dadurch werden die Lernenden in ihrer Wertediskursfähigkeit vorangebracht.[306]

Obwohl der Kommunikationsaspekt vornehmlich kognitiv ausgerichtete Lernsituationen erschließt, zieht der Diskurs der Schülerinnen und Schüler untereinander bereits ein Realisieren von wertebasiertem Agieren nach sich. Elisabeth Naurath pointiert daher den Stellenwert von Wertschätzung für den religionsunterrichtlichen Austausch. D. h., im wertebildenden Kommunikationszusammenhang ist eine Lernatmosphäre erforderlich, in der jede und »jeder ein Recht hat, seine Vorstellung zu entwickeln und zum Ausdruck zu bringen« (Naurath 2014b, 106; vgl. Naurath 2013a, 5f), ohne dabei eine Abwertung fürchten zu müssen. Es geht somit um die Ermöglichung »fairen Streitens« (Adam/Schweitzer 1996, 36) über Werte, das davon lebt, dass die vorgebrachten Artikulationen für alle am Diskurs Beteiligten nachvollziehbar sind. Im Hintergrund dieser Zielperspektive steht die Strategie »Wertkommunikation« (vgl. 4.2.3.4), welche – von der Habermas'schen Diskurstheorie inspiriert – eine möglichst gleichberechtigte Kommunikationssituation einfordert. Auch wenn – wie oben dargelegt – in unterrichtspraktischer Hinsicht einzugestehen ist, dass letzteres Ideal realistischerweise nur annähernd erreicht werden kann, da beispielsweise das Schüler-Lehrer-Verhältnis immer von Hierarchien geprägt ist, entbindet dies jedoch nicht von einem wertschätzenden Umgang miteinander.

Handeln

Immer wieder rekurrieren religionsdidaktische Reflexionen darauf, dass wertebildende Lernarrangements nicht lediglich kognitiv aktivieren sollen, sondern auch die Handlungsperspektive integrieren müssen. Das bedeutet jedoch

---

[305] Jörg Conrad differenziert diese Sprachfähigkeit im wertebildenden Zusammenhang in dreifacher Hinsicht: »im Blick auf die Artikulation des Guten und der Handlungsmotivation (Ausdrucksmöglichkeiten); [...] im Blick auf die Argumente und Begründungen der Handlungswahl und Handlungsmöglichkeiten (diskursive Fähigkeiten); [...] im Umgang mit Traditionen und mit anderen Gruppen und deren Positionen (dialogische Fähigkeiten)« (Conrad 2008, 305).

[306] Mit Wolfgang Schoberth ist zu berücksichtigen, »dass die Fähigkeit zu und die Gewöhnung an sprachliche Explikationen [bezüglich Wertekontexten; K.L.] soziokulturell keineswegs allgemein vorausgesetzt werden können« (Schoberth W. 2012, 297).

nicht sogleich, dass es im Religionsunterricht Ziel sein muss, thematisierte Werte und Werthaltungen praktisch umzusetzen. Die schulische Ausgangslage erschwert deren Realisierung und setzt in dieser Hinsicht Grenzen. Gleichwohl kann die Handlungsebene integriert werden, indem zum einen wertebasierte Erfahrungen der Schülerinnen und Schüler selbst und zum anderen wertebasierte Sekundärerfahrungen das Zentrum von Lernprozessen darstellen. Durch diesen Erfahrungsbezug ist weniger »eine tatsächliche Handlung, wohl aber eine grundsätzliche Handlungsfähigkeit« (Fuchs 2010, 201) Intention der Auseinandersetzung mit Werten. Die Förderung von Handlungsfähigkeit verbleibt jedoch nicht selten im reflektierenden, hypothetischen Modus (vgl. Conrad 2008, 284; vgl. 4.1.2.5). Unter anderem Hans Mendl verweist deshalb auf die Grenzen einer lediglich diskursiven Auseinandersetzung mit Werten und fordert, dass Schülerinnen und Schüler im Rahmen des Religionsunterrichts Gelegenheit bekommen müssen, »verantwortliches Handeln auch einüben und reflektieren« (Mendl 2008, 294) zu können: Das Lernen in der Begegnung mit »professionellen Helfern« (Mendl 2008, 295; vgl. Mendl 2015, 124f), die als werterealisierende Akteure zu einem Dialog über ihre Motivationen zu und ihre Erfahrungen mit werthaltigem Handeln bereit sind, bietet beispielsweise den Lernenden entsprechende werterealisierende Optionen, die zugleich die emotionale Dimension tangieren. Nicht selten wird religionsdidaktischerseits darauf verwiesen, dass sich mittels der Gestaltung des Schullebens aus christlicher Motivation heraus ebenfalls Möglichkeiten auftun, Werte im schulischen Rahmen zu leben (vgl. unter anderem Bubmann 2002, 188f; Englert 2008, 819; Lindner 2009a, 94).

Wichtig ist bei alldem der Wechselbezug zwischen Handeln und Reflektieren: »Eine Aufforderung zum moralischen Handeln ohne Fundierung des […] Erkenntniszusammenhangs verkommt zum Moralismus, Sozialaktionen ohne reflexive theologische Fundierung laufen Gefahr, zum Aktionismus zu verkümmern.« (Mendl 2008, 291) Insgesamt zeigt sich die Begrenztheit tatsächlicher Handlungsrealisierung im Rahmen religionsunterrichtlicher Lern- und Bildungsprozesse. Von daher sollte das Achtergewicht insbesondere auf die Anbahnung von Handlungsfähigkeit gelegt werden.[307] Gleichwohl ist nicht zu unterschätzen, dass bereits die Kommunikation über Werte und Wertpräferenzen ein praktisches Moment integriert.

4.3.2.2 Material fundierte Zielperspektiven

So wichtig in religionsdidaktischen Darlegungen die Auseinandersetzung mit prozessural verankerten Zielperspektiven von Wertebildung im Religionsunterricht auch ist, sein eigenständiges Profil gewinnt dieses Unterrichtsfach in wertebildender Hinsicht vor allem durch Zielperspektiven, die material fun-

---

[307] Vgl. hierzu auch die Darlegungen zur Wertprimärerfahrungsstrategie (4.2.3.5).

diert sind.[308] In allgemeiner Hinsicht kommen dabei unter religionsdidaktischen Vorzeichen insbesondere zwei Zielperspektiven in den Blick: die Erweiterung des individuellen Orientierungswissens der Schülerinnen und Schüler (1) sowie der damit verknüpfte Beitrag zur Zukunftsbefähigung der Lernenden (2). Wie die prozessualen Zielperspektiven finden sich diese beiden Aspekte ebenfalls in nicht religionsdidaktischen Darlegungen. In spezifischer Hinsicht können dem religiösen Referenzmoment des Religionsunterrichts vor allem folgende inhaltlich fundierten Perspektiven zugeordnet werden – zunächst noch unabhängig vom Bezug auf eine bestimmte Religion: das Wissen um religiöse Begründungsoptionen für Werthaltungen (3), die theologische Befragung von Werten und Wertpräferenzen (4) sowie das Reflektieren der Bedeutung einer transzendenzbezogenen Wertebegründung (5). Im Folgenden werden diese fünf Perspektiven genauer beleuchtet.

Erweiterung des Orientierungswissens

Werte orientieren das Denken und Handeln von Menschen. Wer auf ein breiter angelegtes Wertegerüst zurückgreifen kann, dem bietet sich die Option, differenzierter zu entscheiden. Insofern will wertebildender (Religions-)Unterricht dazu beitragen, das »ethische[] Orientierungswissen« (Lachmann 2006, 16; vgl. auch Rommel 2007b, 488-495 und 2007c, 268)[309] der Lernenden aufzubauen und zu erweitern. Voraussetzung dafür ist zunächst, dass Schülerinnen und Schüler die Sachstrukturen erfassen können – ein Verfügungswissen generieren können –, die zum einen die werthaltigen Anforderungssituationen prägen und zum anderen die tangierten Werte selbst betreffen: Die »Handlungsfähigkeit der Heranwachsenden [wird] durch die Klärung des Inhalts und der Konsequenzen« (Conrad 2008, 284; vgl. Mendl 2008, 294; Rommel 2007c, 265; Schröder 2012, 632) von Wertekontexten gefördert. Daher gilt es beispielsweise, nach den inhaltlichen Fokussierungen von Werten zu fragen, zu eruieren, wo diese zur Geltung kommen, wo ihre Positiva und eventuellen Negativa liegen oder welchen anderen Werten sie entgegenstehen. Hinsichtlich des Religionsunterrichts und des dort zu thematisierenden religiösen Horizonts von Wertebildung ist eine theologisch stimmige Kenntnis heiliger Schriften, theologisch-ethischer Sichtweisen, aber auch religiös motivierter Lebensgestaltungsoptionen (vgl. unten) und der damit verknüpften Werte(-Begründungen) erforderlich.

---

[308] Die im Folgenden vorgenommene Systematisierung greift bisweilen auf Begrifflichkeiten zurück, die in religionsdidaktischen Darlegungen zum Teil unter anderen, aber ähnlichen Termini verhandelt werden.

[309] Anzufragen ist das von Lachmann, Rommel und anderen verwendete Begriffskonstrukt »ethisches Orientierungswissen«, insofern Orientierungswissen grundsätzlich schon eine ethische, wertende und lebensformgestaltende Ausrichtung besitzt, da es »Fragen nach dem, was wir tun sollen« (Mittelstraß 1989, 19) reflexiv beantwortet.

Würde der unterrichtliche Lernprozess jedoch auf dieser, lediglich auf eine Anreicherung von Kenntnissen ausgerichteten Ebene des Verfügungswissens verharren, verdiente er die Bezeichnung »Wertebildung« nicht. Deshalb ist die Orientierungswissensperspektive unverzichtbar. Nicht zuletzt die prozessural verankerten Zielperspektiven Begründen, Kommunizieren und Handeln gewährleisten den dafür notwendigen Transformationsprozess: Das Sachwissen über Werte kommt dadurch in seiner Lebensbedeutsamkeit zur Geltung. Schülerinnen und Schüler sind von daher gefordert, reflexiv mit den thematisierten Werten bzw. Werthaltungen umgehen zu können und diese zum Aufbau sowie zur Begründung eigener Positionierungen heranzuziehen. Im Zuge dieses »anwendenden« Umgangs mit wertehaltigem Wissen prägen die Lernenden eigene Kriterien der Bewertung von Phänomenen und Situationen aus, die im Idealfall handlungsleitende Bedeutung gewinnen. Durch das entweder gefestigt vorhandene oder neu hinzugewonnene Orientierungswissen werden Schülerinnen und Schüler im Rahmen wertebildender Lernprozesse hinsichtlich der Gestaltung und bei der Ausprägung ihres selbstverantworteten, individuellen Wertegerüstes unterstützt.

Zukunftsbefähigung

Der Lebensalltag erfordert von allen Menschen, mit den vielfältigen, sich immer neu stellenden Anforderungen der pluralen gesellschaftlichen Verfasstheit, »mit kulturell und religiös differenten Wert- und Lebensorientierungen konstruktiv umgehen zu können« (Schweitzer 2012, 24). Insbesondere die durch technischen Fortschritt und globale Vernetzung zunehmende Komplexität führt dazu, dass wertebasierte Entscheidungen bisweilen schwieriger werden. Weil Wertebildung für diese Entscheidungsprozesse Kriterien anbietet, aber auch verantwortliches Entscheiden anbahnt, markiert sie ein elementares Moment von Zukunftsbefähigung, der aus benannten Gründen in den letzten Jahren verstärkt Bedeutung zugemessen wird. Dass Schule und Religionsunterricht die Lernenden in dieser Hinsicht unterstützen, wird vielfach gefordert und durch unterrichtliche Lern- und Bildungsprozesse auch gewährleistet. Unter anderem der Religionsunterricht wirkt durch seine wertebildenden Angebote an diesem allgemeinen Erziehungs- und Bildungsauftrag mit und kommt dem Zukunftsstreben der Heranwachsenden entgegen (vgl. Adam/Schweitzer 2006b, 32f; Roebben 2011, 36). Der Aufbau eines wertegesättigten Orientierungswissens kann den Individuen bei der Bearbeitung anstehender und zukünftiger Herausforderungen helfen.

Wenngleich wertebildender Religionsunterricht die Realität nur bedingt einzuholen vermag, so bietet er den Schülerinnen und Schülern dennoch Gelegenheiten, die lebensweltliche Pluralität systematisierend in den Blick zu nehmen und zukünftig erforderliche Argumentations- und Handlungsfähigkeit einzuüben und somit vorzubereiten. Er befähigt die Lernenden, »eine umfassende Welt- und Schöpfungsverantwortung zu entwickeln« (Pirner 2008, 103), indem er die kognitive, affektive und praktische Auseinandersetzung mit Wertefragen und diese herbeiführenden Entscheidungszusammenhängen forciert.[310] Dadurch können die Schülerinnen und Schüler sich ihre persönliche Lebensdeutung erarbeiten, sich als »handlungsfähige moralische Person« (Reis 2000, 282) wahrnehmen und aus diesem Selbstverhältnis heraus Zukunft aktiv (mit-)gestalten – im Rekurs auf ein Wertefundament, das autonome und selbstverantwortliche Entscheidungen ermöglicht.

Wissen um religiöse Wertebegründungsoptionen

Im alltäglichen Agieren rekurrieren Menschen in vielerlei Zusammenhängen auf ihr Wertegerüst, wenn es z. B. darum geht, ob sie um Spenden bittenden Personen auf der Straße Geld geben oder nicht. Gerade im Austausch mit anderen sehen sie sich herausgefordert, ihre Verhaltensmotivationen oder auch nur bestimmte Einstellungen zu einer Thematik zu begründen. Es kommt »zu Rechtfertigungen, Entschuldigungen, Legitimationen« (Schoberth W. 2012, 298), bei denen auf Werte Bezug genommen wird. Auch diese wiederum müssen im Diskurs begründet und somit legitimiert werden. Dies erfolgt nicht selten im Ausgriff auf gemeinschaftlich geteilte Begründungssysteme, insbesondere weil »Werte und Normen nicht traditions- und geschichtslos zu denken sind« (Ziebertz 2013, 448; vgl. zudem 3.1.4 und 3.3.3). Religionsunterricht, der einen Beitrag zur Wertebildung seiner Schülerinnen und Schüler leisten will, muss diesen verschiedene Begründungsoptionen anbieten, um sie in ihrer Werturteilsfähigkeit voranzubringen. Insbesondere gilt es, religiöse Traditionen als Optionen vorzustellen, Werte und damit verknüpfte Werthaltungen zu deuten und zu begründen – eine material verankerte Zielperspektive, die religionsdidaktischerseits immer wieder benannt wird (vgl. unter anderem Adam/Schweitzer 1996b, 33; Conrad 2008, 29; Schmidt 1997, 411). Dabei geht es aber nicht darum, beispielsweise aus religiösen Schriften ethisierend zu deduzieren und bestimmte Werthaltungen zu legitimieren. Vielmehr ist es wichtig, eine theologisch verantwortete Bezugnahme auf Wertebegründungsoptionen zu offerieren: zum Beispiel durch eine Befragung religiöser Lebenszeugnisse[311] daraufhin, welche Werte bzw. Werthaltungen im Rekurs auf welche religiösen Perspektiven wie realisiert werden (vgl. unten 4.3.3).

---

[310] Als einer der wenigen erweitert Manfred Pirner in seinen religionsdidaktischen Überlegungen zu Wertebildung diese Schöpfungsverantwortung über die menschenzentrierte Perspektive hinausgehend auch auf »Tiere und Pflanzen« (Pirner 2008, 103).

[311] Reinhold Mokrosch verweist darauf, »dass das vom gläubig wertenden Subjekt religiös gewertete Objekt eine religiöse Werthaftigkeit erhält« (Mokrosch 2013, 46).

Religionsunterricht sollte den Schülerinnen und Schülern bewusst machen, dass und wie Werte religiös begründbar sind. Dadurch verdeutlicht er den Lernenden die jeweilige Tradition in ihrer Werte fundierenden Orientierungsleistung. Letztlich wird dieses Unterrichtsfach so zu einem Angebot, zu einem »*Diskurskontext*, in dem sich Kinder und Jugendliche bewegen lernen und zur Auseinandersetzung mit vielfältigen Perspektiven angeleitet werden« (Schoberth I. 2012, 30). Selbstverständlich muss in diesem Zusammenhang ein kontroverser Dialog »über die Wahrheitsansprüche der Religionen« (Doedens 2014, 33) zur Geltung kommen: Positionen müssen »grundsätzlich kritisierbar sein« (Ziebertz 2013, 448), weshalb im Religionsunterricht auch verschiedene Weltanschauungs- und somit Wertebegründungsoptionen zur Geltung kommen und ernst genommen werden sollten (vgl. Nipkow 1996, 55). Dies impliziert, dass sich die Schülerinnen und Schüler – ganz im Sinne der Bildungsidee – nicht verpflichtet werden dürfen, bestimmte religiöse Wertebegründungsoptionen unhinterfragt zu übernehmen. Im Wissen um mehrere Begründungsmöglichkeiten können die Lernenden ihr individuell-authentisches und selbstverantwortliches Werturteil fällen. Hier zeigt sich die Wichtigkeit eines theologischen Argumentierens, das religiöse Positionen in Wertefragen nicht einfach als unhinterfragbare Setzungen proklamiert, sondern rational ausweist.

Reflexion der Bedeutung einer transzendenzbezogenen Wertebegründung

Eine Begründung von Werten im Ausgriff auf Transzendenz bietet zum einen die Möglichkeit, eine letzte Instanz von menschlichem Reflektieren und Agieren unabhängig von einer Beherrschung durch Menschen und der damit einhergehenden diesseitigen Begrenzung anzusiedeln (vgl. 4.1.2).[312] Zum anderen wird dadurch eine perspektivierte Antwort auf die Frage gegeben, warum es Sinn[313] macht, sittlich gut zu handeln – eine letztlich religiös-weltanschauliche Frage (vgl. Nipkow 2009, 95). Religionsunterricht, der Optionen bietet, Werte im Rekurs auf Gottesvorstellungen zu begründen, muss mit den Schülerinnen und Schülern die Bedeutung dieser, auf Transzendenz gründenden Sinngenerierung thematisieren: Daran können sich produktive Diskussionen über den Mehrwert einer religiösen Begründung von Werten entzünden, z. B. ob und inwiefern »aus dem Wert Gottebenbildlichkeit ein anderes Verhältnis zum Mitmenschen [...] [erwächst] als aus dem der Menschenwür-

---

[312] Karl Ernst Nipkow sieht eine Aufgabe des Religionsunterrichts darin, »die Struktur des verantwortlichen Lebens im Wissen um die geschöpfliche Begrenzung menschlichen Tuns« (Nipkow 1981, 183) zu reflektieren.

[313] Im Rekurs auf Karl Rahner betont beispielsweise Günter R. Schmidt, dass »Sinnhaftigkeit der Wirklichkeit meint, der Mensch sei in der Welt nicht einfach zufällig so da und könnte ebensogut nicht da sein, sondern er sei sich aus dem umfassendsten ›Geheimnis‹ (K. Rahner) heraus gegeben und aufgegeben.« (Schmidt 1997, 395)

de« (Mokrosch 2013, 47). Als »Sinnagenturen« zeichnen sich Religionen »dadurch aus, dass der individuelle Heilszuspruch in einen kollektiven Zusammenhang gebracht wird« (Mendl 2008, 289): Aus dem Rekurs auf Transzendenz folgen Möglichkeiten eines verantworteten Miteinanders und einer humanen Weltgestaltung. Durch die Reflexion einer derartig transzendenzbezogen Wertebegründung kann den Lernenden der eigene Sinn von Religion deutlich werden, der den Menschen eben nicht auf sich selbst zurückwirft (vgl. Englert 2014, 8; Reis 2000, 292; Rommel/Thaidigsmann 2007b, 220); gerade im Kontext eines weltanschaulich neutralen Staates eine wichtige Aufgabe religiöser Erziehung.[314]

Insbesondere hinsichtlich der Frage, wie es gelingen kann, mit Schülerinnen und Schülern die Sinnhaftigkeit dieser religiösen Dimension von Werten zu entdecken und zu rekonstruieren, zeigt sich gegenwärtig religionsdidaktischer Forschungsbedarf (vgl. Ruopp/Wagensommer 2012a, 145).

Theologische Befragung von Werten

Religionen ist ein prophetisch-kritisches Moment eigen, das auch im Rahmen wertebildender Lernarrangements im Religionsunterricht zum Tragen kommen sollte. Werte und Werthaltungen können aus dem Blickwinkel des Glaubens betrachtet und theologisch befragt werden: Religionsunterricht erweist sich in seinem Spezifikum – etwa in Abgrenzung zu einem Ethikunterricht – unter anderem dadurch, dass wertehaltige Zusammenhänge im Horizont von Gottesvorstellungen diskutiert werden. Ein Angebot, das nicht zuletzt den Schülerinnen und Schülern entgegen kommt, die »bei der Rekonstruktion individueller Lebens- und Wertorientierungen« Fragen haben, welche »eine religiöse Tiefenstruktur besitzen« (Ruopp/Wagensommer 2012a, 145), so zum Beispiel Fragen angesichts von Krankheit und Leid oder Fragen nach Gerechtigkeit – insbesondere unter den Vorzeichen einer Hoffnung auf ein Leben nach dem Tod (vgl. ebd.; Nipkow 1996, 57f; Rommel 2007a, 131). Im Religionsunterricht können die damit verbundenen Thematiken und Entscheidungssituationen diskutiert sowie durch religiöse Perspektiven konturiert werden – z. B. Gerechtigkeit und Hoffnung auf ein Leben nach dem Tod für alle, egal ob Opfer oder Täter. Dabei artikulieren Schülerinnen und Schüler

---

[314] In diesem Zusammenhang rekurrieren religionsdidaktische Veröffentlichungen gerne auf das so genannte »Böckenförde-Diktum«, wonach »der freiheitliche, säkularisierte Staat [...] von Voraussetzungen [lebt], die er selbst nicht garantieren kann« (Ernst-Wolfgang Böckenförde, zit. n. Kropač 2013, 329). Im Gegensatz zu früheren transzendent begründeten Staatsformen – z. B. Monarchien, die sich auf ein Gottesgnadentum berufen – steht die moderne Demokratie vor der Herausforderung, dass die Staatsbürger diese auch selbst tragen; der Staat kann eine demokratische Grundhaltung als Werthaltung nicht erzwingen. Dafür benötigt er einen Rekurs auf ein Ethos, das unter anderem Religionen, aber auch andere Werte begründende Gemeinschaften bieten können.

eventuell Werte, deren Begründungen einem religiösen Begründungsmodus entgegenstehen, und forcieren dadurch wertvolle Reflexionen. Solche Lernprozesse, die »durch die Befremdung kognitiver Dissonanzen angestoßen werden« (Dressler 2002, 265), sind durchaus intendiert und erweisen sich als nachhaltig bildungsbedeutsam: Ausgehend von derartigen Werte-Dissonanzen können wertebildende Diskurse initiiert werden – ganz im Sinne einer kritischen Bildung (vgl. Nipkow 1996, 55; Roebben 2011, 30; Schoberth I. 2012, 39), die sich nicht mit einem erreichten Status Quo oder gar einfachen Lösungen zufrieden gibt.

Insofern lässt sich als Intention eines wertebildenden Religionsunterrichts formulieren, dass Lernende ermutigt werden, einen Perspektivenwechsel vorzunehmen und »die Prüfung von Werten bzw. moralischen Regeln und Handlungsmotiven aus der Sicht des [...] Glaubens« (Dressler 2002, 264; vgl. Langer 1995, 313; Lachmann 2006, 19) anzugehen.[315] Mittels dieser theologisch fundierten Befragung können Schülerinnen und Schüler dann – im Duktus von Alfons Auer – dem motivierenden und stimulierenden Potential von Werten und Werthaltungen nachgehen (vgl. 3.3.4). So ergibt sich – zumindest für die Phase des Perspektivenwechsels – die Option, bestimmten Werthaltungen in kritischer Distanz zu begegnen und diese auf ihr Potential im Sinne einer Ermöglichung von einem Mehr an Leben (vgl. Joh 10,10) zu überprüfen.

4.3.3 Wertebildung im Horizont des christlichen Glaubens. Inhaltsbezogenes Proprium

Eine weitere Wegmarke religionspädagogischen Forschens tangiert die Frage nach dem christlich-religiösen Proprium von Wertebildung. Hierbei ergeben sich bisweilen Fokussierungen mit den eben, in allgemein-religionenbezogener Hinsicht präsentierten, material verankerten Zielperspektiven wertebildender Lernarrangements im Religionsunterricht. Dennoch ist eine separate Thematisierung des inhaltsbezogenen Propriums geboten, da Religionsunterricht als Unterrichtsfach, das – in Deutschland gemäß Art. 7 Abs. 3 GG – von einer anerkannten Religionsgemeinschaft her fundiert und verantwortet wird, einen spezifischen inhaltlichen Beitrag zu diesem zukunftsbedeutsamen Bildungsauftrag leisten kann: Religionen bieten zwar keine Werte auf, die nicht auch in anderen Systemen reflektiert und verantwortet werden können, sie leisten gleichwohl einen elementaren Beitrag zur Wertebildung des Subjekts, indem sie Begründungsoptionen für Werte und Werthaltungen bereit-

---

[315] Rainer Lachmann konstatiert unter diesen Vorzeichen, dass Religionsunterricht die Aufgabe habe, »die Werte des Grundgesetzes am christlichen Grundwert der Liebe zu messen« (Lachmann 2009, 297). Hierfür bedarf es m. E. jedoch einer Klärung, worin sich die Idee der Liebe als »christlicher Grundwert« im Gegensatz zu einem nichtchristlich konturierten Liebesverständnis auszeichnet.

stellen sowie im Glauben wurzelnde Werte-Realisierungsmöglichkeiten zugänglich machen.[316] Dieses Potential bildet das Fundament, auf welchem sich das Proprium des Religionsunterrichts in seiner wertebildenden Relevanz inhaltsbezogen erweisen lässt.

Indem im unterrichtlichen Zusammenhang Kontexte thematisiert werden, die hinsichtlich einer am Subjekt orientierten Wertebildung mit dem christlichen Glauben verknüpft sind, kann Religionsunterricht sein »klares religiöses – in vorliegendem Falle: christliches – Profil« (Schweitzer 2012, 26) verdeutlichen[317] und damit seinen unaufgebbaren, nicht mit einer Nivellierung auf »Pseudo-Ethikunterricht« einhergehenden Stellenwert im schulischen Fächerkanon ausweisen. An drei Aspekten wird im Folgenden das wertebildende, christlich-inhaltliche Proprium des Religionsunterrichts entfaltet: im Rekurs auf die christliche Verortung von Werten im Horizont der Gottesfrage (1), auf damit verknüpfte spezifische Referenzzusammenhänge (2) und auf religiöse Konturierungen des Verantwortungsaspekts (3).

Werte im Horizont der Gottesfrage

Menschen bietet sich die Option, ihr Leben und die damit verbundenen Erfahrungen im Horizont des christlichen Gottes- und Menschenbildes zu deuten. Diese Interpretationsoption kann auch hinsichtlich wertehaltiger Fragen zur Geltung gebracht werden (vgl. 3.3.3). Religionsunterricht steht daher unter anderem vor der Aufgabe, diesen Referenzzusammenhang in wertebildende Lernprozesse einzubringen und den Lernenden dadurch alternative Deutungsmöglichkeiten zu offerieren. Werte wie Freiheit, Gerechtigkeit oder

---

[316] Bernd Schröder verweist darauf, dass es »im Licht der ethischen Überlieferung von Religionen und Denominationen weder inhaltlich noch methodisch dasselbe sein [kann], ob ein ethisches Thema in dieser oder jener Spielart von Religionsunterricht und/oder Ethikunterricht behandelt wird« (Schröder 2015, 51). Wertebildungsbezogene Perspektiven hinsichtlich des Judentums skizziert beispielsweise Brumlik 2015; Aslan 2015 wiederum konturiert islamische Facetten.

[317] Bisweilen jedoch finden sich in religionsdidaktischen Entfaltungen zum Kontext Wertebildung keine Verortungen hinsichtlich dieses Propriums. Christoph Gramzow beispielsweise plädiert zwar für ein »Werte lernen durch Lernen in diakonischer Praxis« (Gramzow 2014, 140) – ein dem Compassion-Projekt ähnliches Lernsetting –, doch ist nicht erkennbar, inwiefern hier ein christliches Spezifikum zur Geltung kommen soll oder nicht. Vor allem scheint es um Anknüpfungspunkte im Praxisfeld von Diakonie zu gehen, die jedoch primär Optionen für situiertes Lernen darstellen. In seiner Rückbindung an christliche Kontexte wird dieses Praxisfeld eher wenig bedacht. Auch manche der von Ruopp/Wagensommer 2012b vorgestellten und ausgewerteten Religionsunterrichtsvorschläge bleiben ohne Rekurs auf christliche Zusammenhänge, so z. B. die Unterrichtsstunde zum Thema »sich richtig entscheiden« (vgl. ebd., 184–189).

Der Moraltheologe Volker Eid weist ebenfalls auf die Problematik hin, dass Religionsunterricht zu einem »Nur-Ethikunterricht werden [könne], in dem der *Zusammenhang* von Glaubensüberzeugung und selbstbestimmter Moral nur schwach deutlich wird« (Eid 2004, 239).

Menschenwürde werden durch einen Bezug auf den sich in der Geschichte Israels und durch Jesus Christus offenbarenden Gott spezifisch religiös aufgeladen und gedeutet: Z. B. kann Freiheit als allen Menschen durch Gott zugesagter Wert im Rückbezug auf die Freiheitserfahrung Israels (vgl. Ex 20,2) oder im Rekurs auf die paulinische Ausbuchstabierung von Freiheit als Gottes Zusage an den erlösungsbedürftigen Menschen (vgl. Röm 6,7–11; Gal 3,13) sowie anhand von Deutungen individueller Erfahrungen, die Christinnen und Christen in Relation zu Gott vorgenommen haben, verortet werden.[318]

Der Bezug auf Gott hinsichtlich der Fundierung von Werten markiert das *grundlegende Proprium des Religionsunterrichts in wertebildender Hinsicht* (vgl. unter anderem Conrad 2009, 28; Kropač 2008, 253f; Lachmann 2009, 294; Schweitzer 2000, 71; Ziebertz 2013, 449).[319] Dabei geht es nicht nur darum, den Schülerinnen und Schülern diese Möglichkeiten vorzustellen, sondern ihnen einen Raum zu bieten, »die Erschließung orientierender Erfahrungen mit dem biblisch bezeugten Gott« (Dressler 2007, 24) anzugehen und damit eigene Wertekontextualisierungen in den Horizont der christlichen Gottesidee – wenn auch nur probeweise – zu stellen. Die Lernenden können dadurch eine Sensibilität dafür erlangen, was es bedeuten kann, das eigene Wertegerüst von Gott her zu deuten.

Darüber hinaus bieten wertebildend angelegte religiöse Lernprozesse auch Beispiele, inwiefern diese Deutungsoption »zu einer ›alternativen‹ Lebensgestaltung in der Nachfolge Jesu« (Langer 1995, 321) gereicht: Hieran zeigt sich die werterealisierungsproduktive Kraft des christlichen Glaubens, der motivieren kann, bestimmten Werten in der individuellen Praxis einen Vorzug zu geben und damit eventuell nicht ausgeprägten Konventionen zu entsprechen; z. B., wenn weniger Wert auf eigenen materiellen Wohlstand zugunsten einer Solidarität mit den Ausgegrenzten im Sinne christlicher Nächstenliebe gelegt wird.[320]

Wichtig dabei ist die aktualisierende Interpretation der aus dem christlichen Glaubenskontext für die Schülerinnen und Schüler im Religionsunterricht

---

[318] Auf die nachhaltige Eröffnung dieser Gottesbeziehung »durch die geschichtliche Begegnung von Menschen mit Jesus von Nazareth« verweist Ulrich Kuhnke; die gegenwärtige »Erinnerung an Jesus und seine Botschaft von der befreienden Wirklichkeit Gottes« wiederum markiert daher ein Fundament christlich konturierter Wertebildung. (Kuhnke 2013, 232)

[319] Rainer Lachmann bezeichnet dies als das »Gott-offene religiöse Spezifikum christlicher Wertansicht« (Lachmann 2009, 297).

[320] Jörg Conrad beispielsweise spricht von der »Förderung individueller Handlungsfähigkeit im Horizont geschöpflicher Verantwortlichkeit für das Gemeinwesen und die ganze Welt« (Conrad 2008, 273).

Wolfgang Michalke-Leicht präzisiert die Auswirkungen einer Deutung von Werten im Horizont der Gottesfrage: »Werte werden […] in dem Maße bedeutsam, als sie religiös aufgehoben sind und nicht deswegen, weil sie religiös begründet werden.« (Michalke-Leicht 2009, 88)

zugänglichen Wertereferenzen, da sie »Perspektiven dar[stellen], die einem unmittelbaren Verwertungszusammenhang tendenziell entzogen sind« (Matthes/Menzel 2010, 196), indem beispielsweise aus biblischen Erzählungen nicht 1:1 Handlungsvorgaben für die Gegenwart ableitbar sind (vgl. Ziebertz 2013, 449–452).[321] Aus diesem Grund stellt sich einmal mehr die Anforderung, dass der wertesituierende Rekurs auf Gott als vernünftig, als rational auszuweisen ist. Dazu bedarf es theologisch kluger Verortungen abseits banaler Deduzierungen, damit auch für nicht-christlich geprägte und nichtgläubige Schülerinnen und Schüler dieser Sinnhorizont in seiner inhärenten Plausibilität nachvollziehbar wird (vgl. 3.3.4).

Wertebildung im Religionsunterricht kann nicht auf den Gottesrekurs verzichten, sondern muss vielmehr den damit verknüpften Mehrwert an Sinnzuschreibung sowie Orientierungsermöglichung explizit zum Tragen zu bringen und dieses Unterrichtsfach in seinem spezifischen Beitrag auszuweisen. Dies meint jedoch kein Oktroyieren der Gott-bezogenen Interpretations- und Argumentationsfigur für eigene Wertedeutungen der Lernenden. Mit Ulrich Kropač gesprochen, der Bescheidenheit hinsichtlich der damit fokussierten wertebildenden Idee einfordert, lässt sich formulieren: »Viel wäre schon erreicht, wenn junge Leute ein humanes Ethos entwickeln, das vom Gottesglauben inspiriert ist.« (Kropač 2008, 254; Kursivs. rückg. – K.L.)

Spezifische Referenzzusammenhänge

Ein Rückbezug auf Gott, um Werte zu begründen, ist für viele Schülerinnen und Schüler sicher nicht selbstverständlich, weshalb es erforderlich scheint, ihnen eine erprobende Auseinandersetzung mit dieser Wertebegründungsoption zu ermöglichen. Insofern besitzt Wertebildung im Religionsunterricht

---

[321] Folgende »biblische Grundbestimmungen« des Menschen vor Gott, die neuzeitlich besonders relevant geworden sind, identifiziert Karl Ernst Nipkow: »Erstens hat die Auffassung vom Menschen als ›Ebenbild Gottes‹ (1.Mose 1,27) zur Ausbildung des Grundwerts der Menschenwürde geführt [...]. Zweitens hat sich die Glaubensüberzeugung, daß vor Gott ›kein Ansehen der Person‹ gilt (Röm 2,11; Eph 6,9), auf den modernen Gleichheitsgrundsatz ausgewirkt. Drittens hat die Zusage, ›zur Freiheit berufen‹ zu sein (Gal 5,13), das Verständnis des Menschen als einer freien Person [...] beeinflußt.« (Nipkow 1996, 54f) Zu in religionspädagogischen Zusammenhängen häufig tangierten biblischen Texten hinsichtlich der wertebildend relevanten Verortung des Menschen im Horizont Gottes vgl. 3.3.2.
　　Bettina Kruhöffer versucht sich an der Herausforderung, wie im »Religionsunterricht damit umgegangen werden kann, dass einerseits die Bibel für die Entfaltung theologischer Ethik wichtig ist [...], andererseits aber den Schülerinnen und Schülern der biblische Kanon nicht als Sammlung von Regeln vermittelt werden kann, aus denen logische Lösungen für ethische Probleme der Gegenwart deduziert werden können« (Kruhöffer 2012, 184). Sie kommt abseits der bekannten Diagnose, dass biblische Texte einen Zugang zu den Wurzeln christlicher Ethik bieten und dass die biblische Botschaft Motivation für moralisches Agieren sein kann, jedoch nur zu bedingt weiterführenden Erkenntnissen im Sinne der von ihr aufgeworfenen Fragestellung.

»Laborcharakter« (Schoberth W. 2012, 301). Dieses Labor kann auf spezifische Referenzzusammenhänge zugreifen: Unter anderem sind dies biblische Erzählungen, Glaubenssätze und Lehrmeinungen der Kirche, überlieferte Lebensgeschichten bzw. -erfahrungen von Christinnen und Christen sowie Formen organisierter kirchlich-diakonischer Praxis.[322] Durch die Thematisierung von spezifischen, vielleicht gar kritischen kirchlichen Stimmen, die vom christlichen Glauben ausgehend argumentieren, kann das Subjekt in seiner Entscheidungsfindung unterstützt werden. Je mehr disparate, wertefundierte Ansichten es dabei ernsthaft berücksichtigt, desto verantwortlicher kann seine Positionierung ausfallen.

Biblische Erzählungen bieten sowohl Beispiele für die Realisierung bestimmter Werthaltungen als auch Referenzmomente für Wertebegründungs- und Deutungsoptionen, die auf die christliche Gottesvorstellung rekurrieren. Unter ähnlichem Interesse können *tradierte wertebezogene Erfahrungen von Christinnen und Christen* im Religionsunterricht thematisiert werden. Entsprechende Lernprozesse offerieren den Lernenden die Möglichkeit, »ein Gespür für die Dimensionen des Lebens zu entwickeln und [...] eine Ahnung von dem zu gewinnen, welche [Wert-]Urteile sich als tragfähig erwiesen haben« (Schoberth I. 2012b, 39; vgl. Schoberth I. 2014a, 328) und welche nicht. Hier kommt das kritisch-produktive Potential des christlichen Glaubens hinsichtlich der Wahrnehmung und Gestaltung von Gegenwart zur Geltung.

Letzteres zeigt sich auch in der diskursiven Auseinandersetzung mit *kirchlichen Lehrmeinungen* zu moralischen Fragestellungen. Wenngleich die entsprechenden Äußerungen nicht immer auf ungeteilte Zustimmung eines Großteils von gesellschaftlichen Gruppen treffen, vielmehr gelebte Praxis bisweilen sogar in Frage stellen, eröffnen sie gute religionsunterrichtliche wertebildende Lernoptionen:[323] Zum einen spiegelt sich in kirchlichen Lehrmeinungen ein profilierter Rekurs auf die im christlichen Gottes- und Menschenbild gründende Deutung von Werten wieder. Zum anderen werden daran die (gesellschafts-)kritische Kraft des christlichen Bekenntnisses und damit verknüpfter Werte-Optionen greifbar, welche die Lernenden herausfordern, ihre eigenen Werthaltungen in den Diskurs einzubringen, diese anfragen zu lassen, zu verteidigen, zu revidieren, zu erweitern etc.[324] Dies ist wertebildungsbedeut-

---

[322] Reinhold Mokrosch betont: »*»Christliche«* Wertungen erwachsen in der Regel aus christlichen Vorstellungen, Glaubenssätzen und Symbolen, – wie z. B. [...] aus dem Glauben an das kommende Reich Gottes, was ein christliches Verständnis der Werte Gewaltlosigkeit, Pazifismus, schenkende Gerechtigkeit, Wahrhaftigkeit u. a. hervorbringen kann.« (Mokrosch 2013, 48f)

[323] Bernhard Grümme verweist auch auf Spannungen zwischen wissenschaftlich-theologischer Ethik und der römisch-katholischen kirchlichen Lehrmeinung, insbesondere in den Bereichen der Sexual-, Geschlechter- und Familienethik (vgl. Grümme 2015, 26f).

[324] Im Sinne des Zweiten Vatikanischen Konzils ist zu berücksichtigen, dass kirchliche Lehrmeinungen nicht – wie häufig popularistisch unterstellt – dazu dienen, beispielsweise

sam, weil sich in einer pluralen, von beständigem Fortschritt geprägten Gesellschaft permanent Herausforderungen hinsichtlich eines verantwortlichen
Umgangs mit Neuerungen stellen. Menschen sind deshalb darauf angewiesen,
ihr Wertegerüst immer neu zu justieren. Der öffentlich geführte Diskurs über
sich neu ergebende wertehaltige Entscheidungssituationen unterstützt sie in
ihrer Meinungsbildung, indem verschiedene Stimmen zu Gehör kommen.
Unter anderem können dies auch kirchlich-christliche Positionen in bisweilen
unterschiedlichen Ausdeutungen sein. Die reflektierte und fundierte Auseinandersetzung mit diesen verschiedenen Standpunkten stellt eine wichtige
Aufgabe des Religionsunterrichts dar und erweist dessen wertebildendes Potential – z. B. angesichts von Fragen zu Lebensbeginn und Lebensende, zu
medizinischer Machbarkeit, zum Umgang mit marginalisierten Gruppen etc.[325]

Einen besonderen Vorteil des Religionsunterrichts markiert die Möglichkeit, auf *Wertealisierungskontexte* zugreifen zu können, *die sich als vom christlichen
Glauben getragene identifizieren lassen.* Krankenhäuser, Pflegeheime, Hilfsorgani-
sationen, aber auch Kindertagesstätten oder Schulen in kirchlicher Träger-
schaft sind Äußerungsformen des christlich-diakonischen Auftrags. Menschen, die sich in diesem Zusammenhängen beruflich oder freiwillig engagieren, sind ein Beleg für die praktische Dimension des christlichen Glaubens
und der damit verknüpften Werthaltungen – zunächst auch unabhängig davon, ob sie selbst explizit auf diese christliche Situierung von Werten rekurrieren oder nicht. Im Religionsunterricht können derartige Kontexte zum
einen einfach thematisiert werden, zum anderen bieten sich aber auch Chancen, Schülerinnen und Schülern konkrete Erfahrungen an diesen Orten zu
ermöglichen; beispielsweise in Form der Compassion-Projekte (vgl. 2.2.3)
oder durch Austauschgelegenheiten mit Menschen, die sich aus christlicher
Überzeugung diakonisch engagieren. Hierdurch eröffnen sich den Lernenden
Einblicke in christlich fundiertes und motiviertes wertehaltiges Agieren, vor
allem wenn mittels begleitender Reflexionen geklärt wird, »in welchem Ver-

---

Machtpositionen der Kirche in moralischer Hinsicht zu zementieren. »Das Lehramt ist
nicht über dem Wort Gottes, sondern dient ihm, indem es nichts lehrt, als was überliefert
ist, weil es das Wort Gottes aus göttlichem Auftrag und mit dem Beistand des Heiligen
Geistes voll Ehrfurcht hört, heilig bewahrt und treu auslegt und weil alles, was es als von
Gott geoffenbart zu glauben vorlegt, aus diesem Schatz des Glaubens schöpft.« (DV 10)

[325] Insbesondere auf dem Feld der Sexualmoral werden Positionen der katholischen Kirche
von großen Teilen der westlich geprägten Gesellschaft kritisch betrachtet. An dieser Problematik zeigt sich Papst Franziskus interessiert, weshalb er in Vorbereitung auf die III. Au-
ßerordentliche Vollversammlung der Bischofssynode 2014 eine weltweite Umfrage zu pas-
toralen Herausforderungen der Familie initiiert hat, die unter anderem für Deutschland das
Ergebnis erbrachte, dass »die meisten Gläubigen [...] mit der Kirche einerseits eine fami-
lienfreundliche Haltung, andererseits eine lebensferne Sexualmoral in Verbindung [brin-
gen].« (Vgl. Pressemitteilungen der DBK vom 03.02.2014. 012a, 2)

hältnis praktisches Handeln und Glaube, Gottes- und Menschenliebe zueinander stehen« (Mendl 2008, 290; vgl. Mendl 2015, 76f).

Religiöse Konturierungen des Verantwortungsaspekts

Zwar gibt es keine nur christlich begründbaren Werte (vgl. 3.3.3), doch lassen sich in mehrerlei Hinsicht typisch christliche Werte-Verortungen identifizieren und im Religionsunterricht thematisieren, z. B. Fragen hinsichtlich von Werten wie Friede, Gerechtigkeit, Menschenwürde etc. Insbesondere aber der Wert *Verantwortung(-sbereitschaft)* – und damit verknüpft der Wert *Freiheit* als Voraussetzung der Rede von Verantwortung – kann in einer spezifischen religiösen Konturierung ausgewiesen werden, da er mit Thematiken wie Schuld und Vergebung oder Gewissen im Horizont Gottes verknüpft ist.[326] Darin manifestiert sich in besonderer Weise die Bedeutung eines Ausgriffs auf Transzendenz im Wertediskurs: Wertehaltiges, sittliches Denken und Agieren wird dadurch in einen größeren orientierenden Verantwortungszusammenhang gestellt.[327] Eine Auseinandersetzung mit dieser Perspektive im Rahmen religiöser Bildungs- und Lernarrangements kann Schülerinnen und Schülern eine zusätzliche Dimension ihrer individuellen Werteverortung anbieten und sollte aufgrund ihrer (christlich-)religiösen Spezifität in einem wertebildenden Religionsunterricht nicht außen vor gelassen werden.

Beim Themenkomplex *Schuld und Vergebung* artikuliert sich der Verantwortungsaspekt als christliches Spezifikum in besonderer Weise. Das in Jesus Christus allen Menschen zugesprochene Heilshandeln Gottes macht angesichts des mit Wertefragen und -urteilen verknüpften Problems von Fehlentscheidungen, Schuld und Versagen ein Angebot, das über eine juristisch-gesetzliche Gerechtmachung hinausgeht: In christlich-gläubiger Hinsicht kann das menschliche Scheitern als Scheitern vor Gott gedeutet werden, dessen Liebe jedoch als unfassbar groß zu denken ist, so dass Vergebung möglich ist, selbst wenn dies – und hier konkretisiert sich die Radikalität des göttlichen Zuspruchs – innerweltlich ausgeschlossen scheint.[328] Bereits Schülerin-

---

[326] Mit folgender Charakterisierung, die den Freiheits- und Verantwortungsaspekt einholt, versucht sich Volker Eid der christlichen Konturierung von Moral anzunähern: »Es geht um eine Moral, die ohne jede autoritäre Fixierung auf engagierte Freiheit und verbindlichen Respekt setzt, welchen […] ich von der jesuanischen Option für Nächsten- und Feindesliebe her verstehe.« (Eid 2004, 252)

[327] Rainer Lachmann verweist beispielsweise auf so genannte »spezifisch religiöse[] Werte« (Lachmann 2009, 293) und meint damit die – bisweilen in Verfassungen von (Bundes-)Ländern verankerten – Werte *Ehrfurcht vor Gott* (vgl. Art. 131 BayVerf) und *Verantwortung vor Gott* (vgl. Präambel GG): Diese Werte markieren für ihn ein »entscheidendes Korrektiv gegenüber einer Absolutsetzung menschlicher Macht und Ideologie« (Lachmann 2009, 296).

[328] Anja Stöbener und Hans Nutzinger machen dieses Argument zu einem grundsätzlich bedeutsamen – abseits einer Fokussierung auf den Religionsunterricht: »Werterziehung ohne Religion wird […] irgendwann an ihre Grenzen kommen, dann nämlich, wenn es um den

nen und Schüler sind mit ihrer freiheitssituierten Fehlbarkeit und der damit einhergehenden Verantwortung konfrontiert. Obgleich vielen Lernenden die christliche Verortung von Schuld im Horizont Gottes zunächst als »Augenwischerei«, als billiger Ausweg oder gar als Ärgernis erscheint – wenn es darum geht, dass selbst grausame Täter auf Versöhnung in Gott hoffen dürfen –, bietet dieser christliche Blickwinkel auf den Wertekontext »Verantwortung« die Chance der »Anbahnung eines lebensförderlichen und verantwortungsvollen Umgangs mit eigener und fremder Schuld« (Pirner 2008, 102; Kursivs. rückg. – K.L.). Indem dieser Zusammenhang in wertebildenden Lernprozessen im Religionsunterricht zum Tragen gebracht wird, können die Schülerinnen und Schüler beim Ausbau ihrer wertebasierten, sittlichen Handlungsfähigkeit unterstützt werden; unter anderem weil sich dadurch Perspektiven eröffnen, die es trotz der Erfahrungen von Schuld und Scheitern möglich machen, weiterhin am Aufbau von Zukunft vertrauensvoll mitzuwirken (vgl. Schoberth I. 2012, 39).

Im Kontext von Freiheit und Verantwortung wird auch der Begriff des *Gewissens* tangiert. Damit kann das verstandesmäßige Vermögen von Menschen bezeichnet werden, mit dessen Hilfe sie moralische Zusammenhänge, in denen sie sich selbst befinden, als solche identifizieren und sich darin hinsichtlich damit verbundener Folgen orientieren können (vgl. Hilpert 2006, 621).[329] Für das Gewissen als innere Abwägungsinstanz eines jeden Menschen bilden Werte eine elementare Referenz. Sie helfen, eine Situation zu beurteilen und stehen letztlich Pate, wenn die Rede davon ist, dass sich ein Subjekt im Sinne seines Gewissens so oder so bzw. gar gegen sein Gewissen entscheidet. Dadurch erweist sich der Mensch insbesondere als befähigt, einen eigenen Begriff von Schuld zu bilden und Schuldkontexte zu erkennen; in theologischen Kategorien gesprochen: als Schuld vor Gott, vor sich selbst und vor den anderen. Nicht von ungefähr wurde in religionsdidaktischen Reflexionen zum Themenkomplex Wertebildung zum Teil vornehmlich auf das Gewissen rekurriert (vgl. Biesinger/Schmitt 1996, 176f; Mokrosch 1996 und 1989).[330] Gleichwohl erweist sich dieser bisweilen disparat verwendete

---

Umgang mit Fehlern und Versagen geht. Kinder spüren diese Grenzen, haben dann jedoch keinen Bezugspunkt außerhalb ihrer selbst oder den Eltern, der ihnen hilft, die Dinge wieder ›geradezurücken‹, der auf der einen Seite bestärkt und auf der anderen Seite korrigiert. In dem Einbezug Gottes liegt […] die Chance, zu zeigen, dass es […] einen Maßstab außerhalb ihrer selbst und der Eltern gibt.« (Stöbener/Nutzinger 2007, 41)

[329] Theologische Entfaltungen zum Kontext Gewissen bieten unter anderem: Fonk 2004; Laubach/Maurer 2000; Schockenhoff 2003.

[330] Reinhold Mokrosch hat sich in umfassender Weise mit der Frage einer christlichen Gewissensbildung befasst. Unter anderem entfaltet er »Aufgaben der Gewissensbildung im moralischen Sinn« in drei Phasen: Unterstützung Jugendlicher beim Wahrnehmen alltäglicher »Normen- und Wertkonflikte […], so daß ihre Gewissenskonflikte hervortreten« (1. Phase); Anbieten von Reflexionshilfen, damit sie ein Wertbewusstsein aufbauen können (2. Phase);

Begriff in seiner pädagogischen Reichweite als begrenzt. Auch religionspädagogisch ist er gegenwärtig nur noch bedingt en vogue (vgl. Mokrosch 2001, 710–712) und in den letzten Jahren trotz entsprechender Postulate kaum differenzierter in religionsdidaktischer Hinsicht entfaltet worden (vgl. Englert 2008, 818;[331] Lämmermann 2005, 253; Ziebertz 2013, 446). Vieles, was unter der Terminologie Gewissensbildung/-erziehung subsumiert wurde – z. B. »die Bildung ethischer Einsicht, ethischer Urteilsfähigkeit und die Reflexion ethischen Handelns« (Ziebertz 2013, 446) –, lässt sich auch unter dem Begriff Wertebildung verhandeln.

Bei all dem ist zu bedenken und im Religionsunterricht einsichtig zu machen, dass wertebasiertes, sittliches Handeln in christlich-theologischem Sinne »seiner Grundstruktur [nach] nicht Aktion, sondern Reaktion [ist]: Antwort auf ein vorgängiges Liebeshandeln Gottes« (Kropač 2013, 333; vgl. Nipkow 1996, 55f). Erst aufgrund der in der Offenbarung durch Jesus Christus ausgesagten liebenden Zuwendung und Heilsverheißung Gottes an den Menschen kann sich letzterer als freiheitliches, werterealisierungsbegabtes sowie -fähiges Wesen denken. Viele gläubige Christen sehen sich von diesem unverdienten Geschenk, von dieser Auszeichnung her zugleich in die Verantwortung genommen, Gottes *Liebe* bei der Justierung des eigenen Wertegerüstes integrierend zu verorten und in eigenem wertebasiertem Handeln zu realisieren. Aus dieser christlichen Deutung von Liebe hat Rainer Lachmann ein Kriterium herausgearbeitet, um das christliche Proprium in wertebildenden Lernprozessen im Religionsunterricht zu verdeutlichen: das »Agapekriterium« (Lachmann 1980). Er sieht im »christlichen Grund-Wert der Liebe / Agape« das Korrektiv, an dem sich »– aus christlicher Sicht – alle Werte überhaupt messen lassen müssen«. (Lachmann 2009, 296)

Fazit

Die drei eben präsentierten, das wertebildende, christlich-inhaltsbezogene Proprium des Religionsunterrichts markierenden Aspekte – der Horizont der Gottesfrage, damit verknüpfte spezifische Referenzzusammenhänge sowie der Verantwortungsaspekt und mit diesem zusammenhängende Thematiken – erweisen dieses Unterrichtsfach in seinem Spezifikum: Hier werden den Schülerinnen und Schülern profilierte Perspektiven und Räume angeboten, an der Ausprägung und Gestaltung ihres persönlichen Wertegerüsts zu arbeiten. Durch die Initiierung theologisch und religionsdidaktisch verantworteter Lernprozesse lässt sich somit die Relevanz des christlichen Beitrags zur Wertebil-

---

Aufarbeiten innerer »Selbst(bild)konflikte«, wobei es gilt, »den Konflikt zwischen Es und Überich in aller Schärfe« ernst zu nehmen (3. Phase). (Mokrosch 1996, 412)

[331] Rudolf Englert spricht davon, dass es »aus christlicher Sicht […] bei moralischer Erziehung und ethischem Lernen in der Hauptsache um Gewissensbildung« (Englert 2008, 818) gehe.

dung in seiner die Allgemeinbildung unterstützenden Dimension und in seiner Vernunftgemäßheit plausibilisieren. Den Religionslehrerinnen und -lehrern kommt dabei große Verantwortung zu, unter anderem dahingehend, dass sie die Werteperspektiven nicht nur theoretisierend in das Lerngeschehen einbringen, sondern durch ihre eigenen Wertedeutungen und -begründungen sowie insbesondere durch ihr Interagieren mit den Schülerinnen und Schülern Werthaltungen authentisch vertreten (vgl. 4.2.4). Dann wird einmal mehr zugänglich, dass Wertebildung im christlichen Horizont die Lernenden als Subjekte ernst nimmt und unter dem Vorzeichen der Freiheit ermöglichenden, liebenden Zusage Gottes einen Beitrag zu ihrer Subjektwerdung leistet.

4.3.4 Religiöse Bildung und Wertebildung. Modelle der Verhältnisbestimmung

Die überblicksartigen historischen Einordnungen (vgl. 4.3.1) haben gezeigt, dass sich Fragen der Wertebildung erst im Gefolge der 1968er Bewegung in der deutschsprachigen Religionspädagogik als spezifischer Forschungskontext etabliert haben. Noch wenige Jahre zuvor setzen viele religionsdidaktische Darlegungen voraus, dass religiöse Bildung bzw. Erziehung mit sittlich-ethischer Bildung bzw. Erziehung gleichzusetzen ist. Mittlerweile hat sich weitgehend der Forschungskonsens eingestellt, dass Wertebildung und religiöse Bildung zwar Überschneidungen aufweisen, aber dass gerade Wertebildung auch ohne Rekurse auf religiöse Deutungssysteme gedacht und realisiert werden kann. Gleichwohl herrscht in der Meinung vieler Menschen noch immer die Annahme vor, religiöse Bildung sei vornehmlich Wertebildung. Diese Einschätzung jedoch wird den dadurch in eins gesetzten Kontexten nicht gerecht.

Deshalb wird im Folgenden eine Verhältnisbestimmung von religiöser Bildung und Wertebildung vorgenommen. Es lassen sich drei idealtypische Modelle[332] herausarbeiten, um dieses Verhältnis zu beschreiben – unter anderem im Rekurs auf (religions-)pädagogische und weitere, den Zusammenhang »religiöse Wertebildung« in den Blick nehmende Darlegungen. Diese Modelle sind in der Praxis so in »Reinform« nur bedingt vorzufinden. Alle drei Model-

---

[332] Erstmals vorgestellt habe ich diese drei Modelle in Lindner 2012a, 135–137. In vorliegender Studie werden sie insbesondere hinsichtlich ihrer Begründung präzisiert. Der Rekurs auf den Modell-Begriff bietet die Möglichkeit einer eingängigen und elementarisierenden Verhältnisbestimmung. Darüber hinaus soll damit signalisiert werden, dass es durchaus auch vorkommen kann, dass eine Argumentation auf mehr als lediglich eines der drei entfalteten Modelle rekurriert, wenn es darum geht, Wertebildung im Verhältnis zu religiöser Bildung zu situieren.

Friedrich Schweitzer widmet sich ebenfalls dieser Problematik und folgert: »Der Religionsunterricht besitzt […] unvermeidlich eine ethische Dimension, die er nicht verdrängen oder verschweigen, sondern zu der er selbstbewusst stehen und für die er eintreten sollte – auch in dem Bewusstsein, dass er darin nicht aufgehen kann.« (Schweitzer 2015, 23)

le wissen darum, dass Wertebildung auch außerhalb religiöser Bildungskontexte zum Tragen kommt. Sie bieten letztlich einen wichtigen Referenzrahmen für religionsdidaktische Reflexionen: Abhängig davon, auf welches der drei Modelle sich Argumentationen schwerpunktmäßig beziehen, entscheidet sich letztlich die Antwort-Diktion hinsichtlich des religionsdidaktischen Anforderungsprofils von Wertebildung.

Religiöse Bildung

Um eine nachvollziehbare Verhältnisbestimmung vornehmen zu können, sei das Referenzmoment »religiöse Bildung« kurz charakterisiert: Religiöse Bildung umfasst mehr als das inhaltliche Weitergeben religiöser Traditionen, insofern – und darauf verweist einmal mehr der Bildungsbegriff – sie insbesondere vom Subjekt her zu denken ist, welches sich darum bemüht, religiöse Traditionen zu verstehen und für das eigene Deuten und Gestalten von »Welt« fruchtbar zu machen. Sie stellt eine Allgemeinbildungsaufgabe dar, wenn es ihr darum geht, »die religiösen und weltanschaulichen Erfahrungen und Prägungen ins Bewusstsein zu holen, die in der eigenen Lebensgeschichte wirksam waren« (Schweitzer 2014, 186) und sind. Mit Rudolf Englert gesprochen »lässt sich [religiöse Bildung] von daher als ein Versuch der Synchronisierung von Sinn- und Selbsterschließung begreifen« (Englert 2008c, 166). Sie muss einen sinnvollen und verständlichen Austausch über Wahrheiten provozieren, die Menschen als »bindend und letztbedeutsam erfahren« (ebd., 172).[333] Auf dieser Basis fußt »ein kritisches und hoffnungsstiftendes Moment, das auf die Verbesserung der Dinge […] zielt« (Schröder 2012, 229) und von den (religiös) lernenden Subjekten eine begründete, selbstbestimmte und von daher mündige Positionierung zu den Kontexten Religion und Religiosität sowie zu deren Bedeutung für die persönliche Lebensgestaltung einfordert.

Im Kontext der jüdisch-christlichen Glaubenstradition begründet der Rekurs auf Gott und die damit verbundene Idee einer Gottebenbildlichkeit des Menschen den Horizont, innerhalb dessen religiöse Bildung zu denken ist.[334] Zentral ist dabei der Freiheitsgedanke, der sich aus der Gottebenbildlichkeitsidee ableiten lässt: In Bezug auf Gott kann der Mensch als frei von allen menschlichen Unterdrückungsmomenten angesehen werden (vgl. Exodus-Tradition). Religiöse Bildung sieht sich also Aspekten verpflichtet, die auch

---

[333] Dietrich Benner zufolge hängt die »bildungstheoretische Legitimität von Religion […] wie die religiöse und theologische Dignität von Bildung davon ab, dass das Religiöse als etwas erfahren und identifiziert wird, das durch seine eigene Logik von den Handlungslogiken der anderen Praxen [menschlichen Denkens und Handelns; K. L.] […] unterschieden ist« (Benner 2014, 35).

[334] Gleichwohl sind Versuche, aus derartigen theologischen Kategorien pädagogische Aussagen linear-direkt abzuleiten, als problematisch einzustufen. Rudolf Englert verweist auf den entsprechenden »Kategorienfehler« (Englert 2008a, 137; vgl. auch ebd., 133–137).

für ein nicht-religiöses Bildungsverständnis leitend sind. Zugleich werden damit Kontexte tangiert, die ebenso in Wertebildungszusammenhängen bedeutsam sind – z. B. Rekurse auf die Autonomie des Subjekts, auf seine Selbstzweckhaftigkeit und Verantwortung oder auf die Bedeutsamkeit eines Sinnzusammenhangs (vgl. 4.1.1.1).

4.3.4.1 Gleichsetzungsmodell: religiöse Bildung ist gleich Wertebildung

»Inzwischen gilt es für viele […] als ausgemacht und nicht weiter fraglich, dass die Religion für die Gesellschaft *ausschließlich* die Funktion der Wertebildung und -vermittlung habe.« (Kunstmann 2007b, 165) Mit diesem Befund verweist Joachim Kunstmann auf eine – wie oben bereits mehrmals tangiert – häufig auf den Religionsunterricht hin applizierte Erwartungshaltung. Abseits theologischer Vergewisserungen liegt dieser Annahme eine Verengung dessen zugrunde, was Religion umfasst. Diese wird dabei primär als »Wertelieferantin« wahrgenommen – als Weltanschauung, die Hinweise gibt bzw. gar Vorschriften macht, wie Leben gut und gerecht zu gestalten ist. Eine Einschätzung, die in Deutschland alltagstheoretisch weit verbreitet ist, nicht zuletzt weil die Stimme der katholischen und der evangelischen Kirche insbesondere hinsichtlich werthaltiger Fragen – wie z. B. Familie, Lebensbeginn und -ende, Menschenrechte, Sexualität oder Umweltschutz – öffentlichkeitswirksam hörbar erscheint. Dieses verengende, als funktionalistisch charakterisierbare Verständnis von Religion begründet nicht selten die Meinung, religiöse Bildung sei gleich Wertebildung.[335]

Dieses *Gleichsetzungsmodell* ist häufig anzutreffen. Abgesehen von der eben erwähnten, auch in Zeiten rückläufiger Bindung an religiöse Gemeinschaften noch weit verbreiteten Alltagstheorie lässt sich die gleichsetzende Idee vor allem nachweisen, wenn aus nicht-religionspädagogischen Zusammenhängen heraus darüber nachgedacht wird, was religiöses Lernen für die Gesellschaft leisten könne: Insbesondere die Förderung von Wertorientierungen und -haltungen wird dann als Hauptaufgabe entsprechender Lern- und Bildungsarrangements identifiziert. Entsprechende Tendenzen finden sich nicht selten in Statements von Politikerinnen und Politikern. Hans Zehetmeier beispielsweise rekurriert darauf, dass der »Staat […] vom Religionsunterricht erwarten [könne], daß er dem jungen Menschen […] ein Maß an ganzheitlicher Ethik und Moral vermittelt, das größer ist als das, was der Staat aus sich heraus z. B.

---

[335] In der Geschichte der Religionspädagogik selbst lässt sich diese Argumentationsfigur finden: Christian Gotthilf Salzmann (1744–1811) bestimmt »Religion als ›gute Gesinnung […] und […] als ›Erkenntniß des wahren Werthes einer Sache«« (zit. n. Lachmann 2009, 291) und plädiert dafür, diese Werterkenntnis durch unterrichtliche und erziehende Prozesse an die Heranwachsenden weiterzugeben. Derartige Ineinssetzungen von religiöser und sittlicher Erziehung von Seiten der Religionspädagogik finden sich auch noch in der ersten Hälfte des 20. Jahrhunderts; vgl. Unterpunkt 4.3.1 vorliegender Studie.

den allgemeinen Bildungszielen zugrunde legt« (Zehetmeier 1999, 33). Auch die Politikerin und Pfarrerin Katrin Göring-Eckardt spricht den Religionsgemeinschaften die Hauptaufgabe zu, »eine Fülle von Werten für die Erziehung unserer Kinder beizutragen« (Göring-Eckardt 2006, 57). Im Hintergrund derartiger Argumentationen steht die Idee, dass die Gesellschaft nicht auf die mit Religionen – in Deutschland häufig speziell mit dem Christentum – verbundenen Werte verzichten könne.[336]

Das Gleichsetzungsmodell dient oft als Begründungsfigur, um Religionsunterricht in der öffentlichen Schule in seiner gesellschaftlichen Relevanz zu legitimieren. Unter anderem auch in den Erziehungswissenschaften wird dieses Unterrichtsfach bisweilen als Wertefach identifiziert. Die Pädagogin Diemut Kucharz beispielsweise charakterisiert es als »traditionellen Ort, an dem Werte gezielt vermittelt werden« (Kucharz 2007, 81). Ihrer Meinung nach dient Religionsunterricht dazu, Wertsysteme mitsamt den daraus ableitbaren Normen kognitiv zu erfassen und die Lernenden zu befähigen, sich dazu zu positionieren. In reduktionistischer Weise pointiert Kucharz, dass es in diesem schulischen Unterrichtsfach darum gehe, »christliche Werte kennen zu lernen, zu erfahren und sich zu Eigen zu machen, sie zu internalisieren« (Kucharz 2007, 81).[337] Gerade angesichts zunehmender Migrationsbewegungen und der damit verbundenen kulturell-ethnischen Vermischung von Wertsystemen verankert die Erziehungswissenschaftlerin die Bedeutung des Religionsunterrichts als Wertefach. Dass die weite Verbreitung dieser Einschätzung auch empirisch belegbar ist, zeigen unter anderem die Ergebnisse einer Studie von Michael Gruber. Im Rahmen seiner Online-Erhebung unter 854 Personen – meist Lehrerinnen und Lehrer – sollten die Befragten spezifisch für die Aufgabe »Werteerziehung« geeignete Schulfächer angeben. Der Religionsunterricht wurde dabei am häufigsten genannt, gefolgt vom Fach Deutsch (vgl. Gruber 2009, 140).

Wenn religiöse Bildung und Wertebildung im Sinne des Gleichsetzungsmodells betrachtet werden, erfolgt dies meist in einer Richtung: Religiöse Bildung dient – so die damit verknüpfte Idee – letztlich der Wertebildung, sie geht in dieser auf. Dass wiederum Wertebildung lediglich als religiöse Bildung identifiziert wird, lässt sich nicht nachweisen. Wird das Gleichsetzungsmodell auf den Religionsunterricht appliziert, bedeutet das, dass religiöse Inhalte nur bedingt in ihrer Eigenständigkeit und in ihrem spezifisch theologischen Bildungsgehalt gewürdigt werden. Deren Thematisierung dient dann nur der

---

[336] Zugleich bleibt einmal mehr darauf zu verweisen, dass Werte auch ausgehend von anderen Kontexten her begründet werden könnten, wohingegen – darauf sei stellvertretend für viele ähnliche Einschätzungen verwiesen – Hans Zehetmeier dem Christentum spezifische Werte attestiert (vgl. Zehetmeier 1999).

[337] Auch Siegfried Uhl teilt die Auffassung, dass so genannte »gesinnungsbildende« Fächer für Werteerziehung besser geeignet erscheinen (vgl. Uhl 1998).

Wertebildung der Subjekte. Biblische Texte beispielsweise würden im Religionsunterricht unter diesem Vorzeichen zwar thematisiert, aber weniger im Sinne ihres Eigenwertes, sondern hauptsächlich als Referenzinhalt, der Anstöße für eine reflektierende Weiterentwicklung des Wertgerüsts der Schülerinnen und Schüler bietet. Interessanterweise ebnen viele Lehr- und Bildungspläne einer derartigen Lesart von biblischen Erzählungen, kirchengeschichtlichen Kontexten oder anderer Inhaltsbereiche des Religionsunterrichts den Weg, insofern sie diese in ethisch-wertebildender Hinsicht funktionalisieren.[338]

Insgesamt markiert das Gleichsetzungsmodell eine Zerrform, die in gewisser Weise Nähen zu den heiklen Aspekten der Konzeption einer problemorientierten Idee von Religionsunterricht aufweist, insofern dabei religiöse Traditionen »lediglich als Reservoir von passenden Antworten zur Lösung gegenwärtiger Probleme« (Kropač 2013b, 52) instrumentalisiert werden. Damit jedoch wird die Reichweite religiöser Bildung beschränkt und das wertebildende Moment als eigenständige Subdimension nicht beachtet. Eine weitreichende Konsequenz dieses Modells ist gar, dass Religionsunterricht in dieser Diktion letztlich überflüssig würde, insofern – wie oben bereits dokumentiert – Wertebildung auch ohne expliziten Rekurs auf religiöse Sinnzusammenhänge möglich ist.[339]

4.3.4.2 Abgrenzungsmodell: Wertebildung ist nicht religiöse Bildung

Gesellschaftlich geführte Debatten um den Religionsunterricht an öffentlichen Schulen tangieren nicht selten den Kontext Wertebildung. So zum Beispiel zeigen es die Diskussionen im Rahmen des 2009 gescheiterten Berliner Volksentscheides um die Einführung eines Wahlpflichtbereiches Ethik/Religion zugunsten der Vorgabe, dass Schülerinnen und Schüler in der Bundeshauptstadt Ethik als ordentliches Lehrfach absolvieren müssen. Auf den von der Evangelischen Kirche im Rahmen des Berliner Volksentscheides geprägten Slogan »Werte brauchen Gott« haben verschiedene atheistisch argumentierende Gruppen deutlich zurückweisend reagiert: Werte könnten auch ohne den Rekurs auf Gott begründet werden (vgl. z. B. Otte/Wiese 2007). In der

---

[338] Vgl. z. B. den Themenbereich »K 9.1 Exodus, Dekalog und Propheten: Gott schenkt Freiheit und Gerechtigkeit« des Bayerischen Gymnasiallehrplans für Katholische Religionslehre: Hier werden bereits in der Themenformulierung entsprechende »Ethisierungen« vorgenommen (vgl. Bayerisches Staatsministerium für Unterricht und Kultus 2009, K 9.1). Kompetenzorientierte Lehr- und Bildungspläne legen die Würdigung und Deutung der Inhalte eines Unterrichtsfaches verstärkt in die Verantwortung der Lehrenden. Letztere müssen als fachwissenschaftliche Expertinnen und Experten somit darauf Wert legen, den Inhalten in ihrem Eigenwert gerecht zu werden und diese nicht vorschnell zugunsten des Erlangens von prozessorientierten Kompetenzen zu instrumentalisieren.

[339] Auch Joachim Kunstmann verweist darauf, dass »sich ein Religionsunterricht, der sich ethisch begründet und als Werteerziehung versteht, ersetzbar« (Kunstmann 2007b, 167) macht.

Folge wird – insbesondere von sich als atheistisch und humanistisch bezeich-
nenden Gruppierungen – Wertebildung von religiöser Bildung abgegrenzt.
Letztere sei für das Anliegen »Werte« nicht nötig. Im Rahmen polemischer
Argumentationen wird religiöser Bildung in derartigen Diskussionszusam-
menhängen zum Teil gar unterstellt, individuelle Freiheiten – und damit Werte bzw. Werthaltungen – zu begrenzen oder bestimmte Vorgaben zu indokt-
rinieren. Derartige und ähnlich gelagerte Ausgangslagen prägen die Rede vom
Abgrenzungsmodell, das Wertebildung abseits von religiöser Bildung konturiert.

In der religionspädagogischen Diskussion lässt sich dieses Modell nur bedingt nachweisen. Wenn darauf Bezug genommen wird, dann vor allem aus
strategischen Gründen, um in produktiver Absicht einer Funktionalisierung
von Religion im Sinne einer »Wertelieferantin« entgegenzuwirken. In gewisser
Weise greift Bernhard Dressler auf dieses Modell zurück, um sich gegen eine
Begründung religiöser Bildung am Lernort Schule über den Aspekt der Werteerziehung auszusprechen: »Religionsunterricht kann nicht Werteerziehung
sein« (Dressler 2015, 40). Er verwehrt sich im Duktus des Abgrenzungsmodells gegen eine Verzweckung des Religionsunterrichts hinsichtlich einer Werteerziehung, da sich dahinter eine Instrumentalisierung von Religion verberge.
Letztere sei mehr als Ethik »eine eigenartige, von Wissenschaft und Moral
unterschiedene Selbst- und Weltdeutung« (Dressler 2010, 122), die es stark zu
machen gelte, wenn der Religionsunterricht mehr als Ethikunterricht sein soll.[340]

Auch könnte man Ansätzen, die in Bildungszusammenhängen an Religion
nur in religionskundlicher Hinsicht interessiert sind, eine Affinität zum Abgrenzungsmodell unterstellen: Primär fokussieren derartige Konzeptionen
von religiöser Bildung die Inhalte von Religionen unter religionswissenschaft-
licher, vornehmlich kognitiver Hinsicht. Deren Selbstreflexivität auslösende
sowie handlungseröffnende Wirkung auf die in entsprechenden Lernprozessen eingebundenen Subjekte blenden sie jedoch aus. Wertebildende Diskurse
werden somit dabei nicht explizit in Betracht gezogen.

Im Sinne des Abgrenzungsmodells werden religiöse Bildung und Wertebildung als zwei unterschiedliche Aspekte von Bildung verstanden und insofern
in Distanz zueinander profiliert. Würden religiöse Bildungsprozesse im Religionsunterricht unter diesen Vorzeichen initiiert, bedeutete dies, dass vornehmlich das »Kennen-Lernen« von Inhalten im Zentrum dieses Unterrichtsfaches stehen dürfte. Wenn man jedoch annehmen muss, dass jegliche Auseinandersetzung mit »Welt« einen orientierenden und damit auch wertebildenden Gehalt hat (vgl. 4.1), zeigt sich der stark theoretische Charakter dieses

---

[340] In gewisser Weise entspricht diese Argumentation Dresslers dem Allgemeinbildungs-
Modell des PISA-Konsortiums, welches den moralisch-evaluativen vom religiös-
konstitutiven Weltzugang abgrenzt und diese beiden Zugangsweisen – neben der kognitiven und ästhetisch-expressiven – als »nicht wechselseitig substituierbare[] Modi der Welterfahrung« (vgl. Baumert/Stanat/Demmrich 2001, 21) präsentiert.

Modells. Gleichwohl leistet das Abgrenzungsmodell im Horizont vorliegender Studie zweierlei: Zum einen gelingt es damit, die Stimme derer einzufangen und abzubilden, die einem (zwingenden) Rekurs auf religiöse Bildungszusammenhänge im Kontext von Wertebildung skeptisch bis ablehnend gegenüber stehen. Zum anderen bietet dieses Modell die Option, aus religionsdidaktischer Sicht in überzeichnender Weise auf die Problematik einer vorschnellen Ineinssetzung von religiöser Bildung mit Wertebildung zu verweisen.

4.3.4.3 Verflechtungsmodell: religiöse Bildung ist zum Teil auch Wertebildung

Religiöse Verortungen erlauben es, hinsichtlich der Sinnhaftigkeit von Werten Antworten zu finden; unter anderem auf die Frage, warum Leben in Orientierung an sittlichen Werten gestaltet werden sollte (vgl. 4.1.2; 4.3.2). Insofern zeigt sich, dass im Rahmen von wertebildend ausgerichteten Lernarrangements ein Ausgriff auf religiöse Bildungszusammenhänge produktives Potential bietet.

Auch in umgekehrter Richtung können Verknüpfungen dieser beiden Kontexte ausgemacht werden: Die Beschäftigung mit religiösen Inhalten, z. B. mit biblischen Erzählungen, christlich begründeten Lebensgestaltungsweisen oder kirchlichen Stellungnahmen, fordert das Subjekt neben einer inhaltlichen Auseinandersetzung auch dazu auf, einen Abgleich mit eigenen Erfahrungszusammenhängen anzugehen. Ob diese individuelle Verortung inspirierend ist, Zustimmung oder Ablehnung hervorruft, unterliegt der Freiheit der bzw. des Einzelnen. Gleichwohl zeigt sich an dieser Ausgangslage, dass religiöse Lern- und Bildungsprozesse nicht umhin kommen, Wertebildung anzustoßen. Wird Religion gar als Grundkonstante verstanden, die Menschsein in verschiedenster Hinsicht prägt und die Sinnfrage einholen kann, muss der Kontext Werte bzw. Werthaltungen als von ihr beeinflusst angenommen werden. Nicht von ungefähr hat sich deshalb in der Religionsdidaktik die wertebildende Dimension religiösen Lernens als Forschungsperspektive etabliert (vgl. 4.3.1).

Auf diesen beiden eben vorgestellten Betrachtungswinkeln fußt das *Verflechtungsmodell*: Wertebildung kann in bestimmter Hinsicht durch Momente religiöser Bildung bereichert werden; religiöse Bildung wiederum schließt unter bestimmten Voraussetzungen wertebildende Kontexte nicht aus. Darlegungen, die im Sinne des Verflechtungsmodells argumentieren, reduzieren religiöse Bildung nicht auf den Werte-Aspekt hin (= Gleichsetzungsmodell), bringen diese aber auch nicht um das Potential dieses Kontextes (= Abgrenzungsmodell).

Wenn es um wertebildende Aspekte des Religionsunterrichts geht, begründen religionsdidaktische Entwürfe, aber auch kirchliche Dokumente ihre Konstatierungen häufig im Duktus des Verflechtungsmodells. Insbesondere deshalb, weil es sich am tragfähigsten erweist, wenn es darum geht, dieses

Unterrichtsfach in seinem eigenständigen, von der religiös-konstitutiven Wirklichkeitserfahrung her geprägten Profil zu begründen, das auf der einen Seite nicht in einem Ethikunterricht aufgeht und auf der anderen Seite einen Beitrag zur Wertebildung – im Sinne des Potentials, das von verschiedensten Seiten religiöser Orientierungskraft zugestanden wird – leistet.[341]

Anhand ausgewählter Darlegungen zentraler kirchlicher[342] Dokumente zur Idee und Gestalt des Religionsunterrichts lässt sich die Argumentationsstrategie des Verflechtungsmodells nachweisen: Die Würzburger Synode macht in dem 1974 verabschiedeten Beschluss »DER RELIGIONSUNTERRICHT IN DER SCHULE« deutlich, dass Wertebildung nicht das alleinige oder gar vorrangige Ziel dieses Unterrichtsfaches ist. Vielmehr geht es darum, die Lernenden »zu verantwortlichem Denken und Verhalten im Hinblick auf Religion und Glaube« (Sekretariat der DBK 1974, 2.5.1) zu befähigen. Ausgehend von diesem Globalziel, das die religiöse Bildung der Schülerinnen und Schüler als Achtergewicht des Religionsunterrichts ausweist, werden verschiedene Ziel- und damit auch Begründungsmomente eröffnet. Der Synodenbeschluss charakterisiert den Menschen unter anderem als ein zur orientierenden Auseinandersetzung mit Werten herausgefordertes Wesen (vgl. ebd., 2.3.2), weshalb der Religionsunterricht den Heranwachsenden Orientierungshilfen hinsichtlich einer verantworteten Gestaltung ihres Lebens bieten soll. Im Rahmen von religiösen Lernprozessen sollen somit auch wertebildende Dimensionen tangiert werden, insofern es gilt, »nach Normen für das Handeln« zu fragen und »zu verantwortlichem Handeln in Kirche und Gesellschaft« zu motivieren. (Ebd., 2.5.1)

Das 2005 veröffentlichte Bischofswort »DER RELIGIONSUNTERRICHT VOR NEUEN HERAUSFORDERUNGEN« führt diese Argumentationslinie fort: Mehrfach benennen die deutschen Bischöfe in ihrem Dokument als wichtige Aufgabe dieses Unterrichtsfaches das Fördern von Haltungen und Einstel-

---

[341] Religionsunterricht sei nicht lediglich Werteunterricht, lasse aber gleichwohl die wertebildende Dimension von Religion nicht außen vor, expliziert beispielsweise Rudolf Englert im Rahmen seiner Begründungsargumente für dieses Unterrichtsfach an öffentlichen Schulen: Besonders das so genannte »funktionale Argument« hebe in seiner gegenwärtigen Ladung auf »die ethische Relevanz von Religion« (Englert 2008c, 295) ab. In diesem Zusammenhang gibt Englert jedoch zu bedenken, dass ein zu vehementes Rekurrieren auf funktionale Aspekte den Legitimationsdiskurs zwangläufig verschärfen könnte, indem durch den Blick auf nicht genuin-religiöse Aspekte einer »Abblendung des Eigen-Sinns von Religion« (ebd., 297) Vorschub geleistet werde.

Mirjam Schambeck konstatiert ebenfalls, dass Wertebildung lediglich »*ein* Aspekt des Religionsunterrichts« (Schambeck 2010, 252) ist, insofern es im Religionsunterricht darum gehe, sich zu Religion verhalten zu lernen – eine Positionierungsanforderung, die unter anderem auch auf Haltungen sowie Handlungsweisen ausstrahlt.

[342] Gemäß Art. 7 Abs. 3 GG sind die Religionsgemeinschaften für die inhaltliche Ausgestaltung des Religionsunterrichts zuständig. Deshalb werden im Folgenden die entsprechenden kirchlichen Maßgaben rezipiert.

lungen, »die sicher nicht alle exklusiv christlich, aber doch für den christlichen Glauben hoch bedeutsam sind [...] [, z. B.] Wachheit für letzte Fragen, Lebensfreude, [...] Sensibilität für das Leiden anderer« (Sekretariat der DBK 2005, 18), sowie das »Vertrautmachen mit sozialer Praxis« (ebd., 25) oder die »argumentative Auseinandersetzung mit unterschiedlichen Sichtweisen und Deutungen« (ebd., 30). An diesen Formulierungen zeigt sich einmal mehr, dass die wertebildende Dimension des christlichen Glaubens nicht ausgespart, sondern als wesentlicher Aspekt von religiöser[343] Bildung ernst genommen und mit dieser verflochten wird.[344]

Auch die »KIRCHLICHEN RICHTLINIEN ZU BILDUNGSSTANDARDS FÜR DEN KATHOLISCHEN RELIGIONSUNTERRICHT IN DER GRUNDSCHULE / PRIMARSTUFE« bedienen den Duktus des Verflechtungsmodells, insofern sie darauf hinweisen, dass Religionsunterricht »auf der Grundlage der Glaubensüberlieferung Maßstäbe ethischen Urteilens [erschließt und] [...] zum bewussten Engagement für Gerechtigkeit, Frieden und Bewahrung der Schöpfung [motiviert] und [...] damit einen wichtigen Beitrag zur schulischen Werteerziehung [leistet]« (Sekretariat der DBK 2006, 11). Die Ausbildung und Förderung von christlichen Haltungen und Einstellungen wird als Qualitätsmerkmal des katholischen Religionsunterrichts postuliert; die Lernenden sollen »Maßstäbe christlichen Handelns kennen und auf konkrete Situationen beziehen« (ebd., 20; vgl. zudem ebd., 13 und 26) können. In den »KIRCHLICHEN RICHTLINIEN FÜR BILDUNGSSTANDARDS IN DEN JAHRGANGSSTUFEN 5–10/SEKUNDARSTUFE I« wiederum wird als eine von mehreren im katholischen Religionsunterricht zu fokussierenden Kernkompetenzen die Fähigkeit genannt, dass Schülerinnen und Schüler »ihre sittlichen Urteile begründen« können: Bei der Konkretisierung dieser Kernkompetenz werden ebenfalls verflechtungsmodellgemäß wertebildende Aspekte im religiösen Lern- und Bildungszusammenhang angesiedelt, insofern die Lernenden »biblische Grundlagen der Ethik« kennen, »Gewissensentscheidungen an historischen oder aktuellen Beispielen« darstellen und insofern »moralische Grundsätze auf ethische Fragen (z. B. Sexualität, Lebensschutz, Frieden, soziale Gerechtigkeit)« anwenden können sollen. (Sekretariat der DBK 2004, 22)

Mit ihrer Denkschrift »IDENTITÄT UND VERSTÄNDIGUNG« fordert auch die Evangelische Kirche in Deutschland, dass Schule Heranwachsende befä-

---

[343] Als Kernaufgaben des Religionsunterrichts benennt das Bischofswort die »Vermittlung von strukturiertem und lebensbedeutsamem Grundwissen über den Glauben der Kirche«, das »Vertrautmachen mit Formen gelebten Glaubens« und die »Förderung religiöser Dialog- und Urteilsfähigkeit«. (Sekretariat der DBK 2005, 18)

[344] Insgesamt betrachtet das Bischofswort die gesamte Schule – nicht lediglich den Religionsunterricht – als Ort, an dem Lernende »wertbildende Erfahrungen machen« (Sekretariat der DBK 2005, 32) können. Gerade in schulpastoralen Zusammenhängen wird die Chance identifiziert, »die Ausbildung christlicher Einstellungen und Haltungen bei Schülerinnen und Schülern zu fördern« (ebd., 33).

higen muss, sich »über Fragen der Werte und Lebensperspektiven« (Kirchenamt der EKD 1994, 1.2, Abs. 4) auseinanderzusetzen. In diesem Zusammenhang sieht sie den Religionsunterricht als Raum, diese Aufgabe im Rahmen des Möglichen aus der Perspektive christlicher Überzeugung heraus anzugehen. Die EKD argumentiert ebenfalls im Verflechtungsmodus und baut der Gleichsetzungsoption vor, indem sie darauf verweist, dass »Wertvorstellungen und mehr noch das entsprechende Verhalten […] weit mehr als durch ein Unterrichtsfach durch die Erziehungswirkungen der Schule im ganzen und besonders durch gesellschaftliche Einflüsse geprägt [werden].« (Ebd., 2.1, Abs. 2)

Im Rahmen der »10 THESEN DES RATES DER EVANGELISCHEN KIRCHE IN DEUTSCHLAND« zum Religionsunterricht wiederum wird auf die »ethische[] Motivationskraft von Glaubensüberzeugungen, die ein verantwortliches Handeln begründen« rekurriert, aber deutlich gemacht, dass der Gottesbezug das »Zentrum der religiösen Bildung« ist, welche gleichzeitig »Zugänge zu zukunftsfähigen Werten« eröffne. (Kirchenamt der EKD 2006, 3) In ihren »KOMPETENZEN UND STANDARDS FÜR DEN EVANGELISCHEN RELIGIONSUNTERRICHT IN DER SEKUNDARSTUFE I« konkretisiert die EKD dies, indem sie als eine von acht grundlegenden Kompetenzerwartungen definiert: »Ethische Entscheidungssituationen im individuellen und gesellschaftlichen Leben wahrnehmen, die christliche Grundlegung von Werten und Normen verstehen und begründet handeln können.« (Kirchenamt der EDK 2010, 18)[345]

Auch die jüngste Denkschrift des Rates der EKD »RELIGIÖSE ORIENTIERUNG GEWINNEN. EVANGELISCHER RELIGIONSUNTERRICHT ALS BEITRAG ZU EINER PLURALITÄTSFÄHIGEN SCHULE« aus dem Jahr 2014 verweist auf die Bedeutung einer religiösen Begründung von Werten. Gerade in einer pluralen Gesellschaft, die auch problematische, undemokratische Wertesysteme hervorbringt, sei eine »kompetente und kritische, zugleich aber verständigungsbereite Bearbeitung religiöser Wertevorstellungen […] aus pädagogischen Gründen unausweichlich« (Kirchenamt der EKD 2014, 22). Der Religionsunterricht müsse dazu seinen Beitrag leisten, indem er beispielsweise helfe, »die Wurzeln von Pluralitätsfähigkeit, Toleranz, Respekt und Anerkennung für den anderen in der eigenen religiösen Tradition zu identifizieren und auf diese Weise als Orientierungsressource verfügbar zu machen« (ebd., 67). Auch in diesem kirchlichen Dokument scheint also das Verflechtungsmodell durch: Religiöse Bildung wird nicht mit Wertebildung gleichgesetzt, sondern vielmehr in ihrem – für eine plurale Gesellschaft unabdingbaren – Beitrag zur Ausprägung entsprechender Orientierungs- und Urteilskompetenzen der Schülerinnen und Schüler deutlich herausgestellt (vgl. ebd., 71 und 73).

---

[345] Auch das Bildungsdokument der EKD »MASSE DES MENSCHLICHEN« verweist auf die Bedeutung wertbezogener Bildungskontexte – auch im Religionsunterricht; gleichwohl wird hier nicht explizit im Sinne des Verflechtungsmodells argumentiert (vgl. Kirchenamt der EKD 2003, 66f, 87 und 94).

4.3.5 Religionspädagogische Perspektiven

Die Wegmarken durch das Darlegungsdickicht hinsichtlich religionspädago-gisch-wertebildender Kontexte haben bestätigt, dass der Religionsunterricht einen wichtigen Beitrag zur Wertebildung seiner Schülerinnen und Schüler leistet und dabei ein spezifisches Profil einbringt. Zugleich konnte auch plau-sibilisiert werden, dass dieses Unterrichtsfach nicht auf Wertebildung redu-zierbar ist. Im Folgenden werden die unter 4.3.1 mit 4.3.4 herausgearbeiteten Aspekte in ihrem Potential für das dieser Untersuchung zugrunde liegende Forschungsinteresse fokussiert, um ausgehend davon die bisher entwickelte Wertebildungstheorie (vgl. 4.2.5) einmal mehr anzureichern: Es wird sich zeigen, dass vor allem hinsichtlich der prozessuralen Zielperspektiven sowie ausgehend von der Verortung von Wertebildung im Horizont des christlichen Glaubens – und damit einhergehend im Zusammenhang von religiöser Bil-dung – Präzisierungen und Ergänzungen vorgenommen werden können.

Die Wegmarken hinsichtlich religionspädagogischer Perspektiven auf die Wertebildung bestätigen in inhaltlicher Hinsicht die Bedeutsamkeit der *Sub-jektorientierung*, die bereits durch die philosophischen, soziologischen und theologischen Verortungen sowie durch die bildungstheoretischen Überle-gungen grundgelegt ist. Die Orientierung am Subjekt bekommt jedoch einen neuen »turn«, indem diese Ausrichtung wertebildender Lernprozesse durch den Rekurs auf das im christlichen Gottesbild fußende Verständnis vom Menschen spezifisch konturiert wird: Subjektsein ist theologisch gesehen erst durch die unverdient vorgängige Liebe Gottes möglich – eine Perspektive, von der her zum einen Wertebildung religionsdidaktisch gedacht werden muss und die zum anderen in wertebildenden Einheiten von Religionsunter-richt selbst thematisiert werden sollte.

Als erste Konsequenz der religionsdidaktischen Zuspitzung sind insofern die Dimensionen der in vorliegender Studie bisher entfalteten Wertebildungs-theorie um eine weitere zu ergänzen: und zwar um die *transzendenzbezogene* (vgl. Abbildung 9). Neben der biographischen, auf das Selbst, der personalen, auf das Du, und der sozialen, auf die Gesellschaft ausgerichteten Dimension von Wertebildung (vgl. unter anderem 3.4 und 4.1.3) fokussiert die transzen-denzbezogene Dimension Werte sowie Werthaltungen im Horizont eines Gottesglaubens – und hier kommt das Proprium des Religionsunterrichts zur Geltung. Unter anderem in zweierlei Ausfaltung wird der Glaube dabei für Lernprozesse relevant: zum einen hinsichtlich der Deutung von Werten und zum andern bezüglich der Begründung von Werthaltungen; eine religionsdi-daktische Bestätigung der bereits im Rahmen philosophischer, soziologischer und theologische Überlegungen zu Werten gewonnenen Erkenntnis (vgl. 3.4). Werden Werte christlich-religiös gedeutet, erfolgt dies in Bezug auf den sich in Jesus Christus offenbarenden Gott. Durch die damit verbundene Heilszu-sage ist es möglich, Werte in einen Sinnzusammenhang zu stellen, der nicht menschlich begrenzt bleibt. Zudem können im Rekurs auf den christlichen Glauben alternative Begründungen für Werthaltungen aufgetan werden, aus denen bisweilen neue Sicht- und Lebensweisen resultieren. Diese und weitere Optionen tangiert die transzendenzbezogene Dimension von Wertebildung. Sie sollte in religionsunterrichtlichen Lernprozessen als eigenständige Dimension berücksichtigt werden. Zudem ist darüber nachzudenken, inwiefern bezüglich der drei anderen Dimensionen auch die transzendenzbezogene eine Rolle spielt oder nicht; schließlich hat die Verortung im Horizont Gottes auch Auswirkungen darauf, wie ein Subjekt sich selbst, das Gegenüber und die Gesellschaft denkt.

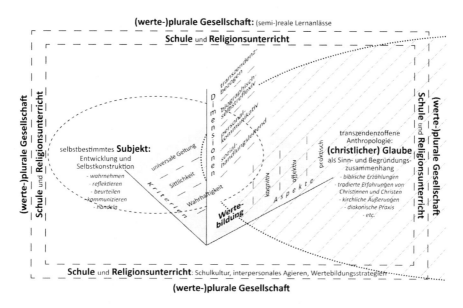

Abb. 9: Schema einer religionsdidaktisch zugespitzten Theorie von Wertebildung

Das »Plus« einer religionsdidaktischen Zuspitzung der bisher entfalteten Wertebildungstheorie liegt zudem auf der inhaltlichen Seite. Den Subjekten werden im Rahmen des Religionsunterrichts Angebote im Sinne von Möglichkeits- und Laborräumen offeriert: Der aus der bildungstheoretischen Verortung resultierende Begriff »semi-reale Lernanlässe« (vgl. 4.1.3) gilt weiterhin. Gleichwohl lässt sich mit den neu gewonnenen Erkenntnissen genauer darlegen, worin diese Lernanlässe in ihren *Ermöglichungskontexten* liegen. Die oben erarbeiteten spezifischen Referenzzusammenhänge geben Aufschluss darüber: *Biblische Erzählungen, werterealisierende Erfahrungen von Christinnen und Christen, kirchliche Äußerungen zu werterelevanten Sachverhalten* oder auch *Orte christlich geprägten diakonischen Engagements* gestatten dem Religionsunterricht eigene

Optionen, den Schülerinnen und Schülern Wertebildung im christlichen, von Gottes *Liebe* her definierten Horizont zu bieten.

Die Bezeichnungen »Möglichkeitsraum« oder gar »Laborraum« sind deshalb gewählt, um darauf aufmerksam zu machen, dass die Lernenden keinesfalls in vorprogrammierter Weise dazu gebracht werden können, Werte im Kontext der christlichen Beantwortung der Gottesfrage zu deuten oder gar zu begründen. Vielmehr tritt der Religionsunterricht, der Wertebildung im Modus des *Verflechtungsmodells* forciert, auf die Schülerinnen und Schüler mit seinem religiösen Bildungs*angebot* zu: Er bietet ihnen Wissen, aber insbesondere Orientierungsoptionen hinsichtlich der Gestaltung des individuellen Wertegerüstes an. Nicht zuletzt der gesellschaftskritische Stachel der christlichen Botschaft, der gegenwärtige Meinungen und Praxis anfragt, wirkt sich im Rahmen christlich fundierter Wertebildung aus. Dadurch, dass unter diesen kritisch-orientierenden Vorzeichen in religiösen Lernprozessen wertehaltige Fragen diskutiert werden, können die Schülerinnen und Schüler hinsichtlich ihrer Zukunftsgestaltung und somit in ihrer Subjektwerdung unterstützt werden. Auch wenn sie vielleicht den offerierten christlichen Deutungs- und Begründungszusammenhang nicht für sich akzeptieren wollen, so werden sie dennoch im Diskurs darüber vorangebracht, ihre eigenen Werte nachhaltig zu bilden.

In ihrem »vor-religionsdidaktischen« Stadium weist die bisher entfaltete Wertebildungstheorie mit dem kognitiven, dem affektiven und dem praktischen Aspekt wichtige Momente aus, die auch durch die religionsdidaktische Zuspitzung nicht nivelliert werden. Vielmehr werden sie einmal mehr konkretisiert: Ohne Wissen über christliche Wertebegründungsoptionen oder ohne Reflexionsprozesse hinsichtlich des Mehrwertes einer transzendenzoffenen Wertevorstellung ist eine Wertebildung im Horizont des christlichen Glaubens nicht möglich. Viele der *prozessualen Zielperspektiven* tangieren den *kognitiven* Aspekt. Sowohl das Wahrnehmen, das prüfende Reflektieren, das Beurteilen als auch das Kommunizieren und sogar das Handeln im Rahmen von wertebildenden Lernprozessen sind auf angeeignetes Wissen angewiesen. Alle diese Zielperspektiven können von den Schülerinnen und Schülern auch in *affektiver* Hinsicht angegangen werden: Sollen Werte in bildender Absicht das Subjekt tangieren, kann dieser Aspekt nicht ausgeblendet werden. Erst dadurch fühlt es sich an seine Werte gebunden. Den affektiven Aspekt in religionsunterrichtlichen Lernprozesse zu ermöglichen, kann nicht zuletzt mittels der Thematisierung von Werterealisierungen gewährleistet werden, die über den kirchengeschichtlich dokumentierten Erfahrungsschatz greifbar und die nicht selten mit emotionalen Koloraturen versehen sind. Dass wertebildende Lernarrangements selbst von Mitgefühl und Wertschätzung getragen sein müssen, darauf machen insbesondere Elisabeth Nauraths religionsdidaktische Ausführungen aufmerksam (vgl. Naurath 2007). Den *praktischen* Aspekt von Wertebildung ermöglichen in besonderer Weise die christlich-diakonischen Realisierungszusammenhänge von Werthaltungen; ein spezifisches Potential des Religionsunterrichts. Im Rahmen wertebildend ausgerichteter religiöser Lernprozesse können Lernorte, die dem diakonischen Alltag entspringen, so integriert werden, dass die Lernenden Werte und Werthaltungen nicht nur über die Thematisierung von Sekundärerfahrungen kennenlernen, sondern diese durch eigenes Praktizieren erfahren und ausgehend davon reflektieren können. Dass hier die wertebildende religionsdidaktische Intention einer *Handlungsermöglichung bzw. -realisierung* besonders zur Geltung kommt, liegt nicht zuletzt an der praktischen Dimension des christlichen Glaubens, welche ein Religionsunterricht in genuiner Weise integrieren kann, der *Lernortwechsel* nicht scheut, sondern gerade auch im Rahmen von Wertebildung forciert.

Die religionspädagogische Zuspitzung wirkt sich auch auf die *Kriterien* von Wertebildung aus, die dem bildungstheoretischen Diskurs entspringen. Zwar werden diese nicht erweitert, aber ihre Begründung kann vom christlichen Glauben her vorgenommen werden: Die drei Kriterien der »universellen Geltung«, der »Sittlichkeit« und der »Wahrhaftigkeit« lassen sich im Horizont der Gottesbeziehung deuten. Dadurch ist z. B. ein Grund dafür benennbar, warum das sittlich Gute eine unaufgebbare Referenz für Wertebildung darstellt.

4.4 Fokussierung: Christlich-religiös verortete Wertebildung als Realisierung von Subjektorientierung

Angesichts der Prämisse, dass Schule die Schülerinnen und Schüler befähigen muss, sich selbstverantwortet zu bilden, konnte mittels der obigen Darlegungen (vgl. 4.1 mit 4.3) erwiesen werden, dass Wertebildung unzweifelhaft zum schulischen Bildungsauftrag gehört – und das nicht von ungefähr: Werte fundieren die Idee des bildungsbefähigten Subjektes in der Autonomiedimension, bieten diesem Orientierungspotential für verschiedene Handlungskontexte und repräsentieren das Moment sittlich guter Lebensgestaltung. Diese Aspekte sind bedeutsam, insofern der Mensch nicht auf sich beschränkt leben kann, sondern sich im Austausch mit einem Gegenüber und in verschiedenen gemeinschaftlichen Zusammenschlüssen zur Welt verhalten muss. Schulische Kontexte eröffnen den Heranwachsenden Optionen, die damit verknüpften Herausforderungen in gewisser Weise erprobend anzugehen. Vor allem gilt es, die Schülerinnen und Schüler zu einem eigenständigen, begründeten Werturteil zu befähigen, sie aber auch hinsichtlich einer wertebasierten, sittlichen Lebensgestaltung zu unterstützen. Nicht zuletzt aus diesen Gründen sind schulische interpersonale Begegnungen wie auch Lernarrangements so zu gestalten, dass die Lernenden Werte als lebensbedeutsam identifizieren, erfahren und praktizieren können.

Insbesondere das Moment der *Reflexion* über Werte und Werthaltungen lässt sich – eventuell sogar expliziter als in anderen wertebildenden Zusammenhängen – im Kontext Schule einholen; gerade auch durch Lernarrangements im Sinne einer direkt forcierten Wertebildung. Neben vielen Aspekten der Schulkultur, die für einen wertschätzenden Umgang miteinander sensibilisieren oder auch wertebasierte, unterrichtsübergreifende Strukturen fokussieren kann, kommt dem Fachunterricht in wertebildender Hinsicht eine zentrale Stellung zu. Im Sinne einer Orientierung an den Lernenden als Subjekten ihrer Wertebildung darf es dabei jedoch nicht bei einem Informieren über erwünschte, gesellschaftsbedeutsame Werte stehen bleiben, die von den Schülerinnen und Schülern zu akzeptieren sind. Darauf haben insbesondere die obigen Reflexionen zu einem dynamisch-integrativen Umgang mit mehreren Strategien direkter Wertebildung aufmerksam gemacht (vgl. 3.2.3). In verschiedensten Unterrichtsfächern sollten neben einer zunehmenden Befähigung zum Fällen gelingender Werturteile und zu einer das Gegenüber wertschätzenden Kommunikation über Werte auch Wege in Augenschein genommen werden, die den Lernenden *Wertprimärerfahrungen* im Rahmen schulischer bzw. schulisch begleiteter Lernprozesse ermöglichen.

Besonders dem Religionsunterricht wird innerhalb der unterschiedlichen Unterrichtsfächer in wertebildender Hinsicht großes Potential zugetraut. Ohne sich als »Werte-Fach« vereinnahmen zu lassen, sollte er diesen Vertrauensvorschub positiv aufgreifen und erweisen, dass und inwiefern er Schülerinnen und Schüler bei ihrer Wertebildung unterstützen kann. Sein Proprium erwächst dabei aus der christlich-religiösen Verortung von Werten und Werthaltungen – nicht aus »Sonder-Werten«. Als weltanschauliches Fach besitzt er – unter Wahrung von demokratischen Grundsätzen – die Chance, die christliche Fundierung als eine Option in den Wertediskurs einzubringen; und das sowohl in theoretisch-diskursiver, affektiver als auch in praktischer Hinsicht. Im Religionsunterricht können Schülerinnen und Schüler ihr Werturteil in Auseinandersetzung mit religiös-christlich konnotierten Wertebegründungen ausprägen und schärfen.

Gerade aus dem christlichen Menschenbild heraus erweisen sich entsprechende Angebote als stimmig, um dem diakonischen Auftrag des Religionsunterrichts nachzukommen, der sich an alle an ihm teilnehmenden Schülerinnen und Schüler richtet; unabhängig davon, ob diese den christlichen Glauben bejahen oder nicht. Vor allem hinsichtlich der Frage nach der Sinnhaftigkeit, sich an bestimmten Werten auszurichten und ihnen entsprechend zu handeln, birgt eine christlich-religiös verortete Wertebildung Potential. In religiösen Lernprozessen kann diese Frage mit den Schülerinnen und Schülern reflektiert, aber auch mit einem Angebot aufgefangen werden, das sich nicht als innerweltlich begrenzt erweist. Die Option, wahrhaftiges und sittlich gutes Agieren im Rekurs auf Gott zu fundieren, stellt sicherlich für viele, gegenwärtig sozialisierte Heranwachsende eine herausfordernde »Zu-Mutung« dar. Wohl aber bietet sie den meisten von ihnen ein Moment an, das zum Nachdenken einlädt und eventuell wertebildungsbedeutsame Perspektiven aufwirft. Abgesehen von klassischen religionsunterrichtlichen Zugängen zur Lebensplausibilität einer im Horizont Gottes fundierten Wertebegründung – wie sie sich unter anderem im Thematisieren von biblisch tradierten Glaubenserfahrungen oder der Erfahrungen von Christinnen und Christen, in der Reflexion über Schuld und Vergebung oder bei Gewissensfragen auftun – kann der Religionsunterricht seinen Schülerinnen und Schülern Werterealisierungskontexte zugänglich machen, die praktische Einblicke in christlich-religiös konturierte Zuschreibungen von Werthaltungen anbieten. Insbesondere im Zusammenspiel dieser vielfältigen Optionen können sich die Lernenden sowohl in kognitiver, in affektiver als auch in praktischer Hinsicht als Subjekte ihrer Wertebildung erfahren.

Letztlich ist durch die bildungstheoretischen Vergewisserungen (vgl. 4.1), durch die schulkontextuellen Vermessungen (vgl. 4.2) sowie durch die religionspädagogischen Wegmarken (vgl. 4.3) klar geworden: *Religionsunterricht kann nicht auf die »Aufgabe Werte« reduziert werden, sondern muss Wertebildung im Horizont religiöser Bildung gestalten.* In der häufiger anzutreffenden religionsdidaktischen Opposition gegen eine Reduktion dieses Unterrichtsfaches auf »Werteunterricht« liegt also keine grundsätzliche Abwehrhaltung begründet. Vielmehr ist klar, dass die christliche Religion ein wertebildendes Potential besitzt, das die Schülerinnen als Subjekte ernst nimmt und daher nicht vertan werden sollte. Dafür steht die Idee des Verflechtungsmodells: Im Rahmen wertebildender Lernarrangements kann im Religionsunterricht *die christliche Perspektive theologisch sinnvoll und profiliert in den Wertediskurs eingebracht werden.* Darin liegt das Proprium und zugleich eine Chance christlich-religiös verorteter Wertebildung: Angesichts des Konzertes verschiedener Weltanschauungsoptionen zu Fundierung von Werten sollte im wertebildenden Zusammenhang die christlich konturierte Stimme zur Diskussion gestellt werden, um sich in ihrem wertebegründenden Spezifikum zu erweisen. Es gilt, im Religionsunterricht Schülerinnen und Schüler dafür zu sensibilisieren und sie zu befähigen, Werte im Licht des christlichen Glaubens zu beleuchten, zu beurteilen und eventuell sogar zu realisieren. So kann sich ihnen ein Mehr an Möglichkeitsräumen hinsichtlich ihrer »Aufgabe Werte« auftun – ganz unabhängig davon, ob sie sich dieser Räume auch nachhaltig bedienen wollen oder nicht.

5 Wertebildung im Horizont religiöser Bildung. Perspektiven

Abschließend werden auf Basis der in vorliegender Studie entfalteten, religionsdidaktischen Theorie von Wertebildung drei Perspektiven eröffnet: Zum einen finden sich Konturierungen des fachdidaktischen Professionswissens von Religionslehrkräften hinsichtlich einer gelingenden Initiierung von wertebildenden Lerngelegenheiten (vgl. 5.1). Zum anderen wird in unterrichtspraktischem Interesse ein Vorschlag präsentiert, der Schülerinnen und Schülern (religiös-)reflektierte Primärerfahrungen im Rahmen einer religionsunterrichtlichen Realisierung von Werten offeriert (vgl. 5.2). Überdies werden Forschungsdesiderate skizziert, deren Bearbeitung wichtige Erkenntnisse im Interesse an einer weiteren Profilierung wertebildend ausgerichteter, religiöser Bildungsangebote zu erbringen verspricht (vgl. 5.3).

5.1 Wertebildung gelingend initiieren.
Konturen fachdidaktischen Professionswissens

Mit dem Terminus »fachdidaktisches Wissen«[346] wird in der gegenwärtigen Lehrkräfteprofessionsforschung in Anlehnung an Ausführungen von Jürgen Baumert, Mareike Kunter sowie weiteren Akteuren der COACTIV-Studien ein elementarer Kompetenzbereich von Lehrerinnen und Lehrern bezeichnet, von dem die Qualität des Unterrichts sowie die Lernfortschritte der Schülerinnen und Schüler abhängen.[347] Zentral dabei ist die Fähigkeit von Lehrkräf-

---

[346] Lee S. Shulman versteht unter »pedagogical content knowledge« (fachdidaktischem Wissen) die »dimension of subject matter knowledge *for teaching* [...] [which] also includes an understanding of what makes the learning of specific topics easy or difficult: the conceptions and preconceptions that students of different ages and backgrounds bring with them to the learning of those most frequently taught topics and lessons. [...] teachers need knowledge of the strategies most likely to be fruitful in reorganizing the understanding of learners« (Shulman 1986, 9f). Vgl. zudem Abell 2008; van Driel/Berry 2010.

[347] Referenzpunkt für die Konturierung von »fachdidaktischem Wissen« ist das von Jürgen Baumert und Mareike Kunter im Rahmen der Mathematiklehrkräftestudie COACTIV (Cognitive Activation in the Classroom) entwickelte metatheoretische Modell professioneller Handlungskompetenz von Lehrkräften. Dabei werden Überzeugungen/Werthaltungen, motivationale Orientierungen, selbstregulative Fähigkeiten und Professionswissen als elementare Aspekte ausgewiesen. Das Professionswissen bzw. *professionelle Wissen und Können* differenzieren Baumert/Kunter in fünf Kompetenzbereiche, die sie unter Verwendung des Wissensbegriffs konturieren: Neben Organisations- und Beratungswissen zählen sie dazu – in Anlehnung an einen Vorschlag von Lee S. Shulman – pädagogisch-psychologisches Wissen, Fachwissen und *fachdidaktisches Wissen* (vgl. Baumert/Kunter 2011, 32; Baumert/Kunter 2006).

ten, Unterricht so anzulegen, dass sich Lernende »im Kontext von fachlich gehaltvollen Lernumgebungen« (Krauss u. a. 2008, 232) erfolgreich bilden können. Dieser Kompetenzbereich wird meist in folgende Facetten unterteilt:

- Wissen über die Denkweisen und Vorstellungen der Schülerinnen und Schüler hinsichtlich des Lerngegenstands, insbesondere um deren implizites Wissen, Lernstrategien und typische Fehler sowie Fehlkonzepte identifizieren zu können (vgl. Baumert/Kunter 2011, 38): Schülerinnen- und Schülervoraussetzungen;
- die Fähigkeit, die Wissenskonstruktionen der Lernenden durch die Bereitstellung vielfältiger, geeigneter Erklärungen und durch angemessene Repräsentationen der Inhalte zu fördern: »multiple Repräsentations- und Erklärungsmöglichkeiten« (ebd.; vgl. Krauss u. a., 2008, 138; Shulman 1986, 9f);
- die Fähigkeit, Lernanlässe[348] im Unterricht bestmöglich zur Geltung zu bringen, indem deren »kognitive[] Anforderungen und implizite[] Wissensvoraussetzungen [...], ihre didaktische Sequenzierung und die langfristige curriculare Anordnung von Stoffen« (Baumert/Kunter 2011, 37) berücksichtigt werden: Gegenstandsangemessenheit.

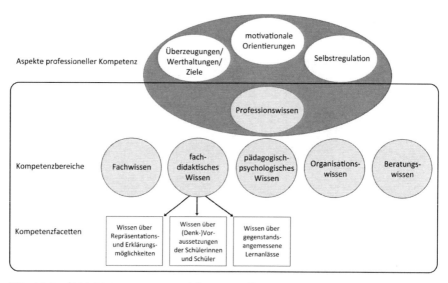

Abb. 10: Das COACTIV-Kompetenzmodell mit Spezifikationen zum fachdidaktischen Wissen (Darstellung in Orientierung an Baumert/Kunter 2011, 32)

---

[348] Während im mathematikdidaktischen Zusammenhang der Begriff »Aufgaben« verwendet wird, erscheint hinsichtlich des Religionsunterrichts die Rede von »Lernanlässen«, welche die jeweiligen Unterrichtsgegenstände bzw. -inhalte repräsentieren, geeigneter.

Eva-Maria Wüstner und Ulrich Riegel bestätigen mittels ihrer qualitativ-empirischen Rekonstruktionsstudie die heuristische Tauglichkeit der COACTIV-Idee von fachwissenschaftlichem Wissen, um das religionsdidaktische Professionswissen von Religionslehrkräften zu rahmen (vgl. Wüstner/Riegel 2015, 108). Daher werden im Folgenden auf Basis der drei[349] oben benannten Facetten fachdidaktischen Professionswissens aus der religionsdidaktischen Wertebildungstheorie, die in vorliegender Studie sukzessive entfaltet worden ist, *Vergewisserungsmomente bezüglich einer gelingenden Gestaltung* wertebildender Lernarrangements im Religionsunterricht abgeleitet. Diese Vergewisserungsmomente bieten Orientierungspunkte, an denen sich Religionslehrerinnen und -lehrer im Interesse einer angemessenen Initiierung von Wertebildung im Religionsunterricht orientieren können. Damit soll ein Beitrag zur *Professionalisierung von Religionslehrkräften* geleistet werden, indem deren *fachdidaktisches Wissen hinsichtlich der Initiierung wertebildender Lernarrangements theoretisch modelliert und profiliert* wird.

5.1.1 Wertebezogene Schülerinnen- und Schülervoraussetzungen berücksichtigen

Schülerinnen und Schüler[350] sind *aktive Konstrukteure* ihrer Werte, die sie während der Adoleszenz in Abhängigkeit von ihrem voranschreitenden Alter immer mehr entwickeln. Diese Prämisse müssen Religionslehrerinnen und Religionslehrer beim Initiieren schulischer Wertebildungsarrangements ernst nehmen. Beachtenswert in religionsunterrichtlicher Hinsicht ist daher zum einen das (implizit) vorhandene *Werte-Wissen* der Schülerinnen und Schüler. Dieses kann am besten über explizites Thematisieren im Lernzusammenhang erhellt werden. Überdies ist aus Curricula erschließbar, welches Werte-Wissen und welche damit verbundenen Kompetenzen sich Schülerinnen und Schüler in vorausliegenden Schuljahren angeeignet haben können. Zum anderen müssen Lehrkräfte berücksichtigen, inwieweit die Lernenden (bereits) fähig sind, Werturteile zu fällen, welche *Emotionszuschreibungen* sie hinsichtlich wertekontextualisierter Aspekte vornehmen und auf welchem Niveau ihre *Motivation* ausgeprägt ist, entsprechend der als bedeutsam erkannten Werte zu handeln. Im Hintergrund dieser Vergewisserungsmomente steht die Erkenntnis, dass sich erst mit der entwicklungsbedingten Zunahme kognitiver Fähigkeiten das Werte-Wissen Heranwachsender anreichert. Dieser Aneignungsprozess ist

---

[349] Eva-Maria Wüstner und Ulrich Riegel benennen in Anlehnung an Helen Oelgeklaus den »persönlichen Standpunkt« der Religionslehrkräfte zum Thema als weitere, zentrale Facette fachdidaktischen Wissens (vgl. Wüstner/Riegel 2015, 98). Wie sich diese Facette jedoch zu den Überzeugungen und Werthaltungen verhält, denen im Baumert/Kunter-Modell neben dem Professionswissen ein eigener Bereich zugesprochen wird, bedarf weiterer Klärungen.

[350] Die im Folgenden kurz charakterisierten Vergewisserungsmomente speisen sich vornehmlich aus den Erkenntnissen, welche vorliegende Studie in Teil »2 Werte bilden« entfaltet.

abhängig von den wertbezogenen Gefühlen und der – bisweilen damit gekoppelten – Werturteilskraft. Zeitlich etwas versetzt entwickelt sich auch die
wertebezogene Handlungsmotivation (vgl. 2.2.2).

Hinzu kommt, dass die Schülerinnen und Schüler ihr Werte-Wissen nicht
aus sich selbst heraus, sondern in Interaktion mit allem aneignen, das ihnen
als »Welt« begegnet. Eine Auseinandersetzung mit Erkenntnissen aus verschiedenen Studien zu den *Werte-Affinitäten und -Kontexten* von Kindern und
Jugendlichen stellt in wertebildungsbezogener Hinsicht daher einen weiteren,
zentralen Referenzaspekt dar, von dem her Lehrkräfte die im religionsunterrichtlichen Zusammenhang angesiedelten Lernprozesse gestalten sollten (vgl.
2.1; 2.2.1; 2.2.3). Heranwachsende – so erweisen es soziologische Studien –
können meist sehr gut mit einer werteplurale Ausgangslage umgehen: Sie
integrieren in pragmatischer Weise verschiedene Werte in ihr individuelles Wertegerüst. Unter anderem zeigt sich, dass viele Jugendliche gegenwärtig bedarfs-
spezifisch Leistungs- und Genusswerte koppeln und so relativ erfolgreich mit
Wertkonflikten umzugehen wissen. Sowohl in der »analogen« als auch in der
digital erreichbaren Welt praktizieren sie dies im *Austausch mit der pluralen Gesellschaft*, wobei Eltern, Peers oder die Schule nach wie vor die einflussreichs-
ten Bezugsgrößen darstellen. Dass *Religion* in wertebezogener Hinsicht für
Heranwachsende nur einen *schwachen Einflussfaktor* markiert, sollte ebenfalls
bei der Planung, Durchführung und Evaluation von Wertebildung intendie-
rendem Religionsunterricht berücksichtigt werden. Lediglich hinsichtlich
familialer, gemeinschaftsbezogener und hedonistischer Werte unterscheiden
sich religiös sozialisierte Schülerinnen und Schüler in ihren Einstellungen
leicht von ihren Peers.

5.1.2 Werte multipel repräsentieren und zugänglich machen

Was aber ist im Sinne einer angemessenen Repräsentation und Entfaltung
wertebezogener Lerngegenstände im Religionsunterricht zu berücksichtigen,
welche »Darstellungsaktivitäten und Interventionsoptionen« (Krauss u. a.
2008, 233) können genutzt werden? Grundsätzlich sollten Religionslehrerinnen und -lehrer fähig sein, die entsprechenden Lern- und Bildungsprozesse
vielperspektivisch anlegen, um Schülerinnen und Schüler in Bezug auf die mit
der »Aufgabe Werte« verknüpften komplexen Reflexions- und Handlungser-
fordernisse zu professionalisieren. Eine multipel initiierte Zugänglichma-
chung von Werten und den damit verknüpften Herausforderungen lebt zunächst von einem dynamisch-integrativen Umgang mit alternativen Strategien
von Wertebildung (1). Zugleich bedarf sie eines Zugriffs auf mehrere Repräsentationsdimensionen von Werten (2). Überdies gilt es auch, verschiedene
prozessbezogene Aktivitäten (3) und unterschiedliche Lernebenen (4) zur
Geltung zu bringen. Diese vier Kontexte werden nachfolgend im Rekurs auf

die in vorliegender Studie entfaltete religionsdidaktische Wertebildungstheorie konturiert.

Im Interesse an einer angemessenen Thematisierung von Werten im Religionsunterricht benötigen Religionslehrerinnen und -lehrer *Wissen über verschiedene Strategien von Wertebildung.* Insbesondere müssen sie deren Potenziale und Problematiken abschätzen und die Strategien bedarfsadäquat zur Geltung bringen können (vgl. 4.2.3). Es macht einen Unterschied, ob die Unterrichtskonstruktion lediglich *wertevermittelnd* ausgerichtet ist, ober ob beispielsweise die *Wertkommunikation* dominiert. Erstere fokussiert ein unterrichtliches Vorgeben von Werten, damit diese von den Schülerinnen und Schülern übernommen werden. Die Kommunikationsstrategie wiederum fördert das intersubjektive Aushandeln bezüglich verschiedener Werte und deren Relevanzzusammenhänge. Gelingender wertebildungsorientierter Religionsunterricht lebt von einer dynamischen Integration verschiedener Grundstrategien, zu deren weiteren markanten Ausformungen auch die *Werterhellung*, welche Lernenden zu Klarheit bezüglich ihrer vorhandenen Werte führen will, und die *Wertentwicklung* gehören. Letztgenannte ist an einer Unterstützung der Schülerinnen und Schüler beim Ausbau ihres individuellen Wertegerüstes interessiert; insbesondere auf der Basis eines Arbeitens mit Dilemmageschichten. Überdies müssen Religionslehrkräfte über Optionen einer Realisierung von *Wertprimärerfahrung* Bescheid wissen, insofern Lernende auch unterrichtlich initiierte sowie reflektierend-begleitete Optionen eines aktiven Handelns in werthaltigen Zusammenhängen benötigen. Hierdurch kann die lebensprägende Relevanz von Werten auf besondere Weise zugänglich werden. Letztlich sollten Lehrerinnen und Lehrer auf diese verschiedenen Strategien bedarfsadäquat zugreifen, um Wertebildung pluralitätsangemessen und abwechslungsreich zu ermöglichen.

Ein lediglich lexikalisch-isoliertes Kennenlernen von Werten ist zwar theoretisch denkbar, ermöglicht jedoch noch keine Wertebildung. Wollen sie letztere forcieren, benötigen Religionslehrerinnen und -lehrer *Kenntnisse über unterschiedliche Repräsentationsdimensionen*, um ihren Lernenden Werte mehrperspektivisch zugänglich zu machen (vgl. 3.4; 4.3.5). Thematisieren sie im Religionsunterricht Werte, so sollten sie im Sinne der *biographisch-selbstreflexiven* Dimension die Schülerinnen und Schüler einerseits zum Nachdenken über ihre eigenen Werte und deren Bedeutung für ihre persönliche Lebensgestaltung anregen können. Diese idealerweise werterhellend angelegten (vgl. oben) Reflexionsprozesse machen die Schülerinnen und Schüler auf eigene Verstrickungen mit Werten und auch auf damit verknüpfte Wertkonflikte aufmerksam. Weil Werte nicht nur in intrasubjektiven, sondern insbesondere in intersubjektiven Aushandlungsprozessen gebildet werden, muss andererseits auch die *personalkommunikative* Dimension im Lerngeschehen bedacht werden: Sie steht für die Option, Werte über ein personales Gegenüber zu repräsentieren – sei es durch einzelne Mitschülerinnen und Mitschüler oder mittels der ganzen Klassengemeinschaft, über Lehrende oder über Menschen außerhalb des schulischen Settings – hier sowohl in der persönlichen Begegnung mit diesen Personen als auch über deren mediale Repräsentanz. Diese Dimension verhilft den Lernenden, Werte in der »Du«-Relevanz zu erfassen und auf dieser Basis ihr eigenes Wertegerüst anzureichern, aber ebenso in seiner Tragfähigkeit zu überprüfen. Eng damit verknüpft ist die *sozial-handlungsleitende* Dimension von Wertebildung, in deren Sinne religionsunterrichtliche Lernprozesse Werte auch in ihrer gesellschaftlich-kulturellen Geprägtheit sowie weltbezogenen Relevanz zugänglich machen sollten; beispielsweise mittels kulturvergleichender Zugänge zum Umgang mit dem Wert des Lebens. Im Horizont der *transzendenzbezogenen* Dimension gilt es für Religionslehrkräfte zudem, Werte in einer religiösen Kontextualisierung zu präsentieren, so dass sich Schülerinnen und Schüler mit dem religiösen Weltdeutungsmodus in seinen verschiedenen wertebezogenen Nuancierungen auseinandersetzen können. Die letztgenannte Werte-Repräsentationsdimension, die sich zum Beispiel in Aussagen über christlich motiviertes Handeln findet, darf einerseits im Religionsunterricht nicht fehlen und fordert andererseits Lernende idealerweise zum Nachdenken darüber auf, was sie selbst motiviert, sich an bestimmte Werte zu binden.

Einen anderen zentralen Kontext fachdidaktischen Professionswissens bezüglich Wertebildung markieren Kenntnisse über das *Einüben von und Vertrautmachen mit verschiedenen prozessbezogenen Aktivitäten*, welche zur Bearbeitung wertebildender Anforderungen notwendig sind (vgl. 4.3.2.1). Insofern Heranwachsende erst nach und nach ein reflexives Verhältnis zu (ihren) Werten aufbauen, müssen Religionslehrerinnen und -lehrer ihre Schülerinnen und Schüler in deren *Wahrnehmung*sfähigkeit für wertebezogene Kontexte fördern: Im Rahmen wertebildend ausgerichteter Lerngelegenheiten gilt es, die Lernenden anzuleiten, Situationen auf die mit ihnen verknüpften Wertefragen hin zu analysieren. Damit eng verbunden ist das *Reflektieren* über Werte und Werthaltungen, die zugänglich sind: Was bedeuten diese, was zeichnet sie aus, wo kommen sie zur Geltung etc.? Das Wahrnehmen und das Reflektieren stellen zugleich elementare Komponenten des Wert*urteils* dar. Auf der Basis stimmiger inhaltlicher Verortungen – sowohl hinsichtlich der Ausgangspunkte, Interpretationsoptionen wie auch potentieller Folgen von Wertentscheidungen – sollten Schülerinnen und Schüler sich zu Werten und Werthaltungen positionieren können. In handlungsleitend-praktischer Absicht gilt es, im Religionsunterricht zudem das *kommunikative* Element von Wertebildung zu berücksichtigen: Den Lernenden müssen Gelegenheiten eröffnet werden, über Wertefragen in einen »gleichberechtigten« Diskurs (Habermas) zu treten und entsprechende Artikulations- und Sprachformen zu üben. Die letzte prozessbezogene Nuancierung verweist auf die Bedeutung des *Handelns* in wertebildenden Zusammenhängen. Dieser Aspekt kann zumindest über eine

Thematisierung wertebasierten Verhaltens antizipiert werden; sofern möglich, gilt es auch religionsunterrichtliche Gelegenheiten zur Werterealisierung zu schaffen.

Die eben charakterisierten prozessbezogenen Aktivitäten können Schülerinnen und Schüler auf verschiedenen *Lernebenen* tangieren – auf kognitiver, affektiver und praktischer. So kann beispielsweise die Wahrnehmung einer Werthaltung rein kognitiv verlaufen oder aber auch Emotionen auslösen. Ein Realisieren von Werten wiederum wird die Lernenden sicherlich in kognitiver, affektiver und praktischer Hinsicht aktivieren. Auch das *Wissen über diese Aspekte* (vgl. 3.4) gehört somit zur Professionalisierung von Religionslehrerinnen und -lehrern in wertebildungsbezogener Hinsicht. Lehrkräfte sollten bei der Gestaltung von Wertebildungsarrangements im Religionsunterricht *alle diese Lernebenen gleichermaßen integrieren* können. Gerade der *kognitive* Aspekt, der sich besonders dem inhaltlich-reflexiven Moment von Wertebildung verschreibt, ist zwar grundlegend wichtig, bisweilen aber dominant ausgeprägt. Deshalb sollten Lehrerinnen und Lehrer ihren Schülerinnen und Schülern auf jeden Fall Gelegenheit geben, wertebezogene *Gefühle* zu artikulieren und zu entwickeln; nicht zuletzt, weil diese eine zentrale Stellgröße bei der Entfaltung des individuellen Wertegerüsts darstellen. Um den *praktischen* Aspekt im Religionsunterricht adäquat zu repräsentieren, müssen zukünftig weitere, handlungsermöglichende Lernwege entwickelt werden (vgl. 5.2), damit Wertebildung im Religionsunterricht nicht in einem Theoretisieren aufgeht, sondern in ihrer lebensbedeutsamen Relevanz zugänglich wird.

5.1.3 Wertebasierte Lernanlässe gegenstandsangemessen offerieren

Die verschiedensten Analysen vorliegender Studie haben deutlich gemacht, dass es bestimmte Lernanlässe gibt, die in religionsunterrichtlich-wertebildender Hinsicht besonders bedeutsam sind. Professionell agierende Religionslehrkräfte benötigen ein Repertoire an zentralen Herangehensweisen, um Schülerinnen und Schülern gegenstandsangemessene Bildungsoptionen hinsichtlich des Kontextes »Werte und deren christlich-religiöse Begründung« zu ermöglichen. Unter anderem müssen sie die damit verknüpften kognitiven Anforderungen sowie impliziten Wissensvoraussetzungen einschätzen und die didaktische Sequenzierung sowie Orchestrierung der Lernanlässe stimmig vornehmen können (vgl. Baumert/Kunter 2013, 32).

Als grundsätzlich bedeutsam erweist sich der *Erfahrungsbezug*. Werte werden erst dann zu Werten, wenn sich jemand an diese gebunden fühlt und sie realisiert. D. h., Religionslehrerinnen und -lehrer sollten Lernanlässe offerieren können, die Werte zum einen in Bezug auf semi-reale bzw. hypothetische Situationen und zum anderen im Modus von Primärerfahrungen zugänglich machen. Damit der Erfahrungsbezug in wertebildender Hinsicht fruchtbar werden kann, bedarf es der Ermöglichung von Korrelationen mit verfügbarem Werte-Wissen und mit dessen christlich-religiösen Konnotationen. Gerade Rekurse auf letztgenannte Konnotationen markieren das Proprium des Religionsunterrichts und sind für eine religionspädagogisch fundierte Wertebildung notwendig.

Im Folgenden werden drei religionsdidaktisch zentrale Lernanlässe überblicksartig skizziert,[351] die es Religionslehrerinnen und -lehrern ermöglichen, angemessene wertebildende Zugänge im Horizont religiösen Lernens zu realisieren: die Thematisierung vorbildhafter Personen, die Auseinandersetzung mit Dilemmageschichten sowie der Rekurs auf negatives moralisches Wissen. Dabei werden insbesondere ausgewählte Möglichkeiten der didaktischen Sequenzierung vorgestellt.

Unter anderem die *Thematisierung vorbildhafter Personen im Sinne eines Lernens am Modell* (Bandura) stellt eine geeignete Möglichkeit dar, im Religionsunterricht Werte und deren potentiell christliche Fundierung im Sekundärerfahrungsmodus zu erschließen (vgl. 3.1.6; 3.4). Dabei ist es wichtig, die Vorbilder als »Vor-Bilder« zugänglich zu machen, als Bilder vorgelebter Lebensentwürfe, deren wertbasierte Grundierungen Orientierungsoptionen für die Gestaltung eines guten Lebens bieten (vgl. Lindner 2015; Mendl 2015, 65f).

Lehrkräfte benötigen hierbei die Fähigkeit, das entsprechende Lernen so anzulegen, dass die Schülerinnen und Schüler sich nicht gedrängt fühlen, das vorbildhafte Verhalten »1:1« nachzuahmen. Vielmehr bedarf es einer kritischen und beurteilenden Auseinandersetzung damit, insbesondere um christlich-religiösen Begründungen auf die Spur zu kommen. Zu angemessenen Lernanlässen, die Werte über vorbildhafte Personen zugänglich machen – *sei es durch narrative*[352] *Zugänge, im direkten Kontakt, indirekt über Texte oder andere Medien* –, zählen z. B. die *Begegnung* mit »professionellen Helfern« (vgl. Mendl 2015, 76f) und die Thematisierung ihrer wertebezogenen Erfahrungen sowie Motive, die Beschäftigung mit *biblischen Figuren* (vgl. Zimmermann/Zimmermann 2013) oder mit *Christinnen und Christen der Vergangenheit und Gegenwart*, die aus ihrem Glauben heraus versuchen, bestimmte Werte zu realisieren. Idealerweise rekurrieren Lehrerinnen und Lehrer bei derartigen Lernarrangements folgende Perspektiven (vgl. Lindner 2015, 136): (1) das Vorverständnis der Schülerinnen und Schüler bezüglich vorbildhaftem Verhalten (vgl. Lindner 2009b), (2) eine vernunftbasiert-kritische Auseinandersetzung mit der jeweiligen vorbildhaften Person, (3) eine Erhellung, inwiefern ein christlicher Sinnzusammenhang das Verhalten dieser Person prägt, (4) theologisches Wissen

---

[351] Ausführliche Beschreibungen verschiedener didaktischer Zugänge finden sich unter anderem im 31. JAHRBUCH DER RELIGIONSPÄDAGOGIK (vgl. Englert u. a. 2015).

[352] Zur Bedeutung von Zugängen, die durch eine narrative Konzeption von Ethik (vgl. Mieth 2000) inspiriert sind, vgl. Hofheinz 2012, 223-230. Hinweise zu Erzählungen als Medium wertebildenden Lernens bietet Horlacher 2015.

zur Einordnung der potenziell christlich-religiösen Wertefundierung sowie (5) eine Positionierung seitens der Lernenden zu diesen Kontexten.

Einen weiteren, für religionsunterrichtliche Wertebildung typischen Lernanlass stellt die Auseinandersetzung mit *Dilemmageschichten* dar (vgl. 2.2.3.2; 4.2.3.3). Diese – oftmals semi-realen Erzählungen – fordern die Schülerinnen und Schüler auf, sich in Situationen hineinzuversetzen, die Personen in Wertekonflikte bringen und von diesen ein »Entscheiden in *Zerreißproben*« (Schmid 2015, 164) verlangen. Im Religionsunterricht können ausgehend von Dilemmata Wertfragen und -haltungen diskutiert werden. Wertebildung wird so im Horizont von Sekundärerfahrungen möglich, insofern die Lernenden sich mit einem Dilemma ausgehend von ihrem eigenen Wertekosmos auseinandersetzen. Es geht dabei nicht primär darum, die Zerreißprobe der im Dilemma steckenden Person zu »lösen«, sondern die eigene wertebezogene Argumentationsfähigkeit zu schulen, zu reflektieren und weiterzuentwickeln.

Professionell agierende Religionslehrkräfte müssen in dieser Hinsicht zum einen auf die Altersangemessenheit des thematisierten Dilemmas achten: Was ein Grundschulkind eventuell vor eine schwierige Entscheidung stellt, ist für Jugendliche vielleicht gar kein Problem – nicht zuletzt weil letztere ihr moralisches Selbst weiter ausgeprägt haben. Zum anderen benötigen Lehrerinnen und Lehrer Wissen über ein gut strukturiertes Vorgehen im Umgang mit Dilemmageschichten; insbesondere auch, um religiöse Bezugsaspekte gegenstandsangemessen und passend zu integrieren.[353] Die von Georg Lind etablierte KMDD sieht folgenden Ablauf eines Arbeitens an einem moralischen Dilemma vor: (1) individuelle Begegnung mit dem Dilemma; (2) Herausarbeiten des moralischen Problems im Klassenverband; (3) erste Abstimmung hinsichtlich des im Dilemma dargelegten Verhaltens; (4) Arbeit in Pro-/Kontra-Gruppen, um Argumente für das jeweilige Verhalten zu identifizieren; (5) Diskussion im Klassenverband auf Basis der erarbeiteten Argumente; (6) erneutes Arbeiten in den Pro-/Kontra-Gruppen, um die besten Argumente der Gegenseite zu identifizieren; (7) Gespräch im Plenum über die Gruppenergebnisse; (8) zweite Abstimmung; (9) Nachfragen zur Dilemmadiskussion und Aktualisierung hinsichtlich eigener Erfahrungen (vgl. Lind 2003,

---

[353] Interessanterweise lässt Bruno Schmid in seinem, im »Jahrbuch der Religionspädagogik« veröffentlichten Beitrag »Lernen an Dilemmata« den Kontext »Religion« in lernbedeutsamer Hinsicht komplett außen vor. Auch das thematisierte Beispiel, in dem eine im Dilemma steckende Person ihr potenziell suizidunterstützendes Handeln als Rückgabe des »Geschenk[s] des Lebens an Gott« (Schmid 2015, 171) deutet, wird von Schmid nicht in religionsbezogener Hinsicht konturiert, obwohl hier gegenstandsangemessene Zugriffsoptionen auf religiös konnotierte Wert(-begründungs-)fragen leicht möglich wären.

133; ausführlicher ebd., 83–85).[354] Insbesondere in den Schritten (4) bis (7) und (9) bietet es sich an, einen religiös-christlichen Begründungsmodus und damit verknüpftes, theologiebasiertes Werte-Wissen zu Geltung zu bringen.

Bisher religionsdidaktisch[355] selten bedacht ist die unterrichtspraktische Bedeutung des so genannten *negativen moralischen Wissens*, eines »Wissens darüber, was ungerecht, unwahrhaftig, korrupt [...] etc. und dies auf der deklarativen wie der prozeduralen Ebene ist« (Oser 2005, 171). Werte können hier in »Orientierung vom Gegenteil des Richtigen her« (ebd., 172) gebildet werden. Denn häufig stellen negative Erfahrungen eine zentrale Motivation dar, um zu lernen und Situationen dadurch zu verändern – insbesondere, wenn davon die eigenen Werte tangiert sind (vgl. Benner 2005a, 11; Oser/Spychinger 2005).[356]

Derartige Lernanlässe sollten Religionslehrerinnen und -lehrer im Religionsunterricht wertebildend fruchtbar machen können. In diesem Interesse bietet es sich an, folgende Lernschritte bei einer gegenstandsangemessenen, religionsdidaktischen Sequenzierung des Lernens ausgehend von negativem moralischem Wissen zu berücksichtigen: (1) Den Ausgangspunkt stellt eine inhumane, ungerechte oder gewaltbehaftete Situation dar, die es zunächst wahrzunehmen gilt. Insbesondere damit verknüpfte, wertebasierte Erfahrungen sollten dabei zugänglich werden. (2) Auf dieser Grundlage wird – sofern die Schülerinnen und Schüler sich dazu herausgefordert sehen – die Möglichkeit gegeben, »die Empfindung der Empörung« als »zutiefst moralische Emotion, die überhaupt nur in Verbindung mit einem moralischen Bewusstsein auftreten kann«, zu artikulieren. (Rommel 2007c, 272) (3) In einem weiteren Schritt gilt es, die Lernenden aufzufordern, ihre, vom »negativ-moralischen« Erfahrungszusammenhang eventuell tangierten, eigenen Werte und Werthaltungen zu reflektieren. Dazu trägt auch die (4) »Rekonstruktion des als negativ Bewerteten« bei, insofern der thematisierte Sachverhalt genauer analysiert

---

[354] Fritz Oser und Wolfgang Althof bündeln verschiedenste Vorschläge, wie die Wertentwicklungsstrategie im Unterricht umgesetzt werden kann, in einer idealtypischen Abfolge: Darbietung des Dilemmas (1); erste Positionierung der Lernenden dazu (2); Diskussion in kleineren Gruppen, wobei unter anderem die +1-Konvention gemäß Kohlberg tangiert werden sollte (3); Vorstellung der Gruppenergebnisse im Plenum (4); Zusammenfassung der Ergebnisse und neutrale Differenzierung von ähnlichen und unterschiedlichen Argumentationen (5); Ausgriff auf ähnliche, reale Dilemmata und deren Analyse hinsichtlich realisierter Verhaltens- und Argumentationsweisen (6) (vgl. Oser/Althof 2001b, 105–107).
  Eine zu diesem Dilemmadiskussionsverlauf alternative Variante bietet das V*a*KE-Modell – »Values *and* Knowledge Education« (vgl. Patry/Weyringer/Weinberger 2010).

[355] Vor allem Herbert Rommel befasst sich mit damit verbundenen Chancen und Grenzen (vgl. Rommel 2004 und 2007b, 460–473).

[356] Kritisch äußert sich zu dieser Idee unter anderem Anton A. Bucher, indem er darauf verweist, dass Menschen immer wieder gleiche Fehler begehen oder Fehlverhalten entschuldigen, so dass sie nur bedingt oder gar nicht aus Fehlern lernen (vgl. Bucher 1998).

wird und dabei das »negative Wissen« der Schülerinnen und Schüler zum Tragen kommt. Sodann (5) werden von Werten her, die durch »eine Verneinung des moralisch Falschen […] das moralisch Richtige« (Rommel 2004, 37) vergegenwärtigen, positive Werthaltungen formuliert und in ihrer Bedeutsamkeit diskutiert. Hierbei vermag die Strategie der Wertkommunikation das Lerngeschehen in entscheidender Weise zu fundieren. Religionsunterrichtsspezifische wertebildende Kontur erlangt dieser Lernweg spätestens in den Lernschritten (4) und (5), wenn die Fragen nach dem Negativen und Guten im Rekurs auf Gott oder speziell im Horizont des christlichen, Versöhnung verheißenden Umgangs mit Schuld reflektiert werden.

5.2 Wertebildung handlungsorientiert ermöglichen. Ein Vorschlag in unterrichtspraktischem Interesse

Die in vorliegender Studie präsentierten Forschungen zur religionsdidaktischen Wertebildungstheorie haben gezeigt, dass die wertebezogene Handlungsdimension im Religionsunterricht bedeutsam, aber wenig präsent ist. Unter anderem fehlt es an grundlegenden Lernarrangements, die einen Rahmen dafür bereitstellen, wie Schülerinnen und Schülern im Unterrichtskontext handlungsbasierte Werterfahrungen im Horizont religiöser Bildung ermöglicht werden können. Es bedarf also neuer Ideen, um im Sinne der Wertprimärerfahrung (vgl. 4.2.3.5) Religionsunterricht zu gestalten. Bis dato stellen vor allem Compassion-Projekte bzw. Optionen diakonischen Lernens entsprechende Erfahrungsräume zur Verfügung; meist jedoch nur im Rahmen einer zeitlich begrenzten Sonderaktion – häufig am Schuljahresende – und vor allem vorbehalten für Schülerinnen und Schüler höherer Jahrgangsstufen, weil diese aus aufsichtsrechtlichen Gründen ohne größere Einschränkungen ein eigenständiges Praktikum[357] absolvieren können.

Die oben rezipierte, australische SAT-Initiative (vgl. ebd.) dagegen macht eine Option zugänglich, die den Lernenden in kontinuierlicher Weise ermöglicht, Werte und Werthaltungen direkt in Unterrichtszusammenhängen zu gestalten, zu reflektieren und somit zu erfahren. Das damit verbundene Lernsetting ist – im Vergleich zum Compassion-Projekt oder diakonischen Lernen

---

[357] Christoph Gramzow unterscheidet mehrere Varianten diakonischen Lernens im Kontext Schule: Beim »Sozialpraktikum bzw. diakonischen Praktikum« ist die Einbindung in den Schulalltag relativ lose durch eine Vorbereitungs- und Auswertungsphase organisiert. Beim »vernetzen Praktikum/Projekt« sind mehrere Unterrichtsfächer an der Vorbereitung, Begleitung und Reflexion beteiligt – hierzu zählt Gramzow auch das Compassion-Projekt. »Diakonisches Lernen in schulischer Kontinuität« wiederum zeichnet sich im Schulprofil ab, insofern in mehreren Jahrgangsstufen entsprechende Themen bearbeitet werden und in einer höheren Klasse ein Praktikum absolviert wird. Zudem gibt es Schulen die »Diakonie als Unterrichtsfach« anbieten (vgl. Gramzow 2010, 102–140).

– weniger zeitlich eingeschränkt und nicht von außerschulischen Praktikums-
phasen abhängig. Beim SAT-Programm widmen sich »Student Action
Teams« (SAT) in einer Kleingruppe einem Sachverhalt, den sie selbst als wer-
tebedeutsam identifizieren und bei dem sie Handlungsbedarf ausmachen. Die
Schülerinnen und Schüler einer Gruppe befassen sich in mehreren Phasen
intensiv mit ausgewählten Werten, die den festgestellten Handlungsbedarf
fundieren, erarbeiten einen darauf gründenden Aktionsplan und setzen diesen
im Sinne der fokussierten Werte um (vgl. Chapman/Cahill/Holdsworth 2009;
vgl. 4.2.3.5).

Im Interesse an einer Erweiterung der religionsunterrichtlichen Wertebil-
dungspraxis und ganz im Sinne der damit verknüpften didaktischen Professionalisierung von Religionslehrkräften bezüglich gegenstandsangemessener
Lernanlässe (vgl. 5.1.3) wird im Folgenden ein *Vorschlag* in die Diskussion
eingebracht, der die SAT-Idee auf den Horizont religiösen Lernens hin transformiert und *die in vorliegender Studie entfaltete Wertebildungstheorie realisiert.* Dabei
wird die SAT-Grundlogik aufgegriffen und unter dem Begriff *»Wertbegründer/
-innen-Projekt«* auf religionsunterrichtlich initiierte Wertebildungsprozesse hin
modifiziert: Angesichts des Propriums des Religionsunterrichts erweist es sich
als notwendig, die einzelnen SAT-Phasen um Fragen nach der Relevanz einer
transzendenzoffenen Begründung von Werten sowie um Reflexionen zur
potentiellen Begründung und Befragung einzelner Werte aus christlich-
religiöser Perspektive zu ergänzen.

Als »Wertbegründer/-innen« machen sich Schülerinnen und Schüler in
derartigen Projekten dabei auf die Suche nach Werten, die ihnen *Gründe* geben, sie zu realisieren. Sie setzen sich mit deren *Begründung*soptionen auseinander – insbesondere auch mit religiösen. Und sie *gründen* niedrigschwellige
Initiativen zur Umsetzung ausgewählter Werte.

Wertbegründer/-innen-Projekte sind auf mehrere Unterrichtsstunden angelegt und können bei vielen wertebezogenen Themen bzw. Lernbereichen
des Religionsunterrichts zur Geltung gebracht werden; sowohl wenn es um
explizit aktivitätsfokussierte Kontexte geht, wie z. B. »christliches Engagement für die Eine Welt«, als auch im Rahmen der Beschäftigung mit konkreten Fragen der Lebensethik (vgl. Schockenhoff 2013). Insbesondere im Horizont kompetenzorientierter Unterrichtsgestaltung erweist sich das Potential
von Wertbegründer/-innen-Projekten, da sie die Schülerinnen und Schüler
beim Aufbau von Kompetenzen unterstützen, die für deren Wertebildung
unabdingbar sind.

Ein Wertbegründer/-innen-Lernarrangement umfasst sieben aufeinander
folgende Phasen:

– *Identifikation:* Auf der Basis ihres eigenen Vorverständnisses oder in Bezug auf Wertelisten[358] diskutieren und vergewissern sich die Schülerinnen und Schüler zunächst in einem Kleingruppen-Team darüber, was für sie jeweils einen bestimmten Wert grundsätzlich auszeichnet. In dieser ersten Lernphase sind auch Informationen durch die Lehrkraft wichtig – unter anderem hinsichtlich der wertebildungsbedeutsamen Reflexionskriterien Wahrhaftigkeit, Sittlichkeit und universale Geltung (vgl. 4.1.3). Sodann entscheidet sich das Team in Bezug auf eine spezielle Thematik für eine kleine Auswahl an Werten, zu deren Realisierung sie einen Beitrag leisten können und wollen. Die getroffene Werte-Auswahl wird notiert. Im Falle eines »christlichen Engagements für die Eine Welt« könnten dies z. B. Hilfsbereitschaft, Kreativität oder Menschenwürde sein.

– *Recherche und christlich-religiöse Verortung:* Die Schülerinnen und Schüler informieren sich zu den in der Identifikationsphase gewählten Werten, insbesondere hinsichtlich möglicher Fundierungen und über Realisierungszusammenhänge. Dabei sollten auch Fragen nach einer Begründung dieser Werte im Horizont des christlichen Glaubens zur Geltung kommen. Und es sollte Ausschau nach potentiell christlich fundierten Realisierungsweisen gehalten werden. Bezogen auf die oben beispielhaft gewählten Werte kann das z. B. eine Verortung von Hilfsbereitschaft im Horizont des jesuanischen Aufrufs zu Nächstenliebe sowie Verknüpfungen zu christlich-motiviert handelnden Helferinnen und Helfern bedeuten; hinsichtlich des Wertes Kreativität beispielsweise Rekurse auf die im biblischen Schöpfungs- und Gestaltungsauftrag mitschwingenden Verantwortungsdimensionen; bezüglich des Wertes Menschenwürde unter anderem Bezüge zu den Prinzipien der christlichen Sozialethik. Am Ende der Recherche-Phase legt das Wertbegründer/-innen-Team fest, welchen Wert es hinsichtlich eines bestimmten Handlungsbedarfs realisieren will und welche Wertebegründungen die Teammitglieder dabei leiten. Die Werterealisierungskontexte können Situationen in der Klasse oder im schulischen Zusammenhang, aber auch prosoziales Engagement im gesellschaftlichen Nahbereich der Schülerinnen und Schüler fokussieren. Bezogen auf das oben angeführte Beispiel »christliches Engagement für die Eine Welt« könnten das unter anderem Lese-, Sport oder Musizier-Patenschaften für Kinder sein, die aus ihrem Heimatland fliehen mussten und im Einzugsbereich der jeweiligen Schule leben; auch die Einladung zu einer Feier religiöser Feste wäre denkbar.

---

[358] Hier eignen sich unter anderem die von Rokeach identifizierten instrumentellen Werte (vgl. 3.2.1.1) oder eine Auswahl der 56 Unterwerte (vgl. Stein 2008, 33), welche die zehn von Shalom H. Schwartz erforschten Wertegruppen präzisieren.

- *Präsentation I*: Die Kleingruppe bereitet das Ergebnis ihrer Recherchephase so auf, dass dieses in der Klasse vorgestellt werden kann. Bei der Präsentation sollten folgende Punkte berücksichtigt werden: der zentrale, zu realisierende Wert; bedeutsam erscheinende (christliche) Fundierungen; die fokussierte Handlungssituation; die Ziele der Werterealisierung. Im Rahmen der Vorstellung sind alle Teams gehalten, die Ideen der präsentierenden Kleingruppe in produktiver Hinsicht zu kommentieren und über die dabei thematisierten Werte sowie deren Begründungen in einen gleichberechtigten Diskurs zu treten. Dabei sollte explizit die Relevanz einer christlich-religiösen Kontextualisierung diskutiert werden.
- *Planung*: Im ersten Schritt der Planungsphase befasst sich die Kleingruppe mit potentiellen Anregungen aus der Präsentationsphase. Sodann erarbeitet sie einen realistischen Aktionsplan zur Umsetzung ihres gewählten Wertes hinsichtlich der vereinbarten Handlungssituation. Gerade bei jüngeren Schülerinnen und Schülern ist hinsichtlich der Umsetzbarkeit die Einschätzung der Lehrkraft wichtig. Der Aktionsplan wird am Ende der Planungen verschriftlicht und legt fest, wer aus dem Team zu welchem Zeitpunkt was wo macht und welche Ressourcen dafür nötig sind.
- *Umsetzung*: Die Umsetzungsphase ist das Kernstück des Wertbegründer/-innen-Projekts. Bei der Ausführung des Aktionsplanes wird den Schülerinnen und Schülern die handlungsleitende Relevanz des von ihnen in der Kleingruppe fokussierten Wertes praktisch zugänglich. Im Idealfall findet die Umsetzungsphase während der Unterrichtszeit statt; bisweilen wird auch zusätzlich Zeit außerhalb des regulären Unterrichts beansprucht werden. Je nach gewählter Realisierungssituation ist das Klassenzimmer, die Schulanlage oder ein außerschulischer Lernort Raum der Wertprimärerfahrung. In letztgenannter Hinsicht ist die Lehrkraft auf Unterstützung durch Kolleginnen und Kollegen, durch Eltern oder andere Freiwillige angewiesen. Zur Veranschaulichung im Rahmen der zweiten Präsentationsphase bietet es sich an, dass die Schülerinnen und Schüler ihre Umsetzungsphase mit Fotos dokumentieren.
- *Präsentation II*: Hinsichtlich der Vorstellung seiner Ergebnisse der Dokumentationsphase bereitet das Wertbegründer/-innen-Projektteam folgende Punkte vor: Erfahrungen und Ergebnisse bei der Realisierung des Wertes; Verortung und gegebenenfalls Korrektur der (christlich-religiös situierten) Wertebegründung; Identifikation weiterer Handlungsbedarfe. Diese Aspekte werden im Klassenzusammenhang präsentiert – z. B. durch Kurzreferate, durch Wandplakate oder andere Vorstellungsvarianten. An dieser Stelle bietet es sich auch an, Gruppen aus der Schulfamilie zur Präsentation einzuladen.
- *Einordnung*: Am Ende des Wertbegründer/-innen-Lernarrangements werden die Werteerfahrungen in der Gesamtklasse gebündelt und die Frage

der Bedeutung einer transzendenzbezogenen Wertebegründung finalisierend ergründet. Hier gilt es auch zu reflektieren, inwiefern bei der Realisierung des gewählten Wertes christlich-religiöse Referenzen eine Rolle gespielt oder sogar Motivation geboten haben oder nicht, ob diesbezüglich ein potentieller »Mehrwert« gegeben ist etc.

Mittels dieses, häufig mehrere Unterrichtsstunden erfordernden Wertbegründer/-innen-Projekts nimmt der Religionsunterricht seine Schülerinnen und Schüler als Subjekte ihrer Wertebildung ernst. Im Sinne der in vorliegender Studie erarbeiteten Wertebildungstheorie werden dabei die Voraussetzungskontexte der Lernenden berücksichtigt; nicht zuletzt, weil diese ihren Lernweg im Rahmen ihres jeweiligen Wertentwicklungsstandes selbst bestimmen, ihr Werte-Wissen anreichernd zur Geltung bringen und sich in ihrem eigenen Umfeld werterealisierend bewegen können. Auch wird der Lerngegenstand »Werte« auf vielfältige Weise zugänglich gemacht: Sowohl die kognitive, emotionale und praktische Lernebene als auch verschiedene prozessbezogene Aktivtäten sowie die vier Dimensionen von Wertebildung kommen dabei zum Tragen.

Durch Umsetzungen des Wertbegründer/-innen-Projekts kann der Religionsunterricht sein Wertprimärerfahrungspotential realisieren, indem er im Sinne des Verflechtungsmodells (vgl. 4.3.4) einen Beitrag zur Wertebildung der Schülerinnen und Schüler im Horizont religiösen Lernens leistet.

5.3 Wertebildung religionspädagogisch erforschen. Einordnungen und Ausblicke

Vorliegende Studie hat gezeigt, dass das, dem Religionsunterricht von verschiedenen Seiten her entgegengebrachte Vertrauen begründet ist: Dieses schulische Fach kann die Wertebildung der Schülerinnen und Schüler unterstützen. Im Rahmen der Entfaltungen auf dem Weg zu einer religionsdidaktisch zugespitzten Wertebildungstheorie (vgl. unter anderem Abb. 9) wurde deutlich, dass diese zum einen vom Subjekt her zu konturieren ist, welches sein Wertegerüst selbstbestimmt im Abgleich mit der wertepluralen Gesellschaft konstruiert. Zum anderen gilt es im Religionsunterricht, den christlichen Sinn- und Begründungszusammenhang von Werten bzw. Werthaltungen in das Lerngeschehen einzubringen – und zwar sowohl im Kontext theoretischer Reflexionen als auch im Horizont der Ermöglichung werterealisierenden Handelns. Nicht zuletzt über die entlang der COACTIV-Idee von fachdidaktischem Wissen entfalteten Facetten, die Religionslehrkräfte hinsichtlich der Initiierung wertebildender Lernarrangements berücksichtigen können sollten (vgl. 5.1), will vorliegende Studie die *Profilierung von Wertebildung im Religionsunterricht* voranbringen. Auch der in Orientierung an der australi-

schen Student-Action-Team-Idee auf religiöse Bildungsprozesse hin forma-
tierte Vorschlag, die werterealisierende Komponente über so genannte »Wer-
tebegründer/-innen-Projekte« im religionsunterrichtlichen Lerngeschehen
aufzuwerten (vgl. 5.2), versteht sich als Beitrag im Sinne dieses Profilierungs-
erfordernisses, das in allen drei Phasen der *Religionslehrkräfte-Bildung* angegangen werden sollte.

Zugleich öffnet sich in diesem Zusammenhang eine neue »Baustelle« religionsdidaktischer Forschung – und zwar die empirische: Mit der entfalteten
Wertebildungstheorie sind markante Referenzen erarbeitet, die einerseits den
Bedarf an Evidenzbasierung bezüglich wertebildender Dimensionen des Religionsunterrichts deutlich machen und andererseits Ausgangspunkte für entsprechende empirische Forschungszugänge darstellen. Zwei Desiderate in
dieser Hinsicht seien kurz benannt: Mittels *Unterrichtsforschung* gilt es beispielsweise zu ergründen, wie Wertebildung im Religionsunterricht tatsächlich
ermöglicht wird: ob z. B. die Schülerinnen und Schüler als wertekonstruie-
rende Subjekte ernstgenommen werden, inwiefern und auf welche Weise
(christlich-)religiöse Wertefundierungsoptionen zur Geltung kommen, welche
werterealisierenden Zugänge wie orchestriert werden und somit ins Lerngeschehen Eingang finden etc. Überdies bedarf es Erhebungen zu den *Vorstellungen von Religionslehrkräften* bezüglich gelingend initiierter Wertebildungsprozesse im Rahmen des Religionsunterrichts, *insbesondere zu ihrem fachdidaktischen
Wissen*, aber auch zu *ihrer persönlichen Position wertebezogenen Unterrichtsgegenständen
gegenüber*. Gerade die beiden letztgenannten Kontexte erweisen sich als entscheidend für eine stimmige Entfaltung von Lernarrangements, die Wertebil-
dungsmöglichkeiten im Sinne des religiös-bildenden Propriums von Religionsunterricht offerieren.

Zudem besteht auch Bedarf an weiterer *Grundlagenforschung zu anderen Bereichen des wertebildenden Professionswissens von Religionslehrkräften*: Im Duktus des
COACTIV-Modells gilt es, neben dem fachdidaktischen Kompetenzbereich
ebenso das pädagogisch-psychologische Wissen sowie das fachwissenschaftliche Wissen hinsichtlich einer gelingenden Wertebildung im Religionsunterricht spezifisch zu profilieren.[359] Bezüglich des pädagogisch-psychologischen
Professionswissens, das »Klassenführung und Orchestrierung des Lernpro-
zesses, Wissen über Entwicklung und Lernen, Diagnostik und Leistungsbeur-
teilung sowie professionelles Verhalten im Kontext von Schule und schulischer Umwelt beschreibt« (Baumert/Kunter 2006, 484), sind in wertebildender Hinsicht insbesondere wertschätzende Umgangsformen oder das Erleben
von Sympathie und Mitgefühl bedeutsam. Elisabeth Naurath hat mehrfach

---

[359] Die beiden anderen Professionswissensdimensionen Organisations- und Beratungswissen
beschreiben Lehrerkompetenzen, die in grundsätzlicher Hinsicht für die Gestaltung von guter Schule und Unterricht erforderlich sind (vgl. Baumert/Kunter 2006).

darauf hingewiesen, dass den Religionslehrerinnen und -lehrern hier eine zentrale Rolle zukommt (vgl. unter anderem Naurath 2007, 2014b). Nicht nur durch ihre Kenntnisse über Werte und über deren Begründungsoptionen oder durch ihr Wissen über Möglichkeiten, die Schülerinnen und Schüler bei deren Wertebildung zu unterstützen, prägen Lehrkräfte den Blick der Lernenden auf den Kontext »Werte«, sondern auch durch ihr personales Agieren: Lehrende stellen für viele Heranwachsende ein Erweismoment für gelebte Werte dar und müssen damit rechnen, von den Lernenden zur Begründung von artikulierten und praktizierten Werthaltungen herausgefordert zu werden. Darauf sollten sie – unter anderem durch das Studium, das Referendariat und berufsbegleitende Weiterbildungsmaßnahmen – vorbereitet werden und sich zudem im Klaren darüber sein, dass Wahrhaftigkeit, Gerechtigkeit und Fürsorge wertekonturierte Dimensionen sind, an denen Schülerinnen und Schüler ihre Lehrerinnen und Lehrer besonders messen (vgl. 4.2.4). Bezüglich dieser pädagogischen Aspekte bedarf es im *Austausch mit verschiedenen Bildungswissenschaften* der Entwicklung spezifischer Professionalisierungsdimensionen: Vor allem gemeinsame Forschungen zu den so genannten »Überzeugen/ Werthaltungen/Zielen« der Religionslehrerinnen und -lehrer – allesamt Aspekte der per COACTIV definierten professionellen Kompetenz – erweisen sich dabei als bedeutsam (vgl. u. a. Pirner/Scheunpflug/Kröner 2016).

Das fachwissenschaftliche Professionswissen, welches Religionslehrkräfte hinsichtlich der Initiierung wertebildender Lernarrangements benötigen, wiederum verweist auf die Bedeutung der *Vernetzung von Fachwissenschaften und Fachdidaktik* in lehrerbildender Hinsicht. Die COACTIV-Studien zählen zu diesem Kompetenzbereich »akademisches Forschungswissen, ein profundes Verständnis der [...] Hintergründe der in der Schule unterrichteten Inhalte, Beherrschung des Schulstoffs auf einem zum Ende der Schulzeit erreichbaren Niveau und [...] Alltagswissen von Erwachsenen, das auch nach Verlassen der Schule noch präsent ist« (Baumert/Kunter 2011, 37). Hinsichtlich des Forschungswissens, des Hintergrundverständnisses und des schulstoffbezogenen Wissens zeigt sich insbesondere eine intensivierte Zusammenarbeit der Religionsdidaktik mit Theologischer Ethik bzw. Moraltheologie und Christlicher Sozialethik, aber auch mit anderen theologischen Wissenschaften und der Philosophie als erforderlich, um die religiöse Konturierung von Wertebildung im Religionsunterricht zu profilieren. Soll letztgenanntes Proprium in wertebildenden Lernarrangements zugänglich gemacht werden, bedarf es der Integration von fachlicher Expertise, die einerseits von vertieften Einblicken in theologische Werte-Deutungswelten, andererseits aber auch von deren alltagsweltlicher Kontextualisierung lebt. Ein in wertebildender Hinsicht professionalisierter Religionsunterricht benötigt daher verstärkten Zugriff auf aktuelle Forschungsergebnisse, die Wertefragen in grundständig-theologischer sowie philosophischer Weise einerseits wissenschaftsbasiert konturieren und andererseits in unterrichtspraktische Formate transformieren. Können Religionslehrerinnen und -lehrer auf derartige Erkenntnisse zurückgreifen und verstehen sie es, diese gelingend in den Religionsunterricht zu integrieren, wird für Lernende im Idealfall zugänglich, inwiefern Menschen (christlich-)religiöse Fundierungen zum Anlass nehmen, um ihre Werte zu er- und zu begründen. Die Auseinandersetzung damit kann den Schülerinnen und Schülern Impulse bieten, ihre »Aufgabe Werte« auf »sinn-volle« sowie zukunftsbefähigende Weise produktiv zu gestalten.

Abbildungsverzeichnis

Abkürzungsverzeichnis

Abb.	Abbildung
Art.	Artikel
Bd. / Bde.	Band / Bände
DBK	Deutsche Bischofskonferenz
EKD	Evangelische Kirche in Deutschland
FS	Festschrift
Hg.	Herausgeber/in
Hervorh.	Hervorhebung
KatBl	Katechetische Blätter
Kursiv. rückg.	Kursivsetzung rückgängig gemacht
LexRP	Lexikon der Religionspädagogik
LThK	Lexikon für Theologie und Kirche
RpB	Religionspädagogische Beiträge
TRE	Theologische Realenzyklopädie
u. a.	und andere
vs.	Versus
zit. n.	zitiert nach
ZPT	Zeitschrift für Pädagogik und Theologie

Literaturverzeichnis

Abell, Sandra K. (2008), Twenty Years Later: Does pedagogical content knowledge remain a useful idea?, in: International Journal of Science Education 30, 1405–1416.

Abels, Heinz (⁴2009), Einführung in die Soziologie. Bd. 2: Die Individuen in ihrer Gesellschaft, Wiesbaden.

Adam, Gottfried/Schweitzer, Friedrich (Hg.) (1996a), Ethisch erziehen in der Schule, Göttingen.

Adam, Gottfried/Schweitzer, Friedrich (1996b), Ethische Erziehung als Aufgabe und Möglichkeit der Schule, in: Adam/Schweitzer 1996a, 19–37.

Altmeyer, Stefan (2006), Von der Wahrnehmung zum Ausdruck. Zur ästhetischen Dimension von Glauben und Lernen, Stuttgart.

Andresen, Sabine (2010), Bildung und Werte, in: kursiv. Journal für politische Bildung, H. 4, 28–35.

Angele, Claudia/Brüll, Hans Martin/Dinter, Astrid/Kuld, Lothar (Hg.) (2012), Lernchance Sozialpraktikum. Wirkungen sozialen Engagements Jugendlicher in sozialen Einrichtungen, Freiburg i. Br.

Arens, Edmund (1996), Zum Ansatz und Anspruch einer theologischen Diskursethik, in: Holderegger, Adrian (Hg.), Fundamente der theologischen Ethik. Bilanz und Neuansätze, Freiburg/CH u. a., 450–468.

Aristoteles, [4. Jh. v. Chr.] (1985), Nikomachische Ethik. Auf d. Grundlage d. Übers. v. Eugen Rolfes hg. v. Günther Bien. 4. durchges. Aufl. (= Philosophische Bibliothek 5), Hamburg.

Arsenio, William F./Lemerise, Elizabeth A. (Hg.) (2010), Emotions, Aggression, and Morality in Children. Bridging Development and Psychopathology, Washington.

Aslan, Ednan (2015), Ethik im Islam, in: Englert u. a. 2015, 37–40.

Auer, Alfons (1995), Zur Theologie der Ethik. Das Weltethos im theologischen Diskurs (= Studien zur theologischen Ethik 66), Freiburg i. Br. u. a.

Auer, Alfons (²1984), Autonome Moral und christlicher Glaube. Mit einem Nachtrag zur Rezeption d. Autonomievorstellung in der kath.-theol. Ethik, Düsseldorf.

Aufenanger, Martina (2000), Religion und/oder Ethik in der Schule? (= Paderborner Beiträge zur Unterrichtsforschung und Lehrerbildung 4), Münster u. a.

Babke, Hans-Georg/Lamprecht, Heiko (Hg.) (2014), Werte leben – Werte lernen. Von der Schwierigkeit zu vermitteln, was uns lieb und wert ist, Berlin.

Bahlke, Steffen (2009), Werte-Erziehung in der Schule – Systemtheoretisch inspirierte Reflexionen, in: Mokrosch/Regenbogen 2009, 129–135.

Baier, Dirk/Hadjar, Andreas (2004), Wie wird Leistungsorientierung von den Eltern auf die Kinder übertragen? Ergebnisse einer Längsschnittstudie, in: Zeitschrift für Familienforschung 15, 156–177.

Baier, Dirk/Rabold, Susann/Pfeiffer, Christian (2010), Peers und delinquentes Verhalten, in: Harring u. a. 2010a, 309–337.

Bandura, Albert (1976), Die Analyse von Modellierungsprozessen, in: Ders. (Hg.), Lernen am Modell. Ansätze der sozial-kognitiven Lerntheorie. Übers. v. Hainer Kober, Stuttgart, 9–67.

Barz, Heiner/Kampik, Wilhelm/Singer, Thomas/Teubner, Stephan (2001), Neue Werte – neue Wünsche. Future Values. Wie sich Konsummotive auf Produktentwicklung und Marketing auswirken, Düsseldorf u. a.

Bauer, Thomas A. (2009a), Die Chancen ethischer Bildung im Kontext des Medienwandels, in: Mikuszeit/Szudra 2009, 93–112.

Bauer, Thomas A. (2009b), Wissen im Medienmodell der modernen Bildungsgesellschaft, in: Mikuszeit/Szudra 2009, 35–60.

Bauer, Thomas A. (2008), Kultur der Medialität. Medienbildung als das pädagogische Programm von Medialitätskultur, in: Medienimpulse 17, H. 65, 9–12.

Baumert, Jürgen (2002), Deutschland im internationalen Bildungsvergleich, in: Kilius/Kluge/Reisch 2002, 100–150.

Baumert, Jürgen/Fried, Johannes/Joas, Hans,/Mittelstraß, Jürgen/Singer, Wolf (2002), Manifest, in: Kilius/Kluge/Reisch 2002, 171–225.

Baumert, Jürgen/Kunter, Mareike (2013), The COACTIV Model of Teacher's Professional Competence, in: Dies./Blum, Werner/Klusmann, Uta/Krauss, Stefan/Neubrand, Michael (Hg.), Cognitive Activation in the Mathematics Classroom and Professional Competence of Teachers. Results from the COACTIV Project, New York, 25–48

Baumert, Jürgen/Kunter, Mareike (2011), Das Kompetenzmodell von COACTIV, in: Dies./Blum, Werner/Klusmann, Uta/Krauss, Stefan/Neubrand, Michael (Hg.), Professionelle Kompetenz von Lehrkräften. Ergebnisse des Forschungsprogramms COACTIV, Münster, 29–53.

Baumert, Jürgen/Kunter, Mareike (2006), Stichwort: Professionelle Kompetenz von Lehrkräften, in: Zeitschrift für Erziehungswissenschaft 9, 469–520.

Baumert, Jürgen/Stanat, Petra/Demmrich, Anke (2001), PISA 2000: Untersuchungsgegenstand, theoretische Grundlagen und Durchführung der Studie, in:

Deutsches PISA-Konsortium (Hg.), Pisa 2000. Basiskompetenzen von Schülerinnen und Schülern im internationalen Vergleich, Opladen, 15–68.

Bayerisches Staatsministerium für Unterricht und Kultus (Hg.) (2009), Lehrplan für das Gymnasium in Bayern, München.

Bayerisches Staatsministerium für Unterricht und Kultus (Hg.) (2008), Werte machen stark. Praxishandbuch zur Werteerziehung, München.

Bebnowski, David (2012), Generation und Geltung. Von den »45er« zur »Generation Praktikum« – übersehene und etablierte Generationen im Vergleich, Bielefeld.

Beck, Ulrich (2003), Risikogesellschaft. Auf dem Weg in eine andere Moderne. Sonderausgabe, Frankfurt/Main.

Beck, Ulrich (2001), Das Zeitalter des »eigenen Lebens«. Individualisierung als »paradoxe Sozialstruktur« und andere offene Fragen, in: Aus Politik und Zeitgeschichte B 29, 3–6.

Beck, Ulrich (1996), Wissen oder Nicht-Wissen? Zwei Perspektiven »reflexiver Modernisierung«, in: Beck/Giddens/Lash 1996, 289–315.

Beck, Ulrich/Giddens, Anthony/Lash, Scott (Hg.) (1996), Reflexive Modernisierung. Eine Kontroverse, Frankfurt/Main.

Benedikt <Papst, XVI.> [Ratzinger, Joseph] (2005), Werte in Zeiten des Umbruchs. Die Herausforderungen der Zukunft bestehen, Freiburg i. Br.

Benner, Dietrich (2016), Zur pädagogischen und erziehungswissenschaftlichen Begründung des Ansatzes, in: Benner/Nikolova 2016, 13–44.

Benner, Dietrich (2014), Bildung und Religion. Nur einem bildsamen Wesen kann Gott sich offenbaren (= Religionspädagogik in pluraler Gesellschaft 18), Paderborn.

Benner, Dietrich (⁷2012a), Allgemeine Pädagogik. Eine systematisch-problemgeschichtliche Einführung in die Grundstruktur pädagogischen Denkens und Handelns. 6., überarb. Aufl., Weinheim u. a.

Benner, Dietrich (2012b), Bildung und Kompetenz. Studien zur Bildungstheorie, systematischen Didaktik und Bildungsforschung, Paderborn u. a.

Benner, Dietrich (2008), Bildungstheorie und Bildungsforschung. Grundlagenreflexionen und Anwendungsfelder, Paderborn u. a.

Benner, Dietrich (2007), Moralische Erziehung und Bildung der Moral, in: Bucher, Anton A. (Hg.), Moral, Religion, Politik: Psychologisch-pädagogische Zugänge. FS Fritz Oser (= Forum Theologie und Pädagogik 15), Wien u. a., 169–183.

Benner, Dietrich (2006), Negative Moralisierung und experimentelle Ethik als zeitgemäße Formen der Moralerziehung, in: Hügli, Anton/Thurnherr, Urs (Hg.), Ethik und Bildung. Ethique et formation, Frankfurt/Main, 83–106.

Benner, Dietrich (2005a), Einleitung. Über pädagogisch relevante und erziehungswissenschaftlich fruchtbare Aspekte der Negativität menschlicher Erfahrung, in: Benner 2005b, 7–21.

Benner, Dietrich (Hg.) (2005b), Erziehung – Bildung – Negativität. 49. Beiheft der Zeitschrift für Pädagogik, Weinheim.

Benner, Dietrich (1990), Wilhelm von Humboldts Bildungstheorie. Eine problemgeschichtliche Studie zum Begründungszusammenhang neuzeitlicher Bildungsreform, Weinheim u. a.

Benner, Dietrich/Nikolova, Roumiana (Hg.) (2016), Ethisch-moralische Kompetenz als Teil öffentlicher Bildung. Der Berliner Ansatz zur Konstruktion und Erhebung ethisch-moralischer Kompetenzniveaus im öffentlichen Erziehungs- und Bildungssystem mit einem Ausblick auf Projekte zu ETiK-International, Paderborn.

Bergold, Ralph (2005), Unter-brechende Ethik. Ein neues religionspädagogisches Konzept für ethische Bildungsarbeit mit Erwachsenen (= Bamberger Theologische Studien 27), Frankfurt/Main u. a.

Bernhard, Armin (²2007), Pädagogisches Denken. Einführung in allgemeine Grundlagen der Erziehungs- und Bildungswissenschaft (= Pädagogik und Politik 1), Baltmannsweiler.

Biesinger, Albert (1979), Die Begründung sittlicher Werte und Normen im Religionsunterricht, Düsseldorf.

Biesinger, Albert/Schmitt, Christoph (1996), Ethikdidaktische Grundregeln, in: Groß, Engelbert/König, Klaus (Hg.), Religionsdidaktik in Grundregeln. Leitfaden für den Religionsunterricht, Regensburg, 163–181.

Bíró, Dániel (2012), Gelebte Werte, Wertforschung und Wertphilosophie. Eine phänomenologische Verhältnisbestimmung im Ausgang von Max Scheler, in: Anhalt, Elmar/Schultheis, Klaudia (Hg.), Werteorientierung und Wertevermittlung in Europa (= Werteorientierung in moderner Gesellschaft), Münster, 164–180.

Blasberg-Kuhnke, Martina (2007), Gerechtigkeit lernen – eine theologische und religionspädagogische Herausforderung des Religionsunterrichts in der Sekundarstufe I, in: rhs – Religionsunterricht an höheren Schulen 50, 245–253.

Böckle, Franz (1981), Werte und Normenbegründung, in: Ders. u. a. (Hg.), Christlicher Glaube in moderner Gesellschaft. Bd. 12/2, Freiburg u. a., 37–89.

Böckle, Franz (1977), Fundamentalmoral, München.

Böckle, Franz (1976), Glaube und Handeln, in: Feiner, Johannes/Löhrer, Magnus (Hg.), Mysterium Salutis. Grundriss heilsgeschichtlicher Dogmatik. Bd. V: Zwischenzeit und Vollendung der Heilsgeschichte, Zürich u. a., 21–115.

Böhning, Björn/Görlach, Alexander (2011), Freiheit oder Anarchie? Wie das Internet unser Leben verändert, Berlin.

Boschki, Reinhold (2007), Der phänomenologische Blick: »Vierschritt« statt »Dreischritt« in der Religionspädagogik, in: Boschki/Gronover 2007, 25–47.

Boschki, Reinhold/Gronover, Matthias (Hg.) (2007), Junge Wissenschaftstheorie der Religionspädagogik (= Tübinger Perspektiven zur Pastoraltheologie und Religionspädagogik 31), Berlin.

Breitsameter, Christof (2009), Individualisierte Perfektion. Vom Wert der Werte, Paderborn u. a.

Breitsameter, Christof (2003), Identität und Moral in der modernen Gesellschaft. Theologische Ethik und Sozialwissenschaften im interdisziplinären Gespräch, Paderborn u. a.

Brezinka, Wolfgang (1993), »Werte-Erziehung« in einer wertunsicheren Gesellschaft, in: Huber, Herbert (Hg.), Sittliche Bildung. Ethik in Erziehung und Unterricht, Asendorf, 53–76.

Brown, B. Bradford (²2004), Adolescents' relationships with peers, in: Lerner, Richard M./Steinberg, Laurence (Hg.), Handbook of adolescent psychology, Hoboken, 363–394.

Brüll, Hans-Martin (2012a), Soziale Lerneffekte im Praktikum aus Sicht der Praktikanten und ihrer Begleiter, in: Angele u. a. 2012, 137–157.

Brüll, Hans-Martin (2012b), Wertorientierungen und Einschätzungen sozialer Lernerfahrungen in Praktika aus Sicht der Praktikanten im Quervergleich, in: Angele u. a. 2012, 119–135.

Brumlik, Micha (2015), Ethik im Judentum, in: Englert u. a. 2015, 34–36.

Bstan-vdzin-rgya-mtsho <Dalai Lama XIV.> (2013), Rückkehr zur Menschlichkeit. Neue Werte in einer globalisierten Welt. Übers. v. Waltraud Götting, Köln.

Bubmann, Peter (2002), Wertvolle Freiheit wahrnehmen. Werteerziehung und ethische Bildung als religionspädagogische Aufgabe, in: Zeitschrift für Evangelische Ethik 46, 181–193.

Bucher, Anton A. (1998), Warum aus Fehlern nicht gelernt wird? Konstruktivkritische Anmerkungen zu F. Osers Konzept der »negativen Moralität«, in: Ethik und Sozialwissenschaften 9, 614f.

Bucher, Anton A. (1995), Die Moraltheorie von Lawrence Kohlberg als Paradigma für Moraltheologie und religiös-sittliche Erziehung, in: Eid/Elsasser/Hunold 1995, 37–75.

Burkert, Mathias/Sturzbecher, Dietmar (2010), Wertewandel unter Jugendlichen im Zeitraum von 1993 bis 2005, in: Schubarth/Speck/Lynen von Berg 2010, 43–59.

Bürkle, Horst (2006), Art. Ethik. A. Religionsgeschichtlich, in: LThK³ 3, 899–901.

Büttner, Gerhard/Mendl, Hans/Reis, Oliver/Roose, Hanna (Hg.) (2013), Religion lernen. Bd. 4: Ethik (= Jahrbuch für konstruktivistische Religionsdidaktik 4), Hannover.

Calmbach, Marc/Borgstedt, Silke/Borchard, Inga/Thomas, Peter M./Flaig, Berthold B. (2016), Wie ticken Jugendliche 2016? Lebenswelten von Jugendlichen im Alter von 14 bis 17 Jahren in Deutschland, Wiesbaden.

Chadwick, Owen (1975), The Secularization of the European Mind in the Nineteenth Century, Cambridge.

Chapman, Judith/Cahill, Sue/Holdsworth, Roger (2007), Student Action Teams, Values Education and Quality Teaching and Learning – Case Study from the Manningham Cluster, Victoria, in: Lovat/Toomey 2009, 27–43.

Clement, Neville (2009), Perspectives from Research and Practice in Values Education, in: Lovat/Toomey 2009, 13–25.

Conrad, Jörg (2008), Moralerziehung in der Pluralität. Grundzüge einer Moralpädagogik aus evangelischer Perspektive (= Religionspädagogik in pluraler Gesellschaft 12), Freiburg i. Br.

Dabrowski, Martin/Wolf, Judith/Abmeier, Karlies (Hg.), Ethische Herausforderungen im Web 2.0 (= Sozialethik konkret), Paderborn.

Decety, Jean/Howard, Lauren H. (2014), A Neurodevelopmental Perspective on Morality, in: Killen/Smetana 2014, 454–474.

Diedrich, Martina (2008), Demokratische Schulkultur. Messung und Effekte, Münster u. a.

Dietenberger, Marcus (2002), Moral, Bildung, Motivation. Eine Theorie moralischer Handlungskompetenz und ihre schulpädagogischen Bezüge, Weinheim u. a.

Dirscherl, Erwin/Dohmen, Christoph/Englert, Rudolf/Laux, Bernhard (Hg.) (2008), In Beziehung leben. Theologische Anthropologie (= Theologische Module 6), Freiburg i. Br.

Doedens, Folkert (2014), Religionsunterricht als Werte vermittelndes Fach? – Der Stellenwert der Werteerziehung und ethischer Fragen im Religionsunterricht, in: Babke/Lamprecht 2014, 11–35.

Doering, Bettina (2013), The development of moral identity and moral motivation in childhood and adolescence, in: Heinrichs/Oser/Lovat 2013, 289–306.

Dohmen, Christoph (2008), Zwischen Gott und Welt. Biblische Grundlagen der Anthropologie, in: Dirscherl u. a. 2008, 7–45.

Dressler, Bernhard (2015), Religionsunterricht ist kein Werteunterricht. Eine evangelische Perspektive, in: Kenngott, Eva-Maria/Englert, Rudolf/Knauth,

Thorsten (Hg.), Konfessionell – interreligiös – religionskundlich. Unterrichtsmodelle in der Diskussion (= Praktische Theologie heute 136), Stuttgart, 31–45.

Dressler, Bernhard (2012), Blickwechsel. Religionspädagogische Einwürfe, Leipzig.

Dressler, Bernhard (2010), Zu nichts nütze – zweckfreie Welterschließung und religiöse Bildung, in: Ramb, Martin W./Valentin, Joachim (Hg.), Natürlich Kultur. Postsäkulare Positionierungen, Paderborn u. a., 117–128.

Dressler, Bernhard (2007), Werteerziehung – Wertevermittlung im Bildungskontext. Thesen zu Möglichkeiten und Grenzen, in: Forum Erwachsenenbildung 40, H. 3, 24.

Dressler, Bernhard (2006), Unterscheidungen. Religion und Bildung, Leipzig.

Dressler, Bernhard (2002), Religionsunterricht als Werteerziehung? Eine Problemanzeige, in: Zeitschrift für evangelische Ethik 46, H. 4, 256–269.

Dörpinghaus, Andreas/Poenitsch, Andreas/Wigger, Lothar (2006), Einführung in die Bildungstheorie (= Grundwissen Erziehungswissenschaft), Darmstadt.

Duncker, Christian (2000), Verlust der Werte? Wertewandel zwischen Meinungen und Tatsachen, Wiesbaden.

Edelstein, Wolfgang (2010), Werte und Kompetenzen für eine Schule der Demokratie, in: Latzko/Malti 2010, 323–334.

Edelstein, Wolfgang (2001a), Gesellschaftliche Anomie und moralpädagogische Intervention. Moral im Zeitalter individueller Wirksamkeitserwartungen, in: Edelstein/Oser/Schuster 2001, 13–34.

Edelstein, Wolfgang (2001b), Vorwort, in: Edelstein/Oser/Schuster 2001, 7–10.

Edelstein, Wolfgang/Oser, Fritz/Schuster, Peter (Hg.) (2001), Moralische Erziehung in der Schule. Entwicklungspsychologische und pädagogische Praxis, Weinheim u. a.

Eid, Volker (2004), Christlich gelebte Moral. Theologische und anthropologische Beiträge zur theologischen Ethik (= Studien zur theologischen Ethik 104), Freiburg i. Br. u. a.

Eid, Volker (1995), Moralerziehung in pluraler Lebenswelt – und die »christliche Moral«? Demokratische Moral als moralpädagogisches Ziel, in: Eid/Elsasser/Hunold 1995, 143–174.

Eid, Volker (1975), Art. Wert, in: Stoeckle, Bernhard (Hg.), Wörterbuch Christlicher Ethik, Freiburg i. Br., 270–275.

Eid, Volker/Elsässer, Antonellus/Hunold, Gerfried W. (Hg.) (1995), Moralische Kompetenz. Chancen der Moralpädagogik in einer pluralen Lebenswelt, Mainz.

Eisenberg, Nancy/Eggum, Natalie D./Edwards, Alison (2010), Empathy-Related Responding and Moral Development, in: Arsenio/Lemerise 2010, 115–135.

Eisenberg, Nancy/Fabes, Richard A./Spinrad, Tracy L. (2006), Prosocial Development, in: Eisenberg, Nancy/Damon, William/Lerner, Richard M. (Hg.), Handbook of child psychology. Vol. 3: Social, emotional, and personality development, New York, 646–718.

Elsenbast, Volker/Götz-Guerlin, Marcus/Otte, Matthias (Hg.) (2005), wissen – werten – handeln. Welches Orientierungswissen braucht die Bildung? (= Berliner Begegnungen 5), Berlin

Englert, Rudolf (2015), Die verschiedenen Komponenten ethischen Lernens und ihr Zusammenspiel. Überlegungen zu einem Gesamtprogramm ethischer Bildung, in: Englert u. a. 2015, 108–118.

Englert, Rudolf (2014), Religion gibt zu denken – Der Mehr-Wert des Religionsunterrichts, in: IfR – Informationen für den Religionsunterricht, Nr. 71, 4–9.

Englert, Rudolf (2013a), Posttraditionaler Umgang mit Traditionen – was soll das heißen?, in: Büttner u. a. 2013, 47–60.

Englert, Rudolf (2013b), Religion gibt zu denken. Eine Religionsdidaktik in 19 Lehrstücken, München.

Englert, Rudolf (2012), Religionsdidaktik wohin? – Versuch einer Bilanz, in: Grümme, Bernhard/Lenhard, Hartmut/Pirner, Manfred L. (Hg.), Religionsunterricht neu denken. Innovative Ansätze und Perspektiven der Religionsdidaktik (= Religionspädagogik innovativ 1), Stuttgart, 247–258.

Englert, Rudolf (2010), Mehr als Regeln und Gesetze. Beitrag des Religionsunterrichts zur Entwicklung von Wertebewusstsein, in: Die Grundschulzeitschrift 24, 20–24.

Englert, Rudolf (2008a) Anthropologische Voraussetzungen religiösen Lernens, in: Dirscherl u. a. 2008, 131–189.

Englert, Rudolf (2008b), Die ethische Dimension religiöser Erziehung, in: Mertens, Gerhard/Frost, Ursula/Böhm, Winfried/Ladenthin, Volker (Hg.), Handbuch der Erziehungswissenschaft. Bd. 1: Grundlagen. Allgemeine Erziehungswissenschaft, Paderborn u. a., 815–820.

Englert, Rudolf (²2008c), Religionspädagogische Grundfragen. Anstöße zur Urteilsbildung, Stuttgart.

Englert, Rudolf/Kohler-Spiegel, Helga, Naurath, Elisabeth/Schröder, Bernd/Schweitzer, Friedrich (Hg.) (2015), Ethisches Lernen (= JRP 31), Neukirchen-Vluyn.

Erbes, Annegret/Giese, Charlotte/Rollik, Heribert/Deutsches Rotes Kreuz e. V. (Hg.) (2013), Werte und Wertebildung in Familien, Bildungsinstitutionen, Kooperationen. Beiträge aus Theorie und Praxis, Berlin.

Ernst, Stephan (2013), Pluralität und Verbindlichkeit sittlicher Werte – Hermeneutische Überlegungen aus theologisch-ethischer Sicht, in: Droesser, Gerhard/Hartlieb, Michael (Hg.), Lebensfragen. FS Gerfried W. Hunold (= Moderne – Kulturen – Relationen 15), Frankfurt/Main, 45–65.

Etzioni, Amitai (1996), Die Verantwortungsgesellschaft. Individualismus und Moral in der heutigen Demokratie. Aus dem Englischen von Christoph Münz, Frankfurt/Main u. a.

Exeler, Adolf (1984), Jungen Menschen leben helfen. Die alten und die neuen Werte, Freiburg i. Br. u. a.

Fees, Konrad (2010), Bildungstheoretische Sicht, in: Zierer 2010, 94–101.

Fees, Konrad (2000), Werte und Bildung. Wertorientierung im Pluralismus als Problem für Erziehung und Unterricht, Opladen.

Feige, Andreas (2008), »Was mir wichtig ist im Leben«. Die Alltagsethik Jugendlicher und Junger Erwachsender, in: Gräb, Wilhelm/Charbonnier, Lars (Hg.), Individualisierung – Spiritualität – Religion. Transformationsprozesse auf dem religiösen Feld in interdisziplinärer Perspektive (= Studien zu Religion und Kultur 1), Berlin, 209–233.

Feige, Andreas/Gennerich, Carsten (2008), Lebensorientierungen Jugendlicher. Alltagsethik, Moral und Religion in der Wahrnehmung von Berufsschülerinnen und -schülern in Deutschland, Münster.

Feige, Andreas/Lukatis, Wolfgang (2000), »Religion im Religionsunterricht« in demoskopisch auflösender Analyse: Zielvorstellungen für »gelehrte Religion« im biografischen, weltanschaulichen, unterrichtspraktischen und schulorganisatorischen Kontext, in: Dies./Dressler, Bernhard/Schöll, Albrecht (Hg.), »Religion« bei ReligionslehrerInnen. Religionspädagogische Zielvorstellungen und religiöses Selbstverständnis in empirisch-soziologischen Zugängen, Münster u. a., 205–442.

Feige, Andreas/Tzscheetzsch, Werner (2005), Christlicher Religionsunterricht im religionsneutralen Staat? Unterrichtliche Zielvorstellungen und religiöses Selbstverständnis von ev. und kath. Religionslehrerinnen und -lehrern in Baden-Württemberg. Eine empirisch-repräsentative Befragung, Ostfildern u. a.

Fellsches, Josef/Regenbogen, Arnim (2009), Lexikon der Werte, in: Mokrosch/Regenbogen 2009, 337–362.

Fend, Helmut (2009), Was die Eltern ihren Kindern mitgeben – Generationen aus Sicht der Erziehungswissenschaft, in: Künemund, Harald/Szydlik, Marc (Hg.), Generationen. Multidisziplinäre Perspektiven. FS Martin Kohli, Wiesbaden, 81–104.

Fend, Helmut (1977), Schulklima. Soziale Einflußprozesse in der Schule, Weinheim u. a.

Filipović, Alexander (2014), Eine angemessene Ethik für das Netz, in: Dabrowski/Wolf/Abmeier 2014, 109–125.

Foerster, Friedrich Wilhelm (1925), Religion und Charakterbildung. Psychologische Untersuchungen und pädagogische Vorschläge, Zürich u. a.

Fonk, Peter (2004), Das Gewissen. Was es ist – wie es wirkt – wie weit es bindet, Kevelaer.

Foot, Philippa (1998), Tugenden und Laster, in: Rippe/Schaber 1998, 69–91.

Forschungsgruppe »Religion und Gesellschaft« (2015), Werte – Religion – Glaubenskommunikation. Eine Evaluationsstudie zur Erstkommunionkatechese, Wiesbaden.

Forst, Rainer (²2006), Ethik und Moral, in: Wingert/Günther 2006, 344–371.

Fricke, Michael/Dorner, Martin (2015), Werkbuch Diakonisches Lernen, Göttingen.

Friedrichs, Henrike/Sander, Uwe (2010), Die Verschränkung von Jugendkulturen und digitalen Medienwelten, in: Hugger 2010, 23–36.

Fritzsche, Yvonne (2000), Moderne Orientierungsmuster: Inflation am »Wertehimmel«, in: Deutsche Shell (Hg.), Jugend 2000. Bd. 1, Opladen, 93–156.

Frost, Ursula (2008), Art. Bildung als pädagogischer Grundbegriff, in: Mertens, Gerhard u. a. (Hg.), Handbuch der Erziehungswissenschaft. Bd. 1: Grundlagen. Allgemeine Erziehungswissenschaft, Paderborn u. a., 297–311.

Fuchs, Monika (2015), Ethik in der Religionsdidaktik der letzten zehn Jahre – ein Literaturbericht im Längs- und Querschnitt, in: Englert u. a. 2015, 219–236.

Fuchs, Monika (2010), Bioethische Urteilsbildung im Religionsunterricht. Theoretische Reflexion – Empirische Rekonstruktion (= Arbeiten zur Religionspädagogik 43), Göttingen.

Gärtner, Claudia (2009), Was leistet ästhetisches Lernen? Wegmarkierungen in einem weitläufigen religionsdidaktischen Feld, in: RpB 62, 15–25.

Garz, Detlef/Oser, Fritz/Althof, Wolfgang (1999), Moralisches Urteil und Handeln, Frankfurt/Main.

Gasser, Luciano u. a. (2013), Moral Emotion Attributions and Moral Motivation, in: Heinrichs/Oser/Lovat 2013, 307–322.

Gauger, Jörg-Dieter (2009), Verantwortung der Politik für wertorientierte Erziehung in einer wertrelativen Zeit, in: Hansel, Toni (Hg.), Werterziehung im Fokus schulischer Bildung (= Schulpädagogik 8), Freiburg i. Br., 81–123.

Gebhardt, Winfried (2008), Gemeinschaften ohne Gemeinschaft. Über situative Event-Vergemeinschaftungen, in: Hitzler, Konrad/Honer, Anne/Pfadenhauer, Michaela (Hg.), Posttraditionale Gemeinschaften. Theoretische und ethnografische Erkundungen, Wiesbaden, 202–213.

Gennerich, Carsten/Riegel, Ulrich/Ziebertz, Hans-Georg (2008), Formen des Religionsunterrichts aus Schülersicht differentiell betrachtet: Eine Analyse im Wertekreis, in: Münchener Theologische Zeitschrift 59, 173–186.

Gennerich, Carsten/Riegel, Ulrich (2015), Art. Wissenschaftstheorie, in: WiReLex – Das wissenschaftlich-religionspädagogische Lexikon im Internet 1 [www.wirelex.de; Abruf: 08.04.2017].

Gensicke, Thomas (2015), Die Wertorientierungen der Jugend (2002–2015), in: Shell Deutschland Holding (Hg.), Jugend 2015. Eine pragmatische Generation im Aufbruch, Frankfurt/Main, 237–272.

Gensicke, Thomas (2014), Jugend der 2000er Jahre – Wertorientierungen und Einstellungen zur Gesellschaft, in: Babke/Lamprecht 2014, 37–51.

Gensicke, Thomas (2010), Wertorientierung, Befinden und Problembewältigung, in: Shell Deutschland Holding (Hg.), Jugend 2010. Eine pragmatische Generation behauptet sich, Frankfurt/Main, 187–242.

Gensicke, Thomas (2006), Zeitgeist und Wertorientierungen, in: Shell Deutschland Holding (Hg.), Jugend 2006. Eine pragmatische Generation unter Druck, Frankfurt/Main, 169–202.

Gensicke, Thomas (2002), Individualität und Sicherheit in neuer Synthese? Wertorientierungen und gesellschaftliche Aktivität, in: Deutsche Shell (Hg.), Jugend 2002. Zwischen pragmatischem Idealismus und robustem Materialismus, Frankfurt/Main, 139–212.

Giddens, Anthony (1996), Leben in einer posttraditionalen Gesellschaft, in: Beck/Giddens/Lash 1996, 113–194.

Giesecke, Hermann (2005), Wie lernt man Werte? Grundlagen der Sozialerziehung, Weinheim u. a.

Goethe, Johann Wolfgang von [1795/96] (⁷1994), Wilhelm Meisters Lehrjahre, München.

Golonka, Joanna (2009), Werbung und Werte. Mittel ihrer Versprachlichung im Deutschen und Polnischen, Wiesbaden.

Göring-Eckardt, Katrin (2006), Wertevermittlung im interreligiösen Dialog, in: Biesinger, Albert/Schweitzer, Friedrich (Hg.), Bündnis für Erziehung. Unsere Verantwortung für gemeinsame Werte, Freiburg i. Br. u. a., 54–59.

Gottberg, Joachim von (2008), Die Empörung über Verstöße stärkt die Regel – Medien und die Bewachung der Moral, in: Gottberg/Prommer 2008, 49–64.

Gottberg, Joachim von/Prommer, Elizabeth (Hg.) (2008), Verlorene Werte? Medien und die Entwicklung von Ethik und Moral (= Alltag, Medien und Kultur 4), Konstanz.

Göttler, Joseph (1923), Religions- und Moralpädagogik. Grundriß einer zeitgemäßen Katechetik, Münster.

Gramzow, Christoph (2014), Werte lernen durch Werte leben? Lerntheoretische Überlegungen zur Wertebildung in diakonischer Praxis, in: Babke/Lamprecht 2014, 137–157.

Gramzow, Christoph (2010), Diakonie in der Schule. Theoretische Einordung und praktische Konsequenzen auf der Grundlage einer Evaluationsstudie (= Arbeiten zur praktischen Theologie 42), Leipzig.

Grewel, Hans (1990), Zur Diskussion um die »ethische Erziehung im Religionsunterricht. Eine Zwischenbilanz in weiterführender Absicht, in: RpB 26, 37–61.

Grom, Bernhard ([5]2000), Religionspädagogische Psychologie des Kleinkind-, Schul- und Jugendalters, Düsseldorf.

Gruber, Michael (2009), Schulische Werteerziehung unter Pluralitätsbedingungen. Bestandsaufnahme und Empfehlungen auf der Basis einer Lehrerbefragung (= Pädagogik und Ethik 2), Würzburg.

Grümme, Bernhard (2015), Ethik im Katholizismus, in: Englert u. a. 2015, 24–28.

Grümme, Bernhard (2014a), Bildungsgerechtigkeit. Eine religionspädagogische Herausforderung (= Religionspädagogik innovativ 7), Stuttgart.

Grümme, Bernhard (2014b), Gerechtigkeit lernen. Eine Aufgabe für den Religionsunterricht, in: Rendle 2014, 44–56.

Grümme, Bernhard (2012), Menschen bilden? Eine religionspädagogische Anthropologie, Freiburg i. Br.

Grümme, Bernhard (2007), Vom Anderen eröffnete Erfahrung. Zur Neubestimmung des Erfahrungsbegriffs in der Religionsdidaktik (= Religionspädagogik in pluraler Gesellschaft 10), Gütersloh 2007.

Gudjons, Herbert ([10]2008), Pädagogisches Grundwissen. Überblick – Kompendium – Studienbuch, Bad Heilbrunn.

Habermas, Jürgen ([6]2006), Vorpolitische Grundlagen des demokratischen Rechtsstaates?, in: Ders./Benedikt <Papst, XVI.> [Ratzinger, Joseph], Dialektik der Säkularisierung. Über Vernunft und Religion, Freiburg i. Br., 15–37.

Habermas, Jürgen (2005), Zwischen Naturalismus und Religion. Philosophische Aufsätze, Frankfurt/Main.

Habermas, Jürgen (2002), Werte und Normen. Ein Kommentar zu Hilary Putnams Kantischem Pragmatismus, in: Raters, Marie-Luise/Willaschek, Marcus

(Hg.), Hilary Putnam und die Tradition des Pragmatismus, Frankfurt/Main, 280–305.

Habermas, Jürgen (2001a), Die Zukunft der menschlichen Natur. Auf dem Weg zu einer liberalen Eugenik?, Frankfurt/Main.

Habermas, Jürgen (2001b), Glauben und Wissen. Friedenspreis des Deutschen Buchhandels, Frankfurt/Main.

Habermas, Jürgen (1996), Die Einbeziehung des Anderen. Studien zur politischen Theorie, Frankfurt/Main.

Habermas, Jürgen (1992), Faktizität und Geltung. Beiträge zur Diskurstheorie des Rechts und des demokratischen Rechtsstaats, Frankfurt/Main.

Habermas, Jürgen (1991), Erläuterungen zur Diskursethik, Frankfurt/Main.

Habermas, Jürgen (1983), Moralbewußtsein und kommunikatives Handeln, Frankfurt/Main.

Habermas, Jürgen (1976), Zur Rekonstruktion des historischen Materialismus, Frankfurt/Main.

Hailer, Martin (2014), Urteilen lernen durch Habitus-Erwerb? Vorüberlegungen zu einer evangelischen Tugendethik, in: Schoberth I. 2014b, 69–87.

Hardy, Sam A./Carlo, Gustavo (2005), Religiosity and prosocial behaviours in adolescence: the mediating role of prosocial values, in: Journal of Moral Education 34, 231–249.

Harring, Marius/Böhm-Kasper, Oliver/Rohlfs, Carsten/Palentien, Christian (Hg.) (2010a), Freundschaften, Cliquen und Jugendkulturen. Peers als Bildungs- und Sozialisationsinstanzen, Wiesbaden.

Harring, Marius/Böhm-Kasper, Oliver/Rohlfs, Carsten/Palentien, Christian (2010b), Peers als Bildungs- und Sozialisationsinstanzen – eine Einführung in die Thematik, in: Harring u. a. 2010a, 9–19.

Hartmann, Nicolai (1925), Ethik, Berlin u. a.

Hattie, John ([2]2014), Lernen sichtbar machen. Überarbeitete deutschsprachige Ausgabe von »Visible Learning«. Besorgt v. Wolfgang Beywl u. Klaus Zierer, Baltmannsweiler.

Havighurst, Robert J. ([3]1981), Developmental tasks and education, New York.

Haydon, Graham (2006), Values in Education, London u. a.

Heid, Helmut (2013), Werterziehung – ohne Werte? Beitrag zur Erörterung ihrer Voraussetzungen, in: Zeitschrift für Pädagogik 59, 238–257.

Heidegger, Martin [1928] (1975), Andenken an Scheler, in: Good, Paul (Hg.), Max Scheler im Gegenwartsgeschehen der Philosophie, Bern u. a., 9f.

Heinrichs, Karin/Oser, Fritz/Lovat, Terence (Hg.) (2013), Handbook of Moral Motivations. Theories, Models, Applications, Rotterdam u. a.

Heitger, Marian (2004), Bildung als Selbstbestimmung. Hg. v. Winfried Böhm u. Volker Ladenthin, Paderborn u. a.

Hemel, Ulrich (2007), Wert und Werte. Ethik für Manager – ein Leitfaden für die Praxis, München.

Henckmann, Wolfhart (2003), Art. Wert I. Philosophisch, in: TRE 35, 648–653.

Henckmann, Wolfhart (1998), Max Scheler, München.

Hentig, Hartmut von (1999a), Ach die Werte! Ein öffentliches Bewußtsein von zwiespältigen Aufgaben. Über eine Erziehung für das 21. Jahrhundert, München.

Hentig, Hartmut von (1999b), Ach, die Werte!, in: Jäggle, Martin/Anzengruber, Grete (Hg.), Ein Fach Ethik. Ethikunterricht in Österreich. Hintergründe – Kontroversen – Informationen, Wien, 9–16.

Hermann, Dieter (2008), Posttraditionale Werte. Empirische Konzeption einer Gesellschafts- und Unternehmensethik, Hamburg.

Herms, Eilert (1982), Art. Erfahrung, philosophisch, in: TRE, Bd. 10, 89–109.

Heydorn, Heinz-Joachim (1995), Bildungstheoretische und pädagogische Schriften. 1971–1974 (= Werke. Bd. 4), Vaduz.

Hilger, Georg (2014), Ästhetische Bildung. Ein unverzichtbarer Blick auf religiöses Lernen, in: Hilger u. a. 2014, 67–77.

Hilger, Georg/Kropač, Ulrich/Leimgruber, Stephan (³2013), Konzeptionelle Entwicklungslinien der Religionsdidaktik, in: Hilger/Leimgruber/Ziebertz 2013, 41–69.

Hilger, Georg/Leimgruber, Stephan/Ziebertz, Hans-Georg (Hg.) (³2013), Religionsdidaktik. Ein Leitfaden für Studium, Ausbildung und Beruf. Neuausgabe, München.

Hilger, Georg/Ritter, Werner/Lindner, Konstantin/Simojoki, Henrik/Stögbauer, Eva (2014), Religionsdidaktik Grundschule. Handbuch für die Praxis des evangelischen und katholischen Religionsunterrichts. Überarbeitete Neuausgabe, München u. a.

Hillmann, Karl-Heinz (2003), Wertwandel. Ursachen, Tendenzen, Folgen, Würzburg.

Hillmann, Karl-Heinz (2001), Zur Wertwandelforschung: Einführung, Übersicht, Ausblick, in: Oesterdiekhoff, Georg W./Jegelka, Norbert (Hg.), Werte und Wertewandel in westlichen Gesellschaften. Resultate und Perspektiven der Sozialwissenschaften, Opladen, 15–39.

Hilpert, Konrad (2009), Zentrale Fragen christlicher Ethik. Für Schule und Erwachsenenbildung, Regensburg.

Hilpert, Konrad (2006), Art. Gewissen. II. Theologisch-ethisch, in: LThK³ 4, 621–626.

Hilpert, Konrad (1980), Ethik und Rationalität. Untersuchungen zum Autonomieproblem und zu seiner Bedeutung für die theologische Ethik, Düsseldorf.

Hofheinz, Marco (2013), Das gewisse Etwas. Zur Frage nach dem Proprium christlich-theologischer Ethik, in: Büttner u. a. 2013, Hannover, 33–46.

Hofheinz, Marco (2012), »Ach, bild mich ganz nach Dir«. Zur bildungstheoretischen und urteilspraktischen Relevanz der Gottebenbildlichkeit Jesu Christi für eine narrative Ethik, in: Schoberth I. 2012a, 214–230.

Höhn, Hans-Joachim (2014), Das Leben in Form bringen. Konturen einer neuen Tugendethik, Freiburg i. Br.

Honecker, Martin (1990), Einführung in die Theologische Ethik. Grundlagen und Grundbegriffe, Berlin u. a.

Horlacher, Julia (2015), »Forschungsreisen durch das Reich des Guten und Bösen«. Erzählungen als Medium des ethischen Lernens, in: Englert u. a. 2015, 139–150.

Horn, Nikolai (2014), Normative Orientierungen in der vernetzten Welt, in: Dabrowski/Wolf/Abmeier 2014, 127–133.

Hradil, Stefan (2002), Vom Wandel des Wertewandels – Die Individualisierung und eine ihrer Gegenbewegungen, in: Glatzer, Wolfgang/Habich, Roland/Mayer, Karl Ulrich (Hg.), Sozialer Wandel und gesellschaftliche Dauerbeobachtung. FS Wolfgang Zapf, Opladen, 31–47.

Hugger, Kai-Uwe (Hg.) (2010), Digitale Jugendkulturen, Wiesbaden 2010.

Humboldt, Wilhelm von [1809] (1964), Der Königsberger und der Litauische Schulplan, in: Ders., Werke in fünf Bänden. Bd. 4: Schriften zur Politik und zum Bildungswesen. Hg. v. Andreas Flitner und Klaus Giel, Stuttgart, 168–195.

Humboldt, Wilhelm von [1792] (1960a), Ideen zu einem Versuch, die Gränzen der Wirksamkeit des Staats zu bestimmen, in: Ders., Werke in fünf Bänden. Bd. 1: Schriften zur Anthropologie und Geschichte. Hg. v. Andreas Flitner und Klaus Giel, Stuttgart, 56–233.

Humboldt, Wilhelm von [ca. 1794/95] (1960b), Theorie der Bildung des Menschen. Bruchstück, in: Ders., Werke in fünf Bänden. Bd. 4: Schriften zur Politik und zum Bildungswesen. Hg. v. Andreas Flitner und Klaus Giel, Stuttgart, 234–240.

Hurrelmann, Klaus/Albrecht, Erik (2014), Die heimlichen Revolutionäre. Wie die Generation Y unsere Welt verändert, Weinheim u. a.

Hurrelmann, Klaus/Grundmann, Matthias/Walper, Sabine (Hg.) (2008), Handbuch Sozialisationsforschung. 7., vollst. überarb. Aufl., Weinheim.

Hurrelmann, Klaus/Quenzel, Gudrun (2013), Lebensphase Jugend. Eine Einführung in die sozialwissenschaftliche Jugendforschung. 12., korr. Aufl., Weinheim u. a.

Inglehart, Ronald (2007), Mapping Global Values, in: Esmer, Yilmaz/Pettersson, Thorleif (Hg.), Measuring and Mapping Cultures. 25 Years of Comparative Value Surveys (= International Studies in Sociology and Social Anthropology 104), Leiden u. a., 11–32.

Inglehart, Ronald (1998), Modernisierung und Postmodernisierung. Kultureller, wirtschaftlicher und politischer Wandel in 43 Gesellschaften. Aus dem Engl. übers. v. Ivonne Fischer, Frankfurt/Main u. a.

Inglehart, Ronald (1989), Kultureller Umbruch. Wertwandel in der westlichen Welt. Aus dem Engl. übers. v. Ute Mäurer, Frankfurt/Main u. a.

Inglehart, Ronald (³1984), Wertwandel in den westlichen Gesellschaften: Politische Konsequenzen von materialistischen und postmaterialistischen Prioritäten, in: Klages, Helmut/Kmieciak, Peter (Hg.), Wertwandel und gesellschaftlicher Wandel, Frankfurt/Main u. a., 279–316.

Inglehart, Ronald/Welzel, Christian (2005), Modernization, Cultural Change and Democracy, New York u. a.

Institut für Demoskopie Allensbach (2007), Werteerziehung in der öffentlichen Meinung. Kurzkommentar zu einer repräsentativen Bevölkerungsumfrage im Mai 2007, Allensbach.

Joas, Hans (2012), Glaube als Option. Zukunftsmöglichkeiten des Christentums, Freiburg i. Br. u. a.

Joas, Hans (⁵2009), Die Entstehung der Werte, Frankfurt/Main.

Joas, Hans (2006), Wie entstehen Werte? Wertebildung und Wertevermittlung in pluralistischen Gesellschaften. Vortrag am 15.09.2006, in: fsf.de/data/hefte/pdf/Veranstaltungen/tv_impuls/2006_Ethik/Vortrag_Joas_authorisiert_061017.pdf [Abruf: 08.04.2017].

Joas, Hans (²2005), Die kulturellen Werte Europas. Eine Einleitung, in: Ders./Wiegandt, Klaus (Hg.), Die kulturellen Werte Europas, Frankfurt/Main, 11–39.

Joas, Hans (2003), Werte und Erfahrung, in: Killius/Kluge/Reisch 2003, 98–104.

Joas, Hans (2002a), Wertevermittlung in einer fragmentierten Gesellschaft, in: Killius/Kluge/Reisch 2002, 58–77.

Joas, Hans (2002b), Werte versus Normen. Das Problem der moralischen Objektivität bei Putnam, Habermas und den klassischen Pragmatisten, in: Raters, Marie-Luise/Willaschek, Marcus (Hg.), Hilary Putnam und die Tradition des Pragmatismus, Frankfurt/Main, 263–279.

Jüngel, Eberhard ([2]2003), Wertlose Wahrheit. Zur Identität und Relevanz des christlichen Glaubens (= Beiträge zur evangelischen Theologie 107), München.

Jüngel, Eberhard (1979), Wertlose Wahrheit. Christliche Wahrheitserfahrung im Streit gegen die »Tyrannei der Werte«, in: Ders./Schmitt, Carl/Schelz, Sepp (Hg.), Die Tyrannei der Werte, Hamburg, 45–76.

Jungmann, Josef Andreas (1953), Katechetik. Aufgabe und Methode der religiösen Unterweisung, Freiburg i. Br.

Juul, Jesper (2016), Was Familien trägt. Werte in Erziehung und Partnerschaft. Ein Orientierungsbuch, Weinheim.

Juul, Jesper (2015), Vier Werte, die Eltern & Jugendliche durch die Pubertät tragen, München.

Juul, Jesper (2014), Vier Werte, die Kinder ein Leben lang tragen, München.

Käbisch, David (2009), Erfahrungsbezogener Religionsunterricht. Eine religionspädagogische Programmformel in historischer und systematischer Perspektive (= Praktische Theologie in Geschichte und Gegenwart 9), Tübingen.

Kang, Byoungho (2009), Werte und Normen bei Habermas. Zur Eigendynamik des moralischen Diskurses, in: Deutsche Zeitschrift für Philosophie 57, 861–875.

Keller, Monika/Malti, Tina (2008), Sozialisation sozio-moralischer Kompetenzen, in: Hurrelmann/Grundmann/Walper 2008, 410–423.

Killen, Melanie/Smetana, Judith G. (Hg.) (2014), Handbook of Moral Development. Second Edition, New York u. a.

Killius, Nelson/Kluge, Jürgen/Reisch, Linda (Hg.) (2003), Die Bildung der Zukunft, Frankfurt/Main.

Killius, Nelson/Kluge, Jürgen/Reisch, Linda (Hg.) (2002), Die Zukunft der Bildung, Frankfurt/Main.

Kirchenamt der EKD (Hg.) (2014), Religiöse Orientierung gewinnen. Evangelischer Religionsunterricht als Beitrag zu einer pluralitätsfähigen Schule. Eine Denkschrift der Evangelischen Kirche in Deutschland, Gütersloh.

Kirchenamt der EKD (Hg.) (2010), Kompetenzen und Standards für den Evangelischen Religionsunterricht in der Sekundarstufe I. Ein Orientierungsrahmen, Hannover.

Kirchenamt der EKD (Hg.) (2006), Religionsunterricht. 10 Thesen des Rates der Evangelischen Kirche in Deutschland, Hannover.

Kirchenamt der EKD (Hg.) (2003), Maße des Menschlichen. Evangelische Perspektiven zur Bildung in der Wissens- und Lerngesellschaft. Eine Denkschrift des Rates der Evangelischen Kirche in Deutschland, Gütersloh.

Kirchenamt der EKD (Hg.) (1994), Identität und Verständigung. Standort und Perspektiven des Religionsunterrichts in der Pluralität. Eine Denkschrift der Evangelischen Kirche in Deutschland, Gütersloh.

Klafki, Wolfgang [1985] (^{6}2007), Neue Studien zur Bildungstheorie und Didaktik. Zeitgemäße Allgemeinbildung und kritisch-konstruktive Didaktik, Weinheim u. a.

Klages, Helmut (2002), Der blockierte Mensch. Zukunftsaufgaben gesellschaftlicher und organisatorischer Gestaltung, Frankfurt/Main u. a.

Klages, Helmut (2001), Brauchen wir eine Rückkehr zu traditionellen Werten?, in: Aus Politik und Zeitgeschichte, H. B29, 7–14.

Klages, Helmut (1998), Engagement und Engagementpotenzial in Deutschland. Erkenntnisse der empirischen Forschung, in: Aus Politik und Zeitgeschichte, H. B38, 29–38.

Klages, Helmut (1992), Die gegenwärtige Situation der Wert- und Wertwandelforschung – Probleme und Perspektiven, in: Ders./Hippler, Hans-Jürgen/Herbert, Willi (Hg.), Werte und Wandel. Ergebnisse und Methoden einer Forschungstradition, Frankfurt/Main u. a., 5–39.

Klages, Helmut (1984), Wertorientierungen im Wandel. Rückblick, Gegenwartsanalyse, Prognosen, Frankfurt/Main u. a.

Klose, Britta (2014), Diagnostische Wahrnehmungskompetenzen von ReligionslehrerInnen (= Religionspädagogik innovativ 6), Stuttgart.

Kluckhohn, Clyde (^{5}1962), Values and Value-Orientations in the Theory of Action. An Exploration in Definition and Classification, in: Parsons, Talcott/Shils, Edward A. (Hg.), Toward a General Theory of Action, Cambridge, 388–433.

Koch, Lutz (2004), Erziehender Unterricht. Eine Problemformel, Bad Heilbrunn.

Kohlberg, Lawrence (1986), Der »Just Community«-Ansatz der Moralerziehung in Theorie und Praxis, in: Oser, Fritz/Fatke, Reinhard/Höffe, Otfried (Hg.), Transformation und Entwicklung. Grundlagen der Moralerziehung, Frankfurt/Main, 21–55.

Kohlberg, Lawrence (1984), Essays on Moral Development. Vol. II: The Psychology of Moral Development. The Nature and Validity of Moral Stages, Cambridge.

Kohlberg, Lawrence (1981), Essays on Moral Development. Vol. I: Moral Stages and the Idea of Justice, San Francisco.

Kohlberg, Lawrence/Levine, Charles/Hewer, Alexandra (1984), Synopsis and Detailed Relies to Critics, in: Kohlberg 1984, 320–386.

Kohlberg, Lawrence/Power, Clark (1981), Moral Development, Religious Thinking, and the Question of a Seventh Stage, in: Kohlberg 1981, 311–372.

Kohlberg, Lawrence/Wassermann, Elsa/Richardson, Nancy (1978), Die Gerechte-Schul-Kooperative. Ihre Theorie und das Experiment der Cambridge Cluster School, in: Portele, Gerhard (Hg.), Sozialisation und Moral. Neuere Ansätze zur moralischen Entwicklung und Erziehung, Weinheim u. a., 215–259.

Koller, Hans-Christoph (2012), Bildung anders denken. Einführung in die Theorie transformatorischer Bildungsprozesse, Stuttgart.

Könemann, Judith (2013), Bildungsgerechtigkeit – (k)ein Thema religiöser Bildung? Normative Orientierungen in der Religionspädagogik, in: Könemann/Mette 2013, 21-36.

Könemann, Judith/Mette, Norbert (Hg.) (2013), Bildung und Gerechtigkeit. Warum religiöse Bildung politisch sein muss, Ostfildern.

Korff, Wilhelm (1973), Norm und Sittlichkeit. Untersuchungen zur Logik der normativen Vernunft (= Tübinger Theologische Studien 1), Mainz.

Korte, Hermann/Schäfers, Bernhard (Hg.) (⁸2010), Einführung in die Hauptbegriffe der Soziologie (= Einführungskurs Soziologie 1), Wiesbaden.

König, Eckard (1994), Werte und Normen in der Erziehung, in: Roth, Leo (Hg.), Pädagogik, München, 219–229.

Krause, Daniel (2007), Postmoderne – Über die Untauglichkeit eines Begriffs der Philosophie, Architekturtheorie und Literaturtheorie (= Münchener Studien zur literarischen Kultur in Deutschland 38), Frankfurt/Main.

Krauss, Stefan/Neubrand, Michael/Blum, Werner/Baumert, Jürgen/Brunner, Martin/Kunter, Mareike/Jordan, Alexander (2008), Die Untersuchung des professionellen Wissens deutscher Mathematik-Lehrerinnen und -Lehrer im Rahmen der COACTIV-Studie, in: Journal für Mathematik-Didaktik 29, 223–258.

Kreß, Hartmut (2003), Art. Wert II. Theologisch, in: TRE 35, 653–657.

Krettenauer, Tobias (2013), Moral motivation, responsibility and the development of the moral self, in: Heinrichs/Oser/Lovat 2013, 215–228.

Krettenauer, Tobias/Colasante, Tyler/Buchmann, Marlis/Malti, Tina (2014), The Development of Moral Emotions and Decision-Making from Adolescence to Early Adulthood: A 6-Year Longitudinal Study, in: Journal of youth and adolescence 43, 583–596.

Krijnen, Christian (2006), Wert, in: Düwell, Marcus/Hübenthal, Christoph/Werner, Micha H. (Hg.), Handbuch Ethik, Stuttgart u. a., 527–533.

Krobath, Hermann (2009), Werte. Ein Streifzug durch Philosophie und Wissenschaft, Würzburg.

Kropač, Ulrich (2013a), Ethisches Lernen im Religionsunterricht, in: Helbling, Dominik/Kropač, Ulrich/Jakobs, Monika/Leimgruber, Stephan (Hg.), Konfessioneller und bekenntnisunabhängiger Religionsunterricht. Eine Verhältnisbestimmung am Beispiel Schweiz, Zürich, 324–343.

Kropač, Ulrich (^{3}2013b), Konzeptionelle Entwicklungslinien der Religionsdidaktik, in: Hilger/Leimgruber/Ziebertz 2013, 45–53.

Kropač, Ulrich (2008), Ethische Bildung und Erziehung junger Menschen im christlichen Horizont, in: Münk, Hans Jürgen (Hg.), Wann ist Bildung gerecht? Ethische und theologische Beiträge im interdisziplinären Kontext, Bielefeld, 247–263.

Kruhoeffer, Bettina (2012), Das Profil ethischen Lernens im evangelischen Religionsunterricht, in: Theo-Web. Zeitschrift für Religionspädagogik 11, H. 1, 179–192.

Kucharz, Diemut (2007), Werteerziehung in der multikulturellen und nichtreligiösen Schule – Die Sicht der Schulpädagogik, in: Rommel/Thaidigsmann 2007a, 65–87.

Kuhnke, Ulrich (2013), Wertebildung durch Kommunikation des Evangeliums. Zur narrativen Grundstruktur christlicher Ethik, in: Naurath u. a. 2013, 231–245.

Kuld, Lothar (2015), Soziales Lernen, in: Englert u. a. 2015, 175–183.

Kuld, Lothar (2012), Soziales Lernen: Begriff – Konzepte – Notwendigkeit, in: Angele u. a. 2012, 25–34.

Kuld, Lothar (2007), Wertunterricht und Religion – zwei Seiten einer Medaille?, in: Rommel/Thaidigsmann 2007a, 185–210.

Kuld, Lothar (2006), Ethisch handeln lernen, in: Rendle, Ludwig (Hg.), Mehr als Reden über Religion …, Donauwörth 2006, 90–96.

Kuld, Lothar (2004), Compassion – Konzept und Wirkungen des Projekts, in: Kuld/Gönnheimer 2004, 9–18.

Kuld, Lothar (2002), Lernfach Compassion: Empfindlichkeit für das Leid der anderen, in: Pithan, Annebelle/Adam, Gottfried/Kollmann, Roland (Hg.), Handbuch Integrative Religionspädagogik, Gütersloh, 381–385.

Kuld, Lothar/Gönnheimer, Stefan (Hg.) (2004), Praxisbuch Compassion. Soziales Lernen an Schulen. Praktikum und Unterricht in den Sekundarstufen I und II, Donauwörth.

Kuld, Lothar/Gönnheimer, Stefan (2000a), Compassion. Sozialverpflichtetes Lernen und Handeln, Stuttgart u. a.

Kuld, Lothar/Gönnheimer, Stefan (2000b), Das Praxis- und Unterrichtsprojekt Compassion. Darstellung und Ergebnisse der wissenschaftlichen Begleituntersuchung, in: Glaube und Lernen. Zeitschrift für theologische Urteilsbildung 15, 80–87.

Kuld, Lothar/Schmid, Bruno (2001), Lernen aus Widersprüchen. Dilemmageschichten im Religionsunterricht, Donauwörth.

Kunstmann, Joachim (2007a), Ästhetik oder Ethik? Zwischenbilanz zur öffentlichen Plausibilität der Praktischen Theologie, in: Schlag, Thomas/Klie, Thomas/Kunz, Ralph (Hg.), Ästhetik und Ethik. Die öffentliche Bedeutung der praktischen Theologie, Zürich, 41–48

Kunstmann, Joachim (2007b), Ungleiche Verwandte, Religion und Moral in der Bildung, in: Rommel/Thaidigsmann 2007a, 161–184,

Kunstmann, Joachim (2002), Religion und Bildung. Zur ästhetischen Signatur religiöser Bildungsprozesse (= Religionspädagogik in pluraler Gesellschaft 2), Gütersloh u. a.

Kunze, Axel Bernd (2012), Freiheit im Denken und Handeln. Eine pädagogisch-ethische und sozialethische Grundlegung des Rechts auf Bildung (= Forum Bildungsethik 10), Bielefeld.

Kürzinger, Kathrin (2015), Relevanz religiöser Denkfiguren für ethisches Urteilen und Handeln Jugendlicher, in: Englert u. a. 2015, 64–75.

Kürzinger, Kathrin (2014), »Das Wissen bringt einem nichts, wenn man keine Werte hat«. Wertebildung und Werteentwicklung aus Sicht von Jugendlichen (= Werte-Bildung interdisziplinär 3), Göttingen.

Lachmann, Rainer (2009), Religiöse Bildung: Erziehung zu religiösen Werten im Religionsunterricht, in: Mokrosch/Regenbogen 2009, 290–298.

Lachmann, Rainer (2006), Ethische Urteilsbildung: Elemente, Kriterien, Perspektiven, in: Lachmann/Adam/Rothgangel 2006, 13–22.

Lachmann, Rainer (1980), Ethische Kriterien im Religionsunterricht. Dargestellt am Beispiel des Agapekriteriums, Gütersloh.

Lachmann, Rainer/Adam, Gottfried/Rothgangel, Martin (Hg.) (2006), Ethische Schlüsselprobleme. Lebensweltlich – theologisch – didaktisch (= Theologie für Lehrerinnen und Lehrer 4), Göttingen.

Ladenthin, Volker (2013), Wert Erziehung. Ein Konzept in sechs Perspektiven. Hg. v. Anke Redecker, Baltmannsweiler.

Ladenthin, Volker (^{2}2012), Einleitung. Bildung am Ende?, in: Ders. (Hg.), Philosophie der Bildung. Eine Zeitreise von den Vorsokratikern bis zur Postmoderne (= KlassikerDenken 4), Bonn, 7–33.

Ladenthin, Volker (2010), Philosophisch-theologische Sicht, in: Zierer 2010, 34–48.

Ladenthin, Volker (2008), Werterziehung als Aufgabe des Unterrichts, in: Ladenthin/Rekus 2008a, 17–35.

Ladenthin, Volker (2007), Vom Wert der Werte, in: Erziehen heute. Mitteilungen der Gemeinschaft Evangelischer Erzieher 57, H. 2, 3–13.

Ladenthin, Volker (2002), Ethik und Bildung in der modernen Gesellschaft. Die Institutionalisierung der Erziehung in systematischer Perspektive (= Systematische Pädagogik 2), Würzburg.

Ladenthin, Volker/Rekus, Jürgen (Hg.) (2008a), Werterziehung als Qualitätsdimension von Schule und Unterricht (= Münstersche Gespräche zur Pädagogik 24), Münster.

Ladenthin, Volker/Rekus, Jürgen (2008b), Werterziehung als Qualitätsdimension von Schule und Unterricht. Zur Einführung in das Thema, in: Ladenthin/Rekus 2008a, 1–3.

Lämmermann, Godwin (2005), Religionsdidaktik. Bildungstheologische Grundlegung und konstruktiv-kritische Elementarisierung, Stuttgart.

Langer, Wolfgang (1995), Ethisches Lernen im Horizont religionspädagogischer Reflexion, in: Ziebertz, Hans-Georg/Simon, Werner (Hg.), Bilanz der Religionspädagogik, Düsseldorf, 310–323.

Langer, Wolfgang (1986), Ethische Erziehung/Moralpädagogik, in: Bitter, Gottfried/Miller, Gabriele (Hg.), Handbuch religionspädagogischer Grundbegriffe. 2 Bde., München, 265–274.

Larson, Reed W./Jensen, Lene A./Kang, Hyeyoung/Griffith, Aisha/Rompala, Vikki (2012), Peer Groups as a Crucible of Positive Value Development in a Global World, in: Trommsdorff/Chen 2012, 164–187.

Lash, Scott (1996), Reflexivität und ihre Deutungen: Struktur, Ästhetik und Gemeinschaft, in: Beck/Giddens/Lash 1996, 195–286.

Latzko, Brigitte (2006), Werteerziehung in der Schule. Regeln und Autorität im Schulalltag, Opladen.

Latzko, Brigitte/Malti, Tina (Hg.) (2010), Moralische Entwicklung und Erziehung in Kindheit und Adoleszenz, Göttingen u. a.

Laubach, Thomas/Maurer, Alfons (2000), Gewissen. Zur Lebensform sittlicher Entscheidungsfähigkeit, in: Hunold, Gerfried W./Laubach, Thomas/Greis, Andreas (Hg.), Theologische Ethik. Ein Werkbuch, Tübingen u. a., 244–258.

Laux, Bernhard (2002), Wert der Werte. Zur Bedeutung und Tragfähigkeit des Wertkonzepts in der pluralen Gesellschaft, in: Stimmen der Zeit 220, 507–518.

Levitt, Theodore (1983), The Globalization of Markets, in: Havard Business Review 61, 92–102.

Lewin, Kurt (1947), Frontiers in Group Dynamics: Concepts, Method and Reality in Social Science. Social Equilibria and Social Change, in: Human Relations 1, 5–41.

Lichtenstein, Ernst (1966), Zur Entwicklung des Bildungsbegriffs von Meister Eckart bis Hegel (= Pädagogische Forschungen. Erziehungswissenschaftliche Studien 34), Heidelberg.

Lind, Georg (2010), Die Förderung moralisch-demokratischer Kompetenzen mit der Konstanzer Methode der Dilemma-Diskussion (KMDD), in: Latzko/Malti 2010, 285–301.

Lind, Georg (2003), Moral ist lehrbar. Handbuch zur Theorie und Praxis moralischer und demokratischer Bildung, Oldenburg.

Lind, Georg (²2000), Ist Moral lehrbar? Ergebnisse der modernen moralpsychologischen Forschung, Berlin.

Lindner, Konstantin (2015), »nur noch kurz die Welt retten« – oder: zum Potenzial eines Lernens an Vorbildern, in: Englert u. a. 2015, 129–138.

Lindner, Konstantin (2012a), Religionsunterricht – das Wertefach in der Schule?, in: Kropač, Ulrich/Langenhorst, Georg (Hg.), Religionsunterricht und der Bildungsauftrag der öffentlichen Schulen. Begründung und Perspektiven des Schulfaches Religionslehre, Babenhausen, 131–146.

Lindner, Konstantin (2012b), Wertebildung im religionspädagogischen Horizont. Ein Systematisierungsversuch, in: RpB 68, 5–17.

Lindner, Konstantin (2009a), Wie viel »Wertevermittlung« verträgt der Religionsunterricht?, in: Schmid, Hans (Hg.), Einfach in die Tasten geschrieben. 40 E-Mails von Lehrkräften zum Religionsunterricht, München, 86–95.

Lindner, Konstantin (2009b), Vorbild ≠ Vorbild – Ergebnisse einer qualitativ-empirischen Studie zum Vorbildverständnis bei Jugendlichen, in: RpB 63, 75–90.

Lindner, Konstantin/Hilger, Georg (2014), Ethisches Lernen – Wertebildung bei Kindern, in: Hilger u. a. 2014, 247–263.

Lindner, Konstantin/Simojoki, Henrik (2014), Was Religionsunterricht erreichen will. Bildungsstandards und Kompetenzen, in: Hilger u. a. 2014, 78–91.

Löffel-Schröder, Bärbel/Weiand, Claudia/Maynard, Ines (2013), Werte für Kinder. Das große Entdeckerbuch. 222 Geschichten, Spiele und Mit-Mach-Spaß, Aßlar.

Lovat, Terence (2010), The New Values Education: A Pedagogic Imperative for Student Wellbeing, in: Lovat/Toomey/Clement 2010, 3–18.

Lovat, Terence/Clement, Neville (2008), The pedagogical imperative of values education, in: Journal of Beliefs & Values 29, H. 3, 273–285.

Lovat, Terence/Dally, Kerry/Clement, Neville/Toomey, Ron (2011), Values Pedagogy and Student Achievement. Contemporary Research Evidence, Dordrecht u. a.

Lovat, Terence/Toomey, Ron (Hg.) (2009), Values Education and Quality Teaching, Dordrecht u. a.

Lovat, Terence/Toomey, Ron/Clement, Neville (Hg.) (2010), International Research Handbook on Values Education and Student Wellbeing, Dordrecht u. a.

Luhmann, Niklas (2002), Das Erziehungssystem der Gesellschaft. Hg. v. Dieter Lenzen, Frankfurt/Main.

Luhmann, Niklas (1971), Sinn als Grundbegriff der Soziologie, in: Ders./Habermas, Jürgen (Hg.), Theorie der Gesellschaft oder Sozialtechnologie, Frankfurt/Main, 25–100.

Lyotard, Jean-François (1988), Beantwortung der Frage: Was ist postmodern?, in: Welsch, Wolfgang (Hg.), Wege aus der Moderne. Schlüsseltexte der Postmoderne-Diskussion (= Acta Humanoria), Weinheim, 193–203.

Lyotard, Jean-François ([4]1999), Das postmoderne Wissen. Ein Bericht. Aus dem Franz. v. Otto Pfersmann (= Edition Passagen 7), Graz u. a.

Lyotard, Jean-François (1994), Die Analytik des Erhabenen. Kant-Lektionen, München.

MacIntyre, Alasdair (1998), Das Wesen der Tugenden, in: Rippe/Schaber 1998, 92–113.

Malti, Tina (2010), Moralische Emotionen und Moralerziehung in der Kindheit, in: Latzko/Malti 2010, 181–198.

Malti, Tina/Keller, Monika (2010), The Development of Moral Emotions in a Cultural Context, in: Arsenio/Lemerise 2010, 177–198.

Malti, Tina/Ongley, Sophia F. (2014), The Development of Moral Emotions and Moral Reasoning, in: Killen/Smetana 2014, 163–183.

Mandry, Christof (2012), Pluralismus als »Wert« – Chancen und Hindernisse aus theologisch-ethischer Sicht, in: Hilpert, Konrad (Hg.), Theologische Ethik im Pluralismus (= Studien zur Theologischen Ethik 133), Freiburg/CH u. a., 229–238.

Mandry, Christof (2009), Europa als Wertegemeinschaft. Eine theologisch-ethische Studie zum politischen Selbstverständnis der Europäischen Union (= Denkart Europa 9), Baden-Baden.

Mandry, Christof (2008), Vom Wert der Bildung und dem moralischen Recht auf Bildung. Zur Aufgabe und Schwerpunkten der theologischen Sozialethik der Bildung, in: Münk, Hans Jürgen (Hg.), Wann ist Bildung gerecht? Ethische und theologische Beiträge im interdisziplinären Kontext, Bielefeld, 73–89.

Maslow, Abraham H. (1984), Motivation und Persönlichkeit. Aus dem Amerikan. übers. v. Paul Kruntorad, Reinbek bei Hamburg.

Mathwig, Frank/Stückelberger, Christoph (2007), Grundwerte. Eine theologisch-ethische Orientierung, Zürich.

Matthes, Eva (Hg.) (2004), Werteorientierter Unterricht – eine Herausforderung für die Schulfächer, Donauwörth.

Matthes, Eva/Menzel, Dirk (2010), Werteorientierung im Fachunterricht, in: Zierer 2010, 195–218.

Mauermann, Lutz (2004), Konzepte zur Werterziehung und deren Umsetzung in der Schule – Beobachtungen aus den vergangenen zwei Jahrzehnten, in: Matthes 2004, 26–37.

Maxwell, Bruce (2008), Art. Values, in: Power, F. Clark u. a. (Hg.), Moral Education. A Handbook. Vol. 2, London, 454–457.

Medienpädagogischer Forschungsdienst Südwest (Hg.) (2016), JIM-Studie 2016. Jugend, Information, (Multi-)Media. Basisuntersuchung zum Medienumgang 12- bis 19-Jähriger in Deutschland, Stuttgart.

Mendl, Hans (2015), Modelle – Vorbilder – Leitfiguren. Lernen an außergewöhnlichen Biografien (= Religionspädagogik innovativ 8), Stuttgart.

Mendl, Hans (2008), Religion erleben. Ein Arbeitsbuch für den Religionsunterricht. 20 Praxisfelder, München.

Mendl, Hans (2005), Lernen an (außer-) gewöhnlichen Biographien. Religionspädagogische Anregungen für die Unterrichtspraxis, Donauwörth.

Mette, Norbert (1996), Welche Kompetenzen und Qualifikationen benötigt die Lehrerschaft?, in: Adam/Schweitzer 1996a, 370–382.

Metz, Johann Baptist (2001), Das Christentum im Pluralismus der Religionen und Kulturen (= Luzerner Universitätsreden 14), Luzern.

Metz, Johann Baptist (2000), Compassion. Zu einem Weltprogramm des Christentums im Zeitalter des Pluralismus der Religionen und Kulturen, in: Metz/Kuld/Weisbrod 2000, 9–18.

Metz, Johann Baptist (1977), Glaube in Geschichte und Gesellschaft. Studien zu einer praktischen Fundamentaltheologie, Mainz.

Metz, Johann Baptist/Kuld, Lothar/Weisbrod, Adolf (Hg.) (2000), Compassion. Weltprogramm des Christentums. Soziale Verantwortung lernen, Freiburg i. Br. u. a.

Meyer-Ahlen, Stefan (2010), Ethisches Lernen. Eine theologisch-ethische Herausforderung im Kontext der pluralistischen Gesellschaft, Paderborn u. a.

Michalke-Leicht, Wolfgang (2009), Woran du dein Herz hängst – Werte im Religionsunterricht, in: Seminar – Lehrerbildung und Schule 15, H. 4, 82–92.

Middendorf, William (2008), Werterziehung und Qualitätsvergewisserung in der Schule, in: Ladenthin/Rekus 2008a, 36–61.

Mieth, Dietmar (Hg.) (2000), Erzählen und Moral. Narrativität im Spannungsfeld von Ethik und Ästhetik, Tübingen.

Mieth, Dietmar (1984), Die neuen Tugenden. Ein ethischer Entwurf, Düsseldorf.

Mikhail, Thomas (2009), Bilden und Binden. Zur religiösen Grundstruktur pädagogischen Handelns (= Grundfragen der Pädagogik. Studien – Texte – Entwürfe 13), Frankfurt/Main u. a.

Mikuszeit, Bernd/Szudra, Ute (Hg.) (2009), Multimedia und ethische Bildung. E-Learning – Ethik – Blended-Learning, Frankfurt/Main.

Mittelstraß, Jürgen (2002), Bildung und ethische Maße, in: Killius/Kluge/Reisch 2002, 151–170.

Mittelstraß, Jürgen (1989), Glanz und Elend der Geisteswissenschaften (= Oldenburger Universitätsreden 27), Oldenburg.

Mokrosch, Reinhold (2013), Religiöse Werte-Bildung im Pluralismus der Religionen?, in: Naurath u. a. 2013, 41–63.

Mokrosch, Reinhold (2011), Werte, Bildung, Erfahrung. Wie entstehen Werte im Individuum?, in: Krobath, Hermann (Hg.), Werte in der Begegnung. Wertgrundlagen und Wertperspektiven ausgewählter Lebensbereiche, Würzburg, 27–47.

Mokrosch, Reinhold (2009), Zum Verständnis von Werte-Erziehung: Aktuelle Modelle für die Schule, in: Mokrosch/Regenbogen 2009, 32–40.

Mokrosch, Reinhold (2005), Werterziehung im Religionsunterricht angesichts des ethischen Pluralismus – eine didaktisch unmögliche Möglichkeit?, in: Dungs, Susanne/Ludwig, Heiner (Hg.), profan – sinnlich – religiös. Theologische Lektüren der Postmoderne. FS Uwe Gerber, Frankfurt/Main u. a., 361–371.

Mokrosch, Reinhold (2004), Wer blickt da noch durch? Werterziehungsmodelle auf dem Prüfstand, in: Ders./Franke, Elk (Hg.), Wertethik und Werterziehung. FS Arnim Regenbogen, Göttingen, 233–245.

Mokrosch, Reinhold (2001), Art. Gewissen, Gewissensbildung, in: LexRP. Bd. 1, 710–716.

Mokrosch, Reinhold (1996), Gewissen und Adoleszenz. Christliche Gewissensbildung im Jugendalter. Empirische Untersuchungen zum Wert- und Gewissensbewußtsein Jugendlicher, analysiert im Lichte der Geschichte christlicher Gewissensvorstellungen (= Forum zur Pädagogik und Didaktik der Religion 10), Weinheim.

Mokrosch, Reinhold (1989), Ethisches Lernen im Religionsunterricht – angesichts der Gewissensentwicklung in Kindheit und Adoleszenz, in: Ders./Franke, Elk (Hg.), Werterziehung und Entwicklung (= Schriftenreihe des Fachbereichs 3, Bd. 11), Osnabrück, 278–293.

Mokrosch, Reinhold (Hg.) (1987a), Christliche Werterziehung angesichts des Wertwandels. Symposion des Fachgebietes Evangelische Theologie (= Schriftenreihe des Fachbereichs 3, Bd. 9), Osnabrück.

Mokrosch, Reinhold (1987b), Kriterien zur christlichen Werterziehung angesichts des Wertwandels, in: Mokrosch 1987a, 165–191.

Mokrosch, Reinhold/Regenbogen, Arnim (Hg.) (2009), Werte-Erziehung und Schule. Ein Handbuch für Unterrichtende, Göttingen.

Montada, Leo (2002), Moralische Entwicklung und moralische Sozialisation, in: Oerter/Montada 2002, 619–647.

Münch, Richard (2004), Soziologische Theorie 3: Gesellschaftstheorie, Frankfurt/Main u. a.

Narvaez, Darcia (2013), Neurobiology and Moral Mindset, in: Heinrichs/Oser/Lovat 2013, 323–340.

Naurath, Elisabeth (2015), »Es gibt kaum ein beglückenderes Gefühl, als zu spüren, dass man für andere Menschen etwas sein kann.« (Bonhoeffer). Die emotionale Dimension ethischer Bildung, in: Englert u. a. 2015, 184–192.

Naurath, Elisabeth (2014a), Werte-Bildung durch die Erfahrung von Wertschätzung, in: I&M. Information und Material für den katholischen Grund-, Sonder-, Haupt-/Werkreal-, Real- und Gemeinschaftsschulen Sek. I., H. 1, 7–9.

Naurath, Elisabeth (2014b), Werte-Bildung mit Gefühl. Möglichkeiten und Grenzen im Religionsunterricht, in: Babke/Lamprecht 2014, 99–111.

Naurath, Elisabeth (2013a), Warum der Religionsunterricht für die Werte-Bildung so wichtig ist, in: Loccumer Pelikan, H. 1, 3–7.

Naurath, Elisabeth (2013b), Wertschätzung als pädagogische Grundhaltung zur Werte-Bildung, in: Naurath u. a. 2013, 29–42.

Naurath, Elisabeth (2007), Mit Gefühl gegen Gewalt. Mitgefühl als Schlüssel ethischer Bildung in der Religionspädagogik, Neukirchen-Vluyn.

Naurath, Elisabeth/Blasberg-Kuhnke, Martina/Gläser, Eva/Mokorsch, Reinhold/Müller-Using, Susanne (Hg.) (2013), Wie sich Werte bilden. Fachübergreifende und fachspezifische Werte-Bildung (= Werte-Bildung interdisziplinär 1), Göttingen.

Nietzsche, Friedrich [1887] (1969), Zur Genealogie der Moral. Eine Streitschrift, in: Ders., Werke. Bd. 2. Hg. v. Karl Schlechta, München, 761–900.

Nipkow, Karl Ernst (2009), Zur Rolle von Bildung und Erziehung bei der Wertebildung in der Schule, in: Seminar – Lehrerbildung und Schule 15, 93–97.

Nipkow, Karl Ernst (1998), Bildung in einer pluralen Welt. Bd. 1: Moralpädagogik im Pluralismus, Gütersloh.

Nipkow, Karl Ernst (1996), Ziele ethischer Erziehung heute, in: Adam/Schweitzer 1996a, 38–61.

Nipkow, Karl Ernst (1981), Moralerziehung. Pädagogische und theologische Antworten, Gütersloh.

Noelle-Neumann, Elisabeth (1978), Werden wir alle Proletarier? Wertewandel in unserer Gesellschaft, Zürich.

Nucci, Larry/Narvaez, Carcia/Krettenauer, Tobias (Hg.) (²2014), Handbook of Moral and Character Education, New York.

Nucci, Larry/Turiel, Elliot (1993), God's word, religious rules, and their relation to Christian and Jewish children's concepts of morality, in: Child Development 64, 1475–1491.

Nunner-Winkler, Gertrud (2014), Wie lernen Menschen Gerechtigkeit? Entwicklungspsychologische Erkenntnisse und schulische Relevanz, in: Rendle 2014, 11–34.

Nunner-Winkler, Gertrud (2013), Moral motivation and the happy victimizer phenomenon, in: Heinrichs/Oser/Lovat 2013, 267–288.

Nunner-Winkler, Gertrud (2009), Prozesse moralischen Lernens und Entlernens, in: Zeitschrift für Pädagogik 56, 528–548.

Nunner-Winkler, Gertrud (2008), From super-ego and conformist habitus to ego-syntomatic moral motivation: Sociohistoric changes in moral motivation, in: European Journal of Developmental Science 2, 251–268.

Nunner-Winkler, Gertrud (2003), Moralischer Wandel – moralisches Lernen, in: Killius/Kluge/Reisch 2003, 111–115.

Nussbaum, Martha (1998), Nicht-relative Tugenden: Ein aristotelischer Ansatz, in: Rippe/Schaber 1998, 114–165.

Oerter, Rolf/Dreher, Eva (2002), Jugendalter, in: Oerter/Montada 2002, 258–318.

Oerter, Rolf/Montada, Leo (Hg.) (2002), Entwicklungspsychologie. 5., vollst. überarb. Aufl., Weinheim u. a.

Olbertz, Jan-Hendrik (2005), Orientierungswissen im Bildungssystem – Welche Orientierung bietet die Schule, in: Elsenbast/Götz-Guerlin/Otte 2005, 51–66.

Oser, Fritz (2014), Toward a Theory of the Just Community Approach. Effects of Collective Moral, Civic, and Social Education, in: Nucci/Narvaez/Krettenauer 2014, 198–222.

Oser, Fritz (2013), Models of Moral Motivation, in: Heinrichs/Oser/Lovat 2013, 7–24.

Oser, Fritz (2005), Negatives Wissen und Moral, in: Benner 2005b, 171–181.

Oser, Fritz (2001), Acht Strategien der Wert- und Moralerziehung, in: Edelstein/Oser/Schuster 2001, 63–89.

Oser, Fritz/Althof, Wolfgang (2001a), Die Gerechte Schulgemeinschaft: Lernen durch die Gestaltung des Schullebens, in: Edelstein/Oser/Schuster 2001, 233–268.

Oser, Fritz/Althof, Wolfgang (⁴2001b), Moralische Selbstbestimmung. Modelle der Entwicklung und Erziehung im Wertebereich, Stuttgart.

Oser, Fritz/Schmid, Evi/Hattersley, Lisa (2006), The »Unhappy Moralist« Effect: Emotional Conflicts between Being Good and Being Successful, in: Verschaffel, Lieven/Dochy, Filip/Boekaerts, Monique/Vosniadou, Stella (Hg.), Instructional Psychology. Past, Present, and Future Trends, Amsterdam, 149–166.

Oser, Fritz/Spychiger, Maria (2005), Lernen ist schmerzhaft. Zur Theorie des Negativen Wissens und zur Praxis der Fehlerkultur, Weinheim.

Oswald, Hans (2008), Sozialisation in Netzwerken Gleichaltriger, in: Hurrelmann/ Grundmann/Walper 2008, 321–332.

Otte, Roland/Wiese, Kirsten (2007), Argumente von »Pro Reli« auf dem Prüfstand, in: http://proethik.humanistische-union.de/start/detail/back/startseite/arti cle/argumente-von-pro-reli-auf-dem-pruefstand/ [Abruf: 08.04.2017].

Patry, Jean-Luc/Weyringer, Sieglinde/Weinberger, Alfred (2010), Kombination von Moral- und Werterziehung und Wissenserwerb mit VaKE – Wie argumentieren die Schülerinnen und Schüler?, in: Latzko/Malti 2010, 241–259.

Peez, Siegbert (2007), Werte oder Tugenden? Zur Reformulierung des Habitus in der Moralerziehung, in: Rommel/Thaidigsmann 2007a, 39–63.

Pfeifer, Volker (³2013), Didaktik des Ethikunterrichts. Bausteine einer integrativen Wertevermittlung, Stuttgart.

Piefke, Martina/Markowitsch, Hans J. (2008), Angeborene Moral? Naturwissenschaftliche Erkenntnisse der Hirnforschung, in: Gottberg/Prommer 2008, 33–48.

Pinquart, Martin/Schwarzer, Gudrun/Zimmermann, Peter (2011), Entwicklungspsychologie – Kindes- und Jugendalter, Göttingen u. a.

Pirner, Manfred L. (2008), Christliche Pädagogik. Grundsatzüberlegungen, empirische Befunde und konzeptionelle Leitlinien, Stuttgart.

Pirner, Manfred L./Scheunpflug, Annette/Kröner, Stephan (2016), Religiosität und Professionalität von (Religions-)Lehrerinnen und -lehrern. Einblicke in eine Forschungswerkstatt, in: RpB 75, 81–92.

Poenitsch, Andreas (2004), Bildung und Relativität. Konturen spätmoderner Pädagogik, Würzburg.

Pollack, Detlef/Müller, Olaf (2013), Religionsmonitor. Verstehen was verbindet. Religiosität und Zusammenhalt in Deutschland, Gütersloh.

Porter, Jean (2002), Art. Tugend, in: TRE 34, 184–197.

Power, F. Clark/Higgins, Ann/Kohlberg, Lawrence (1989), Lawrence Kohlberg's Approach to Moral Education, New York.

Preul, Reiner (2013), Evangelische Bildungstheorie, Leipzig.

Putnam, Hilary (^{2}2006), Werte und Normen, in: Wingert/Günther 2006, 280–313.

Rath, Matthias/Marci-Boehncke, Gudrun (2008), Jugendliche Wertkompetenz im Umgang mit Medien, in: Gottberg/Prommer 2008, 77–98.

Raths, Louis E./Harmin, Merrill/Simon, Sidney B. (1976), Werte und Ziele. Methoden der Sinnfindung im Unterricht, München.

Reichenbach, Roland (2007), Philosophie der Bildung und Erziehung. Eine Einführung, Stuttgart.

Reichertz, Jo (2008), Werteverlust oder Wertevermehrung? Medien und ihr Einfluss auf die Entwicklung von Werten, in: Gottberg/Prommer 2008, 65–76.

Reis, Oliver (2000), Kohlberg als Schlüssel zum ethischen Lernen im Religionsunterricht? Überlegungen zum Entwicklungsgedanken in der Moralerziehung, in: Dormeyer, Detlev/Mölle, Herbert/Ruster, Thomas (Hg.), Lebenswege und Religion. Biographie in Bibel, Dogmatik und Religionspädagogik (= Religion und Biographie 1), Münster, 281–296.

Reiser, Marius (2001), Love of Enemies in the Context of Antiquity, in: New Testament Studies 47, 411–427.

Reitemeyer, Ursula (2008), Bildung und Kritik. Zur historischen und systematischen Bedeutung der Kritischen Theorie für den erziehungswissenschaftlichen Diskurs der Gegenwart, in: Vierteljahrsschrift für wissenschaftliche Pädagogik 84, 111–130.

Reitemeyer, Ursula (2000), Ethik im Unterricht. Eine hochschuldidaktische Studie zum Vermittlungsverhältnis von Bildungstheorie, Allgemeiner Didaktik und Unterrichtspraxis, Münster u. a.

Rekus, Jürgen (2010), Erziehender Unterricht, in: Zierer 2010, 168–177.

Rekus, Jürgen (2009a), Werterziehung in Schule und Familie, in: PÄD-Forum: unterrichten erziehen 37/28, H. 2, 71–74.

Rekus, Jürgen (2009b), Werte und Bildung, in: SEMINAR – Lehrerbildung und Schule 15, H. 4, 29–33.

Rekus, Jürgen (2008), Wozu wir Werte brauchen und was die Erziehung damit zu tun hat, in: Ladenthin/Rekus 2008a, 4–16.

Rendle, Ludwig (Hg.) (2014), Gerechtigkeit lernen. Ethische Bildung im Religionsunterricht. 9. Arbeitsforum für Religionspädagogik. Dokumentation, München.

Rest, James (1999), Die Rolle des moralischen Urteilens im moralischen Handeln, in: Garz/Oser/Althof 1999, 82–116.

Richter, Rudolf (2008), Individualität und Individualisierung, in: Willems 2008. Bd. 2, 721–743.

Rickert, Heinrich (1921), System der Philosophie. Erster Teil: Allgemeine Grundlegung der Philosophie, Tübingen.

Riegel, Ulrich (2015), Ethik in den Köpfen Jugendlicher und im Religionsunterricht. Eine empirische Bilanz, in: Englert u. a. 2015, 98–107.

Riegel, Ulrich/Ziebertz, Hans-Georg (2007), Religious Education and Values, in: Journal of Empirical Theology 20, 52–76.

Rippe, Klaus Peter/Schaber, Peter (Hg.) (1998), Tugendethik, Stuttgart.

Rittelmeyer, Christian (2012), Bildung. Ein pädagogischer Grundbegriff, Stuttgart.

Ritter, Werner H. (1989), Glaube und Erfahrung im religionspädagogischen Kontext. Die Bedeutung von Erfahrung für den christlichen Glauben im religionspädagogischen Zusammenhang. Eine grundlegende Studie (= Arbeiten zur Religionspädagogik 4), Göttingen.

Roebben, Bert (2011), Religionspädagogik der Hoffnung. Grundlinien religiöser Bildung in der Spätmoderne (= Forum Theologie und Pädagogik 19), Berlin.

Roebben, Bert (1995), Een tijd van opvoeden. Moraalpedagogiek in christelijk perspectief, Leuven u. a.

Rödder, Andreas/Elz, Wolfgang (Hg.) (2008), Alte Werte – Neue Werte. Schlaglichter des Wertewandels, Göttingen.

Rokeach, Milton (1973), The Nature of Human Values, New York.

Rommel, Herbert (2007a), Ethische Bildung ohne die Frage nach Gott? Zum Verhältnis zwischen Ethik- und Religionsunterricht im Ausgang von moralischen Phänomenen, in: Rommel/Thaidigsmann 2007a, 109–139.

Rommel, Herbert (2007b), Normenkonflikte und Abwägungsprozesse. Moderne Schlüsselprobleme in der ethischen Bildung, München.

Rommel, Herbert (2007c), Rekonstruktion und Negation des Bösen: Zur Standardisierbarkeit und Standarderreichung in ethischen Bildungsprozessen, in: Sajak, Clauß Peter (Hg.), Bildungsstandards für den Religionsunterricht – und nun? Perspektiven für ein neues Instrument im Religionsunterricht (= Religionsdidaktik konkret 2), Berlin, 261–279.

Rommel, Herbert (2004), Ethisch lernen aus moralischem Fehlverhalten. Zur Rehabilitation einer vergessenen Didaktik, in: edition ethik kontrovers 12, 33–37.

Rommel, Herbert/Thaidigsmann, Edgar (Hg.) (2007a), Religion und Werteerziehung. Beiträge zu einer kontroversen Debatte, Waltrop.

Rommel, Herbert/Thaidigsmann, Edgar (2007b), Kritisches Fazit, in: Rommel/Thaidigsmann 2007a, 219–228.

Rosa, Hartmut (1998), Identität und kulturelle Praxis. Politische Philosophie nach Charles Taylor, Frankfurt/Main u. a.

Rudy, Duane/Grusec, Joan E. (2001), Correlates of Authoritarian Parenting in Individualist and Collectivist Cultures and Implications for Understanding the Transmission of Values, in: Journal of Cross-Cultural Psychology 32, 202–212.

Ruopp, Joachim/Schweitzer, Friedrich/Wagensommer, Georg (2010), Wertebildung im BRU. Erste empirische Befunde aus dem Evangelischen Institut für Berufsorientierte Religionspädagogik (EIBOR), in: ZPT 62, 129–139.

Ruopp, Joachim/Wagensommer, Georg (2012a), Empirische Einblicke – Analysen von Religionsunterricht, in: Schweitzer/Ruopp/Wagensommer 2012a, 47–145.

Ruopp, Joachim/Wagensommer, Georg (2012b), Wertorientierungen Jugendlicher – Didaktische Konzepte – Unterrichtsvorschläge, in: Schweitzer/Ruopp/Wagensommer 2012a, 147–201.

Schäfers, Bernhard (2010), Soziales Handeln und seine Grundlagen: Normen, Werte, Sinn, in: Korte/Schäfers 2010, 23–44.

Schambeck, Mirjam (2013), Zum Verständnis und Geschäft der Religionspädagogik. Wissenschaftstheoretische Anmerkungen, in: RpB 70, 91–103.

Schambeck, Mirjam (2011), Was bedeutet »religiös kompetent« zu sein?, in: KatBl 136, 132–140.

Schambeck, Mirjam (2010), Warum Bildung Religion braucht … Religionspädagogische Einmischungen in bildungspolitisch sensiblen Zeiten, in: Theo-Web. Zeitschrift für Religionspädagogik 9, H. 1, 249–263.

Schambeck, Mirjam (2006), Mystagogisches Lernen. Zu einer Perspektive religiöser Bildung (= Studien zur Theologie und Praxis der Seelsorge 62), Würzburg.

Schambeck, Mirjam (2005), Bildung ist mehr als Kompetenzen und Qualifikationen. Ein religionspädagogischer Diskussionsbeitrag zur Debatte um Bildungsstandards, in: RpB 55, 37–50.

Schambeck, Mirjam (2001), Art. Tugend IV. Praktisch-theologisch, in: LThK³ 10, 300f.

Scheler, Max (²1954), Der Formalismus in der Ethik und die materiale Wertethik. Neuer Versuch der Grundlegung eines ethischen Personalismus, Bern.

Scheler, Max (1994), Schriften zur Anthropologie. Hg. v. Martin Arndt, Stuttgart.

Schelkshorn, Hans (1996), Christliche Ethik im Sog argumentativer Vernunft. Diskurstheoretische Bemerkungen zur moraltheologischen Debatte um eine »autonome Moral im christlichen Kontext«, in: Holдеregger, Adrian (Hg.), Fundamente der theologischen Ethik. Bilanz und Neuansätze, Freiburg/CH u. a., 236–260.

Schelkshorn, Hans (1997), Diskurs und Befreiung. Studien zur philosophischen Ethik von Karl-Otto Apel und Enrique Dussel, Amsterdam u. a.

Schleiermacher, Friedrich [1799] (1984), Über die Religion. Reden an die Gebildeten unter ihren Verächtern, in: Ders., Kritische Gesamtausgabe I/2, hg. von Günter Meckenstock, Berlin u. a., 185–326.

Schmid, Bruno (2015), Lernen an Dilemmata, in: Englert u. a. 2015, 163–174.

Schmidt, Günter R. ([5]1997), Fachdidaktischer Umgang mit ethischen Inhalten, in: Adam, Gottfried/Lachmann, Rainer (Hg.), Religionspädagogisches Kompendium. Neubearbeitung, Göttingen, 381–426.

Schmidt, Günter R. (1987), Was sind »christliche Werte«?, in: Mokrosch, Reinhold (Hg.), Christliche Werterziehung angesichts des Wertwandels, Osnabrück, 75–106.

Schmidt, Peter/Schwartz, Shalom u. a. (2007), Die Messung von Werten mit dem »Portraits Value Questionnaire«, in: Zeitschrift für Sozialpsychologie 38, H. 4, 261–275.

Schmitt, Carl (1979), Die Tyrannei der Werte, Hamburg.

Schmitt, Hanspeter (2003), Empathie und Wertkommunikation. Theorie des Einfühlungsvermögens in theologisch-ethischer Perspektive (= Studien zur Theologischen Ethik 93), Freiburg/CH u. a.

Schneider, Siegfried (2008), Rede des Bayerischen Staatsministers für Unterricht und Kultus, in: Bayerisches Staatsministerium für Unterricht und Kultus 2008, 9–14.

Schnelle, Udo (2003), Paulus. Leben und Denken, Berlin.

Schoberth, Ingrid (2014a), Moralische Bildung durch Zustimmung. Ein Versuch, in: Schoberth I. 2014b, 293–328.

Schoberth, Ingrid (Hg.) (2014b), Urteilen lernen II. Ästhetische, politische und eschatologische Perspektiven moralischer Urteilsbildung im interdisziplinären Diskurs, Göttingen.

Schoberth, Ingrid (Hg.) (2012a), Urteilen lernen – Grundlegung und Kontexte ethischer Urteilsbildung, Göttingen.

Schoberth, Ingrid (2012b), Urteilen lernen. Einleitende Reflexionen, Perspektiven und Orientierungen in religionspädagogischer Perspektive, in: Schoberth I. 2012a, 25–40.

Schoberth, Wolfgang (2012), Urteilen und Lebenswelt. Eine systematische Perspektive auf das ethische Lernen, in: Schoberth I. 2012a, 291–302.

Schockenhoff, Eberhard (2014), Grundlegung der Ethik. Ein theologischer Entwurf. 2., überarb. Aufl., Freiburg i. Br. u. a.

Schockenhoff, Eberhard (2013), Ethik des Lebens. Grundlagen und neue Herausforderungen. 2., aktual. Aufl., Freiburg i. Br. u. a.

Schockenhoff, Eberhard (2003), Wie gewiss ist das Gewissen? Eine ethische Orientierung, Freiburg i. Br. u. a.

Scholl-Schaf, Margret (1975), Werthaltung und Wertsystem. Ein Plädoyer für die Verwendung des Wertkonzepts in der Sozialpsychologie, Bonn.

Schönpflug, Ute (2001), Intergenerational Transmissions of Values. The Role of Transmission Belts, in: Journal of Cross-Cultural Psychology 32, 174–185.

Schröder, Bernd (2015), Was macht es für einen Unterschied, ob ethische Fragen im Ethik- oder evangelischen / katholischen / jüdischen / islamischen Religionsunterricht behandelt werden?, in: Englert u. a. 2015, 41–63.

Schröder, Bernd (2012), Religionspädagogik, Tübingen.

Schubarth, Wilfried (2013), Wertebildung in Jugendarbeit, Peergroup und Schule, in: Erbes u. a. 2013, 25–38.

Schubarth, Wilfried/Speck, Karsten/Lynen von Berg, Heinz (Hg.) (2010), Wertebildung in Jugendarbeit, Schule und Kommune. Bilanz und Perspektiven, Wiesbaden.

Schwartz, Shalom (2012), Values and Religion in Adolescent Development. Cross-National and Comparative Evidence, in: Trommsdorff/Chen 2012, 97–122.

Schwartz, Shalom (2008), Basic Values: How They Motivate and Inhibit Prosocial Behavior, in: http://portal.idc.ac.il/en/symposium/herzliyasymposium/documents/dcschwartz.pdf [Abruf: 08.04.2017]

Schwartz, Shalom (1996), Value Priorities and Behavior: Applying a Theory of Integrated Value Systems, in: Seligman, Clive/Olson, James M./Zanna, Mark P. (Hg.), The Psychology of Values. The Ontario Symposium. Vol. 8, Hillsdale, 1–24.

Schwartz, Shalom (1994), Are There Universal Aspects in the Structure and Contents of Human Values, in: Journal of Social Issues 50, H. 4, 19–45.

Schwartz, Shalom (1992), Universals in the content and structure of values: Theoretical advances and empirical tests in 20 contries, in: Zanna, Mark P. (Hg.), Advances in experimental social psychology. Vol. 25, San Diego, 1–65.

Schweitzer, Friedrich (2015), Religiöse Bildung ohne Ethik? Zur ethischen Dimension des Religionsunterrichts, in: Englert u. a. 2015, 13–23.

Schweitzer, Friedrich (2014), Bildung (= Theologische Bibliothek II), Neukirchen-Vluyn.

Schweitzer, Friedrich (2012), Was bedeutet Wertebildung im BRU? Zur Begründung der Studie, in: Schweitzer/Ruopp/Wagensommer 2012a, 11–31.

Schweitzer, Friedrich (2009), Zur Geschichte der Werte- und Normenerziehung an Schulen, in: Mokrosch/Regenbogen 2009, 136–145.

Schweitzer, Friedrich (2008), Religion als »Maß« der Werteerziehung – oder: Hat die Schleichermacher-Formel noch Zukunft?, in: Ders./Elsenbast, Volker/Ziener, Gerhard (Hg.), Werte – Erziehung – Religion. Beiträge von Religion und Religionspädagogik zu Werteerziehung und werteorientierter Bildung, Münster, 28–38.

Schweitzer, Friedrich (2007), Die religionspädagogische Grosswetterlage: Diskurse, Bezüge, Forschungsrichtungen, in: Schlag, Thomas/Klie, Thomas/Kunz, Ralph (Hg.), Ästhetik und Ethik. Die öffentliche Bedeutung der Praktischen Theologie, Zürich, 25–39.

Schweitzer, Friedrich (2006a), Werteorientierte Erziehung im Elementarbereich: Neue Herausforderungen – neue Chancen, in: Ders./Biesinger, Albert (Hg.), Bündnis für Erziehung. Unsere Verantwortung für gemeinsame Werte, Freiburg u. a. 75–81.

Schweitzer, Friedrich (2006b), Wie viel Gemeinschaft braucht die Schule? Möglichkeiten und Grenzen von Schulethos und Wertorientierung in der pluralen Gesellschaft, in: Ders./Grunder, Hans-Ulrich (Hg.), Gemeinschaft – Ethos – Schule. Eine praxisnahe Einführung für Ausbildung und Fortbildung, Weinheim, 10–30.

Schweitzer, Friedrich (2000), Religiöse Bildung als Sinn- und Wertevermittlung. Möglichkeiten und Grenzen kirchlicher Pädagogik in pluralistischen Gesellschaften, in: Gräb, Wilhelm u. a. (Hg.), Christentum und Spätmoderne. Ein internationaler Diskurs über Praktische Theologie und Ethik, Stuttgart, 70–80.

Schweitzer, Friedrich (1995), Moralerziehung in der Pluralität. Schule, Staat und Gesellschaft zwischen Toleranzgebot und verbindlichem Ethos, in: Neue Sammlung, 111–127.

Schweitzer, Friedrich/Ruopp, Joachim/Wagensommer, Georg (Hg.) (2012a), Wertebildung im Religionsunterricht. Eine empirische Untersuchung im berufsbildenden Bereich (= Glaube – Wertebildung – Interreligiosität. Berufsorientierte Religionspädagogik 2), Münster u. a.

Schweitzer, Friedrich/Ruopp, Joachim/Wagensommer, Georg (2012b), Zur Einführung, in: Schweitzer/Ruopp/Wagensommer 2012a, 7f.

Schwöbel, Christoph (2007), Auf der Suche nach Erfahrung der Wahrheit. Philosophische, dogmatische und existenzielle Dimensionen der Profilierung des Erfahrungsbegriffs im christlichen Kontext des Westens, in: Haeffner, Gerd (Hg.), Religiöse Erfahrung II. Interkulturelle Perspektiven, Stuttgart, 54–75.

Sekretariat der deutschen Bischofskonferenz (Hg.) (2006), Kirchliche Richtlinien zu Bildungsstandards für den katholischen Religionsunterricht in der Grundschule / Primarstufe (= Die Deutschen Bischöfe 85), Bonn.

Sekretariat der deutschen Bischofskonferenz (Hg.) (2005), Der Religionsunterricht vor neuen Herausforderungen (= Die Deutschen Bischöfe 80), Bonn.

Sekretariat der deutschen Bischofskonferenz (Hg.) (2004), Kirchliche Richtlinien zu Bildungsstandards für den katholischen Religionsunterricht in den Jahrgangsstufen 5–10/Sekundarstufe I (= Die Deutschen Bischöfe 78), Bonn.

Sekretariat der deutschen Bischofskonferenz (Hg.) (1974), Der Religionsunterricht in der Schule. Ein Beschluss der gemeinsamen Synode der Bistümer in der Bundesrepublik Deutschland, Bonn.

Shulman, Lee S. (1986), Those Who Understand: Knowledge Growth in Teaching, in: Educational Researcher 15, H. 2, 4–14.

Simojoki, Henrik (2012), Globalisierte Religion. Ausgangspunkte, Maßstäbe und Perspektiven religiöser Bildung in der Weltgesellschaft (= Praktische Theologie in Geschichte und Gegenwart 12), Tübingen.

Smetana, Judith G. (1995), Morality in Context. Abstractions, Ambiguities, and Applications, in: Vasta, Ross (Hg.), Annals of Child Development. A Research Annual. Vol. 10, London, 83–130.

Smith, Christian (2003), Theorizing Religious Effects Among American Adolescents, in: Journal for the Scientific Study of Religion 42, 17–30.

Stachel, Günter/Mieth, Dietmar (1978), Ethisch handeln lernen. Zu Konzeption und Inhalt ethischer Erziehung, Zürich.

Standop, Jutta (2013), Die Grundschule als ein Ort grundlegender Wertebildung, in: Erbes 2013, 39–51.

Standop, Jutta (2010), Innere Rahmenbedingungen von Unterricht, in: Zierer 2010, 138–146.

Standop, Jutta (2005), Werteerziehung. Einführung in die wichtigsten Konzepte der Werteerziehung (= Studientexte für das Lehramt 18), Weinheim u. a.

Stein, Margit (2016), Zusammenhänge zwischen Religionszugehörigkeit, Religiosität und Wertorientierungen – eine internationale und nationale repräsentative Analyse auf Basis des Religionsmonitors, in: Theo.Web. Zeitschrift für Religionspädagogik 15, H. 1, 173–204.

Stein, Margit (2013), Familie als Ort der Werteentwicklung. Strukturelle, soziokulturelle und erzieherische Bedingungen, in: Dies./Boos-Nünning, Ursula (Hg.), Familie als Ort von Erziehung, Bildung und Sozialisation, Münster, 175–216.

Stein, Margit (2010), Äußere Rahmenbedingungen von Unterricht, in: Zierer 2010, 128–137.

Stein, Margit (2008), Wie können wir Kindern Werte vermitteln? Werteerziehung in Familie und Schule, München.

Steuermann, Emilia (1992), Habermas vs Lyotard. Modernity vs postmodernity, in: Benjamin, Andrew (Hg.), Judging Lyotard (= Warwick studies in philosophy and literature), London, 99–118.

Stöbener, Anja/Nutzinger, Hans G. (2007), Braucht Werterziehung Religion?, in: Joas, Hans (Hg.), Braucht Werterziehung Religion? (= Preisschriften des Forschungsinstituts für Philosophie Hannover 4), 23–66.

Stosch, Klaus von (2003), Was sind religiöse Überzeugungen, in: Joas, Hans (Hg.), Was sind religiöse Überzeugungen? (= Preisschriften des Forschungsinstituts für Philosophie Hannover), 103–146.

Suchanek, Justine (2008), Gesellschaft, sozialer Wandel und Gesellschaftstypen, in: Willems 2008. Bd. 1, 89–110.

Tamke, Fanny (2010), Jugend und Werte – ein scheinbar vertrautes Verhältnis, in: Ittel, Angela/Merkens, Hans/Stecher, Ludwig/Zinnecker, Jürgen (Hg.), Jahrbuch Jugendforschung. 8. Ausgabe 2008/2009, Wiesbaden, 231–253.

Taylor, Charles (1994), Quellen des Selbst. Die Entstehung der neuzeitlichen Identität, Frankfurt/Main.

Tellings, Agnes/Zierer, Klaus (2010), Integrative Ansätze einer Werteerziehung, in: Zierer 2010, 122–125.

Tenorth, Heinz-Elmar (2008), Bildung als Wert und Werte in der Bildung, in: Rödder/Elz 2008, 56–65.

Tenorth, Heinz-Elmar (2005), Welche Orientierung liefern Tests und Standards dem Bildungssystem (nicht)?, in: Elsenbast/Götz-Guerlin/Otte 2005, 41–50.

Terhart, Ewald (1989), Moralerziehung in der Schule. Positionen und Probleme eines schulpädagogischen Programms, in: Neue Sammlung 29, 376–394.

Thaidigsmann, Edgar (2007), Christlicher Glaube im Streit um ethische Bildung durch »Werteerziehung«, in: Rommel/Thaidigsmann 2007a, 89–108.

Thierse, Wolfgang (2001), Wertedebatte und Religionsunterricht, in: KatBl 126, 132–141.

Toaspern, Huldreich David (2007), Diakonisches Lernen. Modelle für ein Praxislernen zwischen Schule und Diakonie (= Arbeiten zur Religionspädagogik 32), Göttingen.

Tödt, Heinz Eduard (1988), Perspektiven theologischer Ethik, München.

Tödt, Heinz Eduard (1977), Versuch zu einer Theorie ethischer Urteilsfindung, in: Zeitschrift für evangelische Ethik 21, 81–93.

Toomey, Ron (2010), Values Education, Instructional Scaffolding and Student Well-being, in: Lovat/Toomey/Clement 2010, 37–62.

Tosch, Frank (2012), Unterricht und Erziehung, in: Sandfuchs, Uwe/Melzer, Wolfgang/Dühlmeier, Bernd/Rausch, Adly (Hg.), Handbuch Erziehung, Bad Heilbrunn, 30–34.

Trommsdorff, Giesela/Chen, Xinyin (Hg.) (2012), Values, Religion, and Culture in Adolescent Development (= The Jacobs Foundation Series on Adolescence), Cambridge.

Turiel, Elliot (2008), The Development of Children's Orientations toward Moral, Social, and Personal Orders: More than a Sequence in Development, in: Human Development. An International Journal 51, 21–39.

Turiel, Elliot/Killen, Melanie (2010), Taking Emotions Seriously: The Role of Emotions in Moral Development, in: Arsenio/Lemerise 2010, 33–52.

Uhl, Siegfried (1998), Werte-Erziehung als Auftrag aller Fächer in der Schule: Aufgaben, Methoden, Erfolgsaussichten, in: Gauger, Jörg-Dieter (Hg.), Sinnvermittlung, Orientierung, Werte-Erziehung. Bilanz und Perspektiven des Religions-, Philosophie- und Rechtskundeunterrichts an den Schulen der Bundesrepublik Deutschland, Sankt Augustin, 148–169.

Uhl, Siegfried (1996), Die Mittel der Moralerziehung und ihre Wirksamkeit, Bad Heilbrunn.

van der Ven, Johannes A. (1998), Formation of the Moral Self (= Studies in Practical Theology), Michigan u. a.

van der Ven, Johannes (1985), Vorming in waarden en normen, Kampen.

van Driel, Jan H./Berry, Amanda (2010), Pedagogical Content Knowledge, in: Peterson, Penelope/Baker, Eva/McGaw, Barry (Hg.), International Encyclopedia of Education. Vol. 7, Oxford, 656–661.

Walker, Lawrence J. (1983), Sources of cognitive conflict for stage transition in moral development, in: Developmental Psychology 19, 103–110.

Welsch, Wolfgang (⁶2002), Unsere postmoderne Moderne, Berlin.

Welsch, Wolfgang (1995), Transkulturalität. Zur veränderten Verfasstheit heutiger Kulturen, in: Zeitschrift für Kulturaustausch 45, H. 1, 39–44.

Werbick, Jürgen (2010), Einführung in die theologische Wissenschaftslehre, Freiburg i. Br. u. a.

Werner, Folke (2002), Vom Wert der Werte. Die Tauglichkeit des Wertbegriffs als Orientierung gebende Kategorie menschlicher Lebensführung. Eine Studie aus evangelischer Perspektive, Münster.

Wiater, Patricia/Wiater, Werner (2010), Rechtliche Sicht, in: Zierer 2010, 86–93.

Wiater, Werner (2010a), Terminologische Vorüberlegungen, in: Zierer 2010, 6–22.

Wiater, Werner (2010b), Zur Inhaltsfrage, in: Zierer 2010, 156–161.

Wiater, Werner (2004), Wertorientierung aus der Perspektive des Subjekts, in: Matthes 2004, 51–64.

Willems, Herbert (Hg.) (2008), Lehr(er)buch Soziologie. Für die pädagogischen und soziologischen Studiengänge. 2 Bde., Wiesbaden.

Wils, Jean-Pierre/Mieth, Dietmar (1992), Tugend, in: Dies. (Hg.), Grundbegriffe der christlichen Ethik (= UTB 1648), Paderborn, 182–198.

Wingert, Lutz/Günther, Klaus (Hg.) (²2006), Die Öffentlichkeit der Vernunft und die Vernunft der Öffentlichkeit. FS Jürgen Habermas, Frankfurt/Main.

Wippermann, Carsten (2011), Milieus in Bewegung. Werte, Sinn, Religion und Ästhetik in Deutschland, Würzburg.

Witte, Egbert (2010), Zur Geschichte der Bildung. Eine philosophische Kritik, Freiburg i. Br. u. a.

Witten, Ulrike (2014), Diakonisches Lernen an Biographien. Elisabeth von Thüringen, Florence Nightingale und Mutter Teresa (= Arbeiten zur Praktischen Theologie 56), Leipzig.

Wohlrab-Sahr, Monika (1997), Individualisierung: Differenzierungsprozess und Zurechnungsmodus, in: Beck, Ulrich/Sopp, Peter (Hg.), Individualisierung und Integration. Neue Konfliktlinien und neuer Integrationsmodus, Opladen, 23–36.

Wüstner, Eva-Maria/Riegel, Ulrich (2015), Theologisches und religionsdidaktisches Wissen von Religionslehrpersonen. Rekonstruktionen zweier Kompetenzdimensionen anhand qualitativer Interviewdaten, in: Riegel, Ulrich/Schubert, Sigrid/Siebert-Ott, Gesa/Macha, Klaas (Hg.), Kompetenzmodellierung und -messung in den Fachdidaktiken (= Fachdidaktische Forschungen 7), Münster, 95–110.

Zapf, Wolfgang (2010), Entwicklung und Sozialstruktur moderner Gesellschaften, in: Korte/Schäfers 2010, 257–271.

Zehetmeier, Hans (1999), Religionsunterricht und Werteerziehung im Bildungsauftrag der Schule, in: Scheilke, Christoph T./Schweitzer, Friedrich (Hg.), Religion, Ethik, Schule. Bildungspolitische Perspektiven in der pluralen Gesellschaft, Münster, 27–37.

Ziebertz, Hans-Georg ([3]2013), Ethisches Lernen, in: Hilger/Leimgruber/Ziebertz 2013, 434–452.

Ziebertz, Hans-Georg (2002), Religionspädagogik: Konturen der Disziplin und Forschungsperspektiven, in: Garhammer, Erich/Weiß, Wolfgang (Hg.), Brückenschläge. Akademische Theologie und Theologie der Akademien. FS Fritz Hofmann, Würzburg, 157–180.

Ziebertz, Hans-Georg (1990), Moralerziehung im Wertpluralismus. Eine empirisch-theologische Untersuchung nach moralpädagogischen Handlungskonzepten im Religionsunterricht und in der kirchlichen Jugendarbeit zu Fragen der Sexualität (= Theologie und Empirie 9), Kampen.

Ziebertz, Hans-Georg/Riegel, Ulrich (2008), Letzte Sicherheiten. Eine empirische Untersuchung zu den Weltbildern Jugendlicher (= Religionspädagogik in pluraler Gesellschaft 11), Gütersloh u. a.

Zierer, Klaus (Hg.) (2010), Schulische Werteerziehung. Kompendium, Baltmannsweiler.

Zierer, Klaus (2007), Conditio humana. Eine Einführung in pädagogisches Denken und Handeln, Baltmannsweiler.

Zima, Peter ([3]2010), Theorie des Subjekts, Tübingen.

Zimmermann, Mirjam/Zimmermann, Ruben (2013), Art. Ethik, in: Dies. (Hg.), Handbuch Bibeldidaktik, Tübingen, 228–234.